· 四川大学精品立项教材

自然灾害与法律

——灾难中求生能力的养成训练

ZIRAN ZAIHAI YU FALü

ZAINANZHONG QIUSHENG NENGLI DE YANGCHENG XUNLIAN

王建平 著

四川大学出版社

责任编辑:李勇军
责任校对:曾　鑫
封面设计:墨创文化
责任印制:王　炜

图书在版编目(CIP)数据

自然灾害与法律:灾难中求生能力的养成训练 / 王
建平著. —成都:四川大学出版社,2018.3
四川大学校级立项教材系列
ISBN 978-7-5690-1669-7

Ⅰ.①自… Ⅱ.①王… Ⅲ.①自然灾害-灾害防治-
法规-中国-高等学校-教材 Ⅳ.①D922.68

中国版本图书馆 CIP 数据核字（2018）第 060383 号

书名　　自然灾害与法律
　　　　——灾难中求生能力的养成训练

著　　者　王建平
出　　版　四川大学出版社
地　　址　成都市一环路南一段 24 号 (610065)
发　　行　四川大学出版社
书　　号　ISBN 978-7-5690-1669-7
印　　刷　郫县犀浦印刷厂
成品尺寸　185 mm×260 mm
印　　张　18.25
字　　数　526 千字
版　　次　2018 年 10 月第 1 版
印　　次　2018 年 10 月第 1 次印刷
定　　价　65.00 元

◆读者邮购本书,请与本社发行科联系。
电话:(028)85408408/(028)85401670/
(028)85408023　邮政编码:610065
◆本社图书如有印装质量问题,请
寄回出版社调换。
◆网址:http://press.scu.edu.cn

目 录

导　论

提到"自然灾害"，人们往往对这四个字的理解是"自然发生的""自然因素的""自然界的"或者"自然力的"，等等，重心是在"自然"二字上，而不是"灾害"二字上。实际上，提到"自然灾害"时，固然要拷问原因，但是，更应该关注结果，那就是各种各样的自然危险，以及带来了什么样的后果。比如，2004 年 12 月 26 日，印尼苏门答腊岛附近海域发生里氏 9.3 级（矩震级）强烈地震引发的海啸，使当地人群和房屋瞬间被汹涌的海水吞没，城市变为一片汪洋。这次地震以及引发的印度洋海啸，波及印尼、泰国、印度及斯里兰卡等国，造成超过 23 万人死亡或失踪，其中，印尼有近 17 万人死亡或失踪，当时约有 50 万人无家可归。印尼位于太平洋地震带和欧亚地震带的交界处，大陆板块在这里交接，地震和火山活动频繁，每年发生的大小地震不下数千次。2004 年的印尼大地震，处于太平洋地震带和欧亚地震带之间，海底地震是引发海啸的主要但非唯一原因。历史上特大海啸基本上都是海底地震引起的。除了地震，可引发海啸的还有风暴潮、火山喷发和水下坍塌滑坡等。那么，这次大灾难难道只是自然因素，而没有人类社会在存在与发展过程中，防震减灾能力过低的问题吗？见表 1-1。

表 1-1　2004-2016 年印尼地震概况表[①]

时　间	地　域	震　级	人员伤亡
2004-12-26	印尼苏门答腊岛海域	9.3 级地震	170000 人死亡、失踪
2005-03-28	印尼苏门答腊岛海域	8.5 级地震	900 多人死亡
2006-05-27	印尼日惹和中爪哇地区	5.9 级地震	6234 人死亡
2007-03-06	印尼苏门答腊岛西北巴东	6.3 级地震	82 人死亡
2008-11-17	印尼东部苏拉威西岛科罗达罗	7.7 级地震	4 人死亡
2009-09-02	印尼西爪哇省海域	7.3 级地震	45 人死亡
2010-04-07	印尼苏门答腊北部	7.8 级地震	无伤亡
2011-04-04	印尼爪哇岛南部海域	7.1 级地震	无伤亡
2012-04-11	印尼北苏门答腊西海岸	8.7 级地震	无伤亡
2013-04-06	印尼伊里安查亚地区	7.1 级地震	5782 人死亡
2015-07-28	印尼巴布亚查亚普拉	7.1 级地震	无伤亡
2016-03-02	印尼苏门答腊岛海域	7.8 级地震	无伤亡

---

① 印尼地震数据，以印尼官方公布的数字整理出来。

庞大的死亡或失踪人数，被夷为平地的村庄，海水中漂浮的衣物，海滩上停放的一排排遇难者尸体，大地震和海啸洗劫后的岛屿，居民点与旅游胜地，哀鸿遍野，满目凄凉。印尼及周边国家遭受了近 40 年来最为惨重的自然大劫难，尤其是，从 2004 年 12 月 26 日到 2016 年 3 月 2 日的地震中，有 10 次在 7.0 级以上，印尼当地居民在历经频繁地震后，外出安全和防震意识都增强了不少。这便是大自然带给人类社会的生存法则——"吃一堑，长一智"。然而，防灾减灾能力和技能也就是人类社会在灾害中的求生能力，难道只能通过"印尼大地震"或者我国的"唐山大地震""汶川大地震"等灾难来学习吗？

一、自然灾害中的法律路径依赖

自然灾害在法律上，往往只是作为一种不可抗力，这原本没有错误。但是，把自然灾害与"无能为力""任其自然""无所作为"和"不可避免"等字眼连在一起，而什么都不做，任由自然危险生成、发生、作用于承灾体，消极地等待或者被蹂躏、侵害、损害等，从而显现出人类社会的脆弱性，则肯定不是正确的选择。比如，当地震发生时我们在学校或者在教室、实验室、图书馆等学习场所，该怎样逃生？显而易见，我们肯定不会站在原地，任由地震波冲击，然后受伤、致残或者死亡。当地震来临时，如果正在教室上课或者实验室、图书馆学习，要在老师的指挥下，迅速抱头、闭眼、躲在各自的课桌下或课桌旁。如果是在操场或者室外活动，则可原地不动并蹲下，双手保护头部。这时，要注意避开高大建筑物或者危险物，包括构筑物，比如灯杆、各种悬挂物、搁置物等。地震初期的冲击波过后，应当有组织地撤离到应急避难场所。必要时，应在室外安全场所上课，而不是回到教室去。

地震这种自然现象的冲击波原理，是我们必须研习的基本知识。地震波按传播方式分为三种类型：纵波、横波和面波。纵波是推进波，在地壳中，纵波的传播速度为 5.5～7 千米/秒，最先到达震中，又称 P 波，能使地面发生上下振动，但是破坏性较弱。而横波是剪切波，在地壳中，横波的传播速度为 3.2～4.0 千米/秒，第二个到达震中，又称 S 波，能使地面发生前后、左右抖动，破坏性较强。而面波，又称 L 波，是由纵波与横波在地表相遇后激发产生的混合波。其波长大、振幅强，只能沿地表面传播，是造成建筑物强烈破坏的主要因素。不同的 P 波和 S 波交织，回转的波峰叠加在射入的波峰上，引起幅度的变化。每一叠加地震波的相位是关键，因为当交切的波位相同时能量会加强。通过这种"正干涉"，地震能量在某些频率波段汇集起来。如果没有地震波的几何扩散和摩擦耗散，即振动的岩石和土壤使一些波能转化为热，地震波的干涉造成的振幅增长，必然会造成灾难性的后果。地震仪器就是利用纵波快于横波的原理，通过测量横波到时减去纵波到时计算出震源距地震仪的距离，用三个以上的监测台就能把地震准确定位。

掌握了这样的知识，我们还要学习在地震时的逃生知识和逃生路线，进行转移、撤离的训练。当你看到建筑在上下摆动或者震动时，在能够跑动的情况下，就可以利用 P 波与 S 波之间形成 L 波的时间差（一般的时间差不超过 15 秒），沉着冷静有秩序地撤离。地震到来时，如果是在比较坚固、安全的房屋或者建筑物里，而无法即时逃离建筑物时，则应立即躲避到课桌下、讲台旁，或者教学楼内开间小、有管道支撑的房间，绝不可随意乱跑动，尤其是不能跳楼逃生。当然，在地震发生的第一时间，国务院应急办、国家减灾委等职能机构，会根据《国家自然灾害救助应急预案》①（简称《国家应急预案 2016》）的具体规定，启动应急响应程序，开展自然灾害的紧急应急工作。对此，我国《防震减灾法》第 50 条规定，地震灾害发生后，抗震救灾指挥机构应当立即组织有关部门和单位迅速查清受灾情况，提出地震应急救援力量的配置方案，并采取以下紧急措施：（1）迅速组织抢救被压埋人员，并组织有关单位和人员开展自救互救；（2）迅速组织实施紧急医疗救护，协调伤员转移和接收与救治；（3）迅速组织抢修毁损的交通、铁路、水利、电力、通信等基础设施；（4）启用应急避难场所或者设置临时避难场所，设置救济物资供应点，提供救济物品、简易住所和临时住所，及时转移和安置受灾群众，确保饮用水消毒和水质安全，积极开展卫生防疫，妥善安排受灾群众生活；（5）迅速控制危险源，封锁危险场所，做好次生灾害的排查与监测预警工作，防范地震可能引发的火灾、水灾、爆炸、山体滑坡和崩塌、泥石流、地面塌陷，或者剧毒、强腐蚀性、放射性物质大量泄漏等次生灾害以及传染病疫情的发生；（6）依法采取维持社会秩序、维护社会治安的必要措施。而对于公民个体而言，则要根据灾区政府的应急安排和法律规定的要求，积极配合和参与抗震救灾指挥部的工作，履行我国《防震减灾法》第 8 条规定的任何公民都有"依法参加防震减灾活动的义务"。

根据《国家应急预案 2016》和《自然灾害救助条例》（简称《灾害救助条例》）的具体规定，开展灾民救助。例如，根据《灾害救助条例》第 14 条的规定，自然灾害发生并达到自然灾害救助应急预案启动条件的，县级以上政府或者政府的自然灾害救助应急综合协调机构，应当及时启动自然灾害救助应急响应，采取下列措施：（1）立即向社会发布政府应对措施和公众防范措施；（2）紧急转移安置受灾人员；（3）紧急调拨、运输自然灾害救助应急资金和物资，及时向受灾人员提供食品、饮用水、衣被、取暖、临时住所、医疗防疫等应急救助，保障受灾人员基本生活；（4）抚慰受灾人员，处理遇难人员善后事宜；（5）组织受灾人员开展自救互救；（6）分析评估灾情趋势和灾区需求，采取相应的自然灾害救助措施；（7）组织自然灾害救助捐赠活动。同时，《灾害救助条例》第 18 条规定，灾区政府应当在确保安全的前提下，采取就地安置与异地安置、政府安置与自行安置相结合的方式，对灾民进行过渡性安置。就地安置应当选择在交通便利、便于恢复生产和生活的地点，并避开可能发生次生自然灾害的区域，尽量不占用或者少占用耕地。灾区政府应当鼓励并组织灾民自救互救，恢复重建。可见，虽然法律不能对自然灾害进行直接干预，但是，当自然危险成为致灾因子时，可以通过动用人类社

---

① 2011 年 10 月 16 日《国家自然灾害救助应急预案》经过修改，经国务院批准，2016 年 3 月 10 日由国务院办公厅印发。这个应急预案包括：1. 总则（1.1 编制目的、1.2 编制依据、1.3 适用范围、1.4、工作原则）；2. 组织指挥体系（2.1 国家减灾委员会、2.2 专家委员会）；3. 灾害预警响应；4. 信息报告和发布（4.1 信息报告、4.2 信息发布）；5. 国家应急响应（5.1 Ⅰ级响应、5.2 Ⅱ级响应、5.3 Ⅲ级响应、5.4 Ⅳ级响应、5.5 启动条件调整、5.6 响应终止）；6. 灾后救助与恢复重建（6.1 过渡期生活救助、6.2 冬春救助、6.3 倒损住房恢复重建）；7. 保障措施（7.1 资金保障、7.2 物资保障、7.3 通信和信息保障、7.4 装备和设施保障、7.5 人力资源保障、7.6 社会动员保障、7.7 科技保障、7.8 宣传和培训）；8. 附则（8.1 术语解释、8.2 预案演练、8.3 预案管理、8.4 预案解释、8.5 预案实施时间）。

会的制度形成的"对抗力",对自然灾害的作用过程和结果,进行干预或者阻止,而这种"干预"或者"阻止",实际上就是运用法律制度,提升人类社会对抗自然灾害的破坏,从而使得自然灾害的危害性能够得到限制或者控制,相关损失或者损害得以减轻。

二、法律制度资源对自然灾害的应对

自然灾害作为外在的力量,它存在、发生和作用于公民个体、群体和人类社会整体,以及社会秩序和人类的各种建造物、构筑物等,表明自然灾害作为一种人力不能预见、不能避免并不能克服的客观能量、客观物质或者客观变异情况,[①] 其对于人类社会的作用关系,便是我们关注的重点。也就是说,自然灾害的发生,站在自然界的角度,只是一种自然变异而已,并没有什么"灾"与"害"而言。比如,表1-1中,印尼位于太平洋地震带和欧亚地震带的交界处,大陆板块在这里交接,地震和火山活动频繁,每年发生的大小地震不下数千次,7.0级以上每年达到10次。对于印尼人而言,在这片土地上生活,脚下的土地常处于"振动模式"。然而,也不是每一次地震,不论震级大小,都一定要死人或者死很多人。事实上,如同表1-1显示,也确实不是这样。

如何应对像地震这样的"纯"自然灾害,人类社会的韧性城市建设就非常重要。面对自然灾害,人类社会要具有应对的"韧性",这种"韧性"的含义是:(1)从变化和不利影响中反弹的能力;(2)对于困难情境的预防、准备、响应及快速恢复能力,即"弹性"和"恢复力"这种涵盖"韧性城市"强调的长期适应能力。在自然风险面前,任何城市都要多一点"韧性"。要坚持预防为主、从实战出发,制定各种包括自然灾害突发事件在内的应急预案,建立各种积极、灵活、有效的应急机制。在完善应急装备、注重硬件建设之时,也要注意加强软件建设,立足现有条件,整合各种资源。对于新建城区,应预留应急避难空间;对于繁华地带,则应加强对应急避难场所的改建、指定工作。需要提醒的是,城市"韧性"能力的形成,还需要城市居民之间,形成互信、互助的人际关系网络。在"熟人社会"解体后,我国城市社区如何建立互信合作的亲邻关系,不仅关系着社会和谐,也关系着基层的风险应对能力。[②]

可见,自然灾害作为一种自然变异的力量、能量或者破坏性资源,也涉及我们的生命、我们的生存环境和我们的生存秩序,当然,也涉及我们自己在各种自然灾害和灾难中的生存能力。这种判断,是把视角从人类社会的宏观视角,转化成了微观视角。公民个体在各种自然灾害中如何逃生、生存或者自救、他救和互救,固然首先要考虑社会的应急制度建设,社区的应急设施建设,同时,站在纯粹的个体生存力角度,就是公民个体的应急意识、应急能力和逃生技巧、自救能力的训练、强化,以及转化成一种很强的自我保全生命的逃生能力。这种逃生能力,有时候可以是一种求生本能,然而,更多的时候,却只能是一种求生意识之下的忍耐力、承受力和困难克服力。这三种力量,需要通过法律制度和各种逃生训练加以固定、置换和显现出来。

---

① 我国《民法通则》第107条、第139条和第53条规定,因不可抗力不能履行合同或者造成他人损害的,不承担民事责任,法律另有规定的除外(第107条);在诉讼时效期间的最后6个月内,因不可抗力或者其他障碍不能行使请求权的,诉讼时效中止。从中止时效的原因消除之日起,诉讼时效期间继续计算(第107条);所谓"不可抗力",是指不能预见、不能避免并不能克服的客观情况(第107条)。

② 夏斌:《风险面前,城市要多一点"韧性"》,载《解放日报》2016年6月6日,第11版。

其实，通过立法，把应对自然灾害变成国家机关及其工作人员的职责、义务、合作机制建设，是人类社会发明的应对自然灾害的制度力量。从这个意义上看，自然灾害是一种刚性的自然变异能量的释放，具有相当的破坏性、危害性，使人类社会显现出脆弱性、易损性来，并以已损性、危损性等表现出来。人类社会发明的对抗自然灾害的制度力量的原理是：

（1）灾前期的自然危险预防。即自然灾害的预防原理，是通过强化人类社会各种物质或者有形化的工程抗灾能力来防灾，比如建筑物的防震设计、阻燃材料使用、逃生通道建设，以及行蓄洪区建设、人防工事、地下防御设施等。在现代，最为典型的还包括"物资储备制度"即防灾救灾物资储备库建设，以及各种应急预案制定、修改和防灾减灾法律制度建设，各种应急演练、逃生能力训练等。灾前期的防灾能力建设，在目前和今后相当长的时间内，是我国防灾减灾法律制度建设的重点和核心。比如，我国海绵城市的建设中，从 2015 年起，城市新区要全面落实海绵城市建设要求；老城区要结合棚户区和城乡危房改造、老旧小区有机更新等，以解决城市内涝、雨水收集利用、黑臭水体治理为突破口，推进区域整体治理，逐步实现小雨不积水、大雨不内涝、水体不黑臭、热岛有缓解。建立工程项目储备制度，避免大拆大建，[①] 就是我国城市灾害防御的重要举措。

（2）临灾期的自然危险应急。即自然灾害能量和破坏资源的应对原理，在自然变异或者各种自然危险作为致灾因子、孕灾环境已经形成，并在发生破坏作用刚刚开始的时候，人类社会通过启动应急响应机制，以应急预案形成的社会组织力、社会制度资源应对力和社区居民的个体逃生力的组合，来抵御、防范和化解自然危险能力和破坏资源。这是利用人类社会的组织能力和制度力量，抵御自然危险对于人类社会的脆弱性、易损性的聚集、强化或者释放、扩大的负影响，增加人类社会的第一韧性，即应对属性。比如，汶川大地震之前，我国已颁布《防震减灾法》（1997 年 12 月 29 日通过，1998 年 3 月 1 日施行），也有《四川省防震减灾条例》，[②] 2006 年 6 月 15 日《国务院关于全面加强应急管理工作的意见》（国发〔2006〕24 号文，6 部分 24 条），指出地方各级政府建立和完善突发公共事件应急处置工作责任制，将落实情况纳入干部政绩考核的内容，构建全社会共同参与的应急管理工作格局，[③] 汶川大地震的抢险救灾、应急救援和灾后重建的成效，充分证明这些法律法规和制度建设是完全正确的。

（3）灾后期的恢复重建能力。自然危险转化成自然灾害之后，便是对人类社会带来的已损性、危损性或者破坏性，呈现出大量的人员死伤残、巨量财产的毁灭或者破坏，以及人类社会秩序的严重破坏，等等。而这三种类型的损失，便是自然灾害的承灾体对

---

① 国务院办公厅《关于推进海绵城市建设的指导意见》（2015 年 10 月 16 日），三、统筹有序建设（六）统筹推进新老城区海绵城市建设。

② 1996 年 6 月 18 日，四川省第 8 届人大常委会第 21 次会议通过《四川省防震减灾条例》（7 章 52 条）；1999 年 12 月 10 日，四川省第 9 届人大常委会第 12 次会议通过对《四川省防震减灾条例》的修正案（7 章 53 条），2012 年 5 月 31 日，四川省第 11 届人大常委会第 30 次会议修订了《四川省防震减灾条例》，自 2012 年 10 月 1 日起施行，至此，这个条例变成 8 章 70 条。

③ 《国务院关于全面加强应急管理工作的意见》，六、加强领导和协调配合，努力形成全民参与的合力：（20）进一步加强对应急管理工作的领导；（21）构建全社会共同参与的应急管理工作格局。

于自然危险的已损性，在灾后期需要通过人类社会特有的"疗伤能力"，以灾后重建制度，比如临时安置、过渡安置制度、对口支援制度、灾区重建和灾民救助制度等，清理自然灾害废墟、修复被破坏的物质设施，修补受到创伤的文化资源，平复应激性心理障碍者（即 PTSD 患者）的心智能力，还有，采取各种各样的措施，比如《灾后重建总体规划》《灾后重建专项规划》和灾后重建基金、灾后重建地方债券，以及个人灾后住房共建、定向捐赠和灾害遗址博物馆、灾害纪念馆，整理灾害史料等形式，以彰显出人类社会对于自然灾害的恢复力。

所以，在"灾害三期"，人类社会应对自然危险和自然灾害的能力，既有硬件——各种物质设施和工程抗灾能力的建设，包括各种救灾应急物资的仓储制度的建设，也有软件——人类社会防灾、救灾、减灾制度的建设，包括各种自然灾害应急预案、防灾减灾法律制度和应急制度、重建制度机制建设，以及各级政府、社会和公民个体逃生应急、自救、他救和互救能力训练措施，等等。比如，四川省人民政府《汶川地震灾区城镇受损房屋建筑安全鉴定及修复加固拆除实施意见》（四川省人民政府令第 226 号，2008 年 8 月 8 日，共 6 章 34 条）的发布，就对四川灾区的受损房屋的灾后恢复重建，起到了非常积极的作用。于是，防灾、救灾和减灾等人类社会的应急和减灾意识、能力、物质支持和各种手段的有意识构建、建设和完善，便是法律制度资源对于自然灾害的积极而有效的应对了。2016 年 12 月 19 日，《中共中央、国务院关于推进防灾减灾救灾体制机制改革的意见》（简称《减灾体制意见》）发布，预示着我国综合防灾减灾救灾体制机制建设，即重点是防灾的时代已经到来。

三、自然灾害中人的双重身份——承灾体与减灾体

人作为承灾体，是指公民个体在自然危险成为自然灾害时，承受、承担和承接自然危险的流量、能量在短时间释放产生的破坏力，而导致人员伤亡致残或者心理创伤的情形。一般而言，任何人遇到重大或者特大自然灾害时，不可能没有任何负面的影响或者作用，有时候，自己或者家人、亲友都可能安全、平安，但是，看到其他人因灾死亡、受伤致残或者失踪，总会产生严重的心理不适应。何况出现自己受灾，亲友罹难、受伤、致残或者失踪等情形，有时候，严重的财物毁损灭失或者成为废墟的情形，也会严重损伤灾民的心理，使其成为应激性心理障碍患者（即 PTSD）。

当然，人作为减灾的主体，则是通过灾前期防灾、临灾期应急和灾后期重建等"灾害三期"，在人类社会的防灾减灾救灾体制建设方面，在综合防灾减灾救灾立法和公民个体的防灾能力建设方面，发挥人的积极性、主观能动性，把国家的防灾减灾救灾立法和综合机制方面的优势，变成公民个体的减灾能力，从而依靠社会动员机制和公众参与机制，结合环境保护义务、节约资源的责任，变成一种社会强大的防灾减灾救灾力量。比如，2013 年 10 月初的国庆大假期间，编号 1323 号台风"菲特"① 和编号 1324 号

---

① 2013 年第 23 号台风"菲特"（英文名：Typhoon Fitow，名字来源：密克罗尼西亚，名字意义：一种美丽芬芳的花），曾在 2001 年和 2007 年生成，并对我国华南沿海城市造成影响。2013 年 10 月 6 日 19：00，"菲特"风速：42 米/秒，移速：18 公里/小时，东经：122°，北纬：26.7°，气压：955 百帕，近中心最大风力：14 级，所到之处造成严重的台风灾害。

"丹娜丝"台风①给浙江省多地带来了严重的洪涝灾害，而浙江嘉兴市海盐县更是出现了历史上的最高水位，面临的防汛形势尤其严峻。海盐县动员广大干部群众、武警官兵和公安民警等社会各阶层力量，投入到应对双台风的减灾救灾过程中。海盐的主城区没有出现严重的洪涝灾情，全县没有一人因灾死亡，② 主要得益于海盐建设的城市防洪工程。多个闸口将海盐主城区牢牢"围住"，在城外水位4米多高的情况下，内河水位仍能保持在3.2米。如果没有此前建设的城防工程，海盐主城区不免要遭受水淹之痛。从这个意义上说，社会动员需要利用科学的手段，促进人、财、物、科技等各种资源在各种自然灾害的应急动员中发挥最大的配置效益，而非简单地发动所有人一起前往现场抢险救灾。此次海盐县在救灾减灾过程中，武原街道红益村出现多处决堤险情，海盐县在动员公安、武警等人员进行抢险的同时，首次召集工程技术人员参与制定抢险方案和现场抢险，取得明显成效。所以，全体社会成员需要建立共同应对灾害的广泛共识。相关政府部门应在平时积极引导社会成员参与各种公共议题的决策、执行过程，增强其主人翁意识。在公安、武警等各方力量努力堵住海盐的多处决口时，当地不少群众积极协助，发挥了自己的力量。这样的主人翁意识难能可贵，同时，也是一个强大的社会动员机制所必需的。③

2008年"5·12"汶川地震之后，国家设立"防灾减灾日"，社会动员和公众参与减灾救灾的理念，受到越来越多的重视和关注。面对防灾救灾和减灾的局面，全社会要学会将有限的物质资源、人力资源和制度资源等等积极调动起来，根据防灾救灾和减灾的需要，进行有效、积极和超越时空限制的重新配置，只有这样，才能在很短的时间内，形成应对各种自然灾害的强大社会资源的合力与凝聚力。这种依靠强大的社会动员与公众参与机制，塑造我国防灾救灾和减灾机制，总比临时抱佛脚式的仓促应对要好得多，强化各级政府和国家的综合防灾减灾救灾能力，以及全方位、多层次的合作、配合机制，包括流域合作与配合、区域合作与配合和国内外合作与配合的机制建设，那么，相信凭借"四个自信"④ 构建的我国综合防灾减灾救灾体制，必然能更有效地减轻和降

① 2013年第24号台风"丹娜丝"（英文名：Typhoon Danas，名字来源：菲律宾，名字意义：体验及感受）为2013年太平洋台风季第22个被命名的风暴。"丹娜丝"的风暴中心2013年10月8日08：00位于浙江省舟山市东偏北方大约490公里的东海北部海面上，即北纬31.2度、东经127.1度，中心附近最大风力有14级（42米/秒），中心最低气压为955百帕，7级风圈半径330公里，10级风圈半径130公里。

② 相比之下，截止到2013年10月7日受台风1323号台风"菲特"和1324号台风"丹娜丝"的双重影响，浙江宁波市辖的余姚市遭遇新中国成立以来最严重水灾。70%以上城区受淹，主城区城市交通瘫痪。因为进水导致部分变电所、水厂、通信设备障碍，供电供水出现困难。到2013年10月8日，余姚市是受"菲特"影响最大的区域，雨情大、水情险、灾情重。全市21个乡镇、街道均受灾，受灾人口832, 870人（占余姚2013年全市人口835, 068人的99.74%。数据来自《2013年余姚市国民经济和社会发展统计公报》十一、人口、居民生活、社会保障、社会组织），城区大面积受淹，主城区城市交通瘫痪，大部分住宅小区低层进水，主城区全线停水、停电，商贸业损失严重。2013年10月10日上午，余姚市洪涝区一加油站发生汽油泄漏，当日12：30，泄漏汽油已经形成500平方米的油面，消防战士正在现场紧急处置。2013年10月11日，积水区域才普遍下降50厘米左右，但部分地区积水依旧较深，城区积水全部退去要是2013年10月12日以后的事了。

③ 胡金波：《依靠社会动员机制防灾救灾》，嘉兴在线新闻网，2013年10月10日，http://www.cnjxol.com/xwzx/jxxw/qxxw/hy/content/2013-10/10/content_2914122.htm。

④ 习近平总书记在庆祝中国共产党成立95周年大会上，明确提出：中国共产党人"坚持不忘初心、继续前进"，就要坚持"四个自信"，即"中国特色社会主义道路自信、理论自信、制度自信、文化自信"。他还强调指出，"文化自信，是更基础、更广泛、更深厚的自信"。

低各种自然灾害带来的损失。

2011年8月12日，首届防灾减灾市长峰会在成都闭幕。会上，来自亚洲、非洲、美洲及欧洲33个国家的市长、市政议员、国会议员、大使、民间团体代表、科学社团及联合国机构代表等200多位代表，发布了《成都行动宣言》，① 来自国内外10个城市的市长签字，加入"让城市更具韧性，我们的城市已经做好准备！"行动行列。这种将防灾减灾与城市规划相结合，在成都市开创了4年内建成避难网络的先例。联合国国际减灾战略署执行干事海伦娜表示，成都在应对"5·12"汶川大地震中，最大的亮点是能够在短时间内动用国家的资源，制定科学的计划来支持救援。在地震两年之后，很多重建工作已经接近尾声，这点非常可贵。② 这种评价，期待有朝一日，变成作者对各位学习者减灾能力特别是逃生能力的一种评价。

2017年11月，"四川大学自然灾害应急管理与灾后重建研究智库"获得批准，作者是首席专家之一。2018年6月26日~7月11日，作者带领"四川大学－香港理工大学灾后重建与管理学院博士调研团"到四川三州地区进行自然灾害法律问题的专题调研，对地方应对自然灾害的法治能力有了进一步体会和认识。2018年8月25日，作者申请的国家社科基金项目《防大灾救大险法治能力提升研究》，获得重大研究专项项目立项（项目编号：18VFH020），对自然灾害与政府法制能力关系的研究，开始全面起步。

---

① 《成都行动宣言》的主要内容：（1）加强合作，包括提供各种与"让城市更具韧性十大指标体系"有关的优秀经验及合作机会，并与其他城市分享成功应用的工具、方法和法令；（2）将减灾韧性指标与城市发展规划结合起来；（3）组织公共意识宣传教育活动；（4）建立国际机制，履行义务；（5）加强城市层面的灾害和应急管理，协调利益相关者及市民团体，使其成为应急管理的必要组成部分，并且，应该更加关注那些极易遇到危险和应对能力有限的城市贫民。

② 赖芳杰、谈思岑等：《防灾减灾市长峰会闭幕，"成都宣言"让城市更具韧性》，载《华西都市报》2011年8月13日，第2版。

上编　认识论──自然灾害的法律性

第一章　自然灾害──法律上的不可抗力

2016 年 10 月 13 日，联合国国际减灾战略署在"国际减灾日"发布的一项报告显示，过去 20 年中，全球约 135 万人死于自然灾害，其中，地震与海啸造成的死亡人数占全球总死亡人数的 56％。因此，2016 年国际减灾日的主题是"用生命呼吁：增强减灾意识，减少人员伤亡"。这份名为《贫穷与死亡：1996 至 2015 灾害死亡率》的报告指出，自然灾害导致的死亡人数与收入和发展水平直接相关；过去 20 年中，中低收入国家死于自然灾害的人数为 122 万，占全球总比例的 90％。从绝对死亡人数来看，近年来饱受地震、干旱、飓风等困扰的海地成为受自然灾害摧残最为严重的国家，1996 年至 2015 年，海地共有近 23 万民众在自然灾害中不幸丧生。排在其后的依次为印度尼西亚（18.2 万）、缅甸（13.9 万）、中国（12.3 万）和印度（9.7 万）。2016 年 10 月初，加勒比海地区超强飓风"马修"袭击海地，造成至少数百人死亡。

联合国国际减灾战略署发言人丹尼斯·麦克莱恩在日内瓦说："对飓风'马修'这种已做出完善预报的灾害来说，造成数以百计的死亡人数完全不可接受。发出预警及撤离都有足够多的时间，但现在必须要问，在海地地震发生 6 年后，充分的多危险警报系统为何未能就位，确保最大程度减少损失？"在距 2016 年 11 月 7 日摩洛哥马拉喀什第 22 届联合国气候变化大会（COP22）开幕还有三周的时间，该报告还指出，近 20 年全球与气候相关的自然灾害数量增长显著，1996 年至 2015 年共发生 6391 起干旱、洪水、热浪等与气候相关的自然灾害，平均每年 319.55 起各种自然灾害，较 1976 年至 1995 年区间段的 3017 起增长 1 倍以上。为此，联合国国际减灾战略署署长、联合国秘书长减灾事务特别代表罗伯特·格拉塞尔说，过去 20 年中，地震与海啸是吞噬最多生命的自然灾害；但近 15 年内，极端天气造成死亡人数比例已超过地震与海啸，并且，与气候相关的自然灾害导致的死亡案例，大多发生在温室气体排放较少的中低收入国家。[①] 由此而言，对自然灾害的关注，是 90 后、00 后大学生人文社会科学素质增长，尤其是

---

① 张淼：《联合国报告：过去 20 年全球 135 万人死于自然灾害》，国家减灾网，2016－10－13，http://www.jianzai.gov.cn//DRpublish/gjjz/0000000000020447.html，最后访问：2016－10－13。

自然灾害莅临时，自救与求生能力养成的必然选择。

第一节 自然灾害的含义

一、文化中的"灾""害"

（一）"灾"的源起与字义

"灾"字的来源解释上，多认为：第一，"灾"字源于水不是源自火。最早的"灾"源自《卜辞》，是水的横写，是象形字，有恣意横流、左冲右撞之意；第二个"灾"是个会意字，在"川"的三道之间有两斜横，意为川被横断，造成水灾；第三，"灾"是形声字，"川"字中间一竖变成"才"字作声符。灾，会意字。甲骨文字形，像火焚屋的形状。小篆从川，表水；从火。水火都是灾祸之源。本义：火灾从宀（mián）从火，火起于下，焚其上也。现代的汉字简体字，将灾、烖合并为灾。灾，在从巛从火之后，其意思为"天火"。而"烖"则是人火，应当诛伐之意。下火上宀为灾（宀、火）；天火下行为灾（巛、火），人火诛伐为烖。天反时为灾，地反物为"妖"。《左传·宣公十六年》：凡火，人火曰火，天火曰灾。《周礼·司服》注："水火为害。"王充《论衡》："人君失政，天为异；不改，灾其人民；不改，乃灾其身也。"有"伤害，使受灾害"之意，而《汉书》则有"滥炎妄起，灾宗庙，烧宫馆"之语，灾为"焚烧"的意思。

与"灾"字关联的词语：（1）灾害（calamity；disaster），是旱、涝、虫、雹、战争、瘟疫等造成的祸害的情形；（2）灾患（calamity），即灾害、灾难；（3）灾荒，是指由于自然灾害造成饥馑；（4）灾祸，即灾难、灾害；（5）灾民，是指受到灾情威胁的难民；（6）灾难，是自然的或人为的严重损害；（6）灾年，指受灾之年、荒年；（7）灾情，指受灾的情况；（8）灾区，指受到灾害危害或者承受灾害损失的地区；（9）灾星，即给人带来厄运或灾难的人或事物，是一种比喻的说法；（10）灾殃，即灾难、祸殃。由此而言，与"灾"字组合的词语，多是带有相当消极含义的词语，表现出"灾"的一般社会属性——灾难性、损失性或者对于人类社会的危害性。

（二）"害"的源起与字义

害，食野草也。芋野草也，不是丰。丰，麦穗也。其解释：第一，会意。从宀（mián），从口从芋；第二，同本义，英文相近的单词为：impair、injure、damage、harm等。"害"字的四种词性，其含义各不相同：

1."害"作为动词。（1）"害"字，会意。从宀（mián），从口，丰（gài）声。从"宀"、从"口"，意思是言从家起，而"言"又往往是危害的根源。（2）本义为"伤害""损害"。（3）"害"的本意，伤也。（4）害所得而恶也。如《韩非子·六反》害者，利之反也；《论语·卫灵公》志士仁人，无求生以害仁，有杀身以成仁。又如害心（害人害物的心思。即杀心）、害虐（伤害虐待）、害身（伤害身体）。（5）妨碍，妨害。例如：他设置重重障碍，这可害了我。（6）谋杀，谋害。例如：他在上班的路上被害；他为仇人所害。（7）妒忌。（8）招致某种后果。（9）加祸。（10）怕羞。（11）感觉。如：害乏（感到疲乏）；害饥（感到饥饿）；害疼（感觉疼）。（12）患病，发生疾病。（13）怕。如：害慌（害怕；发慌），等等。

2. "害"作为名词。（1）灾害。祸害（disaster；calamity）。如：《墨子·兼爱中》必兴天下之利，除去天下之害。（2）另一表述。害咎（灾祸）；害患（祸患）；害灾（灾害）。（3）人身重要的部位。（4）险要的处所。如张衡《东京赋》："守位以仁，不恃隘害。"（5）恶人。如：为民除害。

3. "害"作为形容词。（1）有害的。如：害虫；害兽。（2）"害"读音 hé（副词），通"曷"，何不。《书·大诰》：王害不违卜。《汉书·翟方进传》：予害敢不于祖宗安人图功所终？（3）另见害"hài"。汉字首尾分解：宀口会意。金文和小篆都是从宀（mián），从口。从"宀"、从"口"，表示同在一个屋檐下说话，而中间是三层物质被一个尖利的东西所贯穿，表示所说的话尖酸刻薄，因此，本义为"同在一个屋檐下的人说尖酸刻薄的话伤人"。英文单词为 impair；injure；damage；harm 等。

4. "害"的常用词组。（1）害病。生病。（2）害虫。凡直接或间接对人类有害的虫类。如苍蝇、蚊子，有的危害农作物，如蝗虫、螟虫、棉蚜等。（3）害处。对人或事物有害的地方。（4）害口。（方言）指妊娠反应。（5）害马。有害马的，后指危害集体的人。（6）害命。杀害性命、图财害命。（7）害怕。面临险境而心中恐惧、惊慌。（8）害群之马。"害马"本指损伤马的自然本性。后凡足以损害同类或团体的人，都称为害马或害群之马。（9）害人。使人受害的行为或过程。（10）害人不浅。把别人坑害得很厉害。如：《西游记》：恐日后成了大怪，害人不浅也。（11）害人虫。比喻害人的人。（12）害臊。怕羞。（13）害兽。对人类有害的各种兽类，如獾、狼、野猪等。（14）害喜。指孕妇怀孕期间恶心、呕吐、不思饭食等种种反应。也说"害口"。（15）害羞。感到不好意思；难为情。（16）害眼。眼睛患病，特指患急性结膜炎。（17）害月子。（方言）见"害喜"，等等。

（三）"灾害"的本义与转义

"灾害"二字连用，构成一个名词。因此，灾害是一个具有灾因（致灾因子）、灾变（孕灾环境）和灾果（灾害后果，承灾体对灾害后果的承受与表现）的"三灾"现象，属于自然界与人类社会在物质和能量交换过程中，必然发生的一种社会现象。

理论上，灾害就是天灾人祸造成的损害。如：《左传·成公十六年》："是以神降之福，时无灾害。"《史记·秦始皇本纪》："阐并天下，甾害绝息，永偃戎兵。"清唐甄《潜书·格君》："灾害不生，嘉祥并至。"有人把"灾害"定义为能够给人类和人类赖以生存的环境，造成破坏性影响的事物、事件或者事情的总称。"灾害"本身表达的中心思想，是各种致灾因子或者引发自然灾害的因素的组合，必然会形成一种灾变，也就是孕灾环境的宏观、中观或者微观的灾变环境，于是灾害后果的发生也就是一种必然现象。这种现象，可以概括为人员生命健康、各种财产和社会秩序等承灾体，对各种自然灾害致灾因子的发生作用即灾害后果的承受与具体表现。由此而言，"灾害"只是一种自然界某种能量或者物质发生灾变某一现象的大概描述，并不表示该灾害发生的具体程度，即灾度状况。

现实社会中，灾害的发生是各种致灾因子共同作用的结果，灾害发生后，可以扩张和发展并演变成灾难。如人畜共患的传染病大面积传播和流行，就会导致公共卫生灾难即严重的公共卫生事件。在我国，发生于 2002 年 11 月，大面积流行于 2003 年 5 月前后的 SARS 即非典，就是一次非常严重的传染病灾害。因此，一切对自然生态环境、人类社会的物质和精神文明建设，尤其是人们的生命、财产和社会秩序等造成严重危害的自然灾害、事故灾难、公共卫生事件和社会安全事件等，都属于灾害范畴。

二、"自然灾害"的一般定义

自然灾害（Natural disasters），又称天灾。① 理论上给它的定义可以归纳为：以自然变异为主因产生的，并表现为自然态的灾害；② 或指发生在生态系统中的自然过程，是可导致社会系统失去稳定和平衡的非常事件，或者可能导致社会破坏和损失的自然现象。③ 自然灾害，是指自然界中所发生的异常现象，这种异常现象给周围的生物造成悲剧性的后果，相对于人类社会而言即构成灾难。世界气象组织④表示，所有的天灾有90％与天气、水和气候事件有关。由此而言，自然灾害分为地质灾害、气象灾害、气候灾害、水文灾害、生态灾害和天文灾害等。我国官方没有给自然灾害下过正式的法律定义，在相关官方文件中，自然灾害主要包括干旱、洪涝灾害，台风、风雹、低温冷冻、雪、沙尘暴等气象灾害，火山、地震灾害，山体崩塌、滑坡、泥石流等地质灾害，风暴潮、海啸等海洋灾害，森林草原火灾等。⑤ 这些概念，大多是从灾异的角度，揭示了自然灾害的最基本的特性：它是一种自然现象。即一般而言，人们对于自然灾害这种灾变的自然过程后果，只能消极地加以承受而无法逃避。

可见，从人们对自然、人类与自然之间的相互关系上看，"自然灾害"一词，似乎要表达的是自然界的变异或者灾变，都是自然界的因素或者原因，与人类的各种社会活动应当无关联。这种观点或者认识，在古代或者科学技术不发达的时代，似乎有道理。但是，在今天，在环境生态安全与灾害法学兴起的时代，这种对自然灾害的认识，是不正确的。理由是，自然界的运动，固然可能是一种变异或者灾变，但是，在人类与自然、自然与人类、人类与人类这三个层面不同作用方向的相互作用关系来看，由于人类依赖自然环境、资源而生存和发展，于是，人类对于自然环境、资源利用的过度，破坏

---

① 《辞海》（1979 年版），第 2802 页。

② 马宗晋：《自然灾害与减灾 600 问答》，地震出版社 1990 年版，第 3 页。

③ 谢礼立：《自然灾害学报》（发刊词），载《自然灾害学报》1992 年第 1 期，第 2 页。

④ 世界气象组织（World Meteorological Organization，WMO）是联合国的专门机构之一，是联合国系统有关地球大气现状和特性、它与海洋的相互作用、它产生的气候及由此形成的水资源的分布方面的权威机构。其前身为"国际气象组织（International Meteorological Organization，英文简称 IMO）"，是 1872 年和 1873 年分别在莱比锡和维也纳召开的两次国际会议后于 1878 年正式成立的非官方性机构。1947 年 9 月在华盛顿召开的各国气象局长会议，通过《世界气象组织公约》，1950 年 3 月 23 日该公约生效，国际气象组织改名为"世界气象组织"。1951 年 3 月 19 日在巴黎举行世界气象组织第一届大会，正式建立机构。同年 12 月，成为联合国的一个专门机构。1960 年 6 月，世界气象组织通过决议，把每年 3 月 23 日定为"世界气象日（World Meteorological Day）"。每年世界气象日，世界气象组织和国际气象界都围绕一个相关主题，举行宣传活动。例如，2009 年世界气象日的主题为"天气、气候和我们呼吸的空气"，而 2016 年世界气象日主题为"直面更热、更旱、更涝的未来"。世界气象组织根据气象、水文业务性质，将技术委员会分为两组 8 个委员会：A 基本委员会，包括基本系统委员会（CBS）、大气科学委员会（CAS）、仪器和观测方法委员会（CIMO）和水文学委员会（CHY）；B 应用委员会，包括气候学委员会（CCL）、农业气象学委员会（CAGM）、航空气象学委员会（CAEM）、世界气象组织/政府间海洋委员会海洋和海洋气象联合委员会（JCOMM）。中国是 1947 年世界气象组织公约签字国之一，在 1972 年 2 月 24 日世界气象组织会员大会上，加入世界气象组织。中国香港、中国澳门特别行政区是 WMO 地区会员。自 1973 年起，中国一直是该组织执行理事会成员。

⑤ 《国家自然灾害救助应急预案》（2016 年 3 月 10 日修订），第 8.1 条。

力加大，必然导致自然变异增加和强化。所以，在纯粹的自然灾害之外，就有了自然人为灾害、人为自然灾害和人为灾害等新型的灾害类型。我国官方的"自然灾害、事故灾难、公共卫生事件和社会安全事件"的分类中，实际上是把自然灾害当成纯粹的自然灾难，其他三种作为人为灾害来看待的。

由此，作者要强调：对"自然灾害"一词的理解，要分成几个层面：（1）绝对无人为因素的自然灾害。比如，地震灾害大多数属于此类。（2）有一定人为因素的自然灾害。比如，泥石流灾害在已经探明滑坡和地质结构被破坏，又大量降水的情况下，不进行有效治理和避让性人员迁移和财产转移而导致严重的泥石流或者滑坡灾害的，就是这类灾害的典型。（3）有明显人为因素的自然灾害。比如，华北地区冬春季节多发的雾霾灾害，就是以气候因素为基础，而以人类的生产活动（包括大气排污型生产和扬尘型作业）、生活活动（冬春季采暖、餐饮加工和各种烧烤）、大量机动车出行等社会性活动，成为大气环境中，空气中的气溶胶、灰尘、硫酸、硝酸、有机碳氢化合物等粒子，在大气相对湿度出现饱和趋势下，产生的一种大气污染灾害。这种灾害虽然也可以称之为自然灾害，但是，更多的是因为人类活动产生了过量的大气环境污染，超出了大气环境质量标准也就是大气清洁和适宜于人类健康呼吸的最低容量，而导致的一种大气灾害。所以，雾霾天气作为一种大气污染状态，是对大气中各种悬浮颗粒物，尤其是 PM2.5（空气动力学当量直径小于等于 2.5 微米的颗粒物）含量超标的笼统表述。

由此可见，人类的活动与雾霾灾害，存在着必然的内在联系。那么，雾霾灾害应当属于人为灾害而不是自然灾害。在灾害法学研究过程中，作者把人类社会和单个人的个体的这种引发和导致自然灾害的属性，定义为"人的致灾性"，并区分为"人的致灾性与人的微致灾性""人的个体致灾性、人的群体致灾性和人的整体致灾性""人的生产行为致灾性与人的生活行为致灾性"，等等。

三、"自然灾害"的法律定义

在我国，有关自然灾害的立法中，直接规定自然灾害定义的国家立法，没有找到先例。在我国行政法规和地方立法中，对自然灾害的定义，采取了四种立法处理方法：（1）定义回避法与单行定义法。即法规当中不给自然灾害直接下定义，也就是没有定义的立法方法。比如，我国《自然灾害救助条例》（2010 年 6 月 30 日通过，2010 年 9 月 1 日施行）中，就没有给"自然灾害"下一个明确的定义。不过，我国的许多单灾种立法中，则有具体灾种的法律定义。例如，《气象灾害防御条例》（2010 年 1 月 20 日）第 2 条规定，气象灾害，是指台风、暴雨（雪）、寒潮、大风（沙尘暴）、低温、高温、干旱、雷电、冰雹、霜冻和大雾等所造成的灾害；《地质灾害防治条例》（2003 年 11 月 19 日）第 2 条规定，地质灾害包括自然因素或者人为活动引发的危害人民生命和财产安全的山体崩塌、滑坡、泥石流、地面塌陷、地裂缝、地面沉降等与地质作用有关的灾害。[①]

（2）灾害损失定义法。如《贵州省自然灾害救助款物管理办法》（2007年9月24日）第3条规定，自然灾害，是指因干旱、洪涝、风雹、地震、低温冷冻、雪灾、病虫害、滑坡、泥石流等造成的损害。这个定义，从"自然致灾因子""致灾因子类型"和"造成损害"等三个角度，揭示了自然灾害的核心内涵：自然变异作为自然灾害的基本要素，是以致灾因子的面目出现的。由此而言，致灾因子的多类型化，意味着自然灾害的多种类化，以及所造成灾害损失的复杂化和法律属性的综合性。

（3）致灾因子列举法。即自然灾害，是指暴雨洪涝、干旱、台风、风雹、大雪等气象灾害，风暴潮、海啸等海洋灾害，山体崩塌、滑坡、泥石流等地质灾害，地震灾害，森林草原火灾和重大生物灾害等。[②] 这是地方立法中常采用的定义，尽管采取了列举主义的方法，但是，仍然没有揭示出自然灾害的基本内涵。例如，《云南省自然灾害救助规定》（2012年12月7日）第2条规定，自然灾害主要包括：干旱、洪涝灾害，风雹（含狂风、暴雨、冰雹、雷电）、低温冷冻、雪等气象灾害，地震灾害，山体崩塌、滑坡、泥石流等地质灾害，森林草原火灾和重大生物灾害等。自然灾害的等级，按照国家和云南省规定的分级标准，分为特别重大、重大、较大和一般四级。

（4）自然灾害救助定义法。在我国的自然灾害救助立法中，往往也对自然灾害的直接法律定义采取了回避的态度，而是采取了"自然灾害救助"的方法。例如，《湖北省自然灾害救助办法》（2016年1月4日）第2条规定，自然灾害救助，是指对因自然灾害造成或者可能造成人身伤亡、财产损失，生产生活受到影响的人员，依法及时提供必要的生活救助，保障其食品、饮用水、衣被、取暖、安全住所、医疗防疫等基本生活需要。《广东省自然灾害救济工作规定》（2002年6月24日）第2条规定，自然灾害救济是指各级人民政府对具有本省常住户口、在本行政区域内遭受自然灾害、无法维持基本生活的人员给予的救助。

《国家自然灾害救助应急预案》（2016年3月10日修订）第8.1条"术语解释"规定，自然灾害主要包括干旱、洪涝灾害，台风、风雹、低温冷冻、雪、沙尘暴等气象灾害，火山、地震灾害，山体崩塌、滑坡、泥石流等地质灾害，风暴潮、海啸等海洋灾害，森林草原火灾等。仍然采取的是自然灾害类型列举定义法。而《自然灾害管理基本术语》（GB/T 26376－2010，简称《自然灾害术语》）第2.1条规定，自然灾害

[①] 其他如：《陕西省防御与减轻滑坡灾害管理办法》（2000年6月15日）第2条规定，滑坡灾害是指山坡、黄土塬、梁、峁边缘斜坡及人工边坡因自然或人为因素而产生滑动（含崩塌）所造成的灾害；《江西省雷电灾害防御办法》（2011年12月26日）第2条规定，雷电灾害是指因直击雷、雷电电磁脉冲等所造成的灾害；《昆明市雷电灾害防御条例》（2012年10月31日）第2条规定，雷电灾害防御是指防御和减轻雷电灾害的活动，包括对雷电灾害的监测预警、调查研究、评估鉴定和防雷活动的组织管理、风险评估、科普宣传、雷电防护工程的专业设计、施工监督、验收以及雷电防护装置检测与维护等。

[②] 再如：《江苏省自然灾害救助办法》（2016年9月27日），第2条；《安徽省自然灾害救助办法》（2015年4月2日），自然灾害包括：洪涝、干旱、台风、风雹、雷电、大雪、高温热浪、低温冷冻等气象灾害，山体崩塌、滑坡、泥石流等地质灾害，地震灾害，森林火灾和重大生物灾害；《贵州省自然灾害防范与救助管理办法》（2015年1月9日）第2条，自然灾害主要包括旱灾、暴雨洪涝、风雹、低温冷冻、雪灾等气象灾害，地震灾害，山体崩塌、滑坡、泥石流等地质灾害，森林火灾和重大生物灾害等。

(natural disaster) 是由自然因素造成人类生命、财产、社会功能和生态环境等损害的事件或现象，包括气象灾害、地震灾害、地质灾害、海洋灾害、生物灾害、森林或草原火灾等。这是我国官方第一次对"自然灾害"给予具有法律意义的定义。①

第二节 唐山大地震及其教训

一、唐山大地震的发生

1976 年 7 月 28 日 03:42:53，河北省唐山、丰南（东经 118.2°，北纬 39.6°）发生强度里氏 7.8 级（矩震级 7.5 级）大地震，震中烈度Ⅺ度，震源深度 12 公里。震中位于唐山市开平区越河乡；地震持续时间约 12 秒，有感范围达 14 个省、市、自治区，其中，北京市、天津市受到严重波及。此次大地震产生的能量，相当于 400 颗广岛原子弹爆炸的当量。

唐山大地震之前，没有小规模的前震，而且，地震发生于凌晨人们熟睡之时，使得绝大部分人处于毫无防备状态；唐山大地震发生后不久，整个唐山市顷刻间夷为平地，唐山全市交通、通讯、供水、供电中断。由于唐山市房屋和各种建筑物、设施等，缺乏有效的抗震设计和工程防震加固，682267 间民用建筑中，有 656136 间倒塌和受到严重破坏，严重的房倒屋塌和各类设施的毁坏，导致 242769 人死亡，164851 人重伤（1978年 11 月 17 日至 22 日统计数据），544000 人轻伤，4204 个孩子成为地震灾害的孤儿。据统计，唐山大地震造成的直接经济损失 30 亿元人民币以上。此次大地震被列为 20 世纪世界大地震史上，死亡人数之首，仅次于明代嘉靖年间陕西省华县 8 级特大地震（史称"关中大地震"②）。

2012 年 5 月 28 日 10:22，唐山市辖区、滦县交界发生的 4.8 级地震。专家称为 30多年前唐山大地震的正常余震活动。而且地震的活动规律符合余震的一条重要定律——"大森定律"（1894 年，日本科学家大森房吉发现的规则），即主震发生后，时间越久，余震发生频率越低。由于任何一次大的地震之后，其余震难以预测并且容易造成重大人员和财产损失，因此，余震也常被称为"地震后的幽灵"。

唐山大地震给全世界的地震研究提供了一个极其痛苦但又极具价值的天然"实验

---

① 《自然灾害管理基本术语》GB/T 26376-2010 由民政部提出，由全国减灾救灾标准化技术委员会归口，由民政部救灾司、民政部国家减灾中心起草，2011 年 1 月 14 日由国家质量监督检验检疫总局、国家标准化管理委员会发布，2011 年 6 月 1 日实施，共 5 部分 58 条。

② 1556 年 1 月 23 日（明嘉三十四年十二月十二日）24 时（子时）左右，陕西省南部秦岭以北的渭河流域发生了特大地震。这次大地震，是我国人口稠密地区影响广泛和损失惨重的著名历史特大地震之一。据史书记载，以陕西渭南、华县、华阴和山西永济四县震灾最为严重，故此次大地震又称为"华县地震"。地震中，101 个县遭受地震破坏，分布于陕、甘、宁、晋、豫 5 省约 28 万平方公里。地震有感范围为 5 省 227 个县。震中区为西安市以东的渭南、华县、华阴、潼关、朝邑至山西省永济县等，约 2700 平方公里。陕西、山西、河南三省97 州县遭受地震破坏。余震月动三五次者半年，未止息者三载，五年渐轻方止。《明史》对这次地震记载为："（嘉靖）三十四年十二月壬寅，山西、陕西、河南同时地震，声如雷。渭南、华州、朝邑、三原、蒲州等处尤甚。或地裂泉涌，中有鱼物，或城郭房屋，陷入地中，或平地突成山阜，或一日数震，或累日震不止。河、渭大泛，华岳、终南山鸣，河清数日。官吏、军民压死八十三万有奇。"

场"：在这里，地震灾害的发生现场，成为研究者们探讨地震能量释放模式与各种致灾因子相结合的可观察、可实证和可复原的试验基地。30 年来，世界各国的地震工作者络绎不绝地来到唐山，在唐山大地震的各种遗址和遗存里，研究大地震孕育和发生，尤其是地震波作为基础致灾因子，与各种建筑物和设施的无抗震性，人们的防震知识和技能严重不足，还有地震应急能力缺乏之间的"自然变异"＋"建筑物脆弱性"＋"人类应在能力不足"的成灾规律，从而，为战胜地震灾害提供理论、方法、依据和规则指导。[①]

1975 年 2 月 4 日 19：36，辽宁发生海城大地震。这次大地震位于东经 122°50′，北纬 40°41′，为里氏 7.3 级（矩震级 7.0 级）强烈地震，震源深度为 16～21 公里。由于中国科学家对该次地震进行了准确预测并及时发布了短临预报，震区人员伤亡共 18308 人，占总人口数 0.22％。其中，死亡 1328 人，占总人口数 0.02％，重伤 4292 人，轻伤 12688 人，轻重伤占总人口数的 0.2％。这是人类历史上迄今为止，在正确预测地震的基础上，由官方组织撤离民众，明显降低损失的唯一成功案例。但是，科学家们并没有预测到 1976 年 7 月 28 日的唐山大地震。于是，唐山大地震使人们再次领教了地震这个"恶魔"的神秘莫测，以及地震的极端复杂性。

二、唐山大地震的致灾因子

由于当时的唐山是一座未设防的城市，一般民房建筑质量差，重要工程在建设前没有开展地震安全评价，没有严格按标准采取抗震设防措施；由于在一定程度的中期地震预报后，没有适时采取适当的预防措施，也没有制定必要的预案以应处置突发震灾；加上，防震减灾宣传薄弱，广大社会公众缺乏必要的防震减灾知识和专业技能，从而酿成了举世罕见的大震灾。[②]

唐山大地震的后果很严重，是与唐山市的地质条件密切相关的。也就是说，唐山市的路南区正处在活动断裂带上，市区范围内有大面积的地下采空区和塌陷区，许多街道和房屋建在采空区上和塌陷区附近；紧靠陡河两岸也修建了大量的工厂、住宅和工程构筑物。根据靠近采空区地质条件较差的一片 258 栋房屋调查，地震后一塌到底的占 59％，而没有全倒，人可以走出的只占 9.3％；相反，靠近山脚，抗震条件较好的一片，一塌到底的住房只占 12.1％，而人可以走出的占 48.8％。这说明：即使在地震的 10 度这样的高烈度区，由于建筑物的用地条件不同，建筑物破坏的差别也是非常大

---

① 新华社 1979 年发出的稿件原文："新华社大连 11 月 22 日电 在 1976 年 7 月 28 日发生的唐山大地震中，总共死亡 242000 多人，重伤 164000 多人。这两个数字是唐山、天津、北京地区在那次地震中死伤人数的累计。这是 11 月 17 日至 22 日在这里举行的中国地震学会成立大会上宣布的。唐山地震的震级为 7.8 级，震中烈度为 11 度。地震发生的地点是人口密集的工业区，发生的时间是 3 点 42 分 56 秒（北京时间），正当人们沉睡的时候。地震部门事先未能发出预报。由于这些原因，它所造成的损失是很严重的。"全晓书：《老照片，揭秘唐山大地震死亡人数披露过程》，中国网，2008－05－12，http://www.china.com.cn/culture/txt/2008－05/12/content_15175335.htm，最后访问：2016－06－26。

② 金磊：《面对新世纪，中国综合减灾应走立法之路——唐山"7·28"大地震 29 周年的科学思考》，《劳动安全与健康》1999 年第 9 期，第 12 页。

的。[①] 还有，唐山市路南区是密集的平房区，平均每平方公里 1.5 万人，而建筑密度为 70%，在唐山大地震中死亡率约达到市区平均死亡率的 2 倍。由于建筑物过于密集，许多人在地震时已经跑出住房，却又被倒塌的建筑物砸死在狭窄的胡同里。而由于房屋倒塌，道路被阻塞，严重影响了临灾期的抢险救灾工作的开展。比如，唐山市文化路是市区南北干线道路，地震后堵塞十多个小时无法通车，通往丰润的唐丰路，堵车达十余公里；而唐山市胜利桥震毁后，唐山市区与东矿区以及外地的交通中断，严重妨碍抢险救灾工作。唐山大地震前，唐山市乱建房屋，乱搭棚厦，挤占绿地、道路，乱挖土地，乱堆垃圾的现象比较严重，地震发生后，这些"四乱现象"也成为抗震救灾的困难因素。[②]

通过前述，唐山大地震的致灾因子，可以总结如下：（1）强烈的地震能量释放。这是第一或者基础性致灾因子，但是，这只是唐山大地震成为地震灾害的基础原因，而非全部原因。（2）唐山市不设防。这是最为重要的致灾因子——人为致灾因子之一，尤其是"建筑质量差"，更是"房屋杀人"的根源所在。（3）唐山市处于断裂带上。这是此次大地震致灾因子在地质条件上的表现，也就是说，断裂带＋采空区＋塌陷区，必然导致其上的建筑物成为"加害源"。（4）路南区人口密度大和房屋数量过多。这是人为地聚集人口和房屋而导致的人为性质的致灾因子，带有相当多的外观性"客观原因"的成分。（5）道路堵塞和"四乱现象"。这是加重地震灾害损失的重要原因，尽管不是主要原因。（6）防范和应对地震灾害能力低下。这是又一个人为因素，也属于加重和扩大地震灾害损失的重要原因。可见，唐山大地震的之灾因子是复杂多样的。

相比之下，在前文提到的关中大地震中，死亡人数高达 83 万人。这次地震人员伤亡如此惨重，其重要因素，是由地震引起一系列地表破坏等致灾因子的综合作用造成的。其中，黄土滑坡和黄土崩塌造成的震害特别突出，滑坡曾堵塞黄河，造成堰塞湖湖水上涨而使河水逆流，黄河南岸的大庆关和蒲州河堤尽数崩塌。当地居民多住在黄土塬的窑洞内，因黄土崩塌造成巨大伤亡。地裂缝、砂土液化和地下水系的破坏，使灾情进一步扩大。这个地区的房屋抗震性能差，地震又发生在午夜，人们难有防备，大多压死在家中；震后水灾、火灾、疾病等次生灾害严重，加上当时陕西经常干旱，人民饥饿、没自救和恢复能力等，这些都是不可忽视的致灾原因。据有关专家分析，造成此次地震灾害还有不少其他方面的致灾因素：（1）震中区人口稠密，房屋抗震性能较差；（2）地震发生在午夜时分，地震前又没有明显的地震前兆，人们没有丝毫的精神准备；（3）水灾、火灾、疾病等次生灾害严重；（4）社会治安混乱，谣言四起，灾民惶惶不可终日；（5）当时的陕西经常干旱，田荒粮欠，人民饥饿，无居，过着饥寒交迫的生活，加上人们有听天由命的思想，缺少防震救灾知识以及突发性地震的应变能力；（6）震中区位于河谷盆地和冲积平原，松散沉积物厚，地下水位高，地基失效，黄土窑洞极易倒塌。可以对照的是，唐山大地震和关中大地震的致灾因子是不同的，后者似乎更偏重于客观性

[①] 国家建委：《从唐山、丰南地震的严重后果，看城市建设应当吸取的一些经验教训》，《城市规划》，1977 年第 1 期，第 2 页。

[②] 国家建委：《从唐山、丰南地震的严重后果，看城市建设应当吸取的一些经验教训》，《城市规划》，1977 年第 1 期，第 3 页~第 4 页、第 6 页。

致灾因子。

三、唐山大地震的教训汲取

唐山大地震使百年建设毁于瞬间，其灾情之严重，损失之巨大，是我国历史上所未有的。城市地震灾害之严重性，主要来自城市人口密度大、建筑物密集，又缺乏必要的疏散和避难场所。同时，城市工业和经济相对集中，有许多投资巨大的设施和大量生命线工程（即供水、供电、煤气、通信、交通设施等），一旦遭到地震的破坏，城市功能就会部分地或者全部地丧失，因而导致严重的经济损失和人员伤亡。唐山大地震表明，人员伤亡的最主要的直接原因，是建筑物倒塌造成的，所以，根据现有可能条件，提高建筑物抗震能力是减轻地震灾害的一种可靠手段。① 1976 年 8 月 4 日，华国锋同志到灾区慰问受灾群众，向灾区派出十几万军队和 2 万多名医务人员。联合国以及许多国家都表示愿意提供救灾援助，但中国驻联合国代表团散发了 1 篇《人民日报》社论，委婉谢绝，让国际社会感到非常惋惜。1976 年～1980 年 5 年间，国家向唐山市拨付救灾款和基本建设资金共计 33.7 亿元。②

2008 年 7 月 26 日，两院院士、建筑与城市规划学家吴良镛总结了其 1976 年唐山大地震后赶赴灾区，参加唐山灾后恢复重建的城市规划工作的经验。他总结出唐山大地震的三大教训：（1）建筑安全第一。那个年代，唐山的建筑大多用预制板建成，靠板与板之间的钩子实现连接。一旦遇到强烈地震，其工程质量很难保证（后来唐山人将预制板叫作"棺材板"）。（2）"生命线工程"必须保证。一个城市的"生命线工程"十分重要，包括这个城市四通八达的交通、电信、广场等公共建筑和设施，都要有质量保证。唐山大地震后，这个城市的"生命线工程"被摧毁，导致交通不畅，救援人员不能以最快速度到达抢险救灾现场；而唐山市区的通讯中断，导致不能及时与外界联系，以满足地震应急的基本需要。（3）城市应有足够的绿地。城市的绿地，不仅可以起到美化城市环境的作用，在地震灾害中，城市绿地还可以起到空间分隔的隔离作用。唐山大地震时，凤凰山公园大片的绿地，就救了不少人的人命，并成为可贵的救命和救灾的重地。所以，唐山大地震的灾后恢复重建规划中，非常重视绿地规划，这是血的教训换来的。③

1977 年 5 月 14 日，3000 多位来自全国各地的专家、技术人员一起，参与制订《唐山市城市总体规划》（简称《唐山总体规划》），并通过国务院批准。《唐山总体规划》在 1982 年、1984 年两次进行调整。规划通过后，先经过一些试点，于 1979 年下半年大规模的重建开始了。对于唐山市而言，这次没有预报的大地震，让唐山骤然回到"原始时代"，"简易城市"（即人们居住在简易房——"防震帐篷和安置房"里的城市）存在了10 年，直到 1986 年 7 月 28 日，唐山大地震 10 周年的时候，唐山市区 98％的居民搬进了新房，1988 年 10 月，才全部迁入新居，"简易城市"才彻底消失。

---

① 章在墉：《再论唐山大地震的经验教训》，《世界地震工程》，1986 年第 3 期，第 1 页。

② 罗国亮：《新中国减灾 60 年》，《北京社会科学》，2009 年第 5 期，第 75 页。

③ 佚名：《唐山大地震留下三条教训》，燕赵都市报 2008 年 5 月 12 日，http://news.qq.com/a/20080512/004076.htm，最后访问：2016－07－28。

据《唐山市志》记载，震后不到1周，数十万群众衣食、饮水得到解决；震后不到1个月，灾区供电、供水、交通、电信等生命线工程初步恢复；震后第一个冬天，灾民全部住进了简易房；震后1年多，工农业生产得到全面恢复。唐山大地震灾后重建过程中，最多的时候一共有11万多来自全国各地的100多个援建单位的工人在唐山施工。据不完全统计，当时施工现场投入的大塔吊200多台，载重车辆2500多辆。1983年以后唐山地震废墟"清理得都差不多了"；1984年4月28日开业的百货大楼是新华道上比较早完工的商业大楼；建设最快的是1985年建成的龙华小区。唐山重建分为三个阶段：1978年初—1979年7月，搞试点趟路子；1979年下半年—1984年底，大规模建设；1985年之后，完成扫尾工程。1986年7月28日，1万多名唐山各界人士聚集在纪念碑广场举行唐山抗震10周年纪念大会，正式宣告唐山重建基本结束。也就是说，唐山大地震后头10年，唐山人在极端困难的情况下，夺取了抗震救灾、重建家园的巨大胜利；又一个10年，唐山市实现了国民经济的全面振兴；第三个10年，唐山市跨入了经济社会快速健康发展的新阶段。由此，唐山也当之无愧成为中国第一个被联合国授予"人居荣誉奖"和"迪拜国际改善居住环境最佳范例奖"。

10年重建过程中，唐山市白天黑夜都在施工。比如，新华道当时就已经是唐山市的主干道。唐山大地震后，实行分段建设，以市中心和建设路的交叉口为界，西边为新华西道，东面为新华东道，到1985年最终完成建设时，路面宽50米，全长9.55公里，被称为"二十里长街"，也被称为"唐山的长安街"。唐山人在灾难面前所凝结出来的"公而忘私，患难与共，百折不挠，勇往直前"的抗震精神，是震时及震后建设中支撑、激励、鼓舞和引导唐山人民最终战胜地震灾害、重建家园的精神力量。

第三节　自然灾害的不可抗力性

一、我国自然灾害的特征

自然灾害，是自然界与人类进行物质和能量交换的必然表现形式，具有不可避免的特点。例如，2010年海地"1·12"地震[①]造成高达77.5亿美元的损失。我国是世界上自然灾害最为严重的国家之一。伴随着全球气候变化，以及我国经济快速发展和城市化进程不断加快，我国的资源、环境和生态压力加剧，自然灾害防范应对形势更加严峻复杂。我国的自然灾害，则具有以下几个主要特点：

（1）灾害种类多。我国的自然灾害主要有气象灾害、地震灾害、地质灾害、海洋灾害、生物灾害和森林草原火灾。除现代火山活动外，几乎所有自然灾害都在我国出现过。

（2）分布地域广。我国各省（自治区、直辖市）均不同程度受到自然灾害影响，

---

① 2010年1月12日16时53分（北京时间13日5时53分），海地发生的里氏7.0级大地震，首都太子港及全国大部分地区受灾情况严重，截至2010年1月26日，世界卫生组织确认，海地地震造成22.25万人死亡，19.6万人受伤，869人失踪。遇难者有联合国驻海地维和部队人员，包括8名中国维和人员遇难。地震造成的经济损失约为77.5亿美元，其中基础设施损失约为5.2亿美元。

70％以上的城市、50％以上的人口分布在气象、地震、地质、海洋等自然灾害严重的地区。2/3以上的国土面积受到洪涝灾害威胁。东部、南部沿海地区以及部分内陆省份经常遭受热带气旋侵袭。东北、西北、华北等地区旱灾频发，西南、华南等地的严重干旱时有发生。各省（自治区、直辖市）均发生过5级以上的破坏性地震。约占国土面积69％的山地、高原区域因地质构造复杂，滑坡、泥石流、山体崩塌等地质灾害频繁发生。

（3）发生频率高。我国受季风气候影响十分强烈，气象灾害频繁，局地性或区域性干旱灾害几乎每年都会出现，东部沿海地区平均每年约有7个热带气旋登陆。我国位于欧亚、太平洋及印度洋三大板块交汇地带，新构造运动活跃，地震活动十分频繁，大陆地震占全球陆地破坏性地震的1/3，是世界上大陆地震最多的国家。森林和草原火灾时有发生。

（4）造成损失重。1990－2008年19年间，平均每年因各类自然灾害造成约3亿人次受灾，倒塌房屋300多万间，紧急转移安置人口900多万人次，直接经济损失2000多亿元人民币。特别是1998年发生在长江、松花江和嫩江流域的特大洪涝，2006年发生在四川、重庆的特大干旱，2007年发生在淮河流域的特大洪涝，2008年发生在中国南方地区的特大低温雨雪冰冻灾害，以及2008年5月12日发生在四川、甘肃、陕西等地的汶川特大地震灾害等，均造成重大损失。

（5）灾害增加多。当前和今后一个时期，在全球气候变化背景下，极端天气气候事件发生的概率进一步增大，降水分布不均衡、气温异常变化等因素导致的洪涝、干旱、高温热浪、低温雨雪冰冻、森林草原火灾、农林病虫害等灾害可能增多，出现超强台风、强台风以及风暴潮等灾害的可能性加大，局部强降雨引发的山洪、滑坡和泥石流等地质灾害防范任务更加繁重。随着地壳运动的变化，地震灾害的风险有所增加。①

作者在《减轻自然灾害的法律问题研究》（修订版）一书中，将自然灾害的特征，归纳为自然灾害"能给人类社会带来灾难性的后果"，有5个方面：人员伤亡的必然性、财物损毁的难免性、对社会环境的破坏性、对政府行为的干预性、导致减灾的国际合作性等。② 这种后果表现在各个方面和各种层次上，以危害性为主要特点的自然灾害，对人类社会的破坏是全方位的，而不会是偏爱哪一方面。对这些破坏性的研究，是灾害法学的理论重心。

二、自然灾害的第一法律属性——不可抗力性

理论上，从法律制度设计的角度来观察，自然灾害只被作为一个自然事件来对待，主要是决定民事法律关系发生、变更和消灭的一种法律事实。③ 并且，被赋予"不可抗力"法律属性，即"不能预见、不能避免并不能克服的客观情况"，这是我国《民法通

---

① 国务院新闻办公室：《中国的减灾行动》（2009年5月）一、自然灾害状况。国新办网，2011－01－19，http://www.scio.gov.cn/zfbps/ndhf/2009/Document/847130/847130.htm.

② 王建平：《减轻自然灾害的法律问题研究》（修订版），法律出版社2008年版，第47页～第64页。

③ 李由义：《民法学》，北京大学出版社1988年版，第37页。

则》第 153 条规定的，奠定了自然灾害成为"不可抗力"①法律事件之后，依法免责或者导致相应法律关系发生变化的根基。在我国，主要由民事立法和行政立法，把自然灾害这种"不可抗力"作为一种非常重要的法律事实来看待。具体是：

1. 我国《民法通则》第 107 条、第 139 条分别规定了自然灾害作为"不可抗力"的民事法律后果，即：（1）因不可抗力不能履行合同或者造成他人损害的，不承担民事责任，法律另有规定的除外；（2）在诉讼时效期间的最后 6 个月内，因不可抗力或者其他障碍不能行使请求权的，诉讼时效中止。从中止时效的原因消除之日起，诉讼时效期间继续计算。

2. 我国《合同法》第 94 条、第 117 条~第 118 条、第 311 条和第 314 条中，对自然灾害作为"不可抗力"影响合同的效力，规定得更为详尽。主要是：（1）因不可抗力致使不能实现合同目的，当事人可以解除合同；（2）因不可抗力不能履行合同的，根据不可抗力的影响，部分或者全部免除责任，但法律另有规定的除外。当事人迟延履行后发生不可抗力的，不能免除责任。当事人一方因不可抗力不能履行合同的，应当及时通知对方，以减轻可能给对方造成的损失，并应当在合理期限内提供证明；（3）承运人对运输过程中货物的毁损、灭失承担损害赔偿责任，但承运人证明货物的毁损、灭失是因不可抗力、货物本身的自然性质或者合理损耗以及托运人、收货人的过错造成的，不承担损害赔偿责任；（4）货物在运输过程中因不可抗力灭失，未收取运费的，承运人不得要求支付运费；已收取运费的，托运人可以要求返还。

3. 我国《侵权责任法》第 29 条、第 72 条~第 73 条则规定：（1）因不可抗力造成他人损害的，不承担责任。法律另有规定的，依照其规定；（2）占有或者使用易燃、易爆、剧毒、放射性等高度危险物造成他人损害的，占有人或者使用人应当承担侵权责任，但能够证明损害是因受害人故意或者不可抗力造成的，不承担责任；（3）从事高空、高压、地下挖掘活动或者使用高速轨道运输工具造成他人损害的，经营者应当承担侵权责任，但能够证明损害是因受害人故意或者不可抗力造成的，不承担责任。

4. 我国《行政诉讼法》第 40 条规定，公民、法人或者其他组织因不可抗力或者其他特殊情况耽误法定期限的，在障碍消除后的 10 日内，可以申请延长期限，由法院决定。

可见，自然灾害作为一种"不能预见、不能避免并不能克服的客观情况"，被我国相关立法设计成"不承担责任""诉讼时效中止""可以解除合同""部分或者全部免除合同履行责任""不承担损害赔偿责任""不得要求支付运费""申请延长期限"等制度适用和规则模式，对于任何一个被自然灾害加害的公民、法人和其他组织而言，"不可抗力"免责，应该是最好的制度安排了。这种自然灾害属于不可抗力，依法免责的制度设计模式，表明自然灾害对法律关系深入而具体的干预，即一种法律事实层面上的效力干预形态。

---

① 我国《民法总则》第 180 条规定，因不可抗力不能履行民事义务的，不承担民事责任。法律另有规定的，依照其规定。不可抗力是指不能预见、不能避免且不能克服的客观情况。

三、自然灾害的第二法律属性——可减灾性

自然灾害发生后产生的结果，都是与人类社会有关的。这个有关，便是自然灾害作为自然界的一种变异现象时，是把人类社会作为承灾体来看待的。人类社会以自然灾害中的人员伤亡、财产毁损和社会秩序失序等来表现对自然灾害的承受能力的高低、大小和灾后重建的快慢和效率。自然灾害的社会属性说明，任何一次自然灾害的发生，都是具有社会后果的，这种社会后果或者社会资源的组成部分的损失，便是自然灾害社会属性的表现形式。一方面，人类社会对于自然灾害"危害性"的承受，便是自然灾害的社会属性；另一方面，人类社会的各种活动在利用自然界的资源时，只要行为超出了自然界的容量或者可容纳的数量、质量等的限制，那么，自然界对于人类社会的"超量活动"必然是以环境污染和生态失衡的形式表现出来。

事实上，自然界对人类活动的反应，并不都以发生自然灾害的形式表达出来。这使得人们以往认为：自然界对所有人类的活动和活动成果，都是给予认可或者接纳的，其实，这只是一种幻觉而已。实际上，产生自然灾害的前提，又往往和人类的生产和生活方式及其抗御自然力的能力有关，即产生自然灾害的结构原因，又总是存在于社会本身的弱点和人类活动中的失误当中。[①] 例如，1976 年 6 月初，美国爱达荷州的泰顿大坝刚建成，因工程人员对坝基岩石裂缝处理不当，在注水后即发生坝体决口，致使 405 平方公里以上的农田受损，16000 头牲畜死亡，11 人死亡，数千人无家可归。[②] 这类事例证明，人们因为无知、失误和缺乏防灾减灾能力，致使人类社会的人员生命、人们的物质财富、精神财富，包括社会秩序等，对自然灾害的易损性增强或被放大。从这个意义上看，可以把自然灾害看作是一种社会现象。[③] 在一种人类的正常社会制度和法律制度构造下，人类社会遭受各种自然灾害并对承灾体的"超量危害"时，其"危害性"便转化成了人类社会的"脆弱性"或者"易损性"了。

从防灾减灾和自然灾害应急的角度看，任何自然灾害发生后，人类社会的应对便成为必不可少的社会活动。这种社会活动，就是利用人类社会的制度资源或者制度的力量，根据所发生的自然灾害的不同特征，进行有组织的应对和对策活动，根据灾害的不同时期，采取具有针对性的措施和对策。理论上，分为四个时期。即：

1. 灾前期。所谓灾前期，是指自然灾害发生之前的时期。我国是一个幅员辽阔的大国，一些地区为自然灾害易发地区。因此，在灾害发生之前，必须要有应灾的准备，这种准备，包括：（1）物资储备制度；（2）防灾工程或者工程抗灾；（3）灾害应急预案；（4）防灾减灾能力培育；（5）专业救援力量建设。其中，包括传染病防治队伍的建设。

2. 临灾期。所谓临灾期，是指自然灾害发生初期和灾害持续及其结束的时期。这个时期，是自然灾害的超级能量释放的时期，也是自然灾害与承灾体之间"加害作用"与反作用即抢险救灾、临时安置和过渡安置的核心时期。有时候，这个时期还是各种次

---

① 谢礼立：《自然灾害学报》（发刊词），《自然灾害学报》1992 年第 1 期，第 2 页。

② ［美］查尔斯·佩罗：《高风险技术与"正常"事故》，科学技术文献出版社 1988 年版，第 216 页。

③ 谢礼立：《自然灾害学报》（发刊词），《自然灾害学报》1992 年第 1 期，第 2 页。

生灾害频繁发生的时期。这个时期又分为：

（1）灾害冲击期。所谓灾害冲击期，是指大规模自然灾害突然发生的开始或者初发时期。在这个时期，各种抢险救灾活动，包括以抢救人命和控制灾情蔓延为主的专业救援队、以紧急救护为目的进入灾区的医疗队，以及各种志愿者、NGO和无国界医生等，进入灾区实施紧急救援：救助人命、救治伤病员和处置灾情等。这个时期最主要的问题是人命救助和伤病员救助以及灾民的食物、饮用水和临时住处的提供，并进行大范围的消毒工作，以控制最初的灾区疾病的暴发与流行。

（2）灾害持续期。所谓灾害持续期，是指自然灾害发生后一直到该次灾害流量或者灾害能量释放完毕的时期。这个时期，各种抢险救灾活动基本告一段落，大面积的抢救人命和控制灾情的专业救援结束或者接近尾声，灾民临时安置和过渡安置有序展开，灾情统计和复核进入持续阶段，各种板房或者吃住用救灾物资基本到位，伤员外送或者灾害废墟清理渐次展开或者接近尾声。这个时期最主要的问题，是反复进行大范围的消杀工作，控制灾区各种水源性、食源性和生活型传染病的暴发与流行。

3. 灾后期。所谓灾后期，是指自然灾害能量释放完毕或者灾害持续期结束，进入灾后恢复重建状态的时期。这个时期，在我国主要是以"灾后恢复重建总体规划"出台，从而全面展开灾后重建工作为标志的。灾后期是灾害三期当中，时间是比较长的时期。比如，唐山大地震之后，恢复重建用了10年时间。而对于各种自然灾害导致灾区生态遭受严重破坏之后，要进行生态修复型的灾后重建，不论是何种灾区，都需要非常漫长的时间。灾后期的主要工作，是灾区方方面面的灾后恢复重建。

4. 后效应期。所谓后效应期，是指灾民迁回原来住地，灾后重建阶段开始的背景下，灾后传染病防治工作进入针对"灾害后效应"即灾后疫病强化防控的时期。这个时期，在灾害医学上被称为"第二发病高峰期"。其主要工作是两个方面：一是对回迁灾民进行疫病的检诊与追加免疫。包括在回迁灾民中加强检诊，了解其是否到达过地方病，如鼠疫、布氏菌病、血吸虫病等疫区，并针对性地进行检查，发现病患及时治疗和处置；对回迁灾民及时进行追加免疫，防止疫区疾病的灾民回迁发病和传染。二是对灾区重建与对疾病重新进行调查。自然灾害常常造成血吸虫病、钩端螺旋体病、流行性出血热等人畜共患传染病污染区域扩大，以及动物病的分布及流行强度的改变。所以，灾后重建时期，应当对这类疾病的分布重新进行调查，并采取相应的防控措施，防止这类疫病的暴发与流行。

四、自然灾害的第三法律属性——减灾能力即减灾条件性

自然灾害从发生前、发生后到灾后重建是灾害损失的三个表现时期，而后效应期，主要是针对自然灾害引起的灾民外流或者流动后的"回流"或者"回迁"现象而言的。灾民的这种"回流"或者"回迁"表面上看，似乎没有什么。但是，当灾民从各种传染病的疫区"回流"或者"回迁"到灾区后，会将灾区变成新的传染病聚集与暴发区，从而带来了灾后重建开始后独有的"后效应期"。对于人类社会或者灾区、灾民而言，面对自然灾害，人的主观能动性转化而来的减灾能力和减灾技能，便是自然灾害的第三法律属性。即：人类社会通过法律制度，把潜藏在人类身上的应对自然灾害的能力，以防灾减灾义务并加以体系化的立法，分解成：（1）灾前期的物质储备制度和抗灾工程建设

（包括制定一系列的单灾种防灾抗灾的国家标准等等），并制定各种各样和各级别、各单位以及各灾种的综合应急预案和专门应急预案。

（2）临灾期应急预案的启动和各种抢险救灾力量的投入，包括救灾储备物资的调用，军队和政府专业救灾力量的动用，各个临灾期政策和措施的颁行与实施，专业救援队、救灾志愿者、NGO 和无国界医生，以及国际救援队的接受和使用。还有采取各种应急措施安置灾民，救助灾区，等等。

（3）灾后期来临之前，核实灾情和制定灾后恢复重建规划，整合各种灾后恢复重建的资源，通过灾区复兴和重建，包括使用对口支援制度，让自然灾害的损失顺利转嫁、化解和消除，并能在灾区和灾民的灾后恢复重建过程中，取得和恢复生存与发展能力。这便是人类社会的防灾减灾制度的力量，以及通过灾后恢复重建活动，改变灾区和灾民生存、生活和发展条件的整体性减灾能力的体现。

因此，对于灾情、灾区和灾民来说，自然灾害当然包含的社会属性，强调了灾害后果对作为承灾体的人员、财物和社会秩序的冲击性必然影响。而这种影响，是负面的、消极的，以自然灾害的危害性、损失性表现出来，体现出人类社会对于自然灾害的脆弱性、易损性或者危损性。这意味着，人类社会中，人们利用自然资源过度行为①的作用，促成了自然灾害自然属性向社会属性的属性转换。即：当把人类作为自然界的一个组成部分，观察自然界的运动和变异时，自然灾害只能是带有本身规律的自然事件，带有自然属性。但是，把人类从自然界分离出来（或站在人类的角度）观察自然灾害时，则它就不是单纯的自然事件，而是导致社会破坏和带来承灾体损害或者损失的灾害或者灾难事件。倘若把自然灾害的结构原因，②与人类活动的失误或者缺陷行为联系起来时，甚至可以把它称为社会事件。人类行为与自然灾害的内在联系，使其自然属性必然转化成社会属性，即人类社会在自然灾害中，具有受灾性（被动性）和致灾性（主动性）两种属性。这当中，人类社会的减灾能力，则意味着人类社会还有第三种属性——减灾能力性也就是减灾条件性，即灾前期的备灾防灾属性，临灾期的积极应急、应灾和

---

① 作者认为，人类的这种过度行为即是人的致灾性。

② 作者认为，所谓结构性原因，是作者在分析方法上，把自然灾害作为一种结构性事物来假定。然后，将其发生的具体原因，分成纯粹的自然原因（1 个原因）、含有自然原因和人为原因（2 个原因）等情形。而后者又可以被区分成：自然原因（A）和人为原因（B）分别组合，可得 A＞B、A＝B、A＜B 等情形。

应对属性，以及灾后期的恢复重建的韧性属性①。从整体看，就是人类社会以法律制度和各种积极措施，防范、控制和减轻自然灾害损失，也就是克服人类社会脆弱性、易损性或者危损性的能力条件。

在灾害法学上，基于自然灾害的第二法律属性和第三法律属性，作者把自然灾害分类为：自然灾害、自然人为灾害、人为自然灾害和人为灾害四种。这种分类方法的核心理由是：致灾因子当中，人类的作用成分的大小、多少和有无。换句话说，人既是自然灾害的受害者，又是许多自然灾害发生或者灾害损失的致害者，人类身上的自然灾害受害者、致害者两种属性，决定了自然灾害必然具有双重属性，即自然灾害当然具有自然属性和社会属性，而其自然属性的作用对象一旦成为人类社会时，必然转化为其社会属性，即第一法律属性——不可抗力性、第二法律属性——可减灾性和第三法律属性——减灾能力性或减灾条件性。

思考与训练：

1. 自然灾害是一种不可抗力，那么，人类社会就束手无策了吗？
2. 通过唐山大地震，分析和判断其致灾因子与地震灾害的可减轻性。
3. 自然灾害的三种法律属性中，你偏重于认可哪种属性，为什么？

---

① "韧性"（resilience），在材料科学及冶金学上，韧性是指当承受应力时对折断的抵抗，其定义为材料在破裂前所能吸收的能量与体积的比值。在心理学上，是一种压力下复原和成长的心理机制，指面对丧失、困难或者逆境时的有效应对和适应。不仅意味着个体能在重大创伤或应激之后恢复最初状态，在压力的威胁下能够顽强持久、坚韧不拔，更强调个体在挫折后的成长和新生。国际标准化组织 ISO 新组建了一个国际安全标准化技术委员会（ISO-TC292），将 Security 拓展为 "security" 和 "resilience"。在 2015 年 3 月的第三次世界减灾大会上，一个重要的主题就是 "韧性"，安全领域的风险评估中，韧性评价和增强是一个基础性评价指标。对于城市建设和发展而言，韧性城市是一种比喻，表达的是这个城市的抗击各种自然灾害和社会事件冲击的能力即柔韧度。在公共安全的体系领域，突发事件、承灾体、应急管理是一个三角形模型，代表的是管理者的管理能力，也就是说，突发事件是发出或者携带灾害性作用，灾害性作用在承灾体上，超过一定临界时，导致承灾体破坏。对于 "城市韧性" 的理解，不仅在防灾减灾方面，其好比是一剂良药，既治 "慢性病"，又治 "急性病"。即宏观层面，"慢性病" 包括公共交通系统效率低下、失业率居高不下、食物及水常年供应不足等；"急性病"则指城市遭受的突发事件冲击，如地震、洪涝、疫情、恐怖袭击等。前者关乎一个城市的生活水平，后者则关乎一个城市的生存问题，一座城市若能双管齐下，提升其韧性，就能克服各种各样的冲击与压力。2013 年，美国洛克菲勒基金会创立 "全球 100 韧性城市" 项目，致力于帮助 100 个城市增强韧性，以应对 21 世纪日益频发的自然、社会、经济挑战。2014 年 12 月，德阳与湖北黄石市从全球 331 个竞争城市中脱颖而出，成为第二批 35 个韧性城市中的一员，也是中国首批入选的两个城市之一，这不仅是对德阳在防灾减灾、应急管理和可持续发展方面的极大肯定，也是德阳向全球表明建设 "韧性城市" 的郑重宣告。

第二章 自然灾害中的承灾体

自然界的变异发生时，其巨大的破坏性能量的瞬间释放，强有力地改变着自然环境以及人类的生活条件。由此而言，自然灾害在本质上表现的是：自然界与人类的一种互相之间的作用与反作用，或者能量与自然资源之间的利用与转换关系。这当中，古人"灾"的概念中，原指自然发生的火灾，[①] 那么，自然灾害所具有的本质属性便是其自然属性。自然属性有三个层面的考量，即：（1）自然变异——强大的自然力，比人类的力量要有力或者大得多；（2）自然规律——发生规律不受制于人，人类社会只能采取防灾减灾救灾等措施，才能有效；（3）承灾体表现——人员伤亡致残、财产毁损灭失和社会秩序陷入混乱，具有承受自然灾害危害的必然性。

不过，人类在自然界的变异面前，也不是消极地或者只是被动地接受自然变异带来的危害，而是积极寻求将自然变异过程中的破坏力，通过人类社会的法律制度实施和组织机构的有效运行等，加以转化。比如，理论上的"灾害三期"与"备灾制度"，以及灾前期的防灾措施、临灾期的抢险救灾、临时安置和过渡安置，还有在后期的恢复重建制度等等，都是把自然灾害的自然属性的表现与后果，导向人类社会的社会属性，即以社会制度减轻灾害损失的一种表现。

第一节 承灾体的界定

一、自然灾害社会性的表彰——承灾体出现

自然灾害是自然与人类之间物质资源与能量等方面矛盾的一种外在表现形式，具有自然性和社会性这两重属性。在这里，自然灾害的双重属性强调，自然灾害首先带有自然属性，即自然灾害是自然界自然变异或者自然运行规律的一种表现形式，这种表现，站在自然界的角度观察，人类社会似乎是无言以对，而只能消极被动地全面接受。不过，需要特别注意的是，当人类社会为自然灾害的各种致灾因子提供作用的时间和空间的时候，人类社会不但成为承灾体，而且成为孕灾环境的重要组成部分。

自然灾害的自然属性本身，又脱离不开人类社会的社会属性。没有了人类社会这个承灾体，那么，自然界的自然变异层面上的致灾因子和孕灾环境，便没有了任何价值和意义。所以，在自然灾害和环境破坏之间，存在着复杂而又交叉的相互联系。这种联系就让纯粹的自然灾害灾前期的备灾、临灾期的应急和灾后期的重建，都具有了社会性，

---

① 《辞海》，上海辞书出版社（1979年版），第2802页。

这种社会性，便是自然灾害第一致灾因子即自然界变异能量，在人类社会的基本构成要素，即人员、财物和社会秩序等介质上的直观表现。于是，自然灾害的自然性便向其社会性发生转变，这种转变是有必然性的。有了这种必然性的观察与考察，那么，自然界的自然变异，借助于人类社会的脆弱性、易损性或者危损性，才得以变成或者表现为一种自然灾害。自然灾害除了第一致灾因子之外，必须依赖人类社会脆弱性这个第二致灾因子，于是，自然灾害中，自然变异的第一致灾因子的"作用发挥"（致灾性），必须借助于人类社会脆弱性（受害性）的"伴随"或者"相生"而产生。

人类社会从地理科学、灾害学、灾害社会学和灾害法学等意义上，逐步认识到自然灾害的发生、发展，以及以法律机制抵御和控制自然灾害的危害性即克服和控制人类社会的脆弱性、易损性或危损性是可能的，并尽可能减轻各种自然灾害所造成的损失，是任何一个国家或者任何一级政府都应当充分意识到的社会韧性建设的基本任务。在经历了 1990 年～1999 年的联合国"国际减灾十年活动"之后，国际社会达成的一个基本共识是：人类社会的脆弱性、易损性或危损性，通过人类社会的积极应对活动，是可以有效减轻的，防灾减灾救灾力量在借助法律制度和公民、社会组织以及政府、国家减灾能力不断提升的背景下，是可以不断强化的。由此而言，承灾体中的人员、财物和社会秩序，对于自然界的自然变异，完全可以通过人类的积极应对和制度力量等构成的抵御能力，得到一定的防范、应对和消解。

二、承灾体、受灾体和受害对象

自然灾害或者"灾害"在我国古代文献中的记载，一般是指地震、旱、涝、虫、雹等造成的祸害，与今天社会公众对"自然灾害"一词的理解，并无太大的出入或者差别。不过，在学术层面，自然灾害并不是指地震、洪水、火山爆发、森林火灾等极端自然现象本身，而是指这些自然现象对人类社会所造成的危害。理由是，这些自然现象如果不直接或者间接对人类社会产生危害，就不会被称为"灾害"或者"自然灾害"。[①]例如，2016 年 12 月 28 日 16：14，新疆克孜勒苏州阿克陶县发生 3.1 级地震，[②] 因为震级小，并没有造成多大危害，也就是地震发生地阿克陶县的人员、财物和社会秩序等承灾体等，都没有承受到这次地震带来的危害性，从而也就没有表现出易损性或者损失性。但是。2017 年"8·8"九寨沟 7.0 级地震，却导致九寨沟景区损失非常严重。

可见，任何自然灾害的发生，都会以"自然变异—能量释放—承灾体受损—灾害损失"这样一个模式表现出来。这个模式，作者在《减轻自然灾害的法律问题研究》一书[③]中已建立这样的模型，这是自然灾害社会属性的法律表现。见表 2-1、表 2-2。

---

① 梁茂春：《灾害社会学》，暨南大学出版社 2012 年版，第 28 页。

② 佚名：《12 月 28 日 16 时 14 分新疆克孜勒苏州阿克陶县发生 3.1 级地震》，新华网，2016 年 12 月 28 日，http://news.xinhuanet.com/politics/2016-12/28/c_129423877.htm，最后访问：2016-12-28。

③ 王建平：《减轻自然灾害的法律问题研究》（修订版），法律出版社 2008 年 12 月版，第 47 页～第 56 页。

表 2-1　自然灾害的法律属性

灾害损失	人员伤亡	财产毁损灭失	社会秩序混乱
法律属性	主体消灭	客体消灭	紧急状态
	主体能力受损	客体不能	异常状态

表 2-1 中，没有表现出加害源即自然变异，而只表现出灾害损失及其法律属性。其实，这个表可以变成表 2-2：

表 2-2　自然变异与承灾体的关系

自然变异	地震、洪水、火山爆发、森林火灾，等等		
灾害损失	人员伤亡	财产毁损灭失	社会秩序混乱
法律属性	主体消灭	客体消灭	紧急状态
	主体能力受损	客体不能	异常状态

应当说，从表 2-1 演化成表 2-2，只是在表中加入自然变异这样一个变量而已。相比之下，承灾体的后果型表现，是没有多大变化的。理论上，各种自然现象或者自然变异过程，比如地震、洪水、火山爆发、森林火灾等等自然现象，被看作是一种自然危险（natural hazard），而不是自然灾害（natural disaster）。作为自然灾害必须是这种自然危险对人类社会所造成的危害，即人类社会以承灾体、受灾体或者受害对象的面目出现。其中，"承灾体"强调人类社会对自然危险等危害后果的主动型、被动型的承受；而"受灾体"则侧重于强调人类社会对自然危险的被动承受，至于"受害对象"说，则强调人类社会与自然危险之间，自然危险是加害源，是主动因素即致灾因子中的第一因素，而人类社会因为其脆弱性、易损性或者危损性而成为受害者，是被动因素即致灾因子中的第二因素。于是，有了自然危险并不必然有灾害发生，自然灾害的发生，不但是因为有加害源即自然变异这种自然危险，而且是因为有"受害者"──人类社会（以人类社会的脆弱性、易损性或者危损性来表现）。于是，自然危险和人类社会在加害──受害这一点上的结合，便有了"自然灾害"现象──自然危险借助人类社会的脆弱性、易损性或者危损性必然演变成为人类社会的损失、损害或者危害等等。

三、承灾体的发现、固定、选择和"路径依赖"

自然灾害中的承载体是人类社会，而不是其他的，理由何在？

"承灾体"一词，表达的是对于自然危险转化成自然灾害后果的消极承担、被动承受和不可避免、不能克服或者不能预见①的情况。一方面，可以表现自然危险是自然界发生自然变异时，其释放的能量和相关致灾因子，往往是人力不能抗拒的，人类社会千百年的建设成果──城市和各种物质财富、物质文明的表征物，可能都无法抵御或者抗拒自然变异的强大或者超强的作用力或者能量释放力；另一方面，人类社会不强化自己对于自然危险的抵御、防范和控制能力的话，则人类社会便必然取得对于自然危险的脆

---

① 我国《民法通则》第 153 条、《民法总则》第 180 条使用"不可抗力是指不能预见、不能避免并不能克服的客观情况"，来涵盖包括自然灾害在内的不可抗力事由。

弱性、易损性或者危损性。换句话说，人类社会对于自然危险的脆弱性、易损性或者危损性，本身就一直存在着和延续着，只是从人类社会的角度看，需要借助防灾减灾救灾的国内活动和国际合作，督促和促进人类社会意识到——人类社会这个人为的或者人力建设的社会，并不必然对于自然危险具有可对抗性或者对自然危险的防范控制性。

西方学者在建立灾害研究中心并形成制度化灾害研究体系的数十年之后，却得出了一个备受争议的"一致观点"。他们认为，所有的灾害都可以看作是"人为的"（human-made），即正是因为人类缺乏有效的灾害防范措施才使各种危险包括自然危险变成了"灾害"。例如，地震只是一种自然危险，这种危险本身极少能够直接导致人畜的伤亡、致残等，地震之所以称为灾害，往往是在人类建造的房屋或者各种设施无法承受地震波的能量作用而倒塌时，才会产生灾难性的危害后果。[①] 事实上，全世界每年要发生 500 万次地震，而 5 级以上的地震仅占 0.2‰。1949 年—1989 年 40 年间，青海发生过 12 次 4.6~5.9 级地震，内蒙古发生过 11 次，均无 1 人伤亡。而在 1990 年 2 月江苏常熟发生的 5.1 级地震中，却造成了直接经济损失 1.3 亿元，26 人伤亡的严重后果。可见，严格地讲，像常熟这样的地震——特定的地域、特定的空间里发生的地震，才构成地震灾害。[②] 可见，"承灾体"的发现，首先需要对致灾因子与自然灾害的关系，基本上要理清和梳理明白，不能把致灾因子等同于自然灾害。

自然危险的致灾过程要发生作用，需要站在灾害学的角度上，将致灾过程和致灾条件即致灾因子分解为加害源（灾害源或者致灾源）和承灾体，或者致灾源—载体—承灾体（受灾体或者受害体）。它们之间是相互关联、相辅相成，缺一不可的。在荒无人烟的地区，无论自然条件多么复杂多变，各种自然变异或者自然危险多么剧烈，其释放的能量是多么巨大，也都不过是一种自然现象，而很少构成自然灾害。[③] 所以，发现承灾体之后，要做的事情便是将这些"承灾体"加以选择和固定，继而形成加害源与承灾体之间关系的固定模型，进一步形成相应的"承灾体"路径依赖，将各种致灾因子与承灾体相结合，同时，将某一种具体的自然灾害的致灾因子进行有效的排列和整合，对承灾体的脆弱性、易损性和危损性加以梳理，从而制定具有适用性和效用性的防灾减灾救灾政策和措施，形成有效的法律机制。

第二节 第一承灾体——人命和健康

一、自然灾害中的人

自然危险中，"危险"一词首先是针对人而言的"不安全""受到威胁"或者"可能造成人员伤害"等。在这里，人，可以从生物、精神与文化等各个层面来定义，或者是这些层面定义的结合。生物学上，人被分类为人科、人属、人种，是一种高级动物；精神层面上，人被描述为能够使用各种灵魂的概念；在宗教中，这些灵魂被认为与神圣的

---

① 梁茂春：《灾害社会学》，暨南大学出版社 2012 年版，第 30 页~第 31 页。
② 王锋：《要重视承灾体的考察研究》，《灾害学》1991 年第 3 期，第 87 页。
③ 王锋：《要重视承灾体的考察研究》，《灾害学》1991 年第 3 期，第 86 页。

力量或存在有关；文化人类学上，人被定义为能够使用语言、具有复杂的社会组织与科技发展的生物，尤其是能够建立团体与机构来达到互相支持与协助的目的。

我国古代对"人"的定义是：有历史典籍，能把历史典籍当作镜子以自省的动物。那些没有历史典籍的部族，虽有语言，能使用工具劳动，都只能算野蛮动物，其部族称号在汉字中都从犬旁。人在广义上等同于人类（human），是人的总称。人类是地球出现最高级动物与智慧的结晶，目前，处于所有物种统治者的地位。正是因为有了这种地位，使得人类以为取得了对自然界"呼风唤雨""纵横天下"或者"肆意妄为"的特权——人类是主宰、是主体，而人类之外的一切，皆是被主宰、是客体，等等。

从行为学上来看，人类的特征主要是：（1）懂得使用语言；（2）具有多种复杂的互助性社会组织；（3）喜欢发展复杂的科技；（4）群居动物，衍生出各文化不同的信仰、传说、仪式、价值观、社会规范等。教育学对"人"的理解：（1）人是一种存在的可能性。人的本质是在人自身的活动中不断生成的，是一种"自我规定"。（2）人具有自主性和创造性。人不但会学习，而且会发问，会探索，会创新。（3）人具有发展的本质。人的实践本性决定了人可以通过有意识、有目的的自主创造性活动不断地进行自我否定、自我超越、自我实现，即人具有发展的本质。（4）人具有历史性和现实性。两层意思分别强调：一是人的自我本质是在不断发展的历史和现实生活中逐渐生成的，人总是生活在具体的历史与现实空间中，二是人的自我本质的生成与发展，要受到一定历史和现实条件的制约。（5）人具有多样性和差异性。即一方面，人作为一种存在的可能性，本身就蕴含着丰富性和多样性；另一方面，个体生命具有独特性、不可替代性，以及个体间的差异性。

当然，也有这样的定义：人是能制造精致的工具，并能熟练使用工具进行劳动，有丰富的思维能力，有判断跟实际情况没有冲突和跟实际情况有冲突的能力，有呵护、爱护地球的能力，有创造能力和控制修复能力的动物，人也是自觉解放自我的生命体。人的基本属性是自觉的自我解放，基本物质基础自然生命下的生理系统与思维系统。前者构成人类与自然界的能量与物质的不断交换。这当中，人也成为自然界的一部分；后者，则构成人的基本内在的矛盾，此一矛盾外在的运动的表现，便是人的自觉的自我的解放属性。人的基本属性，就是人性——人是"社会"①的载体，是社会组成的最基本的"单元"。社会性是人性的发展，人性通过社会关系表现为社会性。社会性是个体人

---

① "社会"犹"会社"，在汉语中，本义指人与人之间互相联系而结成的组织，如结社、集会等。《汉语词典》（商务印书馆，1936年版）对"社会"一词的解释是：（1）各个人之集合体，其组合之分子具有一定关系者；通常亦泛指人群。（2）旧日里"社"逢节日之集会行赛。现代通常意义上，"社会"一词来自日本，相当于"society"一词，近代学者严复曾译为"群"，日本人译为"社会"。清末洋务运动，时兴师夷，大量学者通过转译日文翻译著作来学习西方，而双音节词又比单音节词更为适合当时的汉语口语，故而并不太严谨的"社会"一词反而击败了更为准确的"群"，牢牢地扎根于汉语中，流传至今。社会学上，"社会"就是由许多个体汇集而成的，有组织有规则或纪律的相互合作的生存关系的群体。没有分工与合作关系的个体所聚集成的群体不成为社会。社会是在特定环境下，共同生活的同一物种不同个体长久形成的彼此相依的一种存在状态。在微观上，"社会"强调同伴的意味，并且延伸到为了共同利益而形成联盟。而宏观上，社会是由长期合作的社会成员，通过发展组织关系形成团体，在人类社会中进而形成机构、国家等组织形式。所以，"社会"是共同生活的个体通过各种各样社会关系联合起来的集合。以人类社会为例，形成社会的最主要的社会关系包括家庭关系、共同文化以及传统习俗。社会关系包括：个体之间的关系、个体与集体的关系、个体与国家的关系。一般还包括群体与群体之间的关系、群体与国家之间的关系。

与其他人类个体结成的关系，同时，社会性也反作用于个体人的人格。

于是，当自然危险发生时，人会选择逃跑或者躲避，这种逃避或者躲避，便是人的"逃生本能"。这种本能，与"自甘冒险"① 完全相反。在这里，"逃生本能"也称为"求生本能"。"逃生本能"的表现，是人在无预警的状况下，面对自然危险出现的生死关头之时，有能力逃过劫难或者致灾因子的加害或者致害。比如，当洪水突然来到人们的身边或者人们被滔天洪水包围时，自然而然的第一反应就是拼命去抓"救命稻草"②，这种逃生本能本身，说不定真能让某人获得生存的机会。所以，自然灾害中的人，是一个具有逃生能力的人，尽管这种逃生可能仅仅是一种本能而已。

二、人命是第一承灾体

人命（human life），指人的生命、人的性命或者指人的寿命，也可以指人的命运。在我国民法上，"人"主要是指自然人，人命就是自然人活着的"有命""活命"或者"存命"等状态。人作为地球上的高等动物，人命是其生活能力的表现形式。所以，人命也可以"生命""寿命"等词语来表达。

所谓生命，即人活着或者以有生命形式或者状态存在的一种状态。生命在指称或者表现生物的生命性时，强调"生存""生活"或者"生力（即生命力）"等状态或者情形，即"人的性命存在的一种状态"。所以，"性命"在先秦古文中，皆作"生"字。而人的生命，在其长度、宽度和高度的"三维向度理论"中，则分解为生命的长度——寿命；生命的宽度——生存的贡献即社会影响度；生命的高度——生活的品质和人的修养的"阳春白雪度"。因此，所谓"寿命"，是指人从出生经过发育、成长、成熟、老化以至死亡前机体生存的时间段，通常以年龄即周岁作为衡量人的寿命长短的尺度。由于人与人之间的寿命有一定的差别，所以，在比较某个时期、某个地区或某个社会的人类寿命时，通常采用平均寿命。"平均寿命"常用来反映一个国家或一个社会的医学发展水平，以及经济、文化的发达状况。世界卫生组织的研究结果表明：个人的健康和寿命60％取决于自己，15％取决于遗传，10％取决于社会因素，8％取决于医疗条件，7％取决于气候的影响。在此基础上，生命的宽度取决于某个人的社会贡献和对社会的影响程度；而生命的高度，则是个人修养和个人对待包括自然危险在内的各种生活压力、危机和矛盾、冲突等，给个体生命带来的生命质量的体会与感受。

人命在许多自然灾害发生时，往往是第一承灾体，其具体表现便是人成为自然灾害中的罹难者。③ 据《中国民政词典》中有关中国灾荒大事记的记载，从公元前2598年到公元1983年的几千年间，对有史料记载，且详细载明灾中死亡人数的灾害的粗略统

---

① 自甘冒险，是指在明知危险存在的情况下，某人主动同意自行承担某种危险行为可能引起的伤害或者受害后果的情形。

② 传说中"救命稻草"故事是：一次海难之后，一群人当中只有一个人漂到了一个荒岛上，后来这个人获救了，他是这次海难中唯一活下来的人。据说，这个人一直看见他眼前有一根稻草，他一直想去抓到这根稻草，于是拼命去抓，一直在海上漂，就一直抓啊抓啊。最后漂到了荒岛上，也许这个人看见的稻草是幻觉，但是，就是凭借着幻觉的信念，一直支撑着从海上漂到荒岛上。这种精神力量的支撑和信念的坚守，就成为这个"救命稻草"的典故。现在，"救命稻草"成为一个具有贬义的成语了。

③ "罹难"，多指人在自然危险发生时，遭受某种肉体或者精神损伤，从而造成生命丧失的情形。"罹难"即遇灾、遇险而死，或者"被害"的意思。而"罹难者"，即在自然灾害中遇到危险而死亡的人。

计，我国因灾死亡百人以上的自然灾害有 124 次，死亡 492.8 万人。其中，死亡万人以上的自然灾害共有 49 次，死亡 483.2 万人；死亡 10 万人以上的自然灾害有 13 次，死亡 425.2 万人。[①] 相比之下，一次唐山大地震，死亡人数就达到了 24.28 万人。可见，人命是任何一次自然灾害中的首要承灾体，也因此，任何一次重大自然灾害中，政府发出的抢险救灾的命令本身，都是"救人、救人，再救人"。

例如，2007 年 7 月 29 日，河南省陕县支建煤矿发生洪水淹井事件，69 名矿工被困井下，生命极度危险。党中央、国务院对此次生产事故极为重视，要求全力施救，国家安监总局以及河南省委、省政府的主要领导亲临现场，靠前指挥，与之邻近的义马煤业集团主动承担社会责任，不惜牺牲自身的利益，成建制抽调抢险人员，成批次调动救灾物资，经过 76 个小时艰苦卓绝的努力，69 位矿工无一损伤地全部生还，创造了中国乃至世界煤矿救援史上的奇迹，演绎了万众一心、众志成城拯救生命的壮举，受到了社会各界的广泛赞誉。后来，由义马煤业集团与河南影视集团投资千万元，历时近一年时间，联合拍摄制作的电影《人命如天》，就是取材于这次煤矿淹井事件，以电影化的手法，全景式、艺术化、细节性地展现成功救援的全过程。这部由著名导演孙铁执导，郑小宁、张晗领衔主演的电影被国家广电总局确定为向新中国成立 60 周年 30 部献礼的重点影片之一。

人命是第一承灾体的判断，表明：人命在自然危险中具有易损性。也就是说，人命对自然灾害的易损性，不论是原始性的，即人在自然灾害中立即死亡，还是继发性的，即人在灾害中未立即死亡，而是因灾缺食、少衣或缺乏其他保障慢慢死去，都说明自然危险对人的生命具有非常的"摧残性"或者毁灭性。人命的易损性，既来源于人体的肉体结构，也来源于各种建筑物、设施和社会保障措施的缺陷，是无法避免的。人命易损性的无法避免与自然灾害摧残性的结合，使千百万人的生命在一场自然灾害面前显得那样脆弱。[②]

三、健康是第二承灾体

健康，是指一个人在身体、精神和社会等方面都处于良好的状态。传统的健康观是"无病即健康"，现代人的健康观是人的整体健康。根据世界卫生组织给出的解释：健康不仅指一个人身体有没有出现疾病或虚弱现象，还是指一个人生理上、心理上和社会关系上的完好状态。现代人的健康内容包括：躯体健康、心理健康、心灵健康、社会健康、智力健康、道德健康、环境健康等等。健康是一个人的基本权利，也是人生的第一财富。从健康和人命之间的关系看，健康是一种生活的心态。对于自然危险而言，人的健康作为第二承灾体理解时，是指人的躯体健康、环境健康等，因为自然危险这一第一致灾因子的作用，而受到严重损害或者威胁。比如，在自然危险发生时，灾区的人们受伤、致残或者亲友死亡等，而成为灾民。尤其是灾民本身受伤和致残，本身不仅仅是人的肢体健康问题，而且，也会通过身体的病痛而成为其心理健康、心灵健康、智力健康

---

① 资料中只提到"死人"、灾害"杀人"者不计人数，对以"死者甚众"，"死者无算"等计量者，均以百人以上计，且不包括受灾人数。

② 王建平：《减轻自然灾害的法律问题研究》（修订版），法律出版社 2008 年版，第 50 页。

等方面受到创伤的核心表现。

对于一个人而言，美国天文学家柯蒂斯认为，幸福的首要条件在于健康。那么，在自然危险作为致灾因子导致灾害发生时，灾民的身体健康受到损害乃至于因灾致残，由此，他的人生幸福感就可能丧失净尽。虽然，人要想在重大的自然灾害中保全性命和保护人体健康非常困难，但是，防灾减灾救灾本身，就是通过人类的社会制度和人自身的减灾能力，构建以人类社会的共同力量抵御和抗衡、消减自然危险演化成灾害损失的可能性。从这个意义上说，防灾减灾救灾的本质，就是在各种自然危险成为致灾因子的时候，以各种各样的方法、措施和制度，维护和保障在自然危险构成的孕灾环境中，灾民的人身安全、生命安全和人身健康不受损害或者少受损害。德国精神病学家弗洛姆认为，尊重生命即尊重他人也尊重自己的生命，是生命进程中的伴随物，也是心理健康的一个条件。那么，对于任何一个人而言，尊重生命的这种"心理健康"的要求，要达到"标准"就必须积极参与防灾减灾救灾，以公众参与的原则，积极投身到各种各样的防灾减灾救灾活动之中去。

需要说明，人命与健康实质上具有相同的特性，即对于自然危险的脆弱性、易损性和危损性。这不仅仅是因为人的健康与人命密切相关，关键是：人在自然灾害中受伤和致残，是典型的健康权益受到伤害，这个时候，如果得不到及时的伤病救治，那么，受伤的灾民可能会因此而死亡。从这个意义上看，对于因为自然危险作为第一致灾因子而死亡的罹难者而言，死亡是一瞬间的恐惧、痛苦和伤害，而受伤和致残则是长时间甚至终生的恐惧、痛苦和伤害。因此，当自然危险发生时，抢险救灾中的"救人第一"行动当中，当然包含对于伤病员的及时救助和从各种自然危险状态中，将伤病员抢救出危险境地或者危险状态的基本要求。

例如，汶川大地震抢险救灾应急中，2008年5月18日卫生部发出通知，要求四川周边的重庆等4省市卫生厅局组织接收、救治部分从四川转出的伤员。通知要求，重庆、贵州、云南、陕西4省市卫生厅局要立即开展接收伤员的床位预留工作并准备接收伤员。重庆预留5000张，贵州、云南、陕西先期各预留1000张。预留床位主要由三级医院提供，不足部分可由二级医院补充；重症伤员要首先转入三级医院。但是，由于伤病员太多，三省一市接受能力不足，卫生部与四川省和有关省份制定了新的伤病员转运方案，计划到5月底向20个省区市转送伤员8000人。于是，2008年5月28日18：30，载着91名灾区伤员的"救26次"专列到达北京西站。5月23日14：00，"救12次"列车从绵阳出发，载着265名伤员，行驶1322公里，到达湖北汉口车站。截至5月30日，已经有8668名四川灾区伤员转运到重庆、江苏、浙江等20个省区市治疗，[①]有效地保证了这些地震伤病员的身体健康，有效防止了灾伤致残情况的大量发生。可见，人身健康是第二承载体，在汶川大地震发生后的医疗救助中，是名副其实的。

四、心理感受与应激障碍是第三承灾体

自然灾害发生后，对人类自身的直接影响和负面性危害的表现，是灾民的强心理刺

---

① 林红梅、万一：《承运生命的希望——转运汶川大地震伤员出川记》，新华网，2008年5月30日，http://news. xinhuanet. com/newscenter/2008－05/30/content _ 8285005. htm，最后访问：2008－06－04。

激和应激障碍的现象发生，可能导致大量的创伤后压力心理障碍症患者。这在汶川大地震中，曾经大量出现，是人这种承灾体在自然危险作为第一致灾因子，在其精神感受和心理体验层面产生的一种内在伤害。

所谓创伤后压力心理障碍症（Post-traumatic stress disorder，PTSD），又叫延迟性心因性反应，是指人在遭遇自然危险或者对抗重大压力后，对创伤等严重应激因素的一种异常的精神反应。它是一种延迟性、持续性的心身疾病，是由于受到异乎寻常的自然灾害或者其他事件、事故等威胁性、灾难性的心理创伤，导致延迟出现和长期持续的一种心理障碍或者心理失衡与失调的后遗症。简言之，PTSD是一种人在遭受创伤后，心理失去平衡的一种状态，包括生命遭到威胁、严重物理性伤害、身体或心灵上的胁迫。有时候，也被称之为创伤后压力反应（Post-traumatic stress reaction；PTSR），以强调这个现象，是经验创伤后所产生的合理结果，而非病患心理状态原本就有问题。也可以译为"创伤后压力症""创伤后压力综合征""创伤后精神紧张性障碍""重大打击后遗症"等。

自然灾害发生后，除了可以让受灾者成为罹难者、受伤者之外，也会因为灾害流量的快速释放，而引起受灾者压力、焦虑、压抑，以及其他负面情绪和知觉方面的问题。而这种影响的时间，以及为什么有些人不能尽快适应，在理论上仍然是未知的。比如，在地震、洪水、龙卷风、飓风及其他自然灾害发生后，受害者表现出的恶念、焦虑、压抑和其他负面情绪问题就是例证。这是就受灾者的承灾而言，极度的灾难感受或者体验的持续效果，如果不能适应或者转化、消解，便称为"创伤后应激障碍"，即对受灾者来说，经历创伤后，持续的、不必要的、无法控制的无关事件的负面念头——强烈地避免提及事件的愿望，睡眠障碍，社会交往退缩，以及强烈警觉的焦虑障碍，等等。

对于不同类型的自然灾害，可将其划分为突发性灾害，包括地震、火山喷发、海啸、台风、水灾等在短时期内造成重大损害的自然灾害，渐进性灾害也就是缓发型灾害，包括旱灾、荒漠化灾害和虫灾引起的饥荒等。比较而言，前一种灾害中，受灾者容易发生PTSD，这就需要进行临灾期和灾后期的持续性心理救援。而后一类灾害，由于没有对人类基本生活条件形成突然冲击，对受灾者而言不容易发生PTSD，防灾减灾工作的重心往往不在心理救援方面。不过，学者研究表明：社会支持水平是PTSD的保护性因子，社会支持中的主观支持和支持利用度与PTSD负相关程度更明显。[①] 这就意味着，自然危险演化成自然灾害后，对于灾民的心理抚慰和精神安抚，是极其重要的。

比如，汶川大地震发生后3个月到数年，是灾民心理问题高发期，在经历了早期的迷惘期和"人道期"（众多救援人员形成的心理支持期，又称"灾害通道期"）后，灾民开始进入"低潮期"，会感到孤独、无奈、幻灭，甚至于出现自杀现象。汶川大地震中的创伤性事件中，创伤受害者分为三种：（1）受害者本人，如亲历灾害现场的人；（2）灾害目睹者，如参加营救的军人、武警、医护人员和志愿者等；（3）间接受灾难影响的人，如受难者的亲属。这些都是地震灾后心理救援的关注对象。灾难所导致的心理伤害，患者自己不一定能够感受到，也就是说，自然危险对人类心灵和精神的负性影

---

① 邬晓艳、周娟等：《5·12地震后PTSD症状严重性和社会支持之间的相关性研究》，《神经损伤与功能重建》，2010年第4期，第285页。

响，可以是爆发性的，也可以是渐进性的。各国的防灾减灾的经验表明，心理危机干预是抗震救灾的一个主要方面，为此，发达国家大多建立起比较完善的心理援助系统。[①]我国政府意识到了心理危机干预的必要性和重要性，所以，在《汶川地震灾后恢复重建总体规划》第 12 章规定，精神家园的恢复重建，要重点做好灾区群众心理疏导；实施心理康复工程，采取多种心理干预措施，医治灾区群众心灵创伤，提高自我调节能力，促进身心健康。

事实上，汶川地震之后，有 74.6％的灾民希望得到心理帮助。但是，仅有 34.1％实际受过心理帮助，大部分受灾群众对心理社会支持服务的需求得不到满足。在心理帮助过程中，灾民认为最有用的心理帮助依次为交谈（27.7％）、提供心理支持（23.4％）、了解关心的问题和需要（17.0％）。自从汶川大地震发生以后的 9 个月，灾民报告对其心理造成影响的前 4 位的问题，分别为：（1）住房问题；（2）失去亲人；（3）生活经济来源；（4）就业问题等。[②] 另一方面，汶川大地震灾后心理救援过程中，出现了专业心理救援人员严重缺乏、心理救援工作呈现无序状态、对心理救援对象的认定有局限、对灾区群众心理救援缺乏系统和长期规划、媒体宣传带来心理伤害、心理救援带有盲目性等问题。[③]

在汶川大地震之后，地震幸存者遭遇到身体疼痛和亲友伤亡、恐怖经历等心理创伤，尤其是老年人的震后丧子、丧亲之痛更难以表达。学者在汶川大地震后 8 个月，运用中国心理健康量表（老年版）和社会支持[④]评定表，访谈四川茂县 235 名羌族老年人。结果是这次大地震对客观支持和对支持的利用度的影响大于主观支持。其中，有无亲友死亡、是否受伤、是否被困差异明显。汶川大地震对社会支持的各个方面的影响不同，社会支持与灾后老年人的心理健康水平密切相关。[⑤] 有学者的研究表明，汶川大地震后 6 个月，灾区老年人 PTSD 总的发生率为 32.9％，其中，极重灾区为 56.3％、重灾区为 25.6，而一般灾区为 26.6％，可见，震后 6 个月老年人 PTSD 发生率较高，对社会支持的心理需求更多、更重要，从而，极重灾区老年人尤其需要灾后心理干预工作的关注。[⑥]

汶川大地震发生 1 年后，北川县干部在生理、心理及环境领域方面受到严重影响，尤其以女性、羌族、年长、残疾和心理创伤症状突出的干部生存质量更差。学者分析显

---

① 廖晓明、李小溪等：《创伤后应激障碍（PTSD）与汶川地震后心理救援》，《中国现代医生》2009 年第 8 期，第 61 页。

② 管丽丽、向虎等：《汶川地震后部分极重灾区人群对心理社会支持的需求》，《中国心理卫生杂志》，2011 年第 2 期，第 107 页。

③ 陈华、杨兴鹏：《对 5·12 汶川大地震后心理救援工作的思考》，《西南交通大学学报（社会科学版）》，2008 年第 4 期，第 5 页。

④ 社会支持，是指一个人通过社会互动关系获得的能够减轻心理应激反应、缓解精神紧张状况、提高社会适应能力的支持和帮助。分为客观支持（指物质上的直接援助和社会网络如家庭、婚姻、朋友、同事和组织、团体等的存在和参与）、主观支持（指个体受到社会的尊重、被支持、被理解的情绪体验和满意程度）和对支持的利用度 3 个方面。

⑤ 王绪梅、王婷等：《地震后茂县羌族老年人的社会支持与心理健康状况》，《中国老年学杂志》，2009 年第 11 期，第 1406 页。

⑥ 黄河清、杨惠琴等：《汶川地震后不同灾情地区老年人创伤后应激障碍发生率及影响因素》，《中国老年学杂志》，2009 年第 10 期，第 1275 页。

示，北川干部的社会关系领域得分（14.31±2.59）高于国内常模（P＜0.01），但是，生存质量各维度得分［生理领域得分（14.16±2.43）、心理领域得分（13.79±2.59）、环境领域得分（11.20±2.74）］均低于常模，差异有统计学意义（P均＜0.01）；需要持续的心理服务和其他措施关注这些干部群体。[①] 与此同时，有学者对汶川大地震后1年，于2009年5月12日～5月18日期间，在绵竹、德阳、什邡、成都、绵阳、彭州、梓潼、安县等8市县参与地震救援的医务人员500名，采用PTSD-17项筛查问卷（PCL-C）、焦虑自评量表（SAS）、抑郁自评量表（SDS）进行调查。并对回收有效问卷（481份，有效率96.2％）按照地区分为灾区组（绵竹、什邡、绵阳、彭州、安县等）和非灾区组（德阳、成都、梓潼等）。结果表明：汶川大地震1年后，前述参与医疗救援的医务人员中，共筛查出PTSD112例（23.3％），焦虑240例（21.6％），抑郁104例（49.9％），焦虑合并抑郁94例（19.54％）。说明：经历汶川大地震1年后，灾区参与救援医务人员中的PTSD、焦虑、抑郁发生率仍较高，且严重程度比非灾区参与救援医务人员更重。为此，应当制定相应的心理干预与康复方案，提高医务人员尤其是灾区救援医务人员的应对危机的能力。[②] 由此而言，人的心理感受和应激障碍，是名副其实的第三承灾体。

第三节　第二承灾体——财物和各种有体建筑物

一、财物和各种有体建筑物成为第二承灾体

如果说人在自然危险当中，因为致灾因子的作用而当然具有易损性，即人对于自然危险的脆弱性，然而，人在自然危险演化成自然灾害中，还可以逃命或者逃生方式谋求生存的话，那么，财物以及各种有体建筑物，作为人所支配的法律关系的客体，却连这一点基本的属性都没有。也就是说，作为自然灾害的第二承灾体——财物或者各种有体建筑物，只能任凭自然危险的致害、加害或者损害等加以蹂躏，从而出现玉石俱焚的情形。

从这个意义上看，财物或者各种有体建筑物具有自然危险损毁的难免性。这种难免性，本质上是财物或者各种有体建筑物对于自然危险的脆弱性、易损性或者危损性。所谓脆弱性，是指"不喜欢波动"的财物或者有体建筑物不能更好应对波动性、随机性、压力等等而出现的一种损害性变化的属性。在这里，财物或者有体建筑物往往也不喜欢波动性、随机性、压力等等带来的损害的"不可预测的"不确定性后果。应该说，脆弱性是自然界、动植物及其群体、社会、国家及其制度等等众多属性中，不能抵御波动性、随机性、压力等等带来损害的属性集合，表示某种事物比如财物或者有体建筑物应对波动是脆弱的，否则，就是强韧的。即前文提到的韧性，也就是说，如果某种事物应对波动表现出更大的适应性或者能获得益处，则表示该事物应对波动是具有"反脆弱性

① 黄国平、吴俊林：《汶川大地震后1年北川干部生存质量状况调查》，《中国循证医学杂志》，2012年第4期，第393页。
② 李喆、李进等：《汶川地震后1年参与灾区医疗救援医务人员的心理健康状况调查》，《中国循证医学杂志》，2009年第11期，第1151页。

的"。可见，脆弱性中的"脆弱"，是易碎易折经受不起挫折，而容易破碎或者毁损等情形；指物时，强调该物的"不坚强""不结实"和"缺乏抗压力性"。所以，脆弱性不是自然危险本身，而是作为第二承灾体的财物或者各种有体建筑物本身具有的物质属性，即怕击打、掩埋、撞击和水淹、火烧、砸压等的属性，是财物或者各种有体建筑物不能承受自然危险的结果或者产物。

而所谓易损性，是指财物或者各种有体建筑物本身的无抗灾性，或称为对于自然危险等致灾因子的容易毁损灭失的属性。这意味着财物尤其是建筑物、构筑物或者各种有形体的建筑设施，对各种自然危险方面的致灾因子，缺乏全面的抗御性或者抗压性。例如，按抵御 9 度地震设计的建筑物，可以防震抗震，但不一定能防洪、防火。相反，符合防火设计要求或者标准的各种建筑物或者设施，能防火或者符合消防要求，却不一定能防地震，抵御大风或洪水等致灾因子带来的损害。在这里，财物或者各种有体建筑物的易损性，并不是说凡财物或者各种有体建筑物，都不能经受任何自然灾害的考验，而是说一般情况下，财物或者各种有体建筑物在自然灾害中容易遭受不同程度的损毁、灭失，乃至完全毁坏，即使是经过专门的防灾、抗灾设计处理的工程、设施或建筑物，比如，各种保险柜或者保险性或者保险系数非常高的仓库，也不能说就能抗御所有的自然危险的致灾性的危害或者负面影响。至于财物或者各种有体建筑物的危损性，是强调财物或者各种有体建筑物在各种自然危险中作为致灾因子，已经开始发生作用，从而导致财物或者各种有体建筑物的实际、严重的损失、损害或者致害的属性。这种提法，是强调财物或者各种有体建筑物易损性的已经发生实际损失或损害的属性。

财物或者各种有体建筑物的易损性，可能通过财物或者各种有体建筑物本身的缺陷表现出来，也可能通过财物或者各种有体建筑物无抗灾性表现出来。前者如未经抗震设计、加固的房屋就易在震灾中倒塌，后者如江河决堤于广阔的平原，大片的农田就易受水害。所以，财物或者各种有体建筑物的易损性，从法律上讲往往是人们不遵守防灾抗灾规则，导致的自然危险作为致灾因子的危害性在财物上尤其是各种建筑物、构筑物和各种有形体的设施上的直观表现。例如，1992 年 1 月 21 日，川西北电网因"污闪"大面积跳闸，给电力部门造成 70 多万元的损失；四川化工总厂的经济损失在 1000 万元以上，宝成线全线停运 20 多个小时。造成这次"污闪"的主要原因，是川西北电网线路绝缘瓷瓶上的碳酸钙尘垢，在浓雾中形成电解液，使高压线路短路跳闸。经查，对川西北电网的输电线路的清扫工作，远远未达到线路的要求则是直接原因。[①] 据说这样的"污闪"事故，在京津唐地区也多次发生过，也是出于同样的原因。

二、财物和各种有体建筑物的无躲避性

财物或者各种有体建筑物只能承受自然危险，在自然灾害当中被毁损或者灭失。在这一点上，财物或者各种有体建筑物与人不同，人可以利用自己的逃生的主动性，积极躲避自然危险造成的危害，而财物或者各种有体建筑物则完全不具有这种基本属性。

财物或者各种有体建筑物不具有自然危险的避灾性，这可以通过我国《物权法》对物的分类来说明。《物权法》将物分为不动产和动产。从不动产角度看，房屋、设备和

---

① 《中国减灾报》，1992 年 6 月 23 日，第 1 版。

各种建筑物、构筑物等，往往被固定于某一地点、某种介质或者某个空间里。我国的高铁线路，就被固定在铁路线上，一旦自然危险莅临，比如，地震或者洪水等致灾因子到来，则这些高铁线路的铁轨、道岔和设施等等，都是不可移动的，连最一般或者最基本的被动躲避性也没有，只有在原地等待人力来保护。而一旦人力保护有所不及，则必然受到自然危险的加害、损害或者危害。至于各种动产，因为其可移动，往往可以由人的主动躲避性即被人移动、搬动和转移，而产生出被动的躲避性，在某些情况下，产生免于遭受损毁的特性。比如，1985 年 6 月 12 日长江西陵峡新滩镇发生了大滑坡，滑坡区内家园、田园皆毁于一旦，新滩成了长江中的险滩，[①] 人们的家园永远被毁灭了。当滑坡来临时，人们对滑区内的房屋、田地莫之奈何，只能眼睁睁地看着它们滑入长江之中。不过，当人们撤离时，带走了可以搬走的财产即动产，从而使这些动产免于在这次滑坡灾害中悉数被损毁灭失。

客观地讲，绝大多数情况下，即或是动产具有可携带的特性，也不是任何动产在自然危险莅临时，会被人们以积极的转移方式或者方法，让其免于致灾因子的危害、加害或者侵害。比如，汶川大地震中，由于地震灾害让人猝不及防，尽管地震是在下午 14：28 发生的，而且，持续时间长达 90 秒左右，但是，绝大多数灾区的人们，根本就没有时间或者能力携带任何财产出来，甚至于有些人连鞋子都没有来得及穿。可见，无躲避性是由财物或者各种有体建筑物本身的特性决定的，与人的逃生行为并无直接的关联性。人们在灾前以各种方法加固建筑物、构筑物和各种设施，并修建抗灾工程等来保护财物或者各种有体建筑物不受自然危险的损害，保护其不被自然危险所损毁。然而，灾前的防灾加固和修建抗灾工程，只是强化了财物或者各种有体建筑物的抗损性或者减弱了其脆弱性，其本身并无躲避性。

三、财物和各种有体建筑物维护的有限性

虽然，人们在灾前尽一切可能增强财物或者各种有体建筑物的抗损性，减弱其脆弱性，努力保护财物不遭受损毁灭失，但是，当自然危险一旦演化成自然灾害时，人们却无法保证灾害损失不发生或者灾害损失的无限扩大。军队开展抢险救灾，各级政府开展各种灾害应急，并号召志愿者、NGO 参与，以及灾民广泛参与等等，都只能努力使灾害损失不致扩大或者快速加重，而不可能完全禁止或者绝对限制财物或者各种有体建筑物的脆弱性转化成灾害损失。例如，1987 年 5 月 6 日我国大兴安岭发生森林大火后，5万军民奋战了 25 个昼夜，才将大火扑灭。其间，从全国各地调运各种灭火器材和物资，甚至动用飞机进行人工降雨作业，尽可能地减少火灾损失。

这说明，人力维护财物或者各种有体建筑物的安全，在财力上和维护效果上都是有限。例如，天津市自 1985 年以来，施行两期控制地面沉降的计划，虽然使外环线以内的沉降速率由过去的每年 80 毫米以上，降至目前每年 10 毫米以内，但天津市仍在下沉。[②] 所以，人力在财物或者各种有体建筑物的安全的保障上的有限，就使财物或者各种有体建筑物只能处在自然危险的危害范围之内。不过，通过减灾立法，使人们自觉

---

① 《中国减灾报》，1992 年 9 月 8 日，第 2 版。
② 谢觉民：《围墙因何坼裂？》，《中国减灾报》，1993 年 3 月 17 日，第 3 版。

地、有意识地维护财物在灾害状态下的安全，增强抗灾能力，使有限性的范围不断扩大，则是可以尽可能做到抗损性或者抗逆性，并限制其脆弱性。

在自然灾害当中，财物或者各种有体建筑物损毁的难免性，是财物或者各种有体建筑物安全维护有限性的另一种表述。从法律角度理解，这种难免性就是法律关系客体因灾害必然产生的受毁损性。在这里，"难免"之说，主要是从自然危险作为致灾因子的破坏性角度分析的，并不是说人们对这种难免性就束手无策。例如，2013 年 4 月 20 日芦山地震发生前，芦山县人民医院大楼地基部分采用"弹簧缓冲"，按照建筑术语，这样的构造属于隔震建筑。从而使得它安然度过了"4·20"芦山大地震致灾因子的危害。这便是针对财物或者各种有体建筑物损毁难免性采取的积极态度。

第四节 第三承灾体——社会秩序

一、对社会环境的破坏性

易损性（vulnerability）在自然灾害研究中，指财物或者各种有体建筑物的物质易损性，也指社会的易损性。一般而言，物质易损性的研究，提高了人们对自然危险多发地区即灾害危险地区防灾减灾的重视。事实上，易损性本质上是一个基于自然危险（致灾因子）与承灾体相互关系的概念，是以还原论思想为基础的理论，因此，易损性在多灾种防灾与应急方面的理论解释，还存在着天然的缺陷。相比之下，对社会易损性的研究，则强调人类社会对自然危险演变成致灾因子时的回应能力，也就是减灾能力在社会环境中的积极作用。在这里，"社会环境"是指包括社会心理在内的社会物质环境、社会秩序以及社会文化环境等。

自然灾害发生后，或物是人非或人是物非或人物皆非，整个灾区的社会环境亦在劫难逃。即自然灾害中人员的伤残死亡，财物的毁损灭失，人与人之间的原来依赖其身份、财产等等存在的社会关系的平衡局面，或者已经形成的"社会网络"结构被打破。由此，必然导致往昔的社会秩序、社会生产、生活和生存环境遭受严重的破坏，即失序状态出现。与此同时，灾民的心理和心灵因为受到强烈的震撼性刺激，会发生严重的创伤后压力心理障碍症（PTSD），或者灾民的精神状态因为遭受深重创伤，乃至发生连续性的不断损伤，导致灾民的心理氛围失序，一旦不及时进行救助，就有可能导致严重的不良后果。

事实上，灾前期灾害发生区域的社会秩序井井有条，人们安居乐业，市场兴旺，社会的物质环境、人文环境都按常规运作。然而，一旦自然危险演化成自然灾害这种外界的强有力的干扰因素，则社会环境的有序状态顿时消失，而转化成失序或者混乱状态。于是，人与人、人与财产、人与社会等方面的关系，在瞬间或被强行快速改变，或受到强烈的震撼或遭到强力的毁灭，以往在这些关系方面的规范、法律禁令和行为约束，顷刻之间，便失去了惯性作用的轨道。接着，随着人员伤亡致残事实的出现，尤其是伤亡人数的增长，比如，唐山大地震当中，死亡、受伤和致残人数竟然达到令人恐惧的 40 万人以上数字时，任何人都不可能对此无动于衷。如果，财物或者各种有体建筑物的毁损灭失情形也不断快速增加，那么，整个社会环境因为这两大基本要素——人员、各种有体建筑物的大量的结构性缺失，而必然陷于混乱之中。在这里，"混乱"不单单是失去往日的原有秩序，这只是表面上的一种混乱，而社会环境因为人员大量伤亡、致残或者各种有体建筑物毁损灭失，而导致的社会关系的结构性的失调方面的混乱，才是内在的混乱。

例如，当某人在灾害中死亡，而其财产却未受损失或某人虽然未死亡或者受伤，但其财产却全毁或某人"人死财毁"，以及其他类似组合情形的出现，都是一种社会关系结构上的改变。而这种改变，在正常情况下，只是社会个别成员或者在法律法令等规则监督下的改变，所以，其改变是处在一种有序状态之下，是可以为社会平静接受与和平消解的。而若成为社会大部分或全部成员或无法律法令等规则监督的重大结构性改变，或者大批量的快速改变，那么，社会关系变更的规则与社会适应度就出了问题，因为规则正是社会关系结构的重要组成部分。在原有社会关系结构失却的社会环境中，人们根本不可能正常生产生活，法律也失去了发挥其原有作用的空间。只有紧急状态法或类似条款，才能调整此时的社会关系。而这个时候，社会已进入灾害紧急状态。

二、社会物质环境的损坏

社会物质环境，是以人的物质实体为基本因素的生产资料、生活资料等物质性财产环境。前文已经提及灾区人员的大量伤亡致残，如果单纯从死者个人角度来讲，似乎还无法把人与社会物质环境直接有效地挂起钩来。实际上，灾民在灾害中死亡，不单是死者本人的不幸，也是社会的不幸。因为大批灾民的伤亡致残，意味着社会人力资源（也是一种很珍贵的物质财富）的非正常过量快速消耗。且不说为灾区政府需要为安葬死者花费人力、物力和财力，仅是死者的创造力丧失，就是社会财富的巨大损失。一旦出现灾害毁城或人员的大批死亡，则灾后重建遇到的第一个困难，便是人力不足。

理论上，社会易损性是潜在的自然灾害可能对人类社会造成的毁损程度，涉及人们的生命财产、健康状况、生存条件以及社会物质财富、社会生产能力、社会结构和秩序、资源和生态环境等方面的损失，这种损失既是社会个体的损失，也是社会整体的损失。在这一过程中，造成了社会秩序的混乱，社会功能暂时或局部的缺失，社会财富和价值的损失。社会易损性的问题涉及区域人口、社会结构和社会文化等方面的问题，是一个复杂的多种因素相互影响的整体。[1] 也就是说，自然灾害通过渗透、转化、分解、合成、耦合等过程，呈现出链条式的复杂行为过程，这便形成了所谓的灾害链风险。[2] 社会物质环境的易损性，在学者看来，也是社会脆弱性的表现。在这里，社会脆弱性是指人、复杂的社会系统对自然危险等致灾因子的应对能力和恢复力。研究表明，穷人、女性、儿童和老人等易受灾群体在受自然灾害冲击后恢复力存在着脆弱性方面的机制——恢复力限制。而一个社会，在自然灾害即将发生、区域发展差异和灾后恢复重建普遍受到关注时，社会脆弱性最为明显。[3]

例如，公元62年2月8日，一次强烈的地震袭击了意大利庞贝地区，造成了许多建筑物的毁塌。地震过后，庞贝人又重建城市，而且更追求奢侈豪华。17年后的公元

---

① 郭跃、朱芳等：《自然灾害社会易损性评价指标体系框架的构建》，《灾害学》，2010年第4期，第68页。

② 巫丽芸、何东进等：《自然灾害风险评估与灾害易损性研究进展》，《灾害学》2014年第4期，第133页。

③ 周扬、李宁等：《自然灾害社会脆弱性研究进展》，《灾害学》2014年第2期，第130页。

79 年 8 月 24 日这一天，维苏威火山又突然爆发。这一次，厚约 5.6 米的火山灰毫不留情地将庞贝城从地球上抹掉了。庞贝被摧毁之时，全城至少有 2 万人口。[①] 又例如，1976 年 7 月 28 日唐山地震以后，国家组织大批建设者奔赴唐山进行支援，这是对灾害导致的人力超量损失的一种补充形式。历史上，各种自然灾害往往发生人力的超常消耗，如 1939 年河南、安徽、江苏等省 44 县因黄河洪水灾害，死亡 89 万人，导致灾区田园荒芜、灾民外逃，千里无人烟。而生产资料、生活资料等设施、建筑等物质财富，在灾害中被毁损或灭失，这不但是社会物质环境的损失，而且，还包括社会物质环境在恢复重建时支付的代价，以及某些设施、建筑无法恢复的损失等。

我国中西部地区自然灾害社会易损性综合评价结果：山西、河南、湖北、湖南、贵州、广西和宁夏为第一类，自然灾害社会综合易损度最高；陕西、甘肃、西藏、云南、内蒙古、新疆、青海为第二类，自然灾害社会综合易损度较高；江西、安徽、重庆、四川为第三类，自然灾害社会综合易损度较低。[②] 在这里，不同层次的社会易损性表现的空间特征不同，从总体空间分布看，易损性相对较低的区域大部分位于沿海地区，较高的位于西部地区，经济易损性占主导地位；人口易损性与人口密度紧密相关。中部地区易损性高，东北部易损性较低，南部易损性更低；社会结构易损性的空间格局表现出两边高中间低的结构，表明经济发达地区社会保障并没有完全匹配；造成灾害危险性易损性较大的原因主要是自然条件的因素，第二个主要是人为因素；而从空间关联的角度看，我国自然灾害社会易损性存在显著的自相关现象和集聚效应，[③] 这是需要改进的。

三、社会人文环境的损伤

所谓社会人文环境，可以从两方面理解，一是灾民个人的心理与精神状态，另一个是灾区的文化遗产及其受保护的状态。前者既包括古时人们对自然灾害的"灾异"观认识，也包括现代人们对自然灾害的社会脆弱性认识，是自然灾害在人们的精神和心理层面脆弱性、易损性或者损伤性的一种折射。即或到了现代社会，人们对自然灾害有了进一步的科学与正确认识的时候，往往也要被巨型、大型自然灾害的灾象所震撼，从而产生严重的心理应激症候群，即出现大批的 PTSD 患者。其实，PTSD 患者在社会支持环境比较理想的情况下，可以得到很快的改观。然后，对心理素质或者灾害应急障碍抵抗能力较低的人，必然要造成太多太重的心理问题，甚至要导致致命的精神伤害。这正是有的灾民陷入灾害的惊恐中难以自拔，因灾精神失常或者因为亲友伤亡、妻离子散、财物俱毁失去生活勇气乃至于自杀的根源所在。

如果自然灾害中个人或社会的精神状态普遍发生慌乱、失智或者人文失序的情形，

---

① 庞贝城是亚平宁半岛西南角坎佩尼亚地区一座历史悠久的古城，西北离罗马约 240 千米，位于意大利南部那不勒斯附近，维苏威火山西南脚下 10 千米处。西距风光绮丽的那不勒斯湾约 20 千米，是一座背山面海的避暑胜地，始建于公元前 6 世纪，公元 79 年毁于维苏威火山大爆发。由于被火山灰掩埋，街道、房屋保存比较完整，从 1748 年起考古发掘持续至今，为了解古罗马社会生活和文化艺术提供了重要资料。2016 年 6 月，庞贝古城被评为世界十大古墓稀世珍宝之一。

② 闫绪娴：《中西部地区自然灾害社会易损性空间特征分析》，《经济地理》，2014 年第 5 期，第 34 页。

③ 唐玲、刘怡君：《自然灾害社会易损性评价指标体系语空间格局分析》，《电子科技大学学报（社科版）》，2012 年第 3 期，第 53 页。

那么，灾民失常的、过激的甚或违法犯罪行为，如趁火打劫、烧杀抢掠等衍生灾害的发生，也就在所难免了。所以，2008年"5·12"汶川大地震后，各种抢险救灾医疗队，以及心理专业志愿者，大规模地及时开展灾民的心理干预和心理辅导，有效避免了灾民的精神疾患的发生或者蔓延与加重。2008年10月3日，北川农办前主任董玉飞自缢身亡；2010年4月20日，北川县委宣传部前副部长冯翔自缢身亡；2010年5月21日，北川农业局干部魏宏在病中跳楼自尽。对地震之后，3名干部自杀的事件，时任北川县县长经大忠说："他有自己的情感，有自己的逻辑"，但经大忠还是无法接受这3位自杀者的选择："应该有勇气去克服困难，去战胜一些比较为难的事情，包括心理上、情感上的一些事情。""每当有干部有这种选择，或者感觉有这种想法，我都会觉得伤心。"[①]

可见，自然灾害发生之后，社会人文环境损伤的严重后果，不仅仅限于此，当人们陷于惊恐状态时，其抗灾、救灾和减灾的能力便受到约束。而法律规范发生有效作用的基础，便是社会人文环境的稳定，失去了它，法律措施也难以落实。因此，从法律角度看，自然灾害造成的后果，实质就是法律生效的人的条件、物的条件和社会心理条件（主要是人文环境）因灾出现严重损坏而充满了困难和障碍。所以，灾后人员的大量伤亡致残，既是法律关系主体资格的消灭或者瑕疵、受限，也是法律适用对象的缺乏或者重大变化；而财物或者各种有体建筑物的损毁，既是法律关系客体的灭失，也是法律保护的对象的丧失。继而，社会心理因灾带来的障碍，则是对法律效力释放或者效力发挥的阻滞剂。所以，在灾区或者灾民应急的背景下，完善法制就不能不考虑"法制之毛"对"社会环境之皮"的强烈依附性，防御自然灾害的脆弱性、易损性或者危损性，就是要防止在自然危险成为致灾因子时的"皮""毛"俱毁。

还需要指出的是，羌族作为我国最古老的民族之一，素有民族活化石之称，拥有悠久的历史和灿烂的文化。民族文化是一个民族的根脉所系，文化重建与灾区经济重建具有同等重要的意义。从民族优秀传统文化的不可替代性与其濒危性而言，民族文化重建更具有抢救的性质。[②]汶川大地震中，羌族文化受到灾难性的破坏，[③]采取有效的抢救和保护措施，促进古老的羌族文化健康、持续的发展，便成为一项非常紧迫和重要的灾后重建工作。[④]而政府是否参与具体的实践活动，包括对羌族的羌年这样的国家级非物质文化遗产（同时为联合国首批急需保护的非物质文化遗产）的保护，在客观上将对非物质文化遗产的传承与保护产生重大影响。[⑤]现在看来，北川的灾后对口支援，在很大

---

① 吴楚瞳：《四川北川县长：干部自杀最伤感情最伤心》，四川在线，2011年5月9日，http://www.chinanews.com/gn/2011/05-09/3025263.shtml http://www.chinanews.com/gn/2011/05-09/3025263.shtml，最后访问：2011-05-12。

② 李绍明：《汶川大地震后羌族文化重建问题》，《西南民族大学学报（人文社科版）》，2008年第9期，第1页~第2页。

③ 汶川大地震造成大量羌族人口的伤亡，对羌族人口从数量、质量、结构和分布等方面，造成重大的负面影响。不少羌族传统文化传承人在地震中死亡，羌族文化依存的生态环境也受到破坏，以及大量羌族文物和文史资料遗失和毁坏，许多著名的历史文化遗迹在地震中受到不同程度的损毁。比如，北川在"5·12"汶川大地震中，被埋的国家二级文物2件、三级文物121件、一般文物280余件，以及大量的文字、图片和音像资料。

④ 喇明英：《汶川地震后对羌族文化的发展性保护研究》，《西南民族大学学报（人文社科版）》，2008年第7期，第63页。

⑤ 任萍：《羌族非物质文化遗产传承保护中的政府参与——以"5·12"汶川大地震后的羌年实践为例》，《民族学刊》，2011年第6期，第47页。

程度上解决了前文中所提到的羌族文化或者人文环境损伤的灾后重建问题。

自然灾害是自然危险成为致灾因子之后，带来的承灾体损害结果，也是第三承灾体即社会秩序的脆弱性、易损性或者危损性的一种表现。这种属性，一言以蔽之，是自然危险本身的破坏性演变出来的对社会秩序的危害性。因此，对自然灾害进行致灾性评价时，应当把立足点放在人这个第一承灾体、财物或者各种有体建筑物的第二承灾体和社会秩序这个第三承灾体的基础之上。在这里，社会秩序之所以是第三承灾体，是因为社会是由人构成的，财物或者各种有体建筑物是为人服务的，而社会秩序则是人和财物或者各种有体建筑物这两种法律关系的主体因素和客体因素之外的第三因素，是法律关系尤其是民事法律关系的重要组成因素。

自然危险成为自然灾害，如同人之生与死皆属自然规律一样，是不可避免的。但是，在自然危险演化成自然灾害的社会属性中，必然要萌发出社会存在的重要力量，即法制对于自然危险演绎成自然灾害的遏制力量。这种遏制力量有三，即：（1）人类社会对自然灾害属性的人为评价，任何一次自然灾害的发生，均包含一定的人为性；（2）科学界对自然灾害机理的充分认识和防灾减灾常识的普及，以及决策者的科学决策意识和公众防灾减灾意识的形成；（3）防灾减灾立法构成社会抵御自然灾害的制度力量。在这个意义上，自然灾害法律性的归纳，是把自然危险的危害性与人们的减灾性统一起来，以谋求人类社会生存环境的制度与文化安全。正因为如此，社会秩序作为第三承灾体，建立起了人们认识自然灾害和法制之间、自然灾害与人类社会之间关系[①]的新路径。

思考与训练：

1. 作为一个个体人，是自然灾害的承灾体吗？为什么？

2. 你对承灾体的三种顺序排列，有什么看法，具体理由是什么？

3. 假设一种场景：你已经被大火包围在室内。请问：你应当如何应对，并从火场逃生？

---

① 基于自然灾害与人类社会的基本关系，自然灾害的危害性与人的抗灾性即人的治灾性互相砥砺，在自然灾害的分类包含了人类社会的因素之后，必然被分成：自然灾害与人为灾害、自然人为灾害、人为自然灾害、自然灾害的规律性与人的防御性等层面的关系。

第三章　自然灾害与致灾因子

　　自然危险成为自然灾害，是由致灾因子完成的。致灾因子是引发自然危险的所有因素，包括客观性的即与人为因素无关的地震、洪水、干旱、滑坡、气候变化和各种各样的自然变异现象，以及主观性的即与人为因素直接有关的法律制度缺陷、减灾能力过弱、备灾无效，以及人的致灾性、人类社会成为承灾体等等。应当说，这个意义上的致灾因子的定义或者概念，揭示了自然灾害的本质特征：任何自然灾害都是与人类社会的缺陷有关的。自然危险就是借助于人类社会才成为自然灾害的，把自然灾害与人类社会割裂的做法，是非常错误的。

　　人类社会作为与自然危险互动的受害因子，往往因为对自然资源利用的过度与不当，而成为致害因子或者致灾因子。比如，在严重的雾霾灾害发生期间，各种各样的企业生产行为（包括大量的建设工地的扬尘产生行为）中，大量排放大气污染物固然是导致雾霾灾害频发的核心原因，然而，人们出行时大量使用机动车，还有日常生活中的巨量排放大气污染物的行为，比如，餐饮排放的油烟，北方冬季取暖时排放的燃煤烟，等等，都使污染物被排放到大气中。人类社会引发大气生态危机，从而具有了相当的致灾性，成为名副其实的人为致灾因子了。

第一节　致灾因子与自然灾害

一、致灾因子的一般表述

　　所谓致灾因子（natural hazard），是指自然环境中，一切能够引起人员伤亡、财产损失及资源破坏，以及社会秩序混乱等各种自然与人文变异因素，并导致承载体受害、损失或者致害后果的因素或者加害、致害因子。例如，暴雨、洪涝、干旱、热带气旋、风暴潮、霜冻、低温、冰雹、海啸、地震、滑坡、泥石流等等，均为自然危险型致灾因子。理论上，致灾因子是各种自然灾害、事故灾难发生的危险源，致灾因子和孕灾环境、承灾体结合在一起，构成了决定自然灾害是否成灾、灾情大小和灾害损失的程度等。在这里，对"致灾因子"的理解，应当分解成三部分：

　　（1）因子。"因子"的基本含义为"元素、因素、成分"等。当致灾因子形成时，这种"因子"便是导致灾害的主要因素或者核心因素。试以 2016 年武汉梅雨季节的大洪灾为例。2016 年 6 月 30 日～7 月 4 日，长江中下游降水量普遍达到 100～250 毫米，其中，安徽南部、湖北东部超过 250 毫米。过程雨量 50 毫米以上和 100 毫米以上的范围，分别为 108.8 万平方公里和 40.1 万平方公里，均为 2016 年以来最大；过程雨量

250 毫米以上范围达 6.4 万平方公里。国家气候中心评估后认为，此次降雨过程强度为特强，此次暴雨过程为 2016 年入汛以来我国最强降雨过程。

2016 年 6 月 30 日～7 月 4 日，湖北省武汉市经历了这次强降雨，在 4 日之后，武汉的降雨并未停歇。从 7 月 5 日晚上起，武汉市再次出现集中强降水，截至 7 月 6 日 15：00 时，武汉市区域监测自动站有 65 站超过 200 毫米，其中，有 27 站超过 250 毫米，最大降水出现在蔡甸区的玉贤为 346.5 毫米，城区挽月中学已经达到 341.3 毫米。在国家气象站数据中，武汉达到 246.4 毫米，江夏 232.4 毫米，蔡甸 272.4 毫米。降水中心主要分布在武汉城区、汉南区、东西湖区和蔡甸区，24 小时区域自动站最大强雨出现在武汉东西湖柏泉为 78.7 毫米，国家气象站报江夏为 61.3 毫米。武汉周边降雨量更是突破历史记录最高值，6 月 30 日 20：00 时至 7 月 6 日 15：00 时累计雨量 574.1 毫米，突破 1991 年 7 月 5 日～11 日 7 天内降下 542.8 毫米的记录。此次降雨持续时间如此之长，强度如此之强，累计雨量如此之大，可以说是历史罕见。这是 2016 年 6、7 月武汉洪灾的核心致灾因子。

（2）孕灾环境。所谓孕灾环境，是指由大气圈、水圈、岩石圈（包括土壤和植被）、生物圈和人类社会圈（物质文化圈）等构成的综合地球表层环境。孕灾环境不是前述要素的简单叠加或者堆积，而是体现在人类社会生存和发展过程中，各种具有耗散性的物质循环和能量流动及其信息与价值流动过程本身，会对承灾体带来什么样的影响或者作用。所以，孕灾环境是由自然危险等因子，以及人类社会承灾体许多因素相互作用而形成的一种导致自然危险成为自然灾害的外在背景性环境。这种孕灾环境有区域差异，决定了各个致灾因子的时空分布特征。人类社会的防灾减灾活动，从小处说，是控制致灾因子的结合或者形成耦合[①]现象，而从大处说，则是对孕灾环境的人为改善，从而有效地控制人类社会的脆弱性、易损性或者危损性，继而切实减轻自然灾害带来的损失。

根据其在致灾因子层面发挥的作用，可将孕灾环境分为两类：（1）自然环境。所谓自然环境，是脱离人类社会独立存在的大气圈、水圈、岩石圈（包括土壤和植被）、生物圈等，构成的自然界物质性环境。这种环境包括：地形、地貌、水文、气候、植被、土壤和动植物等；（2）社会环境。所谓社会环境，是指人类社会圈（物质文化圈）所构成的独立于自然界的人文环境。包括：工矿商贸、各种管线、交通系统、公共场所、经济市场等等。在这里，自然环境与社会环境的耦合，在自然灾害领域，构成了孕灾环境。

例如，武汉市的地势整体偏低，中部被长江、汉江呈 Y 字形切割成三块，形成"武汉三镇"格局。而武汉市域内河湖塘堰众多，水域面积较大，长江以及江河湖泊水位均已经处在高位。再加上如此程度的强降水，造成了市内众多中小河流和湖泊汛情严峻，具有较高的洪水风险。此外，历史上造成武汉洪水的气象原因多与梅雨有关。统计显示，梅雨地区全年大雨、暴雨日的 1/3 左右都出现在梅雨期。而当时武汉正值梅雨季节，武汉的梅雨也是 2016 年以来强度最大、持续时间最长、范围最广的，所以，无论是从地形上，还是从气象上来看，武汉地区发生洪水的可能性都相对大得多。可以说，

---

① 物理学上，耦合指两个或两个以上的体系或两种运动形式之间，通过各种相互作用而彼此影响，以至联合起来的现象。在此处，借用其意，是指两个或两个以上的实体相互依赖于对方的一个量度或者一种现象。

武汉市的地形因素、湖泊众多，加上梅雨时节超量降水，以及防涝工程不足，于是，2016 年的 6 月末到 7 月初的大暴雨，就成了武汉市的洪涝成灾的典型孕灾环境。

（3）致灾。所谓致灾，即致灾因子的作用及其效果。这是由孕灾环境产生的各种异动因子，比如由各种自然异动（暴雨、雷电、台风、地震等）、人为异动（管理失误、操作瑕疵、人为破坏等）、技术异动（机械故障、技术失误等）以及经济异动（能源危机、金融危机等）等互相结合，导致了自然灾害的发生即成灾的情形。仍然以 2016 年武汉水灾来说明。

在我国，千湖之省的湖北，湖泊、堰塘有重要的防洪蓄水功能，但是，因为城镇化的加速，以武汉为代表的城市地区大修大建以及填湖建楼，备受诟病；而在农村地区，大量劳动力外流，农业在地方经济中的地位降低，同时，地方财政薄弱，部分地区农村水利设施失修。"在江汉平原工作多年，淹习惯了。"江汉平原（素有"水袋子"之称）一位县委书记这样说。长江沿线的城市，因水而兴。2016 年夏天，南方暴雨，暴雨持续时间之长、雨量之大，让很多长江沿线的人们始料未及。据统计，2016 年 6 月 30 日起，长江中下游沿江地区及江淮、西南东部等地出现入汛最强降雨过程。截至 7 月 3 日，全国已有 26 省（区、市）1192 县遭受洪涝灾害，农作物受灾面积 2942 千公顷，受灾人口 3282 万人，倒塌房屋 5.6 万间，直接经济损失约 506 亿元。与 2000 年以来同期均值相比，受灾面积、受灾人口、倒塌房屋分别减少 6％、33％、76％，而直接经济损失却增加 51％。需要强调的是，此次大水灾中，武汉市内渍水点基本没有渍水，包括很严重的老汉口，也没有因为水灾导致市内交通大堵塞；而被淹得严重的是东湖高新区和江夏区以及新州区，是武汉近年发展较快的新城区。[①] 这充分说明：2016 年的武汉水灾在致灾因子上是超强降水量的大暴雨，武汉市低洼的地势，加上武汉新城区的排水工程滞后，尤其是汤逊湖地区填湖造地和围地建房等人为致灾因子（政策失误及城市排水工程瑕疵等），与梅雨期的气候因子结合，成为此次武汉市大水灾致灾因子叠加的组合模式。

二、致灾因子的法学表述

在灾害法学上，所谓致灾因子，即由客观性自然界各种异动因子形成后，与人类社会的人为异动因子相结合，构成耦合性致灾原因并产生致灾后果即自然灾害的情形。这当中，各种自然异动（暴雨、雷电、台风、地震等）是基础因素即内因，而人为异动（管理失误、操作瑕疵、人为破坏等）、技术异动（机械故障、技术失误等），以及政治经济异动（发展观失当、能源危机、金融危机等）等是条件因素即外因。只有内因和外因的互相结合即耦合，孕灾环境中的各种致灾因子才会共同发挥作用，才能让自然灾害产生。

在这里，各种致灾因子的耦合，就是指两个或两个以上的致灾因子相互依赖于对方的一个量度形态或者情形。比如，2016 年 6—7 月的武汉水灾，表面上看，就是因为降雨太多、雨量太大，洪水排泄不畅，才导致城市水灾发生。如果只是单纯的过量降水或

---

① 周慧：《湖北陷内涝之困基层水利投入不足，武汉新城水灾严重》，21 世纪经济报道，2016-07-06，http://hb. sina. com. cn/news/d/2016-07-06/detail-ifxtsatm1469455. shtml，最后访问：2016-07-07。

者雨量太大，并不必然导致水灾发生。在武汉市，这次城市水灾的发生，在降雨太多、雨量太大这个前提性致灾因子基础上，加上武汉地形的致灾因子属性，以及武汉处于梅雨季节等致灾因子之外，剩下的则是人为性质的致灾因子了。比如，排水工程管理失误，排水系统的人为破坏等，技术异动性的海绵城市建设缓慢，以及政治经济异动性的发展观失当和城市土地利用政策失措等等。显然，这次大水灾当中，武汉市的人为致灾因子的作用不容小觑。于是，暴雨红色预警、排渍红色预警，武汉全城百余处被淹，交通系统瘫痪，武汉部分地区电力、通讯中断，企事业单位调整上班时间……武汉等地的暴雨成灾后，一篇记录武汉大洪灾的诗歌《武汉：是不是这样的夜晚，你才会想起我》让人思忖再三："今夜，雷电、暴雨凶狠地砸向武汉。雨点急促，雷声轰轰。我却不合时宜地想起一首情歌，《是不是这样的夜晚，你才会想起我》。上网一查，如此温柔款款的情歌，竟然是一位台湾歌星的成名曲。打开朋友圈、微信群、QQ群，互联网各款即时通讯工具——

网络一下变得如此温情

没有了雷洋案的你争我吵

没有了观点之争的唇枪舌剑，你来我往。

女士发出惊恐的表情包，好吓人！这样下雨，怎么得了；

有人牵挂农村的老家，老人是否安好。

睡不着的人，在为一线救灾的朋友点赞；

睡着的人，一觉醒来，觉得一切仍如常。

凌晨4点，一位警界的朋友在朋友圈里，为同行鼓气，'大家打起十二分精神！！女人、孩子，都看我们呢！别怕，怕有用，要武汉人干嘛！'

是，似乎只有灾害来临

人类才渴望一个拥抱

温暖彼此

……

暴雨，也许是自然给人类的警报

雷电，也许是自然想让人类别健忘

灾害，是自然给人类的脸色

灾害，也让我们紧紧拥抱

这样的夜晚，这样的夜

你我都无眠"[1]

虽然，那样的夜晚，如此的情诗，这般的煽情和肆意，可以过滤人性的喧闹，却不能解决这次大洪灾中致灾因子所包含的人为异动、技术异动和政治经济异动等对武汉大水灾的"贡献效用"，或者在发展观出现偏差之后的发展冲动，为了物质利益而不顾及环境与生态效果的经济繁荣的人为致灾因子的萌芽、抽穗和成长、结果的必然——自然灾害在武汉独有的孕灾环境中爆发或者酿成。

---

[1] 攻不平：《武汉：是不是这样的夜晚，你才会想起我》，长江网，2016-07-06，http://news.cnfol.com/guoneicaijing/20160706/23024727.shtml，最后访问：2016-07-07。

据湖北省民政厅统计，截至 2016 年 7 月 3 日 17：00 时，2016 年 6 月 30 日以来强降雨已造成湖北 17 个市（州、直管市、林区）69 个县（市、区）812.15 万人受灾，死亡 34 人，失踪 11 人，紧急转移安置和需紧急生活救助 43 万人。2011 年 6 月，武汉遭遇 1998 年以来最强暴雨袭击，导致 88 处地段严重溃水。自此，网络上开始流传"夏天到武汉来看海"的段子。2013 年 4 月，武汉市启动《武汉市中心城区排水设施建设三年攻坚行动计划》，计划用 3 年时间，总投资超过 130 亿元，重点治理城市排水系统。2015 年 1 月，武汉市政府印发《武汉市中心城区排涝、治污、供水两年决战行动计划》。2015 年 4 月，武汉正式入选国家首批"海绵城市"建设试点。2016 年 5 月 24 日，李克强总理视察武汉 CBD 地下综合管廊施工现场时指出，地下空间不仅是城市的"里子"，更是巨大潜在资源，"你们要用好这一资源，拓展新空间，再造新武汉"。[①] 然而，时隔 1 个多月后的暴雨，让武汉再次因"看海"陷入尴尬。[②] 这种尴尬，便是致灾因子法学表达的诠注样板——人为致灾因子往往比自然界各种异动因子更具有致灾性。

三、从致灾因子到自然灾害

从致灾因子到自然灾害，虽然有一段距离。但是，不论是学理上还是实践中，这段距离可以忽略不计。也就是说，某一次自然灾害的降临或者来临，往往是各种致灾因子在时空条件与环境条件等已经完全具备的情况下，成为一种必然性的自然灾害。在这里，强调各种致灾因子的单独存在与合成、组合或者耦合的必然性，试图想要揭示一种重要的自然灾害成灾原理——自然灾害的"倍增效应"。

所谓自然灾害的"倍增效应"，是指由于人类社会的物质财富积累和各种人工设施的大量增加，加剧灾害的蔓延并扩展灾害损害的危害程度的情形。比如，1931 年、1998 年到 2016 年，时隔几十年时间，武汉市就要陷入城市洪水灾害的泥淖，就是这种"倍增效应"反复上演的表现形式。资料显示，1931 年 7－8 月，长江流域发生大洪水。当年 7 月份长江流域降雨量超过常年同期 1 倍以上，致使江湖河水盈满。8 月，金沙江、岷江、嘉陵江等长江干支流均发生大洪水。当川江洪水东下时，又与中下游洪水相遇，造成全江型大洪水。受灾范围南到珠江流域，北至长城关外，东起江苏北部，西至四川盆地。这次水灾被广泛认为是有记录以来死亡人数最多的一次自然灾害，是 20 世纪导致最多死亡人数的自然灾害之一。

当时，长江流域沿江堤防多处溃决，洪灾遍及四川、湖北、湖南、江西、安徽、江苏、河南等省，中下游淹没农田 5000 多万亩，淹死 14.5 万人，受灾人口 2850 万人。[③]

[①] 佚名：《媒体称武汉年年治涝年年涝，未摆脱夏天看海标签》，一财网评论，2016－07－04，http://hb. sina. com. cn/news/b/2016－07－04/detail－ifxtsatn8024907. shtml?from=hb _ cnxh，最后访问：2016－07－07。

[②] 中国水利水电科学研究院水资源所副所长严登华认为，武汉是一个多湖区域，在未来海绵城市设计中，应当把水与湖、江、地表联动关系合理构建起来，合理利用现有的储水空间，并构建起相应的储水空间。严登华说，在城市建成区范围，排水标准需要进一步提高，保证管网水网畅通。

[③] 资料显示，1931 年长江流域大洪水时，高邮湖的湖堤被冲出 6 个口子，湖水全部倒灌入江苏平原。最大的决口是挡军楼决口，宽达 1600 多英尺。高邮城完全被肆虐的洪水冲毁，有 1.9 万人被淹，死尸遍野，如同死鱼漂在河里一样。第二年，高邮城又有 5.8 万多人死于洪灾之后的疾病和饥荒。资料来源：佚名：《1931 年中国水灾：1931 年长江特大洪水致 14 万余人死亡》，天气网，2016－07－06，http://www. tianqi. com/news/146093. html，最后访问：2016－07－07。

其中，湖南和湖北两湖地区灾情最重，湖北 70 个县中就有 50 个县受灾。南京、武汉两大城市均被水淹，武汉最高水位达 20.20 米，创 1865 年建站以来最高纪录，武汉市区大部分水深数尺至丈余，许多街道均可行船，限于当时救援设备落后，以及人力救助的投入不足，死于洪水、饥饿和瘟疫的有 3.26 万人，仅汉口城区就有 8000 余人被淹死。整个江汉平原一片汪洋，被洪水浸泡达 3 个月之久。1931 年那一年，我国长江、黄河、淮河等江河的全流域性大水灾，总共导致 370 万人死于霍乱、伤寒、痢疾等疫病和饥荒。[①] 其中，救援设备落后，以及人力救助的投入不足，尤其是开闸行洪过程中，政策和措施不当，是造成 14.5 万人死亡的核心原因。可见，1931 年雨情、水情和灾情中，人为处置不当和应急措施不力，是造成严重灾情的重要原因或者倍增性原因。

相比之下，1998 年我国长江流域发生大洪水的致灾因子，主要是气候异常、暴雨过大、河湖调蓄能力下降、削峰作用降低，以及水位抬高等原因造成的。应当说，长江洪水泛滥是全流域的致灾因子的组合结果，即长江上游森林乱砍滥伐造成的水土流失，中下游围湖造田、乱占河道，导致江水滞留和行洪不畅带来的直接后果。事实上，我国长江两岸有 4 亿人口居住，20 世纪 50 年代中期，长江上游森林覆盖率为 22%，不断进行的农地开垦、工业化建厂房以及快速城市化，使两岸 80% 的森林被砍伐殆尽。从 1998 年 6 月 11 日长江中下游进入梅雨期后，各地暴雨频繁。7 月份暴雨、大暴雨、特大暴雨出现的次数最多，仅有 1998 年 7 月 11 日间歇 1 天。在 1998 年汛期，长江流域共出现 74 个暴雨日，其中，大暴雨为 64 天，占暴雨日总数的 86%，特大暴雨日为 18 天，占暴雨日总数的 24%。持续的暴雨或大暴雨，造成山洪暴发，江河洪水泛滥，堤防、围垸漫溃、外洪内涝及局部地区山体滑坡、泥石流，给长江流域造成了严重的损失。据湖北、江西、湖南、安徽、浙江、福建、江苏、河南、广西、广东、四川、云南等省（区）的不完全统计，受灾人口超过 1 亿人，受灾农作物 1000 多万公顷，死亡 1800 多人，倒塌房屋 430 多万间，经济损失 1500 多亿元。1998 年全年，全国共有 29 个省（区、市）遭受不同程度的洪涝灾害，受灾面积 3.18 亿亩，成灾面积 1.96 亿亩，受灾人口 2.23 亿人，死亡 3004 人，倒塌房屋 685 万间，直接经济损失高达 1660 亿元。[②] 可见，1998 年的水灾尽管死亡人数少了很多，但是，受灾人口并没有减少，而是扩大了。加上这次水灾的经济损失的数量和范围，确实是再一次呈现出自然灾害的增量型特征。

如果说，长江流域的水灾的致灾因子是复杂多样的话，有几个基本致灾因子是可以被归纳出来的，那就是：（1）地理位置或者地形；（2）雨情和水情；（3）梅雨季节；（4）开闸泄洪；（5）灾民赈济；（6）河道和行洪区保护；（7）没有霍乱、伤寒、痢疾等

---

① 佚名：《1931 年中国水灾：1931 年长江特大洪水致 14 万余人死亡》，天气网，2016－07－06，http://www.tianqi.com/news/146093.html，最后访问：2016－07－07。

② 佚名：《1998 洪灾死了多少人，1998 年长江特大洪水原因分析》，天气网，2016－07－06，http://www.tianqi.com/news/146086.html，最后访问：2016－07－07。

疫病；（8）水库和大坝的安全度汛；[①]（9）流域内各省市联合防洪抗洪，等等。这些致灾因子的耦合，是过度降水的自然危险演化成大洪灾的根本原因。

第二节 孕灾环境

一、孕灾环境与成灾环境

在灾害学上，灾害系统论认为，灾害是由孕灾环境、致灾因子和承灾体相互作用的结果，即：灾害（D）是地球表层孕灾环境（E）、致灾因子（H）、承灾体（S）综合作用的产物。其公式是：$D = E \cap H \cap S$。在公式中，H 是自然灾害产生的充分条件，S 是放大或者缩小灾害的必要条件，E 是影响 H 和 S 的背景条件。任何一个特定地区的灾害，都是 H、E、S 综合作用的结果。[②] 南京市江宁开发区成立后城市建设用地增加了10.34 倍，水面率下降近 50%；全区不透水率达到 48.12%，主要建设用地平均不透水率超过 70%，这样，城市空间快速增长与洪涝频发之间的影响关系是：城市空间增长直接改变地表不透水面、河流景观等洪涝孕灾环境敏感区，引起产汇流过程紊乱和涝灾发生。[③] 可见孕灾环境，是自然危险转化成自然灾害重要的环境即背景条件。

相比之下，四川低山丘陵区特有的自然地理条件为滑坡的发生，提供了基本条件也就是自然环境层面的孕灾环境。即：（1）地势西高东低，高程相差悬殊，最大相差约2000 米，地形起伏较大；（2）沉积岩分布广泛，占到整个区域面积约 89%。其中，又以碎屑结构的砾岩、砂岩、泥质结构的泥岩为主；（3）断裂构造分布密集，主要有龙泉山西缘断裂、峨边断裂、西河—美姑断裂等十余条；（4）亚热带季风气候区，夏季多暴雨，导致滑坡活动十分频繁；（5）人口增长速率较快，经济发展水平较高等，该区域为我国滑坡灾害集中分布区，滑坡灾害危害严重。[④] 因此，四川低山地区发生滑坡即泥石流灾害的话，只要具备大范围降水或者强降水的条件，就构成了一个完整的孕灾环境。即：$D = E \cap H \cap S$，就会导致泥石流灾害发生。比如，2008 年 9 月 24 日开始的持续降雨，使北川老县城附近多处山体产生滑坡和泥石流，正在筹建的北川"地震博物馆"老县城一半以上被泥石流掩埋。到 9 月 27 日，横穿县城的湔江水位也开始上涨，北川老县城背后任家坪西坡的泥石流，不仅将北川老县城遗址一半多的地方掩埋，还冲坏了其防洪堤、抬高了湔江的河床，使新、老两个县城的抗洪能力大大降低。3 条巨大的泥石

① 2016 年 6 月 30 日~7 月 5 日，武汉市蔡甸区普降大到暴雨，全区累计降雨量达到 382.2 毫米。蔡甸区消泗乡多处民垸水位跳涨，超出最高防守能力。民垸是指围湖造田或养鱼筑造的民堤，遇到水位上涨容易被淹溃口。7月 5 日，蔡甸泛区北垸闸水位 26.94 米，超警戒 0.44 米。地处杜家台分蓄洪区的消泗乡南边湖垸民堤由于长时间大雨浸泡和洪水下泄冲击，多次出现险情，7 月 5 日 08：00 时出现漫溃。结合严峻汛情，武汉市蔡甸区防汛指挥部门决定，紧急转移消泗乡 16932 名群众。蔡甸区 40 多家机关部门紧急动员党员干部 3000 余人，连夜赶赴消泗乡 12 个村，组织群众转移。资料来源：曾金秋：《武汉蔡甸区多处民垸漫溃，1.6 万人转移》，《新京报》2016 年 7 月 6 日，第 A6 版。

② 《自然灾害学报》第 2 页。

③ 苏伟忠、杨桂山等：《城市空间扩展对区域洪涝孕灾环境的影响》，《资源科学》，2012 年第 5 期，第 933 页。

④ 王志恒、胡卓玮等：《基于变维分形理论的四川低山丘陵区滑坡孕灾环境敏感性分析》，《地球与环境》，2012年第 6 期，第 681 页。

流从山顶倾泻而下，所过之处树木、房屋全被掩埋；在靠近北川中学地震遗址的地方，泥石流汇合在一起，形成宽约 200 米的巨大淤泥带，夹杂着不少直径超过 1 米的大石头；同时，上游唐家山堰塞湖的洪水，一旦失控宣泄，地震遗址很可能就会"瞬间消失"。[①] 对于北川而言，汶川大地震之后，9 月份的强降雨，那次让北川人永远不能忘怀的泥石流次生灾害，就是孕灾环境转化成泥石流灾害成灾环境的典型而直观的一个事例。

可见，孕灾环境在没有出现致灾因子（H）、承灾体（S）的耦合作用，以及互相之间没有出现∩（交集）作用时，是不会成为成灾环境。不过，一旦出现 H、S 互相之间，与 E 的耦合作用模式也就是交集作用时，则 D 即灾害就出现了，孕灾环境也就自然而然地演化成了成灾环境，成为灾区的代名词了。

二、孕灾环境分布

在我国，对孕灾环境分布的分析，取决于学者的科学研究后得出的科学结论。比如，为探索重庆市地质灾害孕灾环境分布，学者以重庆市主要地质灾害为研究对象，在分析致灾因子基础上，选取暴雨强度、地貌条件、地质岩性、年均降雨量、植被覆盖度和地质构造条件 6 个因子，构建地质灾害孕灾环境分区指标体系，利用层次分析法和专家效度耦合方法确定各指标权重，并建立孕灾环境综合指数评价模型。结论是：重庆市地质孕灾环境综合指数数值在 43～84 之间，孕灾分区主要为高易发区（重庆北东部，占 53.68%）和中易发区（重庆中南部，占 28.85%），两者占研究区总面积的 82.53%，地质灾害防止任务较艰巨。[②]

再如，汶川大地震发生前，在四川 42 个受灾县（市）共有地质灾害隐患点 5430 处，其中滑坡 3752 处，崩塌 600 处，泥石流 737 处等。[③] 地震发生后，发生的滑坡、崩塌、泥石流约 15000 处；同时，新发现地质灾害点 4970 处，其中滑坡 1701 处，崩塌

---

① 华小峰：《半个北川县城被泥石流掩埋，地震遗址濒临消失》，四川在线－天府早报，2008 年 9 月 28 日，http://news.qq.com/a/20080928/001435.htm，最后访问：2008-09-30。

② 林孝松、唐红梅等：《重庆市地质灾害孕灾环境分析研究》，《中国安全科学学报》，2011 年第 7 期，第 3 页。

③ 研究区的孕灾环境特征：（1）地势总体西高东低，山区沟谷深切，地形崎岖。高山、中山、低山、丘陵和平原呈阶梯状分布，西北部高山与东南部平原高差达 4000 米；（2）属于亚热带高原季风气候和亚热带季风气候。西部气温低，空气稀薄，向东南逐渐变暖。高原高山峡谷地区年平均气温 6°～12°，气候垂直带十分明显，山顶终年积雪；（3）常年年平均降水量 325～920mm，降雨主要集中在 5～9 月，夏季雨量占全年雨量的 50%～70%，使汛期成为滑坡灾害主要发生期；（4）河流分属长江水系的嘉陵江、沱江、岷江、大渡河流域，山区河谷深切，大小溪沟纵横。由于降水季节性分配极度不匀，区内各主要河流在枯、丰期流量差别比较大，洪水期流量、水位陡增，常常引发大量地质灾害。例如，山区河流侵蚀诱发滑坡、河流岸坡崩塌、沟谷及坡面泥石流等；（5）汶川大地震后，龙门山断裂带形成长约 350 多公里、宽约 50 公里的地表破裂带，触发了 1 万多处滑坡、泥石流等地质灾害，为震后滑坡提供了基本孕育条件。参见：聂娟、连健：《汶川地震灾区滑坡空间特征变化分析》，《地理研究》2014 年第 2 期，第 215 页。

1844 处，泥石流 304 处。[①] 相比之下，从天气因素和下垫面[②]因素两方面考虑，四川省干旱灾害孕灾环境敏感性由东向西呈现递增的趋势。即高风险区域集中在川西高原的康定和马尔康西北部，该地区降水分布较为不均，并且海拔较高，地形起伏较大；而四川省东部的平原地区地形平缓，年均降水量较为平均，河网分布密集，孕灾环境较稳定，发生干旱的可能性小。[③] 可见，孕灾环境的分布特征，是客观存在的，而不是人为随意划定的。在某一个具体的地域里，某一种自然灾害的孕灾环境的形成尤其是孕灾环境的分布特征是长时间形成的，具有一定的稳定性和地域性。

有学者运用层次分析法结合 GIS[④] 软件，建立基于下垫面孕育灾害环境因子的内蒙古锡林郭勒地区沙尘暴风险评价指标体系，评价锡林郭勒地区 3 个时间段（1981~1990年，1991~2000 年，2001~2010 年）的沙尘暴风险。结果表明：30 年间锡林郭勒地区沙尘暴下垫面孕灾环境风险呈增加趋势，且西部地区高于东部地区。植被覆盖度和积雪指数的实践异质性是导致春季沙尘暴灾害多于其他季节的直接原因。春季植被覆盖度低，积雪指数也低于冬季。植被覆盖度和积雪指数的双重作用，是造成 30 年来研究区沙尘暴风险增加趋势的直接原因。土地利用方式的不同是造成锡林郭勒地区各旗县沙尘

---

① 聂娟、连健等：《汶川地震灾区滑坡空间特征变化分析》，《地理研究》2014 年第 2 期，第 214 页。

② 下垫面（underlying surface），是指与大气下层直接接触的地球表面。大气圈以地球的水陆表面为其下界，称为大气层的下垫面。它包括地形、地质、土壤、河流和植被等，是影响气候的重要因素之一。下垫面对大气的影响，主要表现在两个方面：（1）对气温的影响，由于气温是气候最主要的要素，是下垫面对大气的影响主要方面。对于低层大气而言，由于几乎不能吸收太阳辐射，而能强烈吸收地面辐射，地面辐射成为它的主要直接热源。此外，下垫面还以潜热输送、湍流输送等方式影响大气热量；（2）对大气水分的影响，大气中的水气也是来自下垫面。在相同气象条件下不同下垫面表面温度有很大差异，下垫面的绿化能够有效改善局部微气候；当地正午太阳高度角对于下垫面表面温度来说起主导作用。

③ 王鹏、王婷等：《四川省干旱灾害孕灾环境敏感性研究》，《现代农业科技》2014 年第 24 期，第 221 页、第 224页。

④ 地理信息系统（GIS, Geographic Information System 或 Geo－Information system），有时又称为"地学信息系统"，它是一种特定的十分重要的空间信息系统，也是一门综合性学科，结合地理学与地图学以及遥感和计算机科学，已经广泛地应用在不同的领域，是用于输入、存储、查询、分析和显示地理数据的计算机系统。地质灾害的研究分析中的 GIS，是在计算机硬、软件系统支持下，对整个或部分地球表层（包括大气层）空间中的有关地理分布数据进行采集、储存、管理、运算、分析、显示和描述的技术系统。随着 GIS 的发展，也有称GIS 为"地理信息科学"（Geographic Information Science），近年来，也有称 GIS 为"地理信息服务"（Geographic Information service）。GIS 是一种基于计算机的工具，它可以对空间信息进行分析和处理（即对地球上存在的现象和发生的事件进行成图和分析）。GIS 技术把地图这种独特的视觉化效果和地理分析功能与一般的数据库操作（例如查询和统计分析等）集成在一起。GIS 与其他信息系统最大的区别是对空间信息的存储管理分析，从而使其在广泛的公众和个人企事业单位中解释事件、预测结果、规划战略等中具有实用价值。GIS分为五部分：（1）人员，是 GIS 中最重要的组成部分。开发人员必须定义 GIS 中被执行的各种任务，开发处理程序。熟练的操作人员通常可以克服 GIS 软件功能的不足，但是相反的情况就不成立。最好的软件也无法弥补操作人员对 GIS 的一无所知所带来的副作用。（2）数据，精确的可用的数据可以影响到查询和分析的结果。（3）硬性，硬件的性能影响到软件对数据的处理速度，使用是否方便及可能的输出方式；（4）软性，不仅包含GIS 软件，还包括各种数据库、绘图、统计、影像处理及其他程序。（5）过程，GIS 要求明确定义、一致的方法来生成正确的可验证的结果。GIS 属于信息系统的一类，不同在于它能运作和处理地理参照数据。地理参照数据描述地球表面（包括大气层和较浅的地表下空间）空间要素的位置和属性，在 GIS 中的两种地理数据成分：空间数据，与空间要素几何特性有关；属性数据，提供空间要素的信息。地理信息系统（GIS）与全球定位系统（GPS）、遥感系统（RS）合称 3S 系统。

暴风险差异的主要原因。[①]

同样，学者从干旱灾害的致灾因子危险性、孕灾环境脆弱性、承灾体暴露性和防灾减灾能力4个因子入手，以灾害学理论为基础，构建干旱灾害风险评估模型，然后根据相关气象、地理环境和社会经济数据，分析干旱灾害风险成因，在GIS平台上对中国南方地区进行干旱灾害风险评估。其结论是：（1）干旱致灾因子的高危险区，主要位于云南省的中东部以及与四川的交界处，川西高山高原区和东部盆地的遂宁、宜宾市，还有广东东部沿海地区；（2）孕灾环境的高脆弱区，主要分布在云南中东部、四川东部盆地，以及贵州西北部；（3）承灾体的高暴露区，主要位于广东东部、雷州半岛和沿海地区，广西南部以及四川盆地的大部分地区；（4）防灾减灾能力较高的区域，主要位于重庆西部、四川西部、云南东北部、贵州中部、广西南部，以及广东中东部地区；（5）干旱灾害的高风险区，主要位于四川东部盆地、四川与云南交界处、云南东北大部分地区、广西西南部，以及广东东北部和雷州半岛。而干旱灾害的低风险区，主要位于四川北部山区以及广东和广西的北部，等等。[②]

学者分析时，将干旱灾害风险要素分解为4个：（1）致灾因子危险性；（2）孕灾环境脆弱性；（3）承灾体暴露性，包括自然物理暴露和社会物理暴露；（4）防灾减灾能力则包括工程性防灾减灾能力和非工程性防灾减灾能力。其中，这4个因子构成只进行了相关指标说明，并没有解释这4个因子本身的含义，以及第3、第4因子所包含的类型的具体含义，但是，其孕灾环境分布的分析是非常深透的。也就是说，对孕灾环境分布特征的把握，实际上就是在探索利用人类社会的法律制度，构建防灾减灾法律体系的必要前提。

三、法律法规不能有效控制的大气污染孕灾环境

在我国，大气污染行为当然是一种致灾行为了。说它是致灾行为，是因为过量排放大气污染物，会导致大气污染物产生各种各样的危害，在超出大气环境质量标准之后，就成为一种名副其实的致灾因子。因此，早在1979年9月13日，第五届全国人大常委会第11次会议就原则通过我国《环境保护法（试行）》，这部7章33条的法律，开宗明义规定：根据我国《宪法》第11条"国家保护环境和自然资源，防治污染和其他公害"的规定，制定本法（第1条）。而其所要保护的15个环境要素的第1个就是"大气"（第3条）；积极防治工矿企业和城市生活废气、废水、废渣、粉尘、垃圾、放射性物质等有害物质和噪声、震动、恶臭等对环境的污染和危害（第16条）；一切排烟装置、工业窑炉、机动车辆、船舶等，都要采取有效的消烟除尘措施，有害气体的排放，必须符合国家规定的标准。大力发展和利用煤气、液化石油气、天然气、沼气、太阳能、地热和其他无污染或者少污染的能源。在城市要积极推广区域供热（第19条）；散发有害气体、粉尘的单位，要积极采用密闭的生产设备和生产工艺，并安装通风、吸尘和净化、回收设施（第23条），等等。

---

① 武健伟、李锦荣等：《基于下垫面孕灾环境因子的锡林郭勒地区沙尘暴风险评价》，《林业科学》2012年第9期，第1页、第6页。

② 王莺、莎莎等：《中国南方干旱灾害风险评估》，《草业学报》，2015年第5期，第12页。

应当说，在 20 世纪 70 年代后期，我国改革开放的政策让经济发展进入正轨的时候，立法保护大气环境即限制大气污染行为，是非常具有前瞻性的。按照法制的基本原理，既然法律有了这些规定，那么，大气污染应该是能有效和切实被控制的。但是，实际情况却不是立法所能设计的。

1981 年 3 月 12 日，北京市颁行了《北京市加强炉窑排放烟尘管理暂行办法》（简称《北京烟尘办法》，共 16 条），这是在我国《环境保护法（试行）》之后，最早开始通过加强炉窑排放烟尘管理，控制大气污染致灾行为的地方立法。《北京烟尘办法》规定：各种炉窑额定小时烧煤量在 150 斤以上的，必须采取机械燃烧方法或其他方法，同时配备除尘器（第 2 条）；炉窑在正常运行情况下，排烟黑度不得超过林格曼 1 级；[①] 在起动、清炉等特殊情况下，排烟黑度超过林格曼 2 级的时间，在 8 小时内累计不得超过 15 分钟（第 3 条）。由《北京烟尘办法》的颁行可以看出，北京市对大气环境及其质量是非常重视的。为了强化大气污染致灾行为的控制，并把烟尘污染这一大气污染致灾因子的控制，纳入日常行政管理过程，在《北京烟尘办法》之后，北京市还出台有：

1984 年 3 月 8 日，北京市发布《北京市防治大气污染管理暂行办法》（共 5 章 40 条，简称《北京大气办法》），规定执行国家《大气环境质量标准》（GB 3095－82）；国家《大气环境质量标准》未列项目，执行国家《工业企业设计卫生标准》（TJ 36－79）"居住区大气中有害物质的最高容许浓度"的规定（第 5 条）；各种有害气体排放执行《北京市废气排放标准》（第 7 条）等，并专门规定了"污染源的控制"一章（第三章，第 9 条～第 28 条，共 20 条）。到这里，北京市已经有了两个地方性立法，按理说，这些地方立法的效用，因为其具体和明确，应该在大气污染的控制，尤其是大气灾害在孕灾环境控制上，发挥了充分而有效的积极作用。

我国《环境保护法（试行）》颁行 8 年后，1987 年 9 月 7 日，我国颁布《大气污染防治法》[②]，这是专门针对大气污染的专门性立法，在具体条款中，明确规定了"任何单位和个人都有保护大气环境的义务"（第 5 条），"城市建设应当统筹规划，统一解决热源，发展集中供热"（第 19 条），"严格限制向大气排放含有毒物质的废气和粉尘"（第 22 条），"向大气排放含放射性物质的气体和气溶胶，不得超过规定的排放标准"（第 25 条），"向大气排放恶臭气体的排污单位，必须采取措施防止周围居民区受到污染"（第 26 条）和"大气排放粉尘的排污单位，必须采取除尘措施"（第 27 条）等等规则，其措辞使用了"有……义务""应当""严格限制""不得""排放……必须"等等字样，带有相当的强制性色彩。

我国《大气污染防治法》刚刚生效，1988 年 7 月 7 日，北京市人大则通过《北京

---

① 林格曼，是反映锅炉烟尘黑度（浓度）的一项指标。林格曼烟尘浓度表使用方法：观察者站立在与烟囱距离 40 米左右的地方，将林格曼图板竖立在距观察者一定距离上，这个距离的大小取决于观察者的视力，一般以 15 米为好。然后，将烟色与图板的黑度进行对比，从而可以得知烟气的烟尘浓度。共有 6 级，从 0 至 5 级。在白色的底上用黑色的小方格表示，白色面积为 100％时为 0 级，当黑色面积为 20％时为 1 级，黑色面积为 40％为 2 级，依次类推，60％为 3 级，80％为 4 级，100％为 5 级。

② 我国《大气污染防治法》由第六届全国人大常委会第 22 次会议于 1987 年 9 月 5 日通过，1988 年 6 月 1 日施行，共 6 章 41 条。1995 年 8 月 29 日第八届全国人大常委会第 15 次会议第一次修正，增加了 9 条规定，我国《大气污染防治法》增加到 6 章 50 条。

市实施〈中华人民共和国大气污染防治法〉条例》（共 6 章 40 条，简称《北京实施条例》），将《北京大气办法》作废，并规定了"防治烟尘污染"（第三章），"防治废气、粉尘和恶臭污染"（第四章）和"法律责任"（第五章）等，其规定更具体、更具有可操作性。为此，1989 年 8 月 23 日，《北京市防治机动车排气污染管理办法》（简称《北京排气办法》，1997 年 11 月 25 日修改，共 18 条）发布，规定：（1）加油站必须销售无铅汽油（第 4 条）；（2）制造、维修机动车、车用发动机和从国外进口机动车的污染物排放，不得超过排放标准（第 5 条）；（3）建立机动车污染物排放状况登记制度（第 9 条）；（4）制造、维修出厂的机动车，车用发动机排放污染物超过排放标准的，或者制造的排气净化装置不合格的，责令限期改正，处 1000 元~1 万元罚款（第 14 条）等。这些规定，对机动车排气污染控制有积极意义，也是全国最先采用地方立法，控制来自机动车排气污染的城市。

1990 年 5 月 28 日，颁布《北京市实施〈中华人民共和国大气污染防治法〉条例行政处罚办法》（简称《北京处罚办法》，共 18 条），规定：违反《北京实施条例》情节轻微的，给予警告（第 3 条）；不如实申报有关大气污染物排放情况的，处 5000 元以下罚款（第 4 条）；使用各种炉、窑，对下灰未妥善处理，随意扬弃，污染大气环境的，处 200 元以上 1000 元以下罚款（第 11 条）；排放有毒有害废气、粉尘，无排放装置和净化装置，非正常排放的，处 5000 元以下罚款；造成严重后果的，处 5000 元以上 5 万元以下罚款（第 12 条）；在人口集中地区从事经常性的露天喷漆、喷砂或者其他散发大气污染物作业的，除责令停止作业外，处 1000 元以上 5000 元以下罚款（第 14 条）；未经批准在人口集中地区、特别指定地区焚烧沥青、油毡、橡胶、皮革、树叶、枯草、垃圾以及其他产生有毒有害烟尘和恶臭气体的物质的，处 200 元以上 500 元以下罚款（第 15 条）。显然，颁行《北京处罚办法》的目的，就是为了有效控制大气污染的排放行为，力图让北京市的大气污染致灾行为有所收敛，从而，有效改善北京市的大气孕灾环境状况。

从整体上看，从我国的《环境保护法（试行）》到我国《大气污染防治法》，大气污染的法律控制的制度目标和规范设计，规则非常清晰和明确。北京市从 20 世纪 80 年代初期，即寄希望于通过地方立法，干预北京市炉窑、机动车排气等，并有了明晰的"防治烟尘污染"，"防治废气、粉尘和恶臭污染"目标，并专门制定《北京实施条例》《北京处罚办法》等，以强化大气污染灾害，尤其是 21 世纪 10 年代的雾霾灾害的预防和治理能力。然而，持续不断的雾霾现象，充分说明，大气污染防治方面的国家立法和地方立法的实际效用，是非常不理想的。

第三节　致灾因子的法律控制

一、大气污染致灾因子的持续性增加与大气环境立法

在我国，大气污染作为致灾因子，在 20 世纪的 90 年代，持续增长和发展。这也意味着"90 年代"在我国大气污染防治的法制建设层面上，具有特殊的意义。应当说，90 年代是一个信息化的时代，也是知识经济的时代。伴随着互联网在世界范围内的普

及，极大地丰富和改善了人们的生活方式，人们的需求——对于各种资源包括大气资源的"污染需求"，也被大大激发起来。整个"90 年代"，[①] 建设和发展成为整个国家头等大事，同时，江淮大水灾也让国民体会到江淮流域水害孕灾环境带来的无尽悲痛。恰恰就是这个"90 年代"，我国的《大气污染防治法》的效用，试图通过修法来提升。

1995 年 8 月 29 日，我国《大气污染防治法》第一次修改，增加 9 条专门规定，即：（1）各级人民政府应当改善大气环境质量；（2）企业应当优先采用能源利用效率高、污染物排放量少的清洁生产工艺[②]；（3）国家推行煤炭洗选加工，降低煤的硫份和灰分，限制高硫份、高灰分煤炭的开采。禁止开采含放射性和砷等有毒有害物质超过规定标准的煤炭；（4）大、中城市政府应当对市区内的民用炉灶，逐步替代直接燃用原煤；（5）在城市市区内新建火电厂，实行热力与电力的联合生产；（6）根据气象、地形、土壤等自然条件，在酸雨控制区和二氧化硫污染控制区内排放二氧化硫的火电厂和其他大中型企业，必须建设配套脱硫、除尘装置或者采取其他控制二氧化硫排放、除尘的措施；（7）城市饮食服务业的经营者，必须防治油烟对附近居民居住环境的污染；（8）国家鼓励、支持生产和使用高标号的无铅汽油，限制生产和使用含铅汽油；（9）违反本法规定，生产、销售、进口或者使用禁止生产、销售、进口、使用的设备，或者采用禁止采用的工艺的，责令改正；情节严重的，责令停业、关闭。

与我国 1987 年 9 月 7 日版《大气污染防治法》相比，不仅总条文从 41 条增加到 50 条，而且，"第三章防治烟尘污染"（第 17 条～第 21 条，共 5 条）名称也改成了"第三章防治燃煤产生的大气污染"（第 19 条～第 27 条，共 9 条），内容增加了 4 条规定，即：（1）限制高硫份、高灰分煤炭的开采（第 24 条）；（2）市区内逐步替代直接燃用原煤（第 25 条）；（3）新建火电厂实行热力与电力的联合生产（第 26 条）；（4）酸雨控制区和二氧化硫污染控制区内火电厂和其他大中型企业必须配套脱硫、除尘装置或者其他控制措施（第 27 条）。特别是，企业应当逐步对燃煤产生的氮氧化物，采取控制措施，是非常具体直接的大气污染致灾因子持续性增加的控制性要求。

北京市紧紧跟随我国《大气污染防治法》修改的步伐，1999 年 5 月 14 日，北京市人大常委会通过《关于进一步落实大气污染防治措施努力改善环境质量的决议》（简称《落实措施决议》）。这个《落实措施决议》称，1998 年以来，北京市政府组织制定了《北京市环境污染防治目标和对策》（简称《北京防治对策》），先后实施控制北京大气污染一系列措施，开展以治理大气污染为重点的环境综合整治工作。但是，北京市空气质量与环境污染防治目标还有很大差距，为此，决议要求：（1）各级政府要继续抓紧大气

---

① "90 年代"世界大事中，最值得一提的是：（1）1990 年，民主德国加入联邦德国，分裂 45 年的德国统一；（2）1991 年 1 月 17 日凌晨 02：40（巴格达时间），多国部队向伊拉克发起"沙漠风暴行动"，战争以伊拉克失败而告终；（3）1991 年 12 月 21 日，俄罗斯等 11 个苏联加盟共和国宣布成立"独立国家联合体"；（4）1991 年 12 月 25 日，苏联最高苏维埃主席团主席戈尔巴乔夫辞职，苏联解体，美苏两极格局结束，世界形成"一超多强"局面；（5）1992 年 8 月 12 日，美国、加拿大、墨西哥三国达成北美自由贸易区协定；（6）1994 年，卢旺达发生部族大仇杀，至少有 50 万人被杀害，数百万人流离失所；（7）1997 年 2 月 23 日，英国科学家威尔马特用母羊胚胎细胞"克隆"成功第一只克隆羊；（8）1999 年 3 月 24 日，北约向南联盟发动大规模空中打击。

② 这一新增条款（第 15 条）同时规定："国家对严重污染大气环境的落后生产工艺和严重污染大气环境的落后设备实行淘汰制度。国务院经济综合主管部门会同国务院有关部门公布限期禁止采用的严重污染大气环境的工艺名录和限期禁止生产、禁止销售、禁止进口、禁止使用的严重污染大气环境的设备名录"。

污染防治工作；（2）各级政府要广泛动员全社会参与环境保护工作；（3）市区、县人大常委会要加强大气污染防治工作和执法情况的监督。可见"90年代"北京市的大气污染防治的地方立法，在"国际减灾十年活动"开展的背景下，面对大气污染致灾因子的持续性增加，显示出心力不济的窘境来。

二、"北京咳"与《北京大气条例》的制定——大气孕灾环境恶化的致灾因子立法控制

鉴于城市大气质量下降明显，雾霾灾害频频出现，尤其是"北京咳"一时间成为街头巷尾公众议论的重大话题，2000年4月29日，第九届全国人大常委会第15次会议对我国《大气污染防治法》进行大规模的修订。修订后的我国《大气污染防治法》从原来的6章50条，增加到7章66条，增加条款数占12.12%。其中，针对我国"90年代"机动车飞速进入家庭的实际情况，专门增加了"第四章防治机动车船排放污染"（第32条~第35条，共4条），即：（1）机动车船向大气排放污染物不得超过规定的排放标准（第32条）；（2）在用机动车不符合制造当时的在用机动车污染物排放标准的，不得上路行驶（第33条）；（3）停止生产、进口、销售含铅汽油（第34条）；（4）环境保护主管部门按照规范对机动车排气污染进行年度检测（第35条）。

2000年12月8日，《北京市实施〈中华人民共和国大气污染防治法〉办法》（简称《北京实施办法》，共7章43条）颁行，一鼓作气废止了北京市的《北京实施条例》（1988年7月7日）、《北京处罚办法》（1990年5月28日）和《北京排气办法》（1997年11月25日修改）等3个地方法规和规章。《北京实施办法》规定：（1）在用机动车污染物排放超过规定标准的，不得上路行驶（第19条）；（2）禁止销售、使用含铅汽油，逐步推广使用清洁汽油。禁止生产、进口、销售不符合国家标准的车用燃料（第26条）；（3）向大气散发有害气体或者粉尘物质的单位或者个人，必须安装净化装置或者采取其他防护措施（第27条）；（4）禁止露天焚烧秸秆、树叶、枯草等产生烟尘污染的物质，禁止在城镇地区的公共场所露天烧烤食品（第29条）；（5）饮食服务业排放的油烟污染物不得超过规定的排放标准（第32条），等等。应当说，北京市为了保护城市大气的质量，维护市民的清洁呼吸权利，确实做出了不懈的努力。

然而，整个"00年代"①，北京市大气污染防治的孕灾环境，因为大气污染控制不

---

① 所谓"00年代"，是指21世纪的前10年，即2000年~2009年。这10年当中，虽然2000年4月29日，我国《大气污染防治法》进行了修订，而且，《北京实施办法》采取"一废三模式"，显示出一种地方立法层面而不是规则执行层面上的"大手笔"，但其地方法规的实施效用并不突出。

力而出现了严重的"北京咳",且越来越成为一种负面的形象代表。① 调查发现,北京市在 2014 年 1 月时,仍有 1.9 万辆在用高排放"黄标车",大多是 1995 年以前领取牌证,未达到国 I 排放标准的汽油车,或未达到国 III 排放标准的柴油车。据测算,每辆"黄标车"的排放量相当于 14 辆达到国 IV 排放标准机动车的排污总和,对北京市空气质量造成严重影响。② 也就是说,《北京实施办法》自 2001 年实施以来,为北京市大气污染防治提供了重要法律支持,在治理北京市大气污染,改善空气质量方面发挥了重要作用,在经济社会快速发展、人口数量快速增长的情况下,空气中二氧化硫、二氧化氮、可吸入颗粒物等主要污染物年均浓度不断下降,空气质量得到持续改善。

不过,北京市居高不下的大气污染物排放总量,以及不利的地理气象条件、周边地区的区域传输,使得北京大气污染防治形势依然严峻,特别是 2013 年国家实施了新的空气质量标准,提出了更加严格的要求,与新标准相比,北京市有 5 项污染物超过标准,其中细颗粒物(PM2.5)超过标准 1 倍多,与人民群众对良好空气质量的期盼,与国家首都、宜居城市的地位存在很大差距。采取更加严格的大气污染防治措施,治理大气污染,改善空气质量,已经成为社会各界的共识。

2013 年 9 月 10 日,国务院发布《大气污染防治行动计划》(简称"大气十条"),进一步加大了大气污染的治理力度。为全面落实国务院的要求,2013 年 9 月 18 日,北京市及时制定《北京市 2013~2017 年清洁空气行动计划》("北京空气计划"),提出了明确的指导思想、行动目标和八大污染减排工程、六大实施保障、三大全民参与的治理措施,并分解为 84 项具体工程。采取更加严格的措施,以更大的力度推动大气污染治理工作。由此,北京市大气污染防治工作进入"以治理 PM2.5 为重点"的新阶段,在经济持续快速发展、人口和机动车数量持续高位增长、工地开复工面积不断扩大的情况下,大气污染治理难度不断增加,并已经成为制约本市经济社会发展的瓶颈。

也就是说,《北京实施办法》的相关制度措施,已经难以满足新阶段大气污染防治工作的实际需要:(1)产业结构调整尚未与大气污染防治有效结合;(2)主要大气污染物总量控制制度缺失;(3)机动车污染防治制度滞后;(4)打击环境违法行为的有效手段匮乏。因此,迫切需要通过立法完善这些制度。还有,《北京实施办法》所依据的我国《大气污染防治法》,当时正在修订中,有鉴于此,北京市迫切需要根据实际情况,

---

① 至少在 1990 年,"北京咳"这个词汇就已出现。其最早来源是《扶轮月刊(The Rotarian)》(慈善组织扶轮社杂志)1990 年第 3 期上援引 1 篇报告:"工业国家曾经的主要城市现象——空气污染,已经散播至全世界……在北京,空气污染相关的呼吸胁迫很常见,被称为'北京咳。'"杂志援引的报告作者是希拉里·弗兰切,她是在新闻上看到的"北京咳",因为当时她没有到过中国。在学界,"北京咳"这个词的使用范围略有扩展,2002 年,一本政治经济学的书中也有所提及:"城市里的空气经常带有酸味、硫化味,到处都可以听到'北京咳'。"这个形象且易产生共鸣的概念在民间中流传颇广,"北京咳"频繁出现在旅游攻略中。2003 年的一本《文化震撼,游遍北京(Culture Shock! Beijing at Your Door)》的旅游书如是提醒游客:很多人抱怨"北京咳"……我们还不知道防止或是治愈"北京咳"的方法。后来,越来越多的网站中出现了类似的提示,奥运会前后达到了高峰。同时,也有中国人听说这个词汇,在美国加州教书的老师廖康 2006 年在博客中说,自己回国后开始咳嗽,朋友说他被美国纯净的空气惯娇贵了,患上了"北京咳"。

② 郭普金:《关于〈北京市大气污染防治条例(草案)〉审议意见的报告——2013 年 7 月 24 日在北京市第十四届人民代表大会常务委员会第五次会议上》,七、关于防治机动车排放污染。

制定相对独立的地方大气污染防治立法，解决大气污染防治中具有地方特色的问题，①不局限于落实国家的现有规定。为此，有必要制定新的地方法规——《北京市大气污染防治条例》（简称《北京大气条例》），替代《北京实施办法》。②

三、《北京大气条例》与《大气污染防治法》对致灾因子的控制

自 2013 年以来，大气污染严重地影响了北京市民的基本生活。据中国气象局 2013 年 11 月 20 日发布的消息，2013 年全国平均雾霾天数为 4.7 天，较常年同期的 2.4 天偏多 2.3 天。另据北京市环保局数据，2013 年，全年优良天数加起来共有 176 天，尚不足总天数的一半，重度污染天以上的天气累计有 58 天，占到全年天数的 15.9%，平均每 6 到 7 天就有一次重度污染。2013 年北京全市 PM2.5 年均浓度为 89.5 微克/立方米，超过年均 35 微克/立方米的国标 1.56 倍。如此严重的大气质量引起了人们的忧虑和不安，社会公众热切期盼采取强有力的措施进行治理，还"北京蓝"于民众。《北京大气条例》的制定，正是"因事而制，法宜其时"。③ 其框架为：第一章总则（第 1 条～第 5 条）、第二章共同防治（第 6 条～第 40 条）、第三章重点污染物排放总量控制（第 41 条～第 48 条）、第四章固定污染源污染防治（第 49 条～第 62 条）、第五章机动车④和非道路移动机械排放污染防治（第 63 条～第 79 条）、第六章扬尘污染防治（第 80 条～第 89 条）、第七章法律责任（第 90 条～第 129 条）、第八章附则（第 130 条）。相关章节的内容规定如下：

（1）第二章"共同防治"（第 6 条～第 40 条），共 35 条。对防治工作机制做出了"防治大气污染应当建立健全政府主导、区域联动、单位施治、全民参与、社会监督的工作机制"的规定，对政府职责作了 16 条规定；对有关行政主管部门的职责作了 4 条规定；对有关单位的责任和义务作了 11 条规定；对公民、法人和其他组织的权利和义务作了 3 条规定。这一章的目的，在于明确各防治主体的权利、义务和责任，构建以政府为主导，法人、公民共同参与、共同负责的公共治理体系。

（2）第三章"对重点污染物排放总量控制"（第 41 条～第 48 条），共 8 条。"总量

---

① 资料显示，北京市航空器每年消耗燃油 400 万吨，约占全市消耗总量的 40%。航空器在起飞、降落和盘旋阶段产生大量尾气排放，对大气环境造成较大危害；北京地铁刹车盘片消耗、机动车轮胎与地面摩擦，均产生大量粉尘，影响大气质量。这就是北京市特殊地方问题之一。

② 陈添：《关于〈北京市大气污染防治条例（草案）〉的说明——2013 年 7 月 24 日在北京市第十四届人民代表大会常务委员会第五次会议上》，一、立法必要性。

③ 柳纪纲：《关于〈北京市大气污染防治条例（草案）〉的说明——2014 年 1 月 18 日在北京市第十四届人民代表大会第二次会议上》，一、立法背景。

④ 汽车尾气对 PM2.5 的大部分"贡献"是间接产生的，尾气中含有氮氧化物、挥发性有机物（VOCs）等物质，这些都是气体，不会反映在测量 PM2.5 的空气质量测试仪中。但是这些气体既是产生 PM2.5 的"原材料"，同时也是"催化剂"。在北京本地污染源中，机动车排放的污染物对 PM2.5 的"贡献"是 31.1%，在非采暖季要占到 40%。二次转化生成的有机物、硝酸盐、硫酸盐和铵盐，累计占 PM2.5 的 70%。

控制"① 为本地方法规的核心内容之一。北京大气污染已到非常严峻的程度，必须严格控制总量，再也不能增加排污总量，再也不能容忍空气质量的进一步恶化。而且，应该在总量不增加的前提下，尽快削减总量，实现 2017 年的治理目标。为此，《北京大气条例》第 41 条~第 48 条分别是：总量控制和逐步减少排放总量（第 41 条）；对总量控制的目标区域、重点行业和重点企业排放总量的控制、要求，以及如何确定实施并向社会公布（第 42 条）；排污许可制度（第 43 条）；对排污单位总量控制指标的核定及要求，进行大气污染物排污权交易②试点（第 44 条~第 48 条）等。

（3）第四章~第六章（第 49 条~第 89 条），共 41 条，分别对固定污染源污染防治、机动车和非道路移动机械排放污染防治、扬尘污染防治作出具体规定。这是针对重点污染源而设计的措施和制度规定，也是对《北京空气行动计划》若干项措施的法制保障。

（4）第七章"法律责任"（第 90 条~第 129 条），共 39 条。《北京大气条例》的一个重要特点是法律责任条款多，占到法规草案总条款的 30%；这是严防严治原则的具体体现。第七章对前几章规定的若干事项，一一对应地设置了罚责。

需要强调，《北京大气条例》对法律责任的制度安排，是所有地方立法当中最具有研究价值的。《北京大气条例》根据我国《环境保护法》《大气污染防治法》《行政处罚法》《行政强制法》《行政监察法》《刑法》等法律的规定，具体设立了 41 条法律责任。设计这些条款的指导思想是要提高违法成本，即排污成本要高于治理成本，使排污者不敢排污，起到法严人惧的作用。同时，也考虑了"过罚相当"和"可操作，可执行"原则。设定的处罚条款基本都高于治理成本，特别是对恶意违法、多次违法加大了处罚力度，规定了加倍处罚和上不封顶的处罚条款。同时，执法部门可直接依法实施按日计罚。另外，还规定对违反环境保护有关法律法规，污染大气环境，受到相应处罚的企业及其负责人，由环保及相关部门向社会公布，并纳入企业信用系统。

我国《大气污染防治法》2000 年修订时，重点是加强对二氧化硫的排放控制，对防治煤烟型污染发挥了重要作用。随着经济社会快速发展，特别是机动车保有量急剧增

---

① 重点污染物排放总量控制制度设计的适应性，是随着北京市经济社会不断发展，人口和机动车数量的增加，大气污染物总量居高不下，特别是地理气象等条件不利于污染物扩散，使得环境容量非常有限而来的。仅靠排放浓度控制已不能解决问题，迫切需要对重点污染物排放总量进行控制，这种"双控"的措施，是当前之必须。为了应对当前严峻的大气污染形势，加快削减排放总量，达到阶段性大气环境质量目标，《北京大气条例》专设了第三章"总量控制"一章，对总量控制制度进行了系统设计，确定了削减存量与控制增量相结合的制度。

② 1968 年，由美国经济学家戴乐斯最先提出"排污权交易理论"，其主要思想是：设立合法的排放污染物的权利，并允许这种权利像商品一样进行买卖，以此来进行污染物排放总量控制。排污交易首先被美国国家环保局用于大气污染源及河流污染源管理。《清洁空气法案》中对排污交易做了明确规定。在我国，截至 2013 年底，国家共正式批复同意江苏、浙江、天津、湖北、湖南、内蒙古、山西、重庆、陕西、河北、河南、辽宁、广东、宁夏 14 个省（自治区、直辖市）开展排污交易试点工作。排污交易是通过市场手段进行污染物排放总量控制的有益实践，是运用市场机制促进污染减排，改善环境质量，提高环境容量和资源配置效率的有效手段，是推进环境保护体制机制创新的探索。考虑到北京市大气污染远超过环境容量的实际情况，目前的主要任务是尽快削减排放总量，企业的主要任务也是减排，因此，必须在总量控制、尽快削减总量的前提下才能开展交易。北京市开展排污权交易必须按照最严格、最有利于污染物减排的方式进行。即：（1）要进行最严格的排污权分配，通过排污许可证的方式，向各排污单位下达逐年减少的排污权指标；（2）与环评制度相结合；（3）实行减量化交易，即"买二用一"，企业必须购买 2 个单位的排污权才能获得 1 个单位的排污权。

加，我国大气污染正向煤烟与机动车尾气复合型过渡，区域性大气环境问题日益突出，雾霾等重污染天气频发，法律已经不能适应新形势的需要：（1）源头治理薄弱，管控对象单一。缺乏能源结构、产业结构和布局等前端源头治理方面的要求，也没有对氮氧化物、挥发性有机物、颗粒物等多种污染物实施协同控制。（2）总量控制范围较小，重点难点针对不够。根据我国《大气污染防治法》实行总量控制和排污许可的"酸雨控制区和二氧化硫控制区"，仅占全国国土面积 11.4%，不能适应全国总量减排的需要。（3）缺乏联合防治机制。我国《大气污染防治法》针对燃煤、工业、机动车、扬尘等重点领域的污染防治措施不够完善，污染严重的重点区域缺乏联合防治机制，重污染天气应对机制也不够健全。（4）问责机制不严，处罚力度不够。对地方政府的责任规定较为原则，需要加强责任考核，完善对不达标地区的约束性措施；同时，企业违法成本低的问题突出，需要强化法律责任。

2015 年 8 月 29 日，我国《大气污染防治法》以《环境保护法》为依据，进行第二次修订，全面落实"大气十条"提出的各项制度措施，主要遵循 4 条原则：（1）源头治理，协同管控。坚持规划先行、严格环保准入，强化污染排放的总量控制和浓度控制；努力实现从单一污染物控制向多污染物协同控制转变，从大气污染治理的属地管理向区域联防联控转变。（2）综合施策，突出重点。综合运用经济、法律、技术和行政手段，突出燃煤、工业、机动车、扬尘等重点领域以及重点区域的大气污染防治。（3）强化责任，从严管理。强化政府责任，明确企业义务，加大对污染违法行为的处罚力度，提高违法成本，使排污者不敢违法。（4）立足当前，着眼长远。针对当前雾霾频发的形势，建立重污染天气应对机制。同时，引导能源结构和产业结构调整，淘汰落后工艺、设备，建立健全长效机制。[①] 我国《大气污染防治法》修订后，主要修改、增加了以下内容：

（1）政府的环境保护责任。建立大气环境保护目标责任制和考核评价制度，对地方人民政府及其有关部门进行考核；要求不达标的城市编制限期达标规划，采取措施限期达标。

（2）排放总量控制和排污许可。主要是，将排放总量控制和排污许可由"酸雨控制区和二氧化硫控制区"扩展到全国，明确分配总量指标、发放排污许可证的原则和程序，对超总量和未完成达标任务的地区实行区域限批，并约谈主要负责人。

（3）重点领域大气污染防治。在燃煤、工业方面，明确国家采取措施逐步降低煤炭消费比重，细化对多种污染物的协同控制措施；在机动车方面，强化对新生产机动车、在用机动车、油品质量环保达标的监督管理；此外，还加强了建筑施工、物料运输等方面的扬尘污染防治措施。

（4）重点区域大气污染防治。增加一章即第五章专述"重点区域大气污染联合防治"（第 86 条~第 92 条，共 7 条）。要求建立区域大气污染联防联控机制，规定重点区域应当制定联合防治行动计划，提高产业准入标准，实行煤炭消费等量或者减量替代，并在规划环评会商、联动执法、信息共享等方面建立起区域协作机制。

---

① 周生贤：《关于〈中华人民共和国大气污染防治法（修订草案）〉的说明——2014 年 12 月 22 日在第十二届全国人民代表大会常务委员会第十二次会议上》，二、修改的总体思路和原则。

（5）重污染天气的预警和应对。增加一章即第六章专述"重污染天气应对"（第93条~第97条，共5条）。规定可能发生重污染天气时，有关地方政府应当适时发出预警，依据预警等级启动应急响应，并可以采取责令有关企业停产限产、限制部分机动车行驶等应对措施。

（6）法律责任（第七章，第98条~第127条）达30条之多。对无证、超标、超总量、监测数据作假等污染违法行为，规定了没收违法产品和违法所得、处以罚款、责令停产整治、行政拘留以及责令停业、关闭等行政处罚；对受到罚款处罚拒不改正的实行按日计罚制度。[①]

根据环境保护部监测数据，截至2016年12月27日，2016年北京市PM2.5平均浓度为72微克/立方米，同比下降10.0%（下降8微克/立方米），比2013年下降20%（下降18微克/立方米）。联合国环境规划署发布的《北京空气污染治理历程：1998－2013年》评估报告显示：1998至2013年，北京二氧化硫（SO_2）、二氧化氮（NO_2）和可吸入颗粒物（PM10）的年均浓度分别显著下降了78%、24%和43%，15年间北京的空气质量得到了持续改善。此外，美国NASA等国际机构的监测数据也支持北京空气质量持续改善的趋势。[②]

《北京大气条例》颁行和我国《大气污染防治法》修订后，我国的大气污染防治工作，成效仍然比较差。例如，2016年12月29日至2017年1月5日，受不利气象条件影响，京津冀及周边地区又一次区域性重污染天气过程发生，影响范围包括北京、天津、河北、山西、山东、河南等地。环保部称，截至2016年12月30日，河北省石家庄、保定、廊坊，河南省郑州、鹤壁、安阳，山东省济南、德州、聊城等24个城市按照环保部的预警建议和当地污染预测结果启动了重污染天气红色预警；北京、天津等21个城市启动了橙色预警；陕西西安、山西晋中等16个城市启动黄色预警。环保部派出的10个督查组已全部到位开展工作，重点督查重点工业企业停限产措施落实情况。通过核对企业在线监控数据、用电量变化情况等锁定重点违法排污工业企业，并利用卫星遥感数据，确定高排放重点区域。严查未按要求落实停限产措施的企业和"小散乱污"企业违法排污行为，运用远程监控手段，对区域内1239家"高架源"企业的2370个监控点，通过在线监控平台及时发现超标等数据异常情况，并给属地环保部门下达督办指令，查处违法行为。[③]

根据相关规定，全国各地均制定了专门的重污染天气应急预案。启动红色预警是需要付出很大的经济成本，但这与民众付出的健康成本相比，就显得微不足道了。所以，雾霾中，相关部门应坚持以人为本，勇于担当起责任。雾霾中的危害因子，主要为化学污染物，对人的呼吸系统、心血管系统等存在不利健康影响，而微生物引起的健康风险很小。重污染应急的作用是通过一定的应急减排措施，尽可能地减少污染物排放，降低

① 周生贤：《关于〈中华人民共和国大气污染防治法（修订草案）〉的说明——2014年12月22日在第十二届全国人民代表大会常务委员会第十二次会议上》，三、修改的主要内容。

② 佚名：《环保部门曝光"2016年度十大雾霾谣言"》，中新网，2016－12－31，http://new.item.btime.com/321n48514n98unqp9rqpifb2q4s?from=assist，最后访问：2016－12－31。

③ 佚名：《雾霾又来了！全国60余城市发布重污染天气预警》，新华网，2016－12－31，http://new.item.btime.com/32fb5muhh3881tp6gfo1p9b1hnt?from=assist，最后访问：2016－12－31。

污染物累积程度，从而最大限度地保障公众身体健康。

经专业测算，2016 年红色预警期间，采取应急减排措施比不采取措施，PM2.5 降低了 23％左右，其他污染物平均降低了 30％左右。雾霾的产生是一定气象条件下，人类生产生活排放的污染物超出环境容量所致。只有通过相应的治理措施把污染物排放强度降下来，才能从根本上解决空气污染问题，而这需要一个长期的过程。[①] 国家能源局正研究制定 2017—2021 年北方地区冬季清洁取暖规划，力争 5 年内在有条件地区基本实现清洁取暖方式替代散烧煤。[②]

思考与训练：

1. 致灾因子与自然灾害之间是何种关系？请举例说明。

2. 孕灾环境即成灾环境，这种说法对吗，为什么？

3. 以"北京咳""北京霾"现象为例，说明《北京市大气污染防治条例》等法规对"北京蓝"的有效性。

---

① 佚名：《环保部门曝光"2016 年度十大雾霾谣言"》，中新网，2016－12－31，http://new. item. btime. com/321n48514n98unqp9rqpifb2q4s?from＝assist，最后访问：2016－12－31。

② 刘志强：《既要温暖过冬，又要蓝天白云——我国推进北方地区冬季清洁取暖综述》，《人民日报》，2016 年 12 月 31 日，第 1 版。

中编　方法论——自然灾害预防的法律

第四章　自然灾害应急预案的制定与启动

　　在我国，应对自然灾害要从灾前期制定应急预案开始，同步进行准备工作。由此，才会有自然灾害发生时的应急预案的启动，以及在应急预案启动之下，各种临灾期的抢险救灾和临时安置、过渡安置工作的高效、顺利和有条不紊地进行，从而为顺利过渡到灾后期开展灾后恢复重建工作，奠定良好的基础。为了提高政府保障公共安全和处置突发公共事件，尤其是自然灾害的减灾能力，最大限度地预防和减少自然灾害造成的损失，保障社会公众的生命财产安全，维护国家安全和社会稳定，促进经济社会全面、协调、可持续发展，依据我国《宪法》《突发事件应对法》和《国家安全法》①等法律法规，各级政府应当制定自然灾害的应急预案。

　　我国《宪法》第 33 条、第 45 条规定，国家尊重和保障人权，公民在年老、疾病或者丧失劳动能力以及遇到各种危险和灾难事故的情况下，有获得国家和社会物质帮助、紧急救助和社会保障等权利。我国《突发事件应对法》（2007 年 8 月 30 日）规定：为了预防和减少突发事件②的发生，控制、减轻和消除突发事件引起的严重社会危害，规范突发事件应对活动，保护人民生命财产安全，维护国家安全、公共安全、环境安全和社会秩序，对突发事件的预防与应急准备、监测与预警、应急处置与救援、事后恢复与重建等应对活动，国家建立统一领导、综合协调、分类管理、分级负责、属地管理为主的应急管理体制。突发事件的应对工作，实行预防为主、预防与应急相结合的原则。为此，国家建立健全突发事件应急预案体系。国务院制定国家突发事件总体应急预案，组织制定国家突发事件专项应急预案；国务院有关部门根据各自的职责和国务院相关应急

---

① 我国《国家安全法》（2015 年 7 月 1 日）第 2 条、第 3 条规定，国家安全是指国家政权、主权、统一和领土完整、人民福祉、经济社会可持续发展和国家其他重大利益相对处于没有危险和不受内外威胁的状态，以及保障持续安全状态的能力；国家安全工作应当坚持总体国家安全观，以人民安全为宗旨，以政治安全为根本，以经济安全为基础，以军事、文化、社会安全为保障，以促进国际安全为依托，维护各领域国家安全，构建国家安全体系，走中国特色国家安全道路。

② 我国《突发事件应对法》第 3 条规定，突发事件是指突然发生，造成或者可能造成严重社会危害，需要采取应急处置措施予以应对的自然灾害、事故灾难、公共卫生事件和社会安全事件等。

预案，制定国家突发事件部门应急预案。地方各级人民政府和县级以上地方各级人民政府有关部门根据有关法律、法规、规章、上级人民政府及其有关部门的应急预案以及本地区的实际情况，制定相应的突发事件应急预案。应急预案制定机关应当根据实际需要和情势变化，适时修订应急预案。应急预案的制定、修订程序由国务院规定（第 17 条）。应急预案应当根据我国《突发事件应对法》和有关法律法规规定，针对突发事件的性质、特点和可能造成的社会危害，具体规定突发事件应急管理工作的组织指挥体系与职责和突发事件的预防与预警机制、处置程序、应急保障措施以及事后恢复与重建措施等内容（第 18 条）。应当说，"预防为主"不仅是安全生产的原则，也是自然灾害预防和控制的原则。当然，无论预防措施如何周密，各种生产事故和自然灾害总是难以根本杜绝，为了避免或减少事故和自然灾害所造成的损失，必须高度重视应急预案的制定。

凡事预则立，不预则废，只有认真做好应急预案的制定，并把自然灾害应急的智慧系统组织构成、应急装置和措施设置、应急处置方案和自然灾害处理与灾后恢复重建等板块规定好，并在临灾期适时启动应急预案，把实施应急预案的各类准备工作做好、做扎实，才能把事故和自然灾害所造成的人员伤亡、财物毁损灭失和社会秩序的混乱减少到最低限度。[①]

我国《国家安全法》第 16 条、第 21 条和第 29 条规定，国家保卫人民安全，创造良好生存发展条件和安定工作生活环境，保障公民的生命财产安全和其他合法权益；国家合理利用和保护环境、资源和能源，全面提升各种应急保障能力；国家健全公共安全体系，妥善处置公共卫生、社会安全等影响国家安全和社会稳定的突发事件，以促进社会和谐，维护公共安全和社会安定。因此，各级各类自然灾害等突发事件的应急预案的制定、修改和完善，也是维护公民安全、社会安全和国家安全的需要。

在研究中，作者在知网以"应急预案"为关键词查询的第一篇论文，发表于《中国安全科学学报》1997 年第 7 期（增刊）上。在标题为《重大事故隐患监控与应急预案的实用性研究》的论文中，把危险源[②]作为论文的立论基础进行研究。作者在下文中，关于应急预案的分析和叙述，是以自然灾害的应急实务和相关立法为主要内容展开叙述的。

第一节　自然灾害应急预案概述

一、自然灾害应急预案的定义与特征

应急（Emergency），是指应对突然发生并要求立即处理的事件。客观上，这里的"事件"是突然发生的；主观上，需要紧急处理这个事件。"突然发生的"需要紧急处理

---

① 周家铭：《重大事故隐患监控与应急预案的实用性研究》，《中国安全科学学报》1997 年第 7 卷（增刊），第 48 页-第 49 页。

② 危险源是某种危险的根源，一般指客观存在着某种可能导致发生事故、伤害、损失等灾难性后果的有关危险物质或能量，且其数量超过了临界值。危险源是事故或灾害的基础原因或间接原因。参见：周家铭：《重大事故隐患监控与应急预案的实用性研究》，《中国安全科学学报》1997 年第 7 期（增刊），第 46 页。

的事件，通常被人们简称为"紧急事件"或者"突发事件"。不过，"紧急"与否是人的主观感受。对于一个"紧急事件"，甲认为是"紧急的"，而乙未必认为是"紧急的"；同样，"突发"是某一事件发生过程的客观描述。我国官方文件中，一般使用"突发事件"一词，所以，还是尽量采用"突发事件"这一术语为妥当，而不只使用"事件"。

预案，是指根据评估分析或者经验，对潜在的或可能发生的突发事件的类别和影响程度，事先制定的应急处置方案。这种预案，属于工作计划的一类，在性质上是应急处置方案或者预备方案即实现准备的方案。从文种性质来讲，它虽然属于某种工作计划的一类，但具有"方案"的专一性、专业性、周密性、时限集中性等要求，属于工作对策措施和应对方法的范畴。

所谓自然灾害应急预案，是指各级人民政府及其部门、基层组织、企事业单位、社会团体等为依法、迅速、科学、有序应对自然灾害这一突发事件，最大限度减少自然灾害及其造成的损害而预先制定的工作方案。[①] 这个定义，包含几个基本要素：（1）应急预案是由有权机构制定的工作方案；（2）应急预案的适用对象，是自然灾害已处于临灾期，是以"应急"为目标使用的；（3）应急预案的功能和作用发挥，需要应急预案的启动与使用，要结合相应的措施和保障条件，才能发挥最大效用；（4）应急预案是动态的，而不是静态的。也就是说，应急预案要不断地修改和完善，才能发挥最大效用。

为了在自然灾害发生时，顺利启动应急预案，让自然灾害临灾期的工作更具有针对性、实用性和可操作性，应急预案的制定责任人必须依据我国《突发事件应对法》等法律法规的规定，制定相应的应急预案。在这里，自然灾害的应急预案的规划、编制、审批、发布、备案、演练、修订、培训、宣传教育等工作，应当按照《突发事件应急预案管理办法》（简称《应急预案办法》）的要求来完成。

一般而言，应急预案的法律特征是：（1）法律效力性。这个特点是说，应急预案是一种具有法律效力的政府文件，一种具有工作方案性质的规范性文件。这种文件，发生效力的条件，是自然灾害或者应急事项发生。（2）效用条件性。这一特点，强调应急预案的启动，要么是自然灾害处于临灾期，要么是其他应急事件发生后，情况紧急或者必须启动应急预案，来紧急处置相关"紧急事件"中的事务。这个条件性还强强，应急预案的效用发挥，需要各个职能部门密切合作、互相配合，才能充分发挥应急预案的作用。（3）启动的紧急性。这一特点是说，应急预案的启动条件必须是紧急事件，有时候是事关人命安全或者社会安全的重大事件，必须立即处置。当然，这个"紧急性"也是强调依照法定程序，由具有启动权的人来启动。启动应急预案后，相关政府部门应当根据应急预案中确定的职责，履行自己的义务，合作完成自己的任务。（4）临时性特征。所谓临时性，是指应急预案的启动与发挥作用，总是在一个"应急阶段"发挥作用。这个阶段，可长可短也能够通过临时安置或者过渡安置，解决灾民、灾区的"紧急状况"的应对问题。一旦应急阶段——抢险救灾、临时安置和过渡安置结束，则转入灾后重建阶段，应急预案不再适用。由这些特征分析可以看出，一个应急预案就是事先准备好的应对紧急情况的方案、措施和实施的保障条件。

资料显示，"十二五"（2011年～2015年）期间，国家减灾委、民政部共启动国家

救灾预警响应 38 次、国家救灾应急响应 158 次，协调派出 181 个工作组赶赴灾区，调拨救灾帐篷 50.8 万顶、棉衣被 242.2 万件（床）、折叠床 21.2 万张等中央救灾储备物资，帮助地方救助受灾民众 3.65 亿人次，有效保障了受灾群众基本生活，最大限度减轻了人员伤亡和财产损失。[①] 可见，应急预案对于防灾减灾救灾有重要意义。

二、自然灾害应急制度的 SARS 疫情催生——应急预案缺失的教训

2002 年 11 月 16 日，广东佛山发现第一例 SARS 即"非典"病例。2003 年 2 月 3 日至 14 日，广东"非典"发病进入高峰，但病原体不清。2003 年 3 月 25 日，广东省中医院护士长叶欣殉职，是第一位被患者传染而牺牲的医护人员。2003 年 4 月 16 日，世界卫生组织宣布病毒已找到，正式命名为"SARS 病毒"。由于没有应急预案，所以，导致"非典"疫情一直持续到 2003 年 5 月才出现缓解的症状。广州遭受"非典"侵袭之后，2003 年 3 月，"非典"病毒开始从广州往外扩散，香港和北京先后出现"非典"病例。于是，非典作为一种公共卫生事件，到了 2003 年 4 月这个时间节点，朝着疫病灾害的方向发展。

2003 年 4 月 3 日卫生部在对"非典"首次表态时说：北京由于汲取了广东的教训，有效地控制了输入病例以及由这些病例引起的少数病例，所以没有向社会扩散。对此，世界卫生组织提出了质疑。4 月 10 日，世界卫生组织公开批评了北京的疫情报告系统，认为北京只有少数医院每日汇报 SARS 病例，并派出专家组赴京考察。4 月 11 日，北京重新被世界卫生组织确定为疫区。4 月 13 日下午，在京首次召开全国非典型肺炎防治工作会议。温家宝总理坦承，非典型肺炎对我国旅游、交通、商贸和对外交往等活动造成的暂时影响是难以避免的。4 月 14 日，中共中央总书记胡锦涛在广州市北京路商业街，言辞殷切地对在场人员说：我们很揪心、感到焦急。4 月 20 日下午，新华社发出消息："中共中央宣布：撤销张文康卫生部党组书记职务，由高强接任，同时撤销孟学农北京市委副书记、市委常委职务。"4 月 20 日，卫生部再次举行记者会。新上任卫生部副部长高强坦承，北京疫情已经很严重，非典有漏报问题。

危急时刻，中央政府及时决断，公开信息，全民共同击退"SARS"，中国由此建立了突发公共卫生事件的应急体系。发布会上，宣布取消当年的"五一"长假，自 4 月 21 日起，将疫情由过去的 5 日一报改为 1 日一报。从 4 月 21 日开始，大批"非典"病人开始转入地坛医院，病房全部开放，成为"非典"定点医院，以救治重症病人为主；"非典"疫情进入公开化透明化。[②] 这种疫病的致灾性已经体现得非常明显，非典致灾在中国是疫病灾害的首例。

意识到"非典"疫情的危害性，国务院立即提出研究制定《突发公共卫生事件应急条例》，并将"非典"列入我国《传染病防治法》法定传染病范畴进行管理。截至 2003 年 4 月 18 日，北京已确诊非典患者 339 例，这个数字是前 4 天公布的数字"37 例患者"的近 10 倍。2003 年 4 月 21 日后，"非典"病人每日飙升，最高的一天新增病例达

---

① 国家减灾委：《"十二五"时期中国的减灾行动》（2016 年 10 月），二、减灾法律法规和体制机制建设。

② 严亮：《2003 年抗击非典：中国建立公共卫生事件应急体系》，中国新闻网，2009 年 9 月 17 日 http://news.sina.com.cn/c/sd/2009-09-17/161018672127.shtml，最后访问：2016-06-26。

150 人。5 天时间内，地坛医院收治 176 例病人，占北京全市当时"非典"病人的 20％。这 176 人中，40％是被感染的医务人员。这个时候的整座北京城，人心惶惶，满城尽戴白口罩，用口罩防御"飞沫传染"的"非典"这种新型传染病。显然，这个时候的非典应急过程，是非常被动和无序的。

2003 年 4 月 22 日，代市长王岐山从海南"空降"北京，在第一次北京市常务会议上，他表态：坚决做到"防治非典"，"军中无戏言"！到 2003 年 5 月 21 日，北京地坛医院送走了第 100 位"非典"康复者；而 5 月 29 日，北京新收治"非典"确诊病例首次为零。2003 年 5 月 30 日，刘淇宣布：北京防治"非典""五月攻坚战"取得阶段性成果。2003 年 6 月 24 日，世界卫生组织也解除了北京的旅游警告，并将北京从"非典"疫区的名单中予以删除。一场保卫生命的战斗，一次"非典"灾害利用社会应急机制缺陷的肆虐，暂时告了一个段落，留给人们却是无限的反思：非典应急和政府的信息公开，是在公众参与之下，积极发挥社会制度优越性从而应对疫病灾害的基本前提条件。

在我国，"非典致灾"与亡羊补牢式的积极应对，并能获得最后的胜利，从某种意义上讲，也得益于我国统一、高效的体制，从而，能在最短时间内有效地调动各方社会力量，切断"非典"的传播源。这当中公众的积极参与和合作、配合，也功不可没。所以，"非典灾害"之后，政府对传染病的态度发生如此重大的转变——一定要主动积极的公开透明地应对，才能有效地控制"非典"疫情——"非典"致灾——"非典"灾害的灾害链条的传导。正是吸取了"非典"带来的惨痛教训，我国政府在寻找"非典"疫情从初发到扩散和逐步成灾，再到灾情严重化和采取断然措施，防范灾情的爆发式传递，从而把"非典"灾害控制在"制度的笼子里"。这当中，改变对疫情隐瞒和忌讳的态度，然后，处分责任人的同时，信息公开，让公众知情和积极参与，从而以"信息公开——知情权＋积极参与＋有效组织——有效控制灾情"，构成了依法、科学和有效应对的正确决策和科学的方法论选择。

2003 年"非典"前期，因为隐瞒疫情数字，直接影响到政府的正确决策和患者的及时治疗。最终导致"非典"患者死亡 349 人。① 应当说，与"非典"疫病灾害同步加力并具有更加深远意义的是，我国政府边吸取教训边通过立法，建立了突发事件的应急报告制度。2003 年 5 月 9 日，国务院颁行《突发公共卫生事件应急条例》，使"非典"一类的疫病灾害应对，以法律规范和法律制度来应对突发公共事件的形式，进入了我国社会主义的法制轨道。由此，我国突发事件的应急预案工作，便进入崭新的阶段。

2006 年 1 月 8 日，国务院发布《国家突发公共事件总体应急预案》（简称《国家应急预案》）。根据国家规定，国务院和各省已成立省政府应急管理办公室，部分市也已建立了地方应急管理常设机构。从 2006 年开始，国家计划在未来 3～5 年时间内，在全国主要县级以上的城市推行城市应急联动与社会综合服务系统，从中央到地方一整套统

---

① 中国内地累计病例 5327 例，死亡 349 人；中国香港 1755 例，死亡 300 人；中国台湾 665 例，死亡 180 人；总共有 7747 人患病，829 人死亡。而世界卫生组织 2003 年 8 月 15 日公布最新统计数字，截至 2003 年 8 月 7 日，全球累计非典病例共 8422 例，涉及 32 个国家和地区。自 2003 年 7 月 13 日美国发现最后一例疑似病例以来，没有新发病例及疑似病例。全球因非典死亡人数 919 人，病死率近 11％。这便是波及全球的"非典疫病灾害"事件。

一、协调、高效、规范的突发事件应急机制正在建立之中。接着，2006 年 6 月 15 日，《国务院关于全面加强应急管理工作的意见》（简称《全面应急意见》）出台，把"推进国家应急平台体系建设"列为"加强应对突发公共事件的能力建设"的首要工作，明确指出"加快国务院应急平台建设，完善有关专业应急平台功能，推进地方人民政府综合应急平台建设，形成连接各地区和各专业应急指挥机构、统一高效的应急平台体系"。从而，使应急平台建设成为应急管理的一项重要基础性工作。

"非典"过去 4 年后，2007 年 4 月 4 日，我国《政府信息公开条例》（2008 年 5 月 1 日施行）颁行，政府信息包括自然灾害信息逐步走向公开化。[①] 而 2007 年 8 月 30 日，我国《突发事件应对法》的颁行，为突发事件的应对奠定了坚实的法律基础。此后，我国各种突发事件包括自然灾害的应急预案制定、启动、修改和完善等工作，就逐步进入法制化要求的正轨了。

三、自然灾害应急预案的内容及体系

现实生活中，自然灾害的应急预案，通常以其目标任务和具体措施的要求，而形成较为固定的结构模式和写法，成为其内容的重要表现形式。一个自然灾害应急预案的内容大概分为：

（1）标题，无论是综合性应急预案还是单灾种应急预案，是一级政府的应急预案，还是政府部门的应急预案，等等，均采用公文式标题写法，如《四川省突发公共事件总体应急预案》。

（2）前言。应急预案所针对的灾害风险有关的现实状态，再结合上级的指示，以及本辖区灾害危险的特点等，提出应急预案的总任务、目标。前言须文字精练，高度概括，不可写得繁琐、冗长，不可喧宾夺主。

（3）主体部分。主要有四个方面的内容：一是指导思想。这部分强调制订、执行应急预案的重要性、必要性和总的原则与理念。这是不可或缺的重要内容。二是组织架构。这部分是将领导班子、一线的机构与成员、后勤人员、办公室值班人员等分别配置，做到组织架构清晰，确保分工到人，责任明确，同时，要注意分工中有配合和合作。三是信息网络。这也是预案的重要内容，包括与各部门横向联系的方式与责任人，也包括组织内部紧急状态下的联系方式。如内容较多，可只在正文部分简述，将具体的人员名单、电话号码、单位、地址等作为附件列后。四是具体任务、措施和步骤。这部分是应急预案的实质性核心部分，通常是将灾害危险涉及的应急部门、单位和组织机构，划分成若干责任区或者"责任块"，每一责任区形成一个章节，各自围绕任务、措施、步骤分别阐述。

（4）结尾。可再次强调执行此预案的希望和要求，呼应前文，总结全文。

（5）附件。前文已经述及，应急预案的写作通常带有附件。对于那些简单的、同质性的文字部分、各种数据、区域分布情况等，应设计成各种图表作为插图（表）或附图（表）处理。

---

① 田乾峰：《王岐山邀世卫官员隔壁办公：我知道的你都会知道》，中国新闻网，2009 年 9 月 17 日，http://news.sina.com.cn/c/sd/2009-09-17/161018672127_2.shtml，最后访问：2009-09-19。

例如，《四川省突发公共事件总体应急预案》（2006 年 2 月 6 日发布，简称《四川总体预案》）的内容包括如下（有些尽管与上文的归纳有出入，但是，大致方面或者方向差不多）：

1. 总则。1.1 编制目的；1.2 编制依据；1.3 分类分级：（1）自然灾害；（2）事故灾难；（3）公共卫生事件；（4）社会安全事件；1.4 工作原则：（1）以人为本，群防群控；（2）预防为主，平战结合；（3）统一领导，分级负责；（4）依法规范，加强管理；（5）快速反应，协同应对；（6）依靠科技，提高素质；1.5 应急预案体系：（1）省总体应急预案；（2）省专项应急预案；（3）省级部门应急预案；（4）市县应急预案；（5）企事业单位应急预案；（6）单项活动应急预案。1.6 适用范围。

2. 组织机构与职责。2.1 领导机构；2.2 指挥机构；2.3 工作机构；2.4 市、县机构；2.5 专家组。

3. 预测、预警。3.1 信息监测与预测；3.2 预警级别和发布；3.3 预警处置。

4. 应急处置。4.1 信息报告；4.2 先期处置；4.3 应急响应；4.4 指挥与协调；4.5 扩大应急；4.6 应急结束。

5. 恢复与重建。5.1 善后处置；5.2 调查与评估；5.3 恢复重建。

6. 信息发布。

7. 应急保障。7.1 应急队伍；7.2 经费保障；7.3 物资保障；7.4 基本生活；7.5 医疗卫生；[①] 7.6 交通运输；7.8 人员防护；7.9 通信保障；7.10 社会动员；7.11 公共设施；7.12 抢险装备。

8. 监督管理。8.1 预案演练；8.2 宣传和培训；8.3 责任与奖惩。

9 附则。9.1 预案管理；9.2 预案施行。

《北京市空气重污染应急预案》（京政发〔2016〕49 号，2016 年 11 月 12 日修订发布，简称《北京空气预案》）前言部分强调：为进一步完善空气重污染应急机制，不断提高环境管理精细化水平，切实减缓污染程度、保护公众健康，按照京津冀及周边地区大气污染防治协作小组统一要求，结合北京市实际，制定《北京空气预案》。而正文部分则包括：

1. 预警分级。空气重污染预警分为：蓝色预警（4 级）、黄色预警（3 级）、橙色预警（2 级）和红色预警（1 级）四级。[②]

2. 应急措施。根据空气重污染预警级别，采取相应的健康防护引导、倡议性减排和强制性减排措施。对因沙尘暴形成的空气重污染，按照《北京市沙尘暴灾害应急预案》执行；对因臭氧引发的空气重污染，及时发布健康防护提示。包括：（1）健康防护

---

① 这就是著名"五有规则"，即做好突发公共事件中，受灾群众的基本生活保障工作，确保灾区群众有饭吃、有水喝、有衣穿、有住处、有病能得到及时医治。

② 《北京空气预案》划定等级：（1）蓝色预警（4 级）：预测全市空气质量指数日均值（24 小时均值，下同）＞200 将持续 1 天，且未达到高级别预警条件时；（2）黄色预警（3 级）：预测全市空气质量指数日均值＞200 将持续 2 天及以上，且未达到高级别预警条件时；（3）橙色预警（2 级）：预测全市空气质量指数日均值＞200 将持续 3 天，且出现日均值＞300 时；（四）红色预警（1 级）：预测全市空气质量指数日均值＞200 将持续 4 天及以上，且日均值＞300 将持续 2 天及以上时；或预测全市空气质量指数日均值达到 500 及以上，且将持续 1 天及以上时。

引导措施；（2）倡议性减排措施；（3）强制性减排措施（黄色级别以上使用）。

3. 应急响应。（1）预警发布；（2）预警响应；（3）预警调整；（4）预警解除。

4. 组织保障。（1）加强组织领导；（2）完善配套措施；（3）强化应急值守；（4）严格督查考核；（5）加强宣传引导；（6）强化公众监督。[①]《北京空气预案》自 2016 年12 月 15 日起实施，原《北京空气预案》（京政发〔2015〕11 号）同时废止。

5. 附件。《北京空气预案》附件有：（1）北京市空气重污染应急指挥部成员名单；（2）北京市空气重污染应急指挥部办公室成员名单；（3）北京市空气重污染应急职责分工。

由于《北京空气预案》是应对北京市空气重污染这一大气致灾因子导致北京市大气被严重污染的情形的，所以，它的作用空间和时间条件是北京市空气重污染孕灾环境已经形成，雾霾灾害将要或者正在发生危害、致害和损害的时候。《北京空气预案》中，应急预案编制要依据有关法律、行政法规和制度，紧密结合实际，合理确定内容，切实提高针对性、实用性和可操作性。而应急预案管理遵循统一规划、分类指导、分级负责、动态管理的原则，[②] 应急色彩更为浓厚。

第二节　自然灾害应急预案的制定

一、自然灾害应急预案体系

根据《国家突发公共事件总体应急预案》（简称《国家应急预案》，2005 年 8 月 7 日首次发布）第"1. 6 应急预案体系"规定，全国突发公共事件应急预案体系包括：（1）突发公共事件总体应急预案。总体应急预案是全国应急预案体系的总纲，是国务院应对特别重大突发公共事件的规范性文件；（2）突发公共事件专项应急预案。专项应急预案主要是国务院及其有关部门为应对某一类型或某几种类型突发公共事件而制定的应急预案；（3）突发公共事件部门应急预案。部门应急预案是国务院有关部门根据总体应急预案、专项应急预案和部门职责为应对突发公共事件制定的预案；（4）突发公共事件地方应急预案。具体包括：省级人民政府的突发公共事件总体应急预案、专项应急预案和部门应急预案；各市（地）、县（市）人民政府及其基层政权组织的突发公共事件应急预案。上述预案在省级人民政府的领导下，按照分类管理、分级负责的原则，由地方人民政府及其有关部门分别制定；（5）企事业单位根据有关法律法规制定的应急预案；（6）举办大型会展和文化体育等重大活动，主办单位应当制定应急预案。各类预案应当根据实际情况变化，不断地加以补充、完善。

其中，专项应急预案，主要是国务院及其有关部门为应对某一类型或某几种类型突发公共事件而制定的应急预案。已发布的国家专项应急预案，包括：国家自然灾害救助

---

① 《北京空气预案》"4. 组织保障（6）强化公众监督"规定：指挥部各成员单位要拓展公众参与渠道，自觉接受公众监督。要及时发布空气质量状况、公布应急分预案、公开应急措施等，保障公众的知情权、参与权。要引导公众依法监督各项应急措施落实，鼓励对各类环境问题和隐患进行举报（举报电话 12345、12369、96310）。

② 《突发事件应急预案管理办法》（2013 年 10 月 25 日），第 4 条～第 5 条。

应急预案、国家防汛抗旱应急预案、国家地震应急预案、国家突发地质灾害应急预案、国家森林火灾应急预案、国家安全生产事故灾难应急预案、国家处置铁路行车事故应急预案、国家处置民用航空器飞行事故应急预案、国家海上搜救应急预案、国家处置城市地铁事故灾难应急预案、国家处置电网大面积停电事件应急预案、国家核应急预案、国家突发环境事件应急预案、国家通信保障应急预案、国家突发公共卫生事件应急预案、国家突发公共事件医疗卫生救援应急预案、国家突发重大动物疫情应急预案、国家食品安全事故应急预案等。此外，还有部门应急预案，即国务院有关部门根据总体应急预案、专项应急预案和部门职责为应对突发公共事件和自然灾害制定的预案。而地方突发公共事件应急预案，具体包括：省级人民政府的突发公共事件总体应急预案、专项应急预案和部门应急预案；各市（地）、县（市）人民政府及其基层政权组织的突发公共事件应急预案等。这些预案在省级人民政府的领导下，按照分类管理、分级负责的原则，由地方人民政府及其有关部门分别制定。

根据《突发事件应急预案管理办法》（2013 年 10 月 25 日，简称《应急预案办法》）第 6 条～第 7 条的规定，应急预案按照制定主体划分，分为政府及其部门应急预案、单位和基层组织应急预案两大类。政府及其部门应急预案由各级人民政府及其部门制定，包括总体应急预案、专项应急预案、部门应急预案等。总体应急预案是应急预案体系的总纲，是政府组织应对突发事件的总体制度安排，由县级以上各级人民政府制定。专项应急预案是政府为应对某一类型或某几种类型突发事件，或者针对重要目标物保护、重大活动保障、应急资源保障等重要专项工作而预先制定的涉及多个部门职责的工作方案，由有关部门牵头制定，报本级人民政府批准后印发实施。部门应急预案是政府有关部门根据总体应急预案、专项应急预案和部门职责，为应对本部门（行业、领域）突发事件，或者针对重要目标物保护、重大活动保障、应急资源保障等涉及部门工作而预先制定的工作方案，由各级政府有关部门制定。鼓励相邻、相近的地方人民政府及其有关部门联合制定应对区域性、流域性突发事件的联合应急预案。

到 2006 年年底时，我国共制定各类应急预案约 135 万多件，各省（区、市）、97.9％的市（地）和 92.8％的县（市）制定了总体应急预案。中央企业预案制定率达 100％，高危行业绝大部分规模以上企业已制定应急预案。全国共开展预案演练 13.7 万多次，全国应急预案体系已经实际地初步形成。[①]

二、自然灾害应急预案的制定权与报批

在《应急预案办法》第 8 条的规定中，分别针对不同的应急预案，明确了应急预案的制定权。即：各种总体应急预案，主要规定突发事件应对的基本原则、组织体系、运行机制，以及应急保障的总体安排等，明确相关各方的职责和任务。而针对突发事件应对的专项和部门应急预案，不同层级的预案，其规定的内容应当各有所侧重。

在国家层面，其专项和部门应急预案，应侧重明确突发事件的应对原则、组织指挥机制、预警分级和事件分级标准、信息报告要求、分级响应及响应行动、应急保障措施

---

① 原国锋：《2006 年我国制定应急预案约 135 万件，演练 13.7 万多次》，《人民日报》2007 年 7 月 23 日，网页地址：http://www.gov.cn/jrzg/2007-07/23/content_693075.htm，最后访问：2016-06-11。

等，重点规范国家层面应对行动，同时体现政策性和指导性；省级层面的专项和部门应急预案，应当侧重明确突发事件的组织指挥机制、信息报告要求、分级响应及响应行动、队伍物资保障及调动程序、市县级政府职责等，重点规范省级层面应对行动，同时，体现指导性；至于市县级专项和部门应急预案，应当侧重明确突发事件的组织指挥机制、风险评估、监测预警、信息报告、应急处置措施、队伍物资保障及调动程序等内容，重点规范市（地）级和县级层面应对行动，体现应急处置的主体职能；乡镇街道专项和部门应急预案，要侧重明确突发事件的预警信息传播、组织先期处置和自救互救、信息收集报告、人员临时安置等内容，重点规范乡镇层面应对行动，体现先期处置特点。这些应急预案的制定权，在各级政府的应急办或者专门性承担应急职责的机构。

在《应急预案办法》第 8 条中，还有特殊的应急预案的制定权的制定机构，是专门负有相应职责的政府部门和机构。即：（1）针对重要基础设施、生命线工程等重要目标物保护的专项和部门应急预案，侧重明确风险隐患及防范措施、监测预警、信息报告、应急处置和紧急恢复等内容；（2）针对重大活动保障制定的专项和部门应急预案，侧重明确活动安全风险隐患及防范措施、监测预警、信息报告、应急处置、人员疏散撤离组织和路线等内容；（3）针对为突发事件应对工作提供队伍、物资、装备、资金等资源保障的专项和部门应急预案，侧重明确组织指挥机制、资源布局、不同种类和级别突发事件发生后的资源调用程序等内容；（4）联合应急预案侧重明确相邻、相近地方人民政府及其部门间信息通报、处置措施衔接、应急资源共享等应急联动机制。而对于各个单位和基层组织应急预案由机关、企业、事业单位、社会团体和居委会、村委会等法人和基层组织制定，侧重明确应急响应责任人、风险隐患监测、信息报告、预警响应、应急处置、人员疏散撤离组织和路线、可调用或可请求援助的应急资源情况及如何实施等，体现自救互救、信息报告和先期处置特点（第 9 条）。①

为此，政府及其部门、有关单位和基层组织可根据应急预案，并针对突发事件现场处置工作灵活制定现场工作方案，侧重明确现场组织指挥机制、应急队伍分工、不同情况下的应对措施、应急装备保障和自我保障等内容，制定相应的应急预案（第 10 条）。政府及其部门、有关单位和基层组织可结合本地区、本部门和本单位具体情况，编制应急预案操作手册，内容一般包括风险隐患分析、处置工作程序、响应措施、应急队伍和装备物资情况，以及相关单位联络人员和电话等（第 11 条）。对预案应急响应是否分级、如何分级、如何界定分级响应措施等，由预案制定单位根据本地区、本部门和本单位的实际情况确定（第 12 条）。

当然，应急预案的编制权即制定权，由各级政府针对本行政区域多发易发突发事件、主要风险等，制定本级政府及其部门应急预案编制规划，并根据实际情况变化适时修订完善。而单位和基层组织可根据应对突发事件需要，制定本单位、本基层组织应急预案编制计划，并制定具体的应急预案。具体方法是：（1）应急预案编制部门和单位应组成预案编制工作小组，吸收应急预案涉及主要部门和单位的业务相关人员、有关专家及有现场处置经验的人员参加。编制工作小组组长由应急预案编制部门或单位有关负责

---

① 《应急预案办法》第 9 条第二款规定，大型企业集团可根据相关标准规范和实际工作需要，参照国际惯例，建立本集团应急预案体系。

人担任。（2）编制应急预案应当在开展风险评估和应急资源调查的基础上进行。即：第一，风险评估。针对突发事件特点，识别事件的危害因素，分析事件可能产生的直接后果以及次生、衍生后果，评估各种后果的危害程度，提出控制风险、治理隐患的措施。第二，应急资源调查。全面调查本地区、本单位第一时间可调用的应急队伍、装备、物资、场所等应急资源状况和合作区域内可请求援助的应急资源状况，必要时对本地居民应急资源情况进行调查，为制定应急响应措施提供依据。（3）政府及其部门应急预案编制过程中，应当广泛听取有关部门、单位和专家的意见，与相关的预案做好衔接。涉及其他单位职责的，应当书面征求相关单位意见。必要时，向社会公开征求意见。（4）单位和基层组织应急预案编制过程中，应根据法律、行政法规要求或实际需要，征求相关公民、法人或其他组织的意见。

至于应急预案的审批、备案和公布问题，其具体要求是：（1）预案编制工作小组或牵头单位，应当将预案送审稿及各有关单位复函和意见采纳情况说明、编制工作说明等有关材料，报送应急预案审批单位。因保密等原因需要发布应急预案简本的，应当将应急预案简本一起报送审批。（2）应急预案审核内容，主要包括预案是否符合有关法律、行政法规，是否与有关应急预案进行了衔接，各方面意见是否一致，主体内容是否完备，责任分工是否合理明确，应急响应级别设计是否合理，应对措施是否具体简明、管用可行等。必要时，应急预案审批单位，可组织有关专家对应急预案进行评审。（3）国家总体应急预案报国务院审批，以国务院名义印发；专项应急预案报国务院审批，以国务院办公厅名义印发；部门应急预案由部门有关会议审议决定，以部门名义印发；必要时，可以由国务院办公厅转发。地方各级政府总体应急预案应当经本级政府常务会议审议，以本级政府名义印发；专项应急预案应当经本级政府审批，必要时经本级政府常务会议或专题会议审议，以本级政府办公厅（室）名义印发；部门应急预案应当经部门有关会议审议，以部门名义印发，必要时，可以由本级政府办公厅（室）转发。单位和基层组织应急预案须经本单位或基层组织主要负责人或分管负责人签发，审批方式根据实际情况确定。（4）应急预案审批单位应当在应急预案印发后的 20 个工作日内依照下列规定向有关单位备案：一是地方政府总体应急预案报送上一级政府备案；二是地方政府专项应急预案抄送上一级政府有关主管部门备案；三是部门应急预案报送本级政府备案；四是涉及需要与所在地政府联合应急处置的中央单位应急预案，应当向所在地县级政府备案。（5）自然灾害、事故灾难、公共卫生类政府及其部门应急预案，应向社会公布。对确需保密的应急预案，按有关规定执行。

三、自然灾害应急预案的修改

各类自然灾害的应急预案在经过制定、审批、备案和公布程序后，应当进行应急演练。之所以要进行应急演练，是因为任何应急预案要变成一种减灾能力，必须通过应急演练才能有效地转化为各个主体和各个层次的减灾能力。为此，应急预案编制单位，应当建立应急演练制度，根据实际情况采取实战演练、桌面推演等方式，组织开展人员广泛参与、处置联动性强、形式多样、节约高效的应急演练。专项应急预案、部门应急预案至少每 3 年进行一次应急演练。而地震、台风、洪涝、滑坡、山洪泥石流等自然灾害易发区域所在地政府，重要基础设施和城市供水、供电、供气、供热等生命线工程经营管理单位，矿山、建筑施工单位和易燃易爆物品、危险化学品、放射性物品等危险物品生产、经营、储运、使用单位，公共交通工具、公共场所和医院、学校等人员密集场所的经营单位或者管理单位等，应当有针对性地经常组织开展应急演练。

与此同时，应急演练单位应当对应急演练进行评估。评估的主要内容包括：演练的执行情况，预案的合理性与可操作性，指挥协调和应急联动情况，应急人员的处置情况，演练所用设备装备的适用性，对完善预案、应急准备、应急机制、应急措施等方面的意见和建议等。当然，这种应急演练也可以由第三方进行评估。国家鼓励委托第三方对应急演练进行评估。

应急预案实施一段时间之后，编制单位应当建立定期评估制度，分析评价预案内容的针对性、实用性和可操作性，实现应急预案的动态优化和科学规范管理。如果出现有下列情况之一时，应当及时修订应急预案：（1）有关法律、行政法规、规章、标准、上位预案中的有关规定发生变化的；（2）应急指挥机构及其职责发生重大调整的；（3）面临的风险发生重大变化的；（4）重要应急资源发生重大变化的；（5）预案中的其他重要信息发生变化的；（6）在突发事件实际应对和应急演练中发现问题需要做出重大调整的；（7）应急预案制定单位认为应当修订的其他情况。应急预案修订涉及组织指挥体系与职责、应急处置程序、主要处置措施、突发事件分级标准等重要内容的，修订工作应参照本办法规定的预案编制、审批、备案、公布程序组织进行。仅涉及其他内容的，修订程序可根据情况适当简化。各级政府及其部门、企事业单位、社会团体、公民等，可以向有关预案编制单位提出修订建议，以利于相关应急预案的修订和完善。

与此同时，应急预案编制单位，应当通过编发培训材料、举办培训班、开展工作研讨等方式，对与应急预案实施密切相关的管理人员和专业救援人员等组织开展应急预案培训。各级政府及其有关部门应将应急预案培训作为应急管理培训的重要内容，纳入领导干部培训、公务员培训、应急管理干部日常培训内容。对需要公众广泛参与的非涉密的应急预案，编制单位应当充分利用互联网、广播、电视、报刊等多种媒体广泛宣传，制作通俗易懂、好记管用的宣传普及材料，向公众免费发放。各级政府及其有关部门应对本行政区域、本行业（领域）应急预案管理工作加强指导和监督。国务院有关部门可根据需要编写应急预案编制指南，指导本行业（领域）应急预案编制工作。各级政府及其有关部门、各有关单位要指定专门机构和人员负责相关具体工作，将应急预案规划、编制、审批、发布、演练、修订、培训、宣传教育等工作所需经费纳入预算统筹安排。

第三节 自然灾害应急预案的启动

一、自然灾害应急预案的启动权

应急预案的启动权，即自然灾害发生且达到应急要求的条件后，应急管理者或者被赋予启动权的机构或者个人，依法发布自然灾害预警指令的权力。这种权力，在国家机关属于行政命令权范畴，而在应急预案是非国家机关或者单位制定时，则是制定者命令权。理论上，自然灾害应急处置的一般流程，根据《国家应急预案》"3 运行机制"的规定，主要包括：

（1）预测与预警。各地区、各部门要针对各种可能发生的自然灾害等突发公共事件，完善预测预警机制，建立预测预警系统，开展风险分析，做到早发现、早报告、早处置。

（2）预警级别和发布。根据预测分析结果，对可能发生和可以预警的突发公共事件进行预警。预警级别依据突发公共事件可能造成的危害程度、紧急程度和发展势态，一般划分为四级：Ⅰ级（特别严重）、Ⅱ级（严重）、Ⅲ级（较重）和Ⅳ级（一般），依次用红色、橙色、黄色和蓝色表示。预警信息包括突发公共事件的类别、预警级别、起始时间、可能影响范围、警示事项、应采取的措施和发布机关等。预警信息的发布、调整和解除可通过广播、电视、报刊、通信、信息网络、警报器、宣传车或组织人员逐户通知等方式进行，对老、幼、病、残、孕等特殊人群以及学校等特殊场所和警报盲区应当采取有针对性的公告方式。

（3）信息报告。特别重大或者重大突发公共事件发生后，各地区、各部门要立即报告，最迟不得超过4小时，同时通报有关地区和部门。应急处置过程中，要及时续报有关情况。

（4）先期处置。突发公共事件发生后，事发地的省级人民政府或者国务院有关部门在报告特别重大、重大突发公共事件信息的同时，要根据职责和规定的权限启动相关应急预案，及时、有效地进行处置，控制事态。在境外发生涉及中国公民和机构的突发事件，我驻外使领馆、国务院有关部门和有关地方人民政府要采取措施控制事态发展，组织开展应急救援工作。

（5）应急响应。对于先期处置未能有效控制事态的特别重大突发公共事件，要及时启动相关预案，由国务院相关应急指挥机构或国务院工作组统一指挥或指导有关地区、部门开展处置工作。现场应急指挥机构负责现场的应急处置工作。需要多个国务院相关部门共同参与处置的突发公共事件，由该类突发公共事件的业务主管部门牵头，其他部门予以协助。

（6）应急结束。特别重大突发公共事件应急处置工作结束，或者相关危险因素消除后，现场应急指挥机构予以撤销。

例如，《北京大气预案》第三部分"应急响应"规定：（1）预警发布。红色、橙色预警由北京市空气重污染应急指挥部办公室（简称"指挥部办"）向北京市应急办提出发布预警建议，由北京市应急办分别报市应急委主任、市空气重污染应急指挥部（简称"指挥部"）总指挥批准后组织发布，由指挥部办公室下达预警及响应措施指令。黄色、蓝色预警由指挥部办公室主任批准，由指挥部办公室组织发布并下达预警及响应措施指令。红色、橙色预警原则上提前24小时发布，特殊情况至少提前12小时发布；黄色、蓝色预警根据空气质量预测情况及时发布。指挥部办公室、市委宣传部、市突发事件预警信息发布中心，要及时通过电视、广播、报刊、网络、手机等多种渠道发布预警信息，方便公众及时了解预警情况，加强自身健康防护。

（2）预警响应。指挥部各成员单位在接到预警及响应措施指令后，要立即组织开展应对工作，进行督促检查，并及时向指挥部办公室报告应急措施落实情况。市有关部门要加强对本行业应急措施实施的组织管理。各区政府要按照属地管理原则组织本辖区街道（乡镇）和区属相关部门严格落实应急措施。市、区有关部门要加强预警期间的执法检查，特别是加大对企业停产限产、施工工地扬尘管控、渣土运输车辆遗撒、机动车限行、露天焚烧、违法使用经营性燃煤及劣质散煤等行为的执法检查力度，发现环境违法行为依法从严处罚。

（3）预警调整。指挥部办公室可根据污染程度变化和最新预测结果，提出预警调整建议，按预警发布程序报批后，适时提高或降低预警级别。

（4）预警解除。红色、橙色、黄色预警按期解除时，不再另行报批，由指挥部办公室直接发布解除指令，蓝色预警在空气质量好转时自动解除。预警解除时间需提前或延长时，由指挥部办公室按预警发布程序报批。

（5）组织保障。一是加强组织领导；二是完善配套措施；三是强化应急值守；四是严格督查考核；五是加强宣传引导；六是强化公众监督。其中，指挥部各成员单位要按照《北京大气预案》的总体要求，结合部门和辖区实际，认真制定空气重污染应急分预案，在《北京大气预案》发布后 20 日内报指挥部办公室备案，并向社会公布实施。市相关部门要同时制定空气重污染预警期间停产限产企业名单和保障民生、城市正常运行、重大活动的企业和建设项目名单，负责定期更新，并及时报指挥部办公室备案。列入停产限产名单的企业要按照"一厂一策"原则制定应急预案。

二、自然灾害应急预案启动后应急措施

2008 年 5 月 12 日，汶川大地震发生后，成都市人民政府在启动应急预案后，从当天到 5 月 22 日，进入为期 10 日的地震应急期，前后共发布了 8 个地震应急公告。[①] 这些地震应急[②]公告，实际上是成都市政府启动地震灾害应急预案之后，连续进行 8 个方面工作的内容和具体措施的表现形式。具体归纳如下：

1. 成都市人民政府公告第 1 号（2008 年 5 月 12 日）。2008 年 5 月 12 日 14 时 28 分，四川省阿坝藏族自治州汶川县发生 7.8 级地震，成都地区出现强烈震感。震情发生后，立即成立了市抗震救灾指挥部，全面启动成都市地震应急预案，及时指挥全市抗震减灾工作。目前，全市各项抗震减灾工作正有序进行。为减少地震带来的影响，市委、市政府恳请广大市民支持配合全市抗震减灾工作：（1）此次地震中心距成都市区 92 公里，地震中心不在成都市区，希望广大市民不要恐慌，照顾好老人、妇女和儿童，尽量待在空旷地带，积极配合政府有关部门，保持正常的生活秩序；（2）公安机关已采取紧急措施，加强对金融、商场、学校、医院、车站、机场、党政机关等重点场所的安全保卫工作，对乘机实施危害公共秩序，侵犯人民生命财产安全的违法犯罪行为，将予以坚决打击；（3）市供电、供水、供气和交通、通信等与民生紧密相关的部门正在采取有效措施，加强公共产品的保障和监控，及时排除因地震引起的各种故障，确保广大市民基本生产、生活需求；（4）市委、市政府已要求机关公务人员和全体公安民警、武警官兵坚守岗位，加强值班，全力维护社会稳定和广大市民正常生产、生活秩序。

---

① 《破坏性地震应急条例》第 22 条规定，破坏性地震发生后，有关的省、自治区、直辖市人民政府应当宣布灾区进入震后应急期，并指明震后应急期的起止时间。震后应急期一般为 10 日；必要时，可以延长 20 日。

② 在这里，根据《破坏性地震应急条例》第 38 条的规定，"破坏性地震"是指造成一定数量的人员伤亡和经济损失的地震事件，而"地震应急"，则是指为了减轻地震灾害而采取的不同于正常工作程序的紧急防灾和抢险行动的总和。

2. 成都市人民政府公告第2号（2008年5月13日）。"5·12"四川汶川地震灾害发生后，在市委市政府领导下，在广大市民的配合支持下，各区（市）县和市级各部门采取切实有效措施，组织最强的队伍抢险救灾，各项抗震救灾工作全面展开，全市水电气正常供应，交通、通信恢复正常，社会秩序稳定。（1）截至5月13日零时，汶川共发生5级以上余震8次，其中5.0～5.2级6次，6.0级2次，成都市均有明显震感。这次地震导致部分区（市）县出现较大人员伤亡和财产损失，据初步统计，截至13日零时，全市（不含都江堰市）死亡323人，伤1059人；（2）市委市政府立即成立市抗震救灾指挥部，指挥部设有市应急联动指挥中心，实行24小时坐镇指挥。指挥部下设水电气通讯组、治安交通组、宣传组、医疗救济组、联络组，统一指挥全市抗震救灾工作。各区（市）县也成立了相应的抗震救灾指挥机构，所有市级部门都实行了应急值守；（3）全市紧急行动，全力开展抗震救灾，采取坚决措施保障道路特别是成灌、成彭高速救灾通道畅通，共派出80余支医疗救护队伍抢救伤员，出动700余名消防官兵、1000名公安干警和基干民兵，调集消防抢险专用工具车辆、大型工程机械赶赴灾区救灾，组织帐篷、饮用水、食品、药品等救灾物资运往灾区。动员在蓉医疗机构全力抢救受伤群众，抓紧抢修通信线路，有效保障水电油气供应，切实维护社会稳定，最大限度降低地震损失；（4）根据四川省地震部门专家会商意见，今后24小时可能还会有余震，成都可能还会有震感，除危房外，市民可以进入室内正常休息，请广大市民不要恐慌。为保证抗震救灾紧急通道畅通，请广大市民出行时尽可能避开成灌、成彭高速路，听从抗震救灾指挥部的统一指挥，自觉维护社会秩序。

（3）成都市人民政府公告第3号（2008年5月13日）。在严重的地震灾害面前，我市社会各界急灾区广大群众之所急，慷慨解囊，积极捐款捐物，众志成城，通过各种渠道参与到抗震救灾工作之中，为夺取灾区抗震救灾的胜利发挥了重要作用，市政府对社会各界的踊跃捐赠表示衷心的感谢！为方便社会各界和广大市民捐赠，成都市政府指定成都市政府办公厅作为接受各级政府机关捐款的承办单位，指定成都市民政局所属的成都慈善会和成都市接收捐赠工作站作为接受社会捐赠款和捐赠物资的承办单位。成都市政府将加强对抗震救灾捐赠资金的监管，制定严格的审批程序，确保救灾捐赠资金全部用于灾区救灾和群众重建家园，主动接受社会公众的监督和有关部门的审计。现将接收单位有关信息公布如下：

（1）政府捐款。户名：成都市人民政府办公厅；账号：51001416140050729603；开户行：成都市建行一支行人西分理处；（2）社会捐款。户名：成都慈善会；账号：837303265408091001；开户行：中国银行成都东城根街支行；电话：028－87030102；（传真）：028－87030103；13709008858；地址：成都市武侯区机投镇万盛路52号；（3）政府和社会捐物。单位：成都市接收捐赠工作站；电话：028－87480996；地址：成都市武侯区机投镇万盛路52号。

4. 成都市人民政府公告第4号（2008年5月14日）。"5·12"强烈地震波及成都，致使成都市少数区（市）县人民群众生命财产受到严重损失，截至5月14日16时，成都全市死亡1352人、伤8283人，建筑物受损102万间，倒塌4.1万间。目前，成都市抗震救灾工作正有序进行，供水、供电、供油、供气正常充分，交通通信畅通，市场物资充足，社会秩序稳定。为进一步做好抗震救灾工作，现就有关事项公告如下：

（1）为进一步提高抗震救灾工作效率，减轻重灾区交通和供给保障压力，全市各企事业单位和个人，目前暂时不要到灾区开展救灾慰问活动，各类捐赠物资和捐款请直接与成都市接收捐赠工作站、成都慈善会联系，抗震救灾工作志愿者由团市委统一组织，有志抗震救灾的社会各界朋友直接向团市委报名；（2）除不具备条件的地区外，全市所有部门和单位要正常上班，保证正常的工作秩序，特别是银行、商场、医院、车站、机场、加油站等社会公共服务机构要做到正常工作和营业，不得擅自缩短工作时间，确保抗震救灾工作顺利开展；（3）目前我市水电油气供应充分，商品供应充足，完全能满足广大群众工作生活需要，请广大市民安心工作生活，要以广播、电视、报纸等正式渠道公布的信息为准，不要听信谣言，积极配合抗震救灾工作，保持正常的生活秩序。附：①成都市接收捐赠工作站。电话：028－87480996、87487991、87480936、87480153；地址：成都市武侯区机投镇万盛路 52 号；②成都慈善会。电话：028－87030102（传真）、87030103；13709008858；地址：成都市武侯区机投镇万盛路 52 号；③团市委。电话：028－86127702；地址：成都市青羊区金河街 57 号。

　　5. 成都市人民政府公告第 5 号（2008 年 5 月 15 日）。"5·12"汶川地震发生后，成都市委、市政府高度重视市场供应、社会稳定等广大群众关心的问题，采取了强有力的措施。目前，成都市人心稳定，社会秩序正常。为进一步做好抗震救灾稳定工作，现将有关事项公告如下：（1）全市各主要商场、超市等已正常营业，生活必需品、农副产品储备供应充足。工商、商务、物价、质检等部门已按市政府要求加强市场监管，坚决打击哄抬物价、囤积居奇、以次充好等违法行为；（2）"5·12"汶川地震并未对成都市中心城区的供水系统造成影响，各水厂制水能力充足，水质良好，水压稳定，自来水供应安全。全市电力除都江堰、彭州地震重点灾区外供应正常。全市天然气气源充足，供气情况稳定。全市汽油、柴油储备充足，中石油、中石化所属加油站能全天全部敞开供应；（3）根据地震专业部门测定，昨日（2008 年 5 月 14 日）共发生 5 级以上余震 2 次，今日（2008 年 5 月 15 日）凌晨 05：01 发生 1 次 5 级余震，余震活动相对较弱。希望广大市民注意收听收看权威部门发布的地震信息，不信谣，不传谣，正常安排工作和生活；（4）全市各级卫生部门在震后就疫情监控工作迅速采取了必要措施，严防疾病发生。市政府提醒广大市民把好病从口入关，积极预防呼吸道疾病，注意防暑，消灭蚊蝇，保持良好卫生习惯。希望一旦发现腹泻、发热病人，及时向疾病预防控制部门报告。市民可以就关心的问题，向有关方面电话咨询、投诉。投诉电话：（1）成都市市长公开电话：12345，86636113；（2）成都市工商局电话：85394331，85394313；（3）成都市商务局电话：61883700；（4）成都市物价局电话：12358，61885560；（5）成都市质检局电话：12365；（6）成都市公安局电话：110；（7）成都市卫生局电话：61881923；（8）成都市能源办电话：61886234。

　　6. 成都市人民政府公告第 6 号（2008 年 5 月 17 日）。为贯彻落实《四川省人民政府关于切实做好地震灾后疾病防控工作的紧急通知》精神，现就地震灾后成都市疾病防控工作的有关事项公告如下：（1）"5·12"汶川地震发生后，成都市政府高度重视地震灾后疾病防控工作，周密部署各项灾后防病措施，疾病防控工作整体推进顺利，全市疫情监测结果与往年同期相比未见异常，灾区没有出现重大传染病疫情和食物中毒等突发公共卫生事件；（2）为了防止地震灾后疾病的传播和流行，希望广大市民积极行动起来，搞好环境和个人卫生，提高对灾后常见病的自我防护能力，一旦出现身体不适，要及时到医疗机构就诊；（3）如发现有疫情或食物中毒等事件发生，希望市民要立即向当地疾病预防控制中心报告。市民可以就关心的问题，向成都市疾病预防控制中心咨询（电话：86670028）；（4）成都市政府有信心防止地震灾后发生传染病暴发流行、群体性食物中毒等事件，确保实现灾后无大疫目标，对借机故意制造散播疫情谣言、蛊惑煽动的别有用心者，将依法予以严厉打击。

7. 成都市人民政府公告第 7 号（2008 年 5 月 20 日）。今日（2008 年 5 月 20 日），四川省地震局组织专家，对汶川大地震是否会对成都主城区造成破坏进行了慎重研究，以川震函［2008］73 号文答复如下：（1）成都市主城区不是汶川大地震的余震区；（2）余震区发生 6~7 级余震对成都市主城区不会造成破坏；（3）成都市主城区不会发生破坏性地震。成都市政府希望广大市民保持正常的生产生活秩序，共同维护社会稳定。

8. 成都市人民政府公告第 8 号（2008 年 5 月 22 日）。目前，全市抗震救灾斗争取得阶段性成效，地震余震已呈起伏减弱趋势。为保持全市正常的生产生活秩序，现就有关事项公告如下：（1）全市银行、邮政、商场、饭店、超市等要保持正常营业，保证广大市民日常生活需要；各类学校、医院要保证正常的教学秩序和医疗秩序；机场、车站、公交、出租等要保持正常营运；所有单位都要保持正常上班；（2）公用企事业单位要保持水、电、气、油的正常供应，电信营业单位要保持通信畅通；各类企业要保持正常的生产经营，受地震影响较大的企业要尽快恢复生产；物价、工商、药监等部门要加强监管，维护良好市场秩序（3）公安机关要严厉打击各类违法犯罪活动，维护社会治安；城管部门要加强管理，保持市容整洁卫生；机关、单位、街道、社区要加强本单位本辖区的综合治理；广大市民要自觉维护公共秩序，不损害公共绿地，不乱搭乱建，不乱丢垃圾。

可见，成都市政府在汶川大地震应急期内这 8 个公告，确实对于安定灾区社会公众的情绪，并指导成都市的抢险救灾、临时安置和过渡安置等地震灾害的应急工作，发挥了积极而重要的作用。

三、自然灾害应急预案启动后的各部门配合

汶川大地震发生后，央视在第一时间（15：51）发布消息称：今日（2008 年 5 月 12 日）下午 14 时 28 分，四川省汶川县（北纬 31.0 度，东经 103.4 度）发生 7.8 级地震。胡锦涛总书记立即做出重要指示，要求尽快抢救伤员，保证灾区人民生命安全。根据国务院《破坏性地震应急条例》（1995 年 2 月 11 日）第 22 条的规定，国家地震应急救援预案已经紧急启动，相关救援人员、物资的调集工作已经全部展开。人员物资装备正在积极准备中，救援队队员正在集中。[①] 中国地震局已启动 1 级预案，一支 180 人的救援队已经集结，准备开往灾区投入救援。地震造成的人员财产损失正在进一步统计

---

① CCTV：《国家地震应急救援预案已经启动》，央视国际，2008 年 5 月 12 日（15：51），http://news.hexun.com/2008-05-12/105901665.html，最后访问：2008-05-12。

中。[①] 根据《国家自然灾害救助应急预案》，国家减灾委于 5 月 12 日 15：40 紧急启动国家 2 级救灾应急响应，并组成救灾工作组即赴四川汶川灾区，协助指导抗震救灾工作。5 月 12 日 16：00 时，民政部从西安中央救灾物资储备库紧急调拨 5000 顶救灾帐篷，支援四川灾区。[②]

温家宝总理在赶往汶川大地震灾区的专机上说："党中央国务院高度重视这次特别重大的地震灾害，成立了以我为总指挥的抗震救灾指挥部，设立救援组、预报监测组等 8 个工作组。"[③] 其中，由温家宝总理任总指挥，李克强、回良玉副总理任副总指挥，全面负责当前的抗震救灾工作。国家减灾委于 5 月 12 日 22：15 将响应等级提升为 1 级响应，国务院救灾工作组于当晚赶赴地震灾区，协助指导抗震救灾工作。[④] 因汶川大地震，正在拉美访问的国务院副总理回良玉（国家减灾委主任）立即提前结束在乌拉圭的访问，原定于 5 月 12 日对阿根廷的访问也相应取消，并取道回国。[⑤] 据中国之声报道：汶川大地震发生之后 1 个小时之内，民政部即启动自然灾害救助 2 级应急响应，当天晚上 22：15 分又把应急响应的级别提升到 1 级响应，截至 2008 年 5 月 13 日，民政部已向汶川地震灾区调运 10380 顶帐篷，5 万床棉被，下拨 3.6 亿元救灾应急资金。此外，财政部向四川省通过转移支付方式，下拨 5 亿元财政综合补贴，目前下拨到灾区的中央财政救助款达到 8.6 亿元。[⑥]

到 5 月 12 日当晚 19：00 左右，由中国地震局 12 人、北京军区某部工兵团 150 人和武警总医院 22 人组成的国家地震灾害紧急救援队正在北京南苑机场整装待发，将奔赴汶川灾区，负责搜索、营救和医疗救护任务。另外，还有近 40 人的国家地震灾害现场工作队，奔赴灾区进行灾害评估。[⑦] 地震发生后，中国气象局立即紧急启动应急预案，局长郑国光要求四川、陕西、重庆、甘肃等省（市）气象部门全力以赴做好灾区气象服务工作，抢救受伤人员，确保安全；要尽力保证业务正常运行；要做好灾区的气象预报服务。[⑧] 而国家电网公司第一时间紧急启动应急机制。国家电网公司指示四川省电力公司所属各单位，全力协助各级地方政府开展抗灾救灾工作。并要求受灾地区电力职

---

① 孙闻、隋笑飞：《国家地震局启动一级预案，救援队已集结》，新华网，2008 年 5 月 12 日（16：33），http://news. hexun. com/2008−05−12/105902638. html，最后访问：2008−05−12。

② 佚名：《中国国家减灾委紧急启动二级救灾应急响应》，新华网，2008 年 5 月 12 日（17：20），http://news. hexun. com/2008−05−12/105903662. html，最后访问：2008−05−12。

③ 佚名：《中央成立抗震救灾指挥部，温家宝任总指挥》，新华网，2008 年 5 月 12 日（19：48），http://news. hexun. com/2008−05−12/105905521. html，最后访问：2008−05−12。

④ 佚名：《国家减灾委民政部将四川地震响应等级提升为 1 级》，中国新闻网，2008 年 5 月 13 日，http://news. hexun. com/2008−05−13/105920506. html，最后访问：2008−05−13。

⑤ 佚名：《因国内突发强烈地震回良玉提前结束外访回国》，新华网，2008 年 5 月 13 日，http://news. hexun. com/2008−05−13/105921613. html，最后访问：2008−05−13。

⑥ 佚名：《自然灾害响应上升为 1 级，中央共下拨 8.6 亿》，中国广播网 2008 年 5 月 14 日，http://news. hexun. com/2008−05−14/105954966. html，最后访问：2008−05−14。

⑦ 田雨：《国家地震灾害紧急救援队将奔赴汶川灾区》，新华网，2008 年 05 月 12 日，http://news. hexun. com/2008−05−12/105905085. html，最后访问：2008−05−13。

⑧ 林琳：《中国气象局启动应急预案，工作组将赴地震灾区》，中国新闻网，2008 年 5 月 12 日，http://news. hexun. com/2008−05−12/105904443. html，最后访问：2008−05−13。

工在做好自救工作的同时，坚守岗位，尽最大可能保证电网安全运行。①

5月12日当晚，中共中央政治局常务委员会召开会议，全面部署当前抗震救灾工作。中共中央总书记胡锦涛主持会议。会议强调，灾情就是命令，时间就是生命。灾区各级党委、政府和中央各有关部门一定要紧急行动起来，把抗震救灾作为当前的首要任务，不怕困难，顽强奋战，全力抢救伤员，切实保障灾区人民群众生命安全，尽最大努力把地震灾害造成的损失减少到最低程度。会议要求，要立即组织人民解放军、武警部队、民兵预备役和医疗卫生人员，尽快赶赴灾区，全力抢救受伤人员。要千方百计向灾区运送食品、饮用水、药品和帐篷、防寒衣被等救灾物资，确保灾区群众有饭吃、有衣穿、有干净水喝、有临时住处。要迅速组织力量，抓紧抢修受损的设施和设备，尽快恢复灾区的通路、通电、通信和供水。要严密监测地震灾情，采取有效措施，防止次生灾害发生，同时要科学组织救灾工作，防止造成新的伤亡。要切实做好稳定人心的工作，加强正面舆论引导，对那些散布谣言、干扰破坏抗震救灾的行为，要坚决依法处理，确保社会大局稳定。全国各地区各部门一定要大力发扬"一方有难、八方支援"的精神，万众一心、众志成城，迎难而上、百折不挠，共同夺取抗震救灾斗争的胜利。②

卫生部迅速启动救灾防病工作小组和卫生应急预案，及时了解灾区人员伤亡情况和医疗卫生应急救援需求，迅速做出组织应急救援队等援助安排。卫生部立即通知中国疾病预防控制中心和天津、上海、广东、山东等地卫生部门，组织由医疗、疾病预防控制等专业人员组成的卫生应急队伍13支，共计130人，配备必要装备，随时待命。同时，多支后备卫生救援队伍还在继续组建中。而四川省卫生厅立即做出应急医疗卫生救援部署，派出13支医疗卫生救援小分队，赶赴汶川县灾区开展救援工作。③在第一时间，北京市委、市政府向四川省委、省政府发出慰问电，首批捐助300万元，④而环保部立即启动地震核与辐射及水污染防治应急预案，并向四川、宁夏、甘肃、青海、陕西、山西、重庆、江苏、湖北、云南、贵州、西藏等地发出紧急通知，要求各级环保部门严密监控核设施的环境状况，确保核与辐射安全万无一失。该紧急通知还要求各地及时了解化工厂、危险化学品、污水处理场等环境敏感设施和区域的相关情况，防控可能出现的环境污染事故。同时，一支21人的环境专家组已赶赴地震灾区。⑤与此同时，各地省委、省政府主要领导高度重视，亲临一线指挥抗震救灾工作，并指示要全力以赴做好抗

① 黄全权：《国家电网紧急启动应急机制应对四川突发地震》，新华网，2008年5月12日，http://news.hexun.com/2008－05－12/105904981.html.

② 佚名：《胡锦涛主持政治局常务会议，全面部署抗震救灾工作》，新华网，2008年5月13日（09：51），http://news.hexun.com/2008－05－13/105923620.html，最后访问：2008－05－13.

③ 佚名：《卫生部紧急部署开展四川汶川等地的抗震救灾工作》，中国新闻网，2008年5月13日，http://news.hexun.com/2008－05－13/105923476.html，最后访问：2008－05－13.

④ 中共四川省委、四川省人民政府：惊悉5月12日在四川省汶川县发生了7.8级强烈地震，使当地人民的生命财产遭受了严重损失，我们深表关切。在此，谨以中共北京市委、北京市人民政府的名义并代表全市人民向灾区人民表示亲切的慰问！向战斗在救灾前线的广大干部群众、医护人员和人民解放军指战员、武警官兵致以崇高的敬意！北京市委、市政府决定首批捐助300万元，支持灾区人民的抗震救灾工作。我们相信，在党中央、国务院的亲切关怀下，在四川省委、省政府的领导下，灾区人民一定能够克服困难，战胜灾害，重建美好家园。中共北京市委 北京市人民政府 2008年5月12日

⑤ 贾靖峰：《环保部急令地震相关12省区市严密监控核设施》，中国新闻网，2008年5月13日，http://news.hexun.com/2008－05－13/105929077.html，最后访问：2008－05－13.

震救灾工作，确保人民生命财产安全。[①]

阿坝州政府发布汶川县7.8级地震第1号公告称：从即日起，启动破坏性地震应急预案。要求阿坝州各县、各部门、各单位要在阿坝州防震减灾指挥部的统一领导下，迅速投入到抗震救灾的行动中来，自觉履行相关职责。各县要以属地管理为原则，迅速组织抗灾自救。[②] 四川省政府立即启动应急Ⅰ级响应，省抗震救灾前线指挥部设在都江堰市，并及时召开新闻发布会，向社会通报震情灾情，并迅速发出紧急通知：四川省政府要求各市（州）、县（市、区）人民政府、省直各部门，做到：（1）各级党政干部要以高度的责任感立即行动起来，加强值班工作，坚持领导带班制度，深入灾区第一线，迅速组织相关部门摸清情况，抢救伤员；（2）采取一切措施最大限度减少灾害损失，特别要摸清灾区人员伤亡情况及房屋、交通、通信、电力和水利等基础设施损毁情况，采取有力措施排除险情，最大限度减少灾害造成的损失，尽最大努力确保人民群众生命财产安全；（3）加强宣传引导，努力维护好社会治安，确保社会稳定；（4）加强地震监测，做好余震监测和防范工作，及时报告灾情和抗震救灾工作情况。[③]

汶县大地震发生后，四川省电力公司各单位已相继启动应急预案，并成立抗震救灾应急指挥中心，公司第一救灾组、第二救灾组立即赶赴灾区。由于四川省电力公司的供电区域内损失较为严重，负荷损失约400万千瓦，500千伏茂县变电站停运，220千伏变电站停运12座，川西地区江油电厂、金堂电厂、宝珠寺电厂、茂县水电群等与系统解列，电网损失极其严重。四川省电力公司迅速成立四川电网应急指挥部，指挥应急抢险。5月12日晚19：00时，四川省电力公司召开指挥中心第一次会议，会议要求受灾电网首先隔离故障，防止灾情进一步扩大，并要求受灾地区尽快恢复居民生活供电。[④]由此，一场大规模的地震应急，通过上下各级政府启动应急预案而全面展开了。

思考与训练：

1. 为何要制定自然灾害应急预案？这些预案由谁启动，为什么？

2. 试以2017年8.8九寨沟大地震为例，结合《四川省地震应急预案》，还原此次地震应急预案的启动及具体情景。

3. 作为一个公民，你觉得发生自然灾害之后，在灾区政府启动各种应急预案的情况下，你应当如何配合与积极参与，理由是什么？

---

① 佚名：《各地省委省政府紧急部署抗震救灾》，新华网，2008年5月13日，http://news.hexun.com/2008-05-13/105924228.html，最后访问：2008-05-13。

② 佚名：《四川阿坝州政府宣布启动破坏性地震应急预案》，中国新闻网，2008年5月12日（20：49），http://news.hexun.com/2008-05-12/105906137.html，最后访问：2008-05-13。

③ 佚名：《四川省政府启动应急Ⅰ级响应，要求迅速抢救伤员》，中国新闻网，2008年5月13日，http://news.hexun.com/2008-05-13/105926162.html，最后访问：2008-05-13。

④ 陈凯：《四川电网启动抗震救灾应急预案》，新华网，2008年5月12日（23：08），http://news.hexun.com/2008-05-12/105907271.html，最后访问：2008-05-13。

第五章 物质性防灾制度——物资储备制度

对于任何一个国家而言，防灾减灾救灾制度的建构基础，是物质性的，即从物质性防灾减灾救灾制度做起。在我国，物质性防灾制度的第一步，便是物资储备制度。我国是世界上遭受自然灾害影响最严重的国家之一，尤其是近年来重特大自然灾害多发频发、突发连发，救灾工作异常繁重、任务艰巨。因此，加强自然灾害救助物资（简称"救灾物资"）储备体系建设，事关受灾群众基本生活保障，事关社会和谐稳定，是自然灾害应急救助体系建设的重要组成部分，也是各级政府依法行政、履行救灾职责的重要保证。

目前，我国救灾物资储备体系建设取得较大成效，初步形成"中央－省－市－县"四级救灾物资储备体系，但与日益复杂严峻的灾害形势和社会各界对减灾救灾工作的要求和期待相比，救灾物资储备体系建设还存在一些共性问题，如储备库布局不甚合理、储备方式单一、品种不够丰富、管理手段比较落后、基层储备能力不足等。为全面加强救灾物资储备体系建设，提高国家整体救灾应急保障能力，紧紧围绕以人为本、保障民生、提升效能的要求，以满足新常态下的救灾物资保障需求为核心，秉承科学规划、统筹建设、改革创新的发展思路，坚持分级负责、属地管理、政府主导、社会参与的建设模式，着力构建"中央－省－市－县－乡"纵向衔接、横向支撑的五级救灾物资储备体系，加快形成高效畅通的救灾物资储备调运管理机制，切实增强抵御和应对自然灾害能力，不断提高自然灾害救助水平，有效保障受灾群众基本生活，为维护社会和谐稳定提供强有力支撑。也就是说，经过各方的共同努力，我国救灾物资储备能力和管理水平得到全面提升，形成分级管理、反应迅速、布局合理、规模适度、种类齐全、功能完备、保障有力、符合我国国情的"中央－省－市－县－乡"五级救灾物资储备体系；救灾物资储备网络化、信息化、智能化管理水平显著提高，救灾物资调运更加高效快捷有序；确保自然灾害发生 12 小时之内，第一批救灾物资运抵灾区，受灾群众基本生活得到初步救助。[①] 基于此，我国的防灾减灾救灾综合体制，应在物质性防灾制度建设层面，借鉴历史经验，把我国的物质性防灾的制度化、措施化和保障化工作做好、做细。

---

① 《民政部等九部门关于加强自然灾害救助物资储备体系建设的指导意见》（2015 年 8 月 31 日），一、指导思想；二、主要目标。

第一节 物质性防灾的起源——从赈济仓到物资储备制度

一、封建社会的赈济仓与施粥活动

在自然灾害中，不论是富人还是穷人，[1] 都是受害者。换句话说，自然灾害不会因为某人是富人而不致害。同样，也不会因为某人是穷人而肆意加害。因此，物质性的防灾与临灾期的应对措施，就成为非常必要的了。资料记载，仓储制度作为人类社会应对自然灾害的基本制度，始于我国奴隶社会的西周。《周礼·地官司徒》云："遗人掌邦之委积，以待施惠"，"仓人掌粟之入藏，辨九谷之物，以待邦用"，并配置有负责粮食储藏的官吏。此后，历代王朝沿袭仓储制度，并不断有所发展。

秦代建有廒仓（用于储备中转之用的）、常太平仓（进行丰籴、欠粜的米仓），各个郡县都有这样的粮仓。西汉五凤四年（公元前54年），在边郡皆筑仓；谷贱时，增价入籴，贵时减价而粜，名叫"常平仓"。南北朝时，北齐设富人仓。隋朝时，开始设立"义仓"，除了赈给百姓外，一切不得贷便支用，每遇灾荒即以赈给，小歉则随事借贷。

唐朝时，自然灾害多发，水、旱、霜、虫灾频繁而严重。从唐太宗时到唐玄宗开元年间，共发生水灾83次，旱灾53次，其他灾害12次，[2] 所以，唐代又发展了仓制，贞观二年（公元628年）普设义仓，开元二十五年（公元737年），明令每亩交粮2升，凶岁以给民。唐代的仓廪系统有正仓、转运仓、太仓、军仓、常平仓和义仓6类。所为政府财政体系的一部分，建立了许多储粮几万、几十万石，甚至几百万石的仓场。宋代时，两宋年间发生的自然灾害有874次，平均每年近3次。学者统计资料显示，北宋的疾病流行有22次，南宋的疾病流行则有29次。[3] 宋代重视仓储以设置惠民仓，岁歉收时减价给饥民。又设常平仓，北宋蔡京（1047年2月14日~1126年8月11日）当政时期，以常平仓为经费来源，设立和推行居养院、安济坊和漏泽园[4]制度，将社会救济活动规模化、制度化，在中国历史上是空前的，甚至也在元明清三代之上。宋淳熙八年（公元1181年），朱熹奏请创办社仓，以备荒歉，并制订社仓管理办法。宋代的义仓设在州、县、市镇，由官府掌管，社仓设在乡间，由民间管理。而元朝至元十年（公元

---

[1] 从伦理学上看，中西方对于穷人的认识是有相当大的差距的。在清代，思想家顾炎武和龚自珍认为，贫穷是由于政府和地主的盘剥，或者官吏的贪污腐化和商人的贪得无厌，而不是穷人自身的原因。因此，在我国，贫穷历来是被怜悯而不是被谴责的对象。基督教早期，耶稣是一个穷人的形象，由此，贫穷具有正面意义。宗教改革后，资本主义迅速发展，经济上的成功成为衡量人的新伦理标准，贫穷不再具有正面意义，反而受到道德的谴责。无能、懒惰、浪费等被认为是贫困的主要原因。资料来源：徐道稳：《清代社会救济制度初探》，《长沙民政职业技术学院学报》，2004年第2期，第14页。

[2] 胡柏翠、周良才：《论唐宋时期的社会救助及其历史影响》，《重庆职业技术学院学报》，2004年第7期，第141页。

[3] 胡柏翠、周良才：《论唐宋时期的社会救助及其历史影响》，《重庆职业技术学院学报》，2004年第7期，第141页。

[4] 北宋时期，宋与元、金战乱频仍，人民饱受战争之苦。战乱中，多有客死他乡无人认领的尸体，也有因家贫而无力丧葬者。为安葬这些死者，北宋朝廷专门设置"漏泽园"，来收殓无人认领的无主尸体或者因家贫无力埋葬者，集中埋葬。因此，"漏泽园"就是国家安葬贫苦者骸骨的公共墓地。另外，"漏泽园"的建立，客观上改善了环境卫生，对防止疫病流行具有积极意义。

1273 年）劝农立社，订社规，每社立义仓。

明洪武三年（公元 1370 年）在南京和全国各州县设立"预备仓"，规定府州各置东南西北四仓，储粮备荒，多者万余石，少者 5 千石，遇有水旱，即用此贷给饥民。明嘉靖六年（公元 1527 年），仿效古常平仓法，府积万石，州 4 千~5 千石，县 2 千~3 千石。明嘉靖八年（公元 1529 年）三月，令各府设社仓，令 20~30 家为 1 社，择家殷实而又有德行者 1 人为首，处事公平者 1 人为社正，能书算者 1 人为社副，每朔望会集上、中、下户，年饥，上户不足者量贷，稔岁还仓，中下户酌量赈给，不还仓。有司造册，送抚按岁察核，仓虚造册，送抚按米。

清代，各州县设常平仓，市镇设义仓，乡村设社仓，濒海设盐义仓。对常平仓，清代规定积谷数额。清顺治十七年（公元 1660 年）户部议定常平仓春夏出粜，秋冬籴还，平价生息，岁凶则按数散给贫户。清康熙十八年（公元 1679 年）设社仓，由民间捐献粮食，公推当地人掌管，春节借贷，秋后偿还，每石取息 1 斗。而盐义仓，由盐商捐款建仓赈济盐民。小荒平粜，中荒赈粜各半，大荒全部赈济。清末时，官方的赈灾救助大有衰退，于是由官督绅办或官督商办的救济机构、民办慈善机构和宗教性慈善机构，举办收养孤老节妇及节妇子女、义学、施衣、施医、施药、施棺、掩埋、佣工救助等。其名称有育婴堂、清节堂、普济堂、义庄、药局、施棺所、惜字会等。[①]

民国时期，中华民国十九年（公元 1930 年），内政部制定《各地方仓储管理规则》，规定各地备荒、恤贫，设立积谷仓，分县仓、市仓、区仓、乡仓、镇仓及义仓 6 种，其中，县仓、乡仓和镇仓为必设仓。各仓的积谷数量，凡县仓、市仓由省民政厅规定，凡乡仓、镇仓以 1 户积谷 1 石为准，经费来源以地方公款或派收或捐募。这一年，江苏省民政厅颁行《积谷备荒大纲》，对江苏全省积谷进行整顿检查。当年，江苏全省共有仓屋 84 所、110 幢、2197 间，积谷数量为 218494 石，谷款 1969562 元，银 25600 两。可见，那时的江苏省在备荒方面，是做得比较好的。

在民间，还有腊八粥的传说，[②] 以及各种各样自然灾害之后，各种非官方机构，尤其是富户人家和寺庙施粥的传统。腊八粥，是一种在"腊八节"用多种食材熬制的粥，也叫作"七宝五味粥"。吃腊八粥，用以庆祝丰收，一直流传至今。[③] 古时每逢农历十二月初八，中国民间流传着吃"腊八粥"（有的地方是"腊八饭"）的风俗。在河南，腊

---

① 徐道稳：《清代社会救济制度初探》，《长沙民政职业技术学院学报》，2004 年第 2 期，第 14 页。

② 传说，明太祖朱元璋小时家里很穷，便给一家财主放牛。有一天放牛归来时过一独木桥，牛一滑跌下了桥，将腿跌断。老财主气急败坏，便把他送进 1 间房子里不给饭吃。朱元璋饿得够呛，忽然发现屋里有一鼠洞，扒开一看，原来是老鼠的一个粮仓，里面有米、有豆，还有红枣。他把这些东西合在一起煮了一锅粥，吃起来十分香甜可口。后来朱元璋当了皇帝，又想起了这件事，便叫御厨熬了一锅各种粮豆混在一起的粥。吃的这一天正好是腊月初八，因此，就叫"腊八粥"。在北传佛教中，农历十二月初八是佛陀成道日，四大天王从天上来到人间，分别以内装有八宝饭的金、银、琉璃、玛瑙等钵供养世尊，世尊欣然接受后将四钵合而为一。为了纪念佛陀于十二月初八成道，并接受四大天王供养的米粥，因此，有些佛教寺院会在这天煮腊八粥供佛，并分送十方善信，由此，腊八粥也称"佛粥"。并希望享用腊八粥的民众都能同沾佛陀成道的法喜，并蒙佛陀加持而福慧成长。

③ 2017 年 1 月 5 日，农历腊月初八，为中国传统的"腊八节"，时值佛祖成道日，亦是佛教中的"法宝节""感恩节"。当天，释永信与少林僧众以广施腊八粥的形式，分别在少林药局门口、郑州市区、登封市区、少林寺各下院，以及海外少林文化中心等地设立施粥点，先后施粥逾 20 万份。

八粥又称"大家饭",是纪念民族英雄岳飞的一种节日食俗。① 《燕京岁时记·腊八粥》:"腊八粥者,用黄米、白米、江米、小米、菱角米、栗子、红江豆、去皮枣泥等,开水煮熟,外用染红桃仁、杏仁、瓜子、花生、榛穰、松子及白糖、红糖、琐琐葡萄,以作点染。"腊八粥和腊八饭一样,是古代腊祭的遗存。《祀记·郊特牲》说"腊祭"② 是"岁十二月,合聚万物而索飨之也",腊八粥以八方食物合在一块,和米共煮一锅,是合聚万物、调和千灵之意。唐宋盛行腊八食粥的风俗,宋朝孟元老著《东京梦华录》记载:"初八日,街巷中有僧尼三五人,作队念佛……诸大寺作浴佛会,并送七宝五味粥与门徒,谓之腊八粥。都人是日各家亦以果子杂料煮粥而食也。"南宋陆游诗云:"今朝佛粥更相馈,反觉江村节物新。"旧时,腊月初八吃腊八粥,算是大家万户的习俗,甚至主人会为家里的鸡狗喂上几勺,花卉果树枝干上涂上几口,认为这样必能六畜兴旺、果实丰收,如童谣里说道:"腊八粥,腊八饭,小鸡吃了就下蛋。"腊八节除祭祖敬神的活动外,人们还要逐疫。这项活动来源于古代的傩③(古代驱鬼避疫的仪式)——史前时代的医疗方法之一,即驱鬼治疾。作为巫术活动的腊月击鼓驱疫之俗,今在湖南新化等地区仍有留存。

施粥,是自然灾害或者歉年饥荒时养恤的一种,即给予灾民粥食,这是一种用得少而活民多、简便易行的临灾紧急救济的最急切的办法,为历代所盛行。资料显示,施粥起源于战国时代。《礼记·檀弓记》:"齐大饥,黔敖为食于路,以待饥者而食之。""公叔文子当卫国凶饥,为粥与国之饥者。"腊八粥救命的传说、节约的文化与驱疫的愿望等,这些传说与施粥传统的存在,说明:从赈济仓、义仓等到现代救灾物资储备制度,透露出的是人类社会抵御和应对自然灾害的强烈愿望。也是人类社会生存技能的直接表达。

二、物质性防灾与赈灾——永远不能废止的制度

自然灾害导致人类社会的生产、生活秩序的支撑系统即物质环境的创伤或者损失,这便是社会脆弱性的表现。《礼记》:"国无九年之蓄,曰不足;无六年之蓄,曰急;无三年之蓄,曰国非其国也。"墨子亦有同样的看法:"国无三年之食者,国非其国也。家无三年之食者,子非其子也。"在"储粮备荒思想"的影响下,自西周起,我国各朝各代必然出现物质性防灾与赈灾的制度,即出现了一种救荒、济贫的重要政策性措施——

---

① 当年,岳飞率部抗金于朱仙镇,正值数九严冬,岳家军衣食不济、挨饿受冻,众百姓相继送粥,岳家军饱餐一顿百姓们送的"大家饭",结果大胜而归,这天正是十二月初八。岳飞死后,人民为了纪念他,每到腊月初八,便以杂粮豆果煮粥,终于成俗。

② 古代天子国君,农历每年的十二月要用干物进行腊祭,敬献神灵。蜡祭后来流行到民间,其习俗至今还有所遗存,就是腊月初八,南方的人们要吃"腊八饭",北方的人们要喝"腊八粥"。农历十二月称为"腊月"的原因:《祀记》云:"蜡者,索也,岁十二月,合聚万物而索飨之也。""腊"与"蜡"相似,祭祀祖先称为"腊",祭祀百神称为"蜡"。"腊"与蜡都是一种祭祀活动,而多在农历十二月进行,人们便把十二月称为"腊月"了。

③ 傩(nuó)又称跳傩、傩舞、傩戏,是一种神秘而古老的原始祭礼。"傩"乃人避其难之谓,意为"惊驱疫厉之鬼"。巫傩活动在生命意识上满足了广大信仰者的心理要求,长期以来,巫傩之风的传承与流布融入习俗之中,即使在现代,仍以传统文化的形态存留于民间。流行于江西南丰、四川、甘肃、贵州、安徽贵池以及湖北西部山区等地。戴柳木面具的演员扮演传说中的驱除瘟疫的神——傩神,用反复的、大幅度的程式舞蹈动作表演,多在固定的节日演出。极具原始舞蹈风格。电影《千里走单骑》中有关于傩戏的情节即是指此。

仓储制度，即建立专门的粮仓，储存粮食，用来稳定粮价、借贷或放粮救荒、济贫。仓储制度是古代人们朴素的生存意识的体现，表现出的是任何时候，人类社会都不能缺粮少食，通过仓储制度，以积累"九年之需"的粮食，就是"积谷防饥"的制度性保障的表现。

虽然，我国古代的仓储制度兴废无常，而且，在各朝各代都发生过官员管理不善，致使粮食霉烂浪费或被贪污中饱私囊等违法犯罪的现象，但是，仓储制度确实起到了保护农业生产，以及救荒、济贫和减轻灾害损失的积极作用。更为重要的是，储粮救荒思想和仓储赈灾措施的制度性传承与沿袭，使历朝历代的统治者都明白了一个道理：要求得国泰民安、朝野富顺，政府必须承担起举办公共保障事业的责任，尤其是当自然灾害带来的饥荒、疫病和各种灾难流行时，仓储制度和各种各样的物质性应对制度，便是必然之选。现在，作为仓储制度的文化性遗存，便是位于北京东城十条、距今有 600 年历史的清代皇家粮仓──南新仓。作为清代仓储制度的组成部分，它以其久远的历史，向后人诉说着"手中有粮，心中不慌"的古训，也在向后人传递着物质性防灾制度的文化密码。作为全国仅有的，也是北京现存最完整的历史仓廒实物建筑群，南新仓凝结了一段非常珍贵的仓储制度的历史史实。

在我国，汉代"罢黜百家，独尊儒术"之后，长期的儒家思想成为各朝各代占统治地位的意识形态。而儒家思想中，倡导的"大同思想"和"养老慈幼"措施，不仅是仓储制度的文化基石，而且，也是物质性防灾制度的思想根源。更是中国人民美好的精神追求──孔子说："大道之行也，天下为公，选贤与能，讲信修睦。故人不独亲其亲，不独子其子；使老有所终，壮有所用，幼有所长，矜寡、孤独、废疾者皆有所养。……是谓大同。"其中，包含了丰富的社会保障思想，包括在自然灾害背景下，政府应当有所作为，拯救灾民于水火之中。也就是说：在理想的大同社会中，人们不仅仅要关心自己的亲人，还要为社会上的弱者提供帮助，使老年人得到赡养安度晚年，使儿童得到照顾教养而健康成长，并使鳏、寡、孤、独、残者，都能得到社会的救济安置，这便是物质性防灾制度的物质基础。

对于古人而言，自然灾害来临，受灾群体陷入恐慌，易导致行为盲目失当，加大了人员伤亡、财物损毁和社会失序的风险。而依据一定的伦理原则，[①] 理想选择逃生与救助，就能最大限度地减少灾害造成的损失。不过，应当强调，灾民在自然灾害成灾时，的确需要全社会关怀与帮助，但是，并不意味着灾民的行为不受伦理道德的约束。比如，灾民在第一时间负有一定的抗灾救灾义务，并带有"互助伦理"因子，[②] 由此而言，政府和社会作为社会稳定的第一责任人，对于灾区和灾民，负有当然进行抢险救灾和临时安置、过渡安置的责任。同时，对于灾民而言，当然也有获得物质帮助的权利。但是，从灾害伦理学上讲，这种获得帮助权的"合理的度"在哪里呢？

在这里，需要特别指出的是，任何时候，灾民的自救意识都是不可忽视的。那就是

---

① 有若干灾害救助的伦理原则，包括人本原则、实效原则、互助原则、知情原则等；有学者提出了自救互助原则、管护者责任优先原则、弱势群体优先原则、自力更生原则等，这对于帮助受灾群体在自然灾害中理性选择逃生与帮助，最大限度减少自然灾害造成的损失，具有一定的意义。资料来源：黄璐、薛恒：《灾害中互助自救的伦理原则》，《武汉理工大学学报》（社会科学版），2012 年第 5 期，第 656 页。

② 黄璐、薛恒：《灾害中互助自救的伦理原则》，《武汉理工大学学报》（社会科学版），2012 年第 5 期，第 658 页。

不能把政府，官方和社会的临灾救助当成自己没有任何逃生避灾能力的借口，而对自己的减灾意识和减灾能力淡漠处之。事实上，灾民的个体应急能力首先源于其逃生本能，其次，便是应急避难和抢险救灾的意识，包括自救意识、应急食品、饮用水、常备药品和应急物品，比如衣物、雨伞或者雨衣、手电筒（照明）、收音机（信息源）、电池和充电器，还有重要权益的文件（含各种证书）、卡和应急联络方式方法路径等。只有这样，任何自然灾害或者其他应急事件发生，需要应急时，才不至于手足无措，或者手忙脚乱，乃至消极等待。也就是说，应对自然灾害，固然有政府层面的仓储制度等社会安全、国家安全等制度的保障，还要有大家自救和互助。

在自然灾害中求生存，除了政府的物质性应急制度的准备外，公民的个人自救与他救能力与逃生技能的物质性保障，尤其是应急包的准备，是永远都不会废止的"制度"、措施或者规则。也就是说，人作为物质性的存在，其衣食住和人身安全等，只有自我有保护意识和自救的基本物质手段，并且学会自救和事先做好自然灾害背景下的物质性应急准备，才是第一位的。

三、现代救灾物资储备制度

所谓物资储备，是指社会生产过程中储存备用的生产资料，是生产资料产品脱离一个生产过程但尚未进入另一个生产消费过程时，而以储备形式暂时停留在生产领域和流通领域某一个环节上。这里的"储备"，强调的是：储存起来准备必要时应用，储存备用的东西，储存的备用物资等。救灾物资储备，是指通过财政安排资金，由民政部购置、储备和管理，专项用于紧急抢救转移安置灾民和安排灾民生活的各类物资。救灾储备物资，是指各级民政部门存储和调用的，主要用于救助紧急转移安置人口，满足其基本生活需求的物资，包括帐篷、棉被、棉衣裤、睡袋、应急包、折叠床、移动厕所、救生衣、净水机、手电筒、蜡烛、方便食品、矿泉水、药品和部分救灾应急指挥所需物资以及少量简易的救灾工具等。[1]

在陕甘宁边区政府时期，创办义仓的具体办法是：通过平时开荒增加粮食储备，灾荒之年发放给无粮之人以实现互济互助。志丹县部分村庄发展到集体存粮备荒；安塞县还创办了信用合作社，规定每人可存粮 1 斗~5 斗，每年由合作社付给 3 分利息，平时除红利可取一部分外，其余须到灾荒到来时才能领取。[2] 陕甘宁边区政府的社会互助与社会救济的代表性，主要体现在创办义仓方面：在充分尊重大家意愿的情况下创办义仓，以集谷备荒的广泛群众运动形式，在丰年存续粮食，以备歉收灾荒之年调剂使用；同时，把移仓这个群众性的互济组织，通过捐义粮之义务的广泛宣传与动员，在群众中造成热烈的捐粮备荒运动。晋冀鲁豫根据地政府，通过捕蝗打蝗运动，捕杀蝗虫以抢救被蝗虫蚕食的庄稼，还将收获的蝗虫蝗卵炒熟后变成救灾食物之一，进行灾民的救助。[3] 这一点，与 1941 年 11 月毛泽民在新疆以民政厅长身份，组织拟定《救济院整理

① 民政部：《救灾物资储备库建设标准》建标 121-2009，附录。

② 杨东：《陕甘宁边区乡村民众的防灾备荒措施研究》，《延安干部学院学报》，2010 年第 3 期，第 93 页。

③ 文姚丽：《中国共产党在民主革命时期的救灾政策及其实践》，《华中师范大学学报（人文社会科学版）》，2012 年第 2 期，第 43 页、第 44 页。

大纲》《积谷备荒公社章程》等，整顿、新建了救济院，组织积谷备荒工作，当属异曲同工。

1953 年，我国设立国家物资储备局，是国家直接建立和掌握的战略后备力量，是保障国家军事安全和经济安全的重要手段，也是现代救灾物资制度在我国的肇始。经过50 多年的发展，逐步形成了国家物资储备局、储备物资管理局（办事处）、物资储备基层单位这样的三级垂直管理体制，在全国 26 个省、市、自治区设立了管理局或办事处，由国家物资储备局统一管理、统筹运作。国家物资储备系统拥有综合仓库数十座，各综合仓库设施设备完善，拥有铁路专用线、消防设施、装载和运输设备等，在支持国防建设、经济建设、抗灾救灾等方面，发挥了极为重要的积极作用。国家物资储备局是国家发展和改革委员会的职能机构，主要职责是：研究提出国家物资储备政策和任务的建议；研究提出国家战略物资储备中长期规划、年度计划及储备物资轮换计划的建议；研究提出国家物资储备事业的发展方针；遵循储备与经营分开的原则，管理国家储备物资和系统国有资产，并负责保值增值；领导所属物资储备管理机构。按照"服务国防建设，应对突发事件，参与宏观调控，维护国家安全"的总体要求，加快发展，不断提高国家物资储备维护国家安全的能力，充分发挥国家物资储备对救灾物资储备的推动作用。

与其他社会仓储组织相比，我国的国家物资储备在参与救灾物资储备工作时，拥有三大优势：（1）硬件优势。储备仓库软硬件建设的安全性良好，自动化管理水平较高；各储备仓库还配置先进的装卸搬运设备，如叉车、牵引车、托盘搬运车等，基本实现机械化作业，完全有能力在时间紧、负荷重、作业量大的情况下机动、高效地完成物资出库及装运任务；（2）网络优势。国家物资储备在全国 26 个省、自治区、直辖市设有储备物资管理局，形成庞大的、辐射全国的专业化物资储备体系。将国家救灾物资储备与国家物资储备有机结合起来，综合布局、统筹考虑，充分发挥国家物资储备在仓库布局方面的上述"网络优势"，恰恰能够弥补目前国家救灾物资储备体系中仓库资源少、仓库布局不合理的不足。① （3）组织人员优势。救灾物资的调运，通常具有任务重、时间紧等特点，如无周到细致的计划安排，很难在较短时间内完成调运任务。国家物资储备系统，是物资储备专业化程度比较高的行政事业单位，有着严格的内部管理制度，内部组织性、协调性高。这种组织形式有利于统一管理，能够适应任务量大、时间短的紧急调运任务。

2010 年 6 月 30 日，国务院通过的《自然灾害救助条例》，在其第 9 条～第 12 条规定：国家建立自然灾害救助物资储备制度，由国务院民政部门分别会同国务院财政部门、发展改革部门制定全国自然灾害救助物资储备规划和储备库规划，并组织实施。设区的市级以上人民政府和自然灾害多发、易发地区的县级人民政府应当根据自然灾害特点、居民人口数量和分布等情况，按照布局合理、规模适度的原则，设立自然灾害救助物资储备库。并应当根据当地居民人口数量和分布等情况，利用公园、广场、体育场馆

---

① 充分利用国家物资储备系统现有闲置仓库，响应党中央建设节约型社会的号召，可以避免储备仓库等硬件设施的重复建设，节约的大量建设资金可用于采购救灾物资，扩大救灾物资的品种和规模，提高救灾物资的保障能力。

等公共设施，统筹规划设立应急避难场所，并设置明显标志。启动自然灾害预警响应或者应急响应，需要告知居民前往应急避难场所的，县级以上地方人民政府或者人民政府的自然灾害救助应急综合协调机构应当通过广播、电视、手机短信、电子显示屏、互联网等方式，及时公告应急避难场所的具体地址和到达路径。与此同时，县级以上人民政府应当建立健全自然灾害救助应急指挥技术支撑系统，并为自然灾害救助工作提供必要的交通、通信等装备。县级以上地方人民政府应当加强自然灾害救助人员的队伍建设和业务培训，村民委员会、居民委员会和企业事业单位应当设立专职或者兼职的自然灾害信息员。[1]

对于个人而言，应急物资主要是救生包（survival aid），意思是"紧急维持生命的小包裹"，这个小包裹的用途非常广泛：(1) 救生衣：在紧急的时候可以救命；(2) 救生绳：由8mm的尼龙绳做成，可浮于水面，可固定在牢固物体上；(3) 救命食物：救生口粮和救生淡水；(4) 信号工具：锂电求救灯、哨子等发出求救信号；(5) 简易保温袋：在寒冷环境中御寒之用，等等。一般而言，日常预备的应急逃生绳，承重力不小于200千克，绳直径为25毫米至30毫米，外裹阻燃材料；而"简易防烟面具"，是遭遇火警或遇到其他有害气体侵害时，取出面具戴在头上；至于锤子、哨子、收音机、手电筒、电池（定期更换）等，以及瓶装矿泉水、压缩饼干及巧克力等饮料、食品（定期更换），绷带、胶布、止血带等应急医药用品等，则是重要的救命之物。家庭日常防灾救援包，应当包含的内容包括：(1) 家用灭火器（定期更换）；(2) 应急药品：A. 医用材料：胶布、体温计、剪刀、酒精棉球；B. 外用药：碘酒、眼药水、烫伤药膏、消炎粉；C. 内服药：退烧片、止泻药、保心丸、止痛片、抗生素、催吐药；D. 消毒水；(3) 食品：A. 固体食品：饼干、面包、方便面等（定期更换）；B. 瓶装饮用水（定期更换）；C. 罐装食品（定期更换），等等。

第二节　物资储备库

一、物资储备库概述

物资储备库，即物资贮存的建筑物、建筑物群或地方。从人类社会的运行与活动特点角度看，物资储备库制度，是指将特定目的的物资按照一定的方式，储存到特定的建筑物或者地方以预备使用或者等待使用的制度。这种制度，用于防灾减灾事业的话，便是救灾物资储备库，即将用于救灾应急用途的物资，按照储备库设置时确定的储备方式，储存到储备库中，以预备预警期或者临灾期做移动用或者使用的仓库。在我国，救灾物资储备库（简称"中央库"），包括民政部本级立项、中央投资建设的仓库（简称"中央本级库"）和承担中央救灾物资（简称"中央物资"）定点储备任务、场地设施，所有权属地方民政部门的仓库（简称"中央代储库"）等，构成了一个完整的国家救灾物资储备库体系。

---

[1] 我国《自然灾害救助条例》第9条～第12条的具体规定，是把我国长期以来的物质性防灾制度，具体化为法规上的具体制度设计而已。换句话说，我国《自然灾害救助条例》上的规定，并不是完全陌生的新制度创设。

中央本级库的房屋及设备等固定资产产权归属民政部,为中央本级固定资产。具体日常管理,委托所在地省级人民政府民政部门负责。民政部负责中央库的业务领导,其主要职责包括:(1)制定国家有关中央物资储备管理的政策法规和规章制度,并组织实施和监督检查;(2)提出并实施中央物资储备采购计划和存储计划,委托相关机构负责对采购的中央物资进行质量检验;(3)指导各地做好中央物资的储备、调运、使用和回收工作,研究批准中央库提出的中央储备物资报废申请;(4)会同有关部门安排中央物资储备管理费用;(5)对中央本级库及其设备设施履行出资人责任;(6)监督指导中央库开展中央物资管理工作的其他事项。中央库所在省(自治区、直辖市)人民政府民政部门应设立事业法人机构,作为中央库管理单位,履行中央物资的日常储备管理职责。该机构作为省级人民政府民政部门直属事业单位,由省级人民政府民政部门按规定向省级人民政府申请相应机构编制以及人员和工作经费,并负责单位人事、劳资、保险和职工福利等各项内部管理工作。中央本级库管理机构的法定代表人,由民政部和所在地省级政府民政部门共同管理,法定代表人的任免需报经民政部同意。中央代储库管理机构的法定代表人,由所在地省级人民政府民政部门自行管理,法定代表人的任免结果抄报民政部。中央库管理单位可加挂中央救灾物资储备库牌子,名称统一为民政部中央救灾物资"××(所在城市名)储备库",比如,"民政部救灾物资成都储备库"。

尽管我国建立了应急救灾物资储备体系,但是与突发事件应对的物资保障还存在较大的差距。如 2008 年 1 月下旬,我国南方大面积雨雪灾害应对中,武汉市因库存工业盐不够而动用比工业盐成本高 1 倍的食用加碘盐防止路面结冰;部分地区因燃气、成品油、粮食等物品储存不足,导致车辆不能正常补给、食品供应紧张,从而严重影响群众的生产、生活……2008 年"5·12"汶川大地震后,在 48 小时之内,中央救灾储备库的帐篷就已经被全部调空,而整个灾区帐篷缺口还在 80 万顶以上,胡锦涛总书记亲自为帐篷的生产,协调赶制救灾帐篷。2009 年全年,我国各类自然灾害造成约 47933.5 万人(次)不同程度受灾,因灾死亡和失踪 1528 人;农作物受灾面积 47213.7 千公顷,比上年增长 18.1%。绝收面积 4917.5 千公顷,比上年增长 22.0%;倒塌房屋 83.8 万间;直接经济损失 2523.7 亿元。民政部在发布的"2009 年民政事业发展统计报告"中称,2009 年民政部继续完善救灾应急机制,全年救助受灾群众 6553 万人,紧急转移安置 700 多万人次,下拨中央救灾资金 174.5 亿元,调拨救灾帐篷 4.46 万顶。此外,民政部还完成《救灾物资储备库建设标准》编制工作,并经住房和城乡建设部、国家发改委联合批准发布实施。规划建设 16 个中央救灾物资储备库,全国中央级的救灾物资储备库将由 10 个增加到 24 个。各省、自治区、直辖市本级和大部分市县都建立了储备库点,基本覆盖了全国所有多灾易灾地区。加大救灾物资储备的数量和品种,建立物资调运和储备的管理信息系统,加强救灾物资的标准和储备库建设规范的研究,2009 年出台了 13 个救灾物资行业标准,2 个救灾物资储备库的建设标准,并且以实物储备和能力储备、协议储备相结合，加大物资储备量，提高灾害应急的反应能力。[①]

二、物资储备库建设[②]

救灾物资储备库建设应纳入国民经济和社会发展规划，由政府统一安排建设项目投资，其建设用地应按国家公益事业的有关用地规定执行。救灾物资储备库建设应按照科学发展观的要求，遵循国家经济建设的方针政策，符合我国《防震减灾法》《防洪法》《国家应急预案》等法律法规。从我国备灾、救灾的实际情况出发，立足当前，兼顾发展，统筹规划，合理确定建设规模和水平，建立和完善救灾物资储备体系，满足灾害救助和应急指挥所需物资的储备和管理需要。救灾物资储备库建设，应满足各级政府《自然灾害救助应急预案》对物资准备的要求，统一规划，一次或分期实施；改建、扩建工程应充分利用原有设施，实行资源整合。救灾物资储备库建设应符合国家节能减排及环保的要求。救灾物资储备库的建设，除应符合民政部《救灾物资储备库建设标准》外，还应符合国家现行有关标准、指标和定额的规定。

救灾物资储备库的选址，应符合当地城市规划，遵循储存安全、调运方便的原则，并满足以下要求：（1）地势较高，工程地质和水文地质条件较好；（2）市政条件较好；（3）远离火源、易燃易爆厂房和库房等；（4）交通运输便利，市级及市级以上救灾物资储备库宜临近铁路货站或高速公路入口；（5）地势较为平坦，视野相对开阔，市级及市级以上救灾物资储备库的库址应便于紧急情况下直升机起降。救灾物资储备库的总平面布置应符合功能要求，做到布局合理、流程通畅。市级及市级以上救灾物资储备库应单设仓储区，其他功能区可根据实际需要设置。库房宜与生产辅助用房毗邻，并与管理用房和附属用房隔开。救灾物资储备库内外道路应通畅便捷。省级及省级以上救灾物资储备库对外连接市政道路或公路的通路应能满足大型货车双向通行的要求。救灾物资储备库的建设用地应根据节约用地的原则和总平面布置的实际需要，科学合理确定，并应包括建筑、场地、道路和绿化等用地。建筑系数宜为35%～40%，其中专用堆场面积宜为库房建筑面积的30%。

救灾物资储备库的建筑标准应根据救灾物资储存、管理的功能要求合理确定。救灾物资储备库应设置实体围墙，高度宜为3.0m。救灾物资储备库库房宜为单层，其库房净高不应低于6m；当受条件限制采用多层库时，不宜超过3层。救灾物资储备库库房结构的确定应满足仓储功能的需要和结构安全的相关规定，并充分考虑当地的施工条件及用材状况。救灾物资储备库的抗震设防标准应符合《建筑工程抗震设防分类标准》GB50223和《建筑抗震设计规范》GB50011的相关规定。救灾物资储备库的库房地坪荷载应满足货物堆放及装卸机械运输和通行的要求。救灾物资储备库库房的屋面防水等

---

① 佚名：《中国将建设16个中央救灾物资储备库》，国际在线，2010年6月10日，http://news.163.com/10/0610/17/68R87ES8000146BD.html，最后访问：2010-06-26；佚名：《民政部：中央级救灾物资储备库将由10个增至24个》，中新网，2009年5月11日，http://news.163.com/09/0511/11/591GCAV6000120GU.html，最后访问：2010-06-26。

② 这部分文字，主要参考民政部《救灾物资储备库建设标准》建标121-2009，第一章总则（第1条~第7条）、第二章建设规模和项目构成（第8条~第13条）、第三章选址与规划布局（第14条~第18条）、第四章建筑标准（第19条~第28条）和第五章建筑及相关设备配置（第29条~第36条）的规定。

级和要求应符合《屋面工程质量验收规范》GB50207 的相关规定。救灾物资储备库建筑耐火等级不应低于二级，其消防给水和灭火设施、防烟与排烟设施、火灾自动报警系统、消防车道等应符合《建筑设计防火规范》GB50016 的相关规定。救灾物资储备库库房首层地面应做防潮处理，库房室内地坪应高于室外地坪，且不小于 0.3m。救灾物资储备库库房出入口应方便运输、装卸设备的出入，并设置防鼠板，高度宜为 0.5m。

救灾物资储备库分为中央级（区域性）、省级、市级和县级四类，其建设规模由储备物资所需的建筑面积确定。救灾物资储备库的储备物资规模，应根据辐射区域内自然灾害救助应急预案中三级应急响应启动条件规定的紧急转移安置人口数量确定。各类救灾物资储备库的建设规模应符合规定要求。见表 5-1。

表 5-1　救灾物资储备库规模分类表

规模分类		紧急转移安置人口数（万人）	总建筑面积（m²）
中央级（区域性）	大	72~86	21800~25700
	中	54~65	16700~19800
	小	36~43	11500~13500
省　级		12~20	5000~7800
市　级		4~6	2900~4100
县　级		0.5~0.7	630~800

表 5-1 中，每类规模上限取大值，规模下限取小值，规模的中间值采用插入法取值。与此同时，建设规模小于县级库下限的，宜设置救灾物资储备点或与其他民政设施合建；建设规模因实际需要突破本建设标准的，另行报批。而救灾物资储备库建设内容，包括房屋建筑、场地、建筑设备和其他必要装备。救灾物资储备库房屋建筑包括库房、生产辅助用房、管理用房和附属用房。各类用房构成和建筑面积也有法定的要求。见表 5-2、表 5-3。

表 5-2　救灾物资储备库各类用房构成详表

项　　目		类　　型					
		中央级（区域性）			省级	市级	县级
		大	中	小			
库　　房		√	√	√	√	√	√
生产辅助用房	加工用房	√	√	√	√	√	合建
	清洗消毒用房	√	√	√	√	√	

项　　目		类　　型					
		中央级（区域性）			省级	市级	县级
		大	中	小			
管理用房	办公室	√	√	√	√	√	合建
	会议室	√	√	√	√	√	
	财务室	√	√	√	√	√	√
	档案室	√	√	√	√	√	合建
	监控室	√	√	√	√	合建	合建
	警卫室	√	√	√	√		
	活动室	√	√	√	√	√	○
	值班宿舍	√	√	√	√	√	√
附属用房	车　库	√	√	√	√	√	√
	变/配电室	√	√	√	√	√	○
	水泵房	√	√	√	√	√	√
	锅炉房	√	√	√	○	○	○
	食　堂	√	√	√	√	√	○
	浴　室	√	√	√	√	√	合建
	卫生间	√	√	√	√	√	

表5-3　救灾物资储备库各类用房建筑面积表　单位：m²

项　　目	中央级（区域性）			省　级	市　级	县　级
	大	中	小			
库　　房	19563～23368	14673～17661	9781～11684	3985～6641	2213～3321	394～552
生产辅助用房	616	616	462	308	277	77
管理用房	1015～1093	856～933	678～750	422～495	228～285	73～95
附属用房	563～609	543～552	506～518	292～304	179～192	85
合计取值	21800～25700	16700～19800	11500～13500	5000～7800	2900～4100	630～800

在表5-2中，"√"表示应具备该用房；"○"表示可具备该用房。而表5-2中，救灾物资储备库场地，包括室外货场（货场罩棚）、观察场、晾晒场、停车场等。省级及省级以上救灾物资储备库的观察场应满足紧急情况下直升机的起降要求。救灾物资储备库建筑设备包括电气、给排水、采暖通风、安保、通讯、消防、网络等设备。省级及省级以上救灾物资储备库有条件时可设置铁路专用线。与此同时，救灾物资储备库应根据物资储备、业务管理等功能要求配置建筑及相关设备。救灾物资储备库供电应满足照明和设备运行的需要。救灾物资储备库应有给排水系统，其防洪、防涝排水应根据库址地形及城市防洪、防涝规划确定流向，宜采用排水沟或排水管道等有组织排水方式。救

灾物资储备库库房、室外货场、货场罩棚应按照第三类建筑物、构筑物采取防雷措施。救灾物资储备库库房应具备良好的通风条件，自然通风不能满足要求时，应配备相应的机械通风设施。救灾物资储备库的多层库房应设置载重不低于 2t 的货运电梯等垂直货运设备。救灾物资储备库应按信息化管理的需要配置计算机信息管理系统和网络系统。救灾物资储备库应配置装卸、物资保管维护、技防及必要的交通工具等相关设备。

2016 年 12 月 19 日，中共中央、国务院《关于推进防灾减灾救灾体制机制改革的意见》（简称《减灾改革意见》）发布，其中，涉及物资储备库建设的内容主要是：（1）提升救灾物资和装备统筹保障能力，是物资储备库建设的关键；（2）健全救灾物资储备体系，扩大储备库覆盖范围，优化储备布局，完善储备类型，丰富物资储备种类，提高物资调配效率和资源统筹利用水平；（3）加强应急物流体系建设，完善铁路、公路、水运、航空应急运力储备与调运机制，推进应急物资综合信息平台建设，提升协同保障能力；（4）建立健全应急救援期社会物资、运输工具、设施装备等的征用和补偿机制；（5）探索建立重大救灾装备租赁保障机制等。[①] 这对进一步完善我国的物资储备库建设，提出了更高的要求。

三、物资储备库功能

按照中央与地方分级负责的救灾工作管理体制，救灾储备物资以地方各级政府储备为主。各省、自治区、直辖市，特别是经常发生自然灾害地区的民政、财政部门，结合本地救灾工作的实际需求，积极创造条件，筹措资金，建立了本级救灾物资储备制度。对于中央级救灾物资储备，采取委托储备的方式。中央级救灾储备物资实行定点储存、专项管理、无偿使用的原则，不得挪作他用，不得向灾民收取任何费用。中央级救灾储备物资由民政部根据救灾工作需要商财政部后，委托有关地方省级人民政府民政部门定点储备。担负中央级救灾储备物资储备任务的省级人民政府民政部门为代储单位。[②] 根据我国区域灾害特征和救灾工作的需要，在全国设立 8 个代储点，代储点所在省级民政厅（局）作为代储单位。各代储点的地理位置及储备物资的种类如下：（1）东北区：沈阳储备物资棉、单帐篷；（2）华北区：天津储备物资棉、单帐篷；（3）华中区：郑州储备物资单帐篷；（4）华中区：武汉储备物资单帐篷；（5）华中区：长沙储备物资单帐篷；（6）华南区：广州储备物资单帐篷；（7）西南区：成都储备物资单帐篷；（8）西北区：西安储备物资棉、单帐篷。[③]

自然灾害发生后，受灾省即灾区所在地的省级政府应先动用本省救灾储备物资，在本省储备物资全部使用仍然不足的情况下，可申请使用中央级救灾储备物资。申请使用中央级救灾储备物资应由省级人民政府民政部门商同级财政部门同意后，向民政部提出书面申请。书面申请的内容包括：自然灾害发生时间、地点、种类，转移安置人口数

---

① 相关的制度还包括：（1）完善通信、能源等方面的应急保障预案；（2）建立"天－空－地"一体应急通信网络；（3）积极研发重大自然灾害监测预警产品，加快研制先进的受灾群众安置、防汛抗旱、人员搜救、森林灭火等装备和产品，提高基层减灾和应急救灾装备保障水平等内容。参见：中共中央、国务院《关于推进防灾减灾救灾体制机制改革的意见》，五、全面提升综合减灾能力，（十二）提升救灾物资和装备统筹保障能力。

② 《中央级救灾储备物资管理办法》（2002 年 12 月 20 日），第 3 条。

③ 民政部、财政部《关于建立中央级救灾物资储备制度的通知》，1998 年 7 月 1 日。

量、无家可归人口数量；需用救灾物资种类、数量；本省救灾储备物资总量，已动用本省救灾储备物资数量；申请中央救灾储备物资数量等。根据受灾省的书面申请，[①] 结合特大自然灾害救济补助费的安排情况，民政部统筹确定调拨方案，向使用救灾物资的受灾省人民政府民政部门、代储单位发出调拨通知，并抄送财政部和有关省级财政部门。紧急情况下，经报民政部批准，可在受灾省申请的同时，使用中央级救灾储备物资。代储单位接到民政部调拨通知后，应在 48 小时内[②]完成储备物资发运工作，代垫长途运输费用。运输要按照我国《合同法》中运输合同的有关规定执行，对调运物资进行全面保价。调拨储备物资发生的长途运费由使用省负担，并在运抵指定目的地后 30 日内与代储单位结算，逾期不结算的，由代储单位向使用省按天收取运费价款 1% 的滞纳金。运费和滞纳金由使用省省级财政部门安排。使用储备物资的受灾省要按照民政部调拨通知要求，对代储单位发来的救灾储备物资进行清点和验收，及时向代储单位反馈，若发生数量或质量等问题，要及时协调处理并将有关情况向民政部报告。[③] 只有这样，才能有效提高紧急救灾能力，有效保障灾民的基本生活。

第三节　食品和药品的防灾储备

一、食品和药品等救灾物资的自我储备

什么样的食品可以储存很久？有人回答：当然是蜂蜜。有人回答是：腌菜。还有人回答是冷藏食品，等等。对于腌菜而言，这是一种古老的蔬菜加工法，有资料解说，某些博物馆里找到的 3000 年前的密封腌菜仍可食用。也有人研究过，腊肉可以在长温下，存放几十年仍然可以食用，也就是说，只要温度低到一定的程度，或者采用一些食品储存处理技术，什么样的食品都可以保存得很久。现在，许多人都认为，食品放进冰箱就会安全，也就是不会变质。实际上，冰箱只是通过物理降温的方式，抑制食品内的细菌繁殖速度而已。食物存放或者储存时间过长，一样仍会变质霉烂，人食用后，可能发生恶心、腹泻等冰箱食物中毒症状。在我国，逢年过节期间，许多家庭的食物准备得异常

① 申请使用中央救灾物资应由省级人民政府民政部门商同级财政部门同意后，向民政部提出书面申请。书面申请的内容包括：自然灾害发生时间、地点、种类，转移安置人员或避灾人员数量；需用救灾物资种类、数量；本省救灾储备物资总量，已动用本省救灾储备物资数量；申请中央救灾物资数量等。根据受灾省的书面申请，结合重特大自然灾害生活救助资金的安排情况，民政部统筹确定调拨方案，向申请使用中央救灾物资的受灾省份省级人民政府民政部门、代储单位发出调拨通知，并抄送财政部和有关省级人民政府财政部门。紧急情况下，申请使用中央救灾物资的受灾省份省级人民政府民政部门也可先电话报民政部批准，后补申请手续。参见《中央级救灾物资储备管理办法》（2012 年 3 月 19 日），第 14 条。

② 代储单位接到民政部调拨通知后，应在 36 小时内完成储备物资发运工作，代垫长途运输费用。运输要按照《中华人民共和国合同法》中运输合同的有关规定执行，对调运物资进行全面保价。调拨储备物资发生的长途运费由使用省负担。使用省份省级人民政府民政部门应在物资运抵指定目的地后的 30 日内与代储单位结算，费用由使用省份省级人民政府财政部门安排。使用储备物资的受灾省份省级人民政府民政部门应按照民政部调拨通知要求，对代储单位发来的救灾物资进行清点和验收，及时向代储单位反馈，若发生数量或质量等问题，要及时协调处理并将有关情况向民政部报告。参见《中央救灾物资储备管理办法》（2012 年 3 月 19 日），第 15 条。

③ 《中央级救灾储备物资管理办法》（2002 年 12 月 20 日），第 14 条～第 15 条。

丰盛，各类蔬果、肉类、月饼等，为了保质全都放进冰箱里保管。

营养学界有种说法，隔夜菜特别是隔夜蔬菜不能吃，因为隔夜菜亚硝酸盐含量很高，而用加热的方式只能消灭微生物和细菌，亚硝酸盐却是加热法不能去掉的。曾经有一个试验，发现出锅后 24 小时的菜肴中，菜肴亚硝酸盐含量大幅增加，全部超过《食品安全国家标准：食品中污染物限量》GB 2762-2012 的限量标准，其中，炒青菜超标34%，韭菜炒蛋超标 41%，红烧肉超标 84%，红烧鲫鱼超标 141%。其中，荤菜亚硝酸盐含量超标很高，是因为红烧类菜肴中，所用的调料本身就含有硝酸盐，而且，荤菜蛋白质含量高，24 小时后，微生物分解了大量蛋白质化合物，促使硝酸盐转化为亚硝酸盐。蔬菜中，之所以含有亚硝酸盐，是因为蔬菜生长过程中要施氮肥，硝酸盐就是从氮肥中来的。所以，无论是剩菜还是剩肉类食物，都不要长时间存放在冰箱里，因为亚硝酸盐成人摄入 0.2 至 0.5 克即可引起食物中毒，如果长期食用还可引起食管癌、胃癌、肝癌和大肠癌等严重疾病。

目前，家用冰箱的设计越来越先进，在 20 世纪 80~90 年代家用冰箱内分为冷藏室、冷冻室。冷藏室温度在 4~5℃，冷冻室则在 -18℃。现在的家用冰箱，还多了一个饮料储存空间，其温度在 12℃。冰箱内每一个空间所储存的食物都有所分类，冷藏室可以存放 1~3 天内要吃的肉类、鱼类，或新鲜蔬菜，而冷冻室则储存速冻食物。各类常用食物家用冰箱储存时限，如表 5-4：

表 5-4　家用冰箱食物储存时间一览表

食品	冷藏时间	冷冻时间
牛肉	1～2 天	90 天
肉排	2～3 天	270 天
鸡肉	2～3 天	360 天
鱼类	1～2 天	90～180 天
鲜蛋	30～60 天	—
熟鸡蛋	6～7 天	—
牛奶	5～6 天	—
酸奶	7～10 天	—
饮料、酒类	4℃左右储藏，开启后应尽量喝完	—
剩饭	不超过 3 天	—
剩菜	素菜不宜放在冰箱存放，建议现烧现吃	—
花生酱、芝麻酱	开罐子后冷藏 90 天	—
西红柿	12 天	—
芹菜	7～14 天	—

在表 5-4 中，牛肉、肉排、鸡肉和鱼类四种食物既可冷藏，也可冷冻，而其他 10 种食物，只可冷藏，不能冷冻储存。可见，并不是所有的食品都可以冷冻保存的。而不能冷冻保存，意味着大量的食品保管和救灾食品的储备，就不能依赖国家救灾物资储备库，而必须通过生产商、经营商甚至是物流商的仓库即各类经营仓储库来为救灾物资的

储备提供制度性保障。理由在于：食品在从生产（包括农作物种植、动物饲养和兽医用药）、加工、包装、贮存、运输、销售，直至食用等过程中，会产生各种污染物，这些污染物属于或由环境污染带入，非有意加入的化学性危害物质，包括除农药残留、兽药残留、生物毒素和放射性物质以外的各种污染物。

研究表明：有四类食物不宜放入冰箱，即：（1）根茎类蔬菜。皮质厚实的土豆、胡萝卜、南瓜、冬瓜、洋葱等，可在室温下存放，黄瓜、青椒长时间放在冰箱里也容易变黑、变软。（2）热带水果。香蕉、杧果等热带和亚热带水果对低温适应性差，如果放在冰箱里冷藏，反而会冻伤水果，影响口感。（3）糕点。糕点、馒头、花卷、面包等淀粉类食物放在冰箱，会加快变干变硬，如果必须要储藏，则要先用保鲜膜或保鲜袋装好后再放入冷冻室。（4）腌制肉。腊肉、火腿等肉类腌制品适合放在阴凉通风的地方，这有利于保证食物的风味，如果把它们放进冰箱，因为湿度太大，容易出现哈喇味，反而缩短了储藏的时间。值得注意的是，速冻食品（比如肉类、鱼类等）解冻后，细菌会迅速大量繁殖，这种解冻后的食物不适宜再次放回冰箱。所以，在把肉类食物放入冰冻室前，最好先分成一份份适量的包装，一次就拿一包解冻后食用为好。

对于个人而言，药品的过期日期即生产日期之后一般等于两年药品的有效期。这个有效期，是受很多因素制约的。影响药品保质期的因素，可以归于几类：（1）质量因素。药品有效期受原料药和包装材料的影响比较大。国内外很多仿制药企使用的原料药和包装材料，都要比原研药物差很多，所制造的药品自然就要比原研药物有效期短，甚至只有原研药的一半或一小半。（2）规格因素。一般同剂型药物剂量较大者有效期较长，如康忻（富马酸比索洛尔片）的 2.5mg 片剂有效期就明显短于 5mg 片剂（36 个月；60 个月）。（3）剂型因素。通常液体剂型（如口服溶液、吸入用溶液、滴剂、注射液等）和口崩片的有效期较短。（4）环境限制。生物制品、含放射性核素药品等药物需要遵照特殊条件保存，否则，有效期会明显缩短。另外，注射剂配置后有效期缩短为 8～48 小时，非一次性滴眼液开封后有效期缩短为 30 天，一次性滴眼液开封后有效期仅有 3～5 小时。（5）药品自身因素。例如，各种生物制品（疫苗、免疫球蛋白、单克隆抗体、基因工程制品等）有效期为 12～24 个月，含放射性核素的药品（如氯化锶［89Sr］注射液、碘［131I］美妥昔单抗注射液等）有效期由自身所含有的放射性核素决定（通常为 24 小时～28 天）。这些原则仅能够限制住化学药品和生物制品，中药保质期由药厂自行决定。

二、应急包

应急包（emergency bag），是针对个人发生自然灾害和意外灾难，如地震、火灾、洪灾等应急事项，包含自备维持生命的食物、饮用水，以及简单的生活和求救应急必需品的夜光应急的工具包。应急包是应对灾难的工具包，根据灾难的不同应急包的内容也有所不同。在遇到灾难的情况下，应急包能救人一命，可见应急包的重要性。然而，在没有经历过重大灾难的家庭中，很少有人有危机意识，应急包的准备情况也不尽如人意。配备了必需的应急用品，一旦发生意外或自然灾害，可用应急包中的物品进行自救与互救。应急包放在家中便于拿取的地方，以备紧急使用。有了应急包，虽然不能阻止各种灾难的发生，但是，却能有效降低灾难带来的损失。应急包应具备的基本物品包括：应急食品、应急卫生用品、自救工具、求救工具、其他物品等几类应急物资。即：

（1）应急食品。应急食品包括高能量、高营养可以保存 4 年的军用食品，如单兵自热食品、军用能量棒、压缩食品（如压缩干粮）、军用罐头、军用巧克力，可以保存 3 年的小分子救生水，能有效地为机体利用，延缓人体对水的需求。这些食品可以保证在灾害发生时，不至于挨饿，并且可以保持身体体能。

（2）应急急救用品。受到外伤骨折及出血的时候，可以及时固定骨折部位及止血包扎的卫生用品，如军用卷式夹板，杀菌止血促进创伤愈合的创可贴，具有广谱杀菌功能的消毒剂，抑菌和预防皮肤病的清洁包等。至于纱布、创可贴、消炎药也需要准备，建议购买一个医疗箱储存。

（3）自救工具。火灾发生时，初期的小火是可以自己灭掉的，如环保型轻水灭火器，防火毯等产品就可以快速灭火，防烟逃生面罩可以帮助我们逃出火区。其他自然灾害发生时，如保温毯，可以使我们保持体温，度过寒冷，关键时刻也可以当作雨衣使用。承重达几百公斤的发光蓄光逃生绳、防磨手套、可刨可挖的救生锹等，都能帮助我们快速逃出危险场所。打火机及防风防水的火柴，重量 17 克却能燃烧 8 个小时的蜡烛，关键时刻能给我们光亮和热量。

（4）求救工具。求救工具，就是指发出光和声音的应急物资，包括可以传出大约几百米远 3000 赫兹口哨，以及含有报警及收音机功能的手电筒，都可以发出光量或声音，发出求救信息。

（5）其他物品。

——个人信息卡。个人安全信息卡上的信息资料，紧急情况下，这些记录着自己的家庭地址电话，就医时需要注意的事项的信息资料，将给抢救伤员赢得宝贵时间。

——笔记本。在比较难识别方位的地方，可以随时撕下单页做记号，或者记录一些信息。

——急救手册。里面记录产品的使用方法及注意事项，其中，重要的是里面的应急卫生用品的有效期和应急食品的有效期。

比如，12 件套装的火灾应急包就包括：灭火器（1kg）、防毒面具（自救呼吸器）、强力探照灯、腰斧、消防绳、消防钩、纯棉阻燃毯、警界带、反光背心、指挥棒、消防手套、应急包。而火灾逃生包配件则包括：灭火毯、超小轻水灭火器、简易呼吸面具、逃生绳、防滑手套、应急手电、求救哨、浓烟逃生袋等。

而家庭应急包一般内含：急救干粮、超薄保温雨衣（收集存水器）、发热袋、反光安全帽（水盆）、高强度便携袋（8 升水桶）、手摇发光灯、高音求救哨、防滑手套、蜡烛（10 小时）、火柴、扇子、铅笔、便笺纸、药品等生活及自救必需品。比如，家庭地震应急包内的配置清单：应急手电筒、多功能绳、冰袋、鸭嘴口罩、过氧化氢（双氧水）、创可贴、雨衣、多功能钳子、防风火柴、蜡烛、压缩毛巾、多功能口罩、剪子、应急淡水、纱布、棉棒、口对口呼吸膜、高频救生口哨、压缩干粮等。

应急包是从国外传入中国的，发达国家用来应对各种灾难的工具集合，一般是把应对灾难的小工具装进一个包里，称为应急包。应急包是在预防地震、海啸、泥石流、台风等自然灾害，以及发生自然灾害后，提供用于维持生命的食品、水、急救用品及简单的生活和自救互救必需品的应急包。国外应急的口号：防灾应急，我们准备好了（We ready）！

应急包可以双肩背，也可单手提。包宽度应不超过普通人肩宽，有利于在狭窄空间疏散。而且，应急包的颜色应当鲜艳显眼，容易被发现，不应当选用迷彩伪装色。应急包应足够结实，因为是防灾应急，所以，备用品准备好后要试背一次。背上背包行走，看一下行动是否敏捷。一般而言，普通型的应急包内物品主要包括：（1）手摇发电手电（1个）[1]；（2）应急绳（1条）；（3）安全扣（1个）；（4）压缩饼干（1袋，250g）；（5）纯净水（1袋500ml）；（6）防水火柴（1盒）；（7）蜡烛（1支）；（8）防尘口罩（1个）；（9）多功能军刀（1把）；（10）多功能口哨（1个）；（11）雨衣（1件）；（12）应急包外包（1个）；（13）物品使用明细单（1张）。而科技型的应急包内物品，主要包括：（1）多功能手电（1个）；（2）应急绳（1条，10M）；（3）安全扣（1个）；（4）压缩饼干（1袋，250g）；（5）纯净水（1袋，500ml）；（6）防水火柴（1盒）；（7）蜡烛（1支）；（8）多功能工具斧（1把）；（9）多功能口哨（1个）；（10）雨衣（1件）；（11）饮水消毒丸（1瓶，20粒）；（12）迷你急救包（1个）；（13）伤口贴（1袋，5片）；（14）酒精棉球（2袋，2粒／袋）；（15）碘伏棉棒（6支）；（16）急救绷带（1卷）；（17）防菌口罩（1个）；（18）应急信息卡（1张）；（19）应急包外包（1个）；（20）物品使用明细单（1张），等等。

日本每年发生地震的次数约占全球总数的10%，日本家庭都会在拿取方便的地方，备有地震应急包（又名非常持出袋）。非常持出袋中一般包括人们在避难所中，最低生活保障品以及紧急处理伤口时的必须物品。突然发生地震时，食物等生活必需品的供给十分困难，所以，非常持出袋中最基本的要备有食物、饮用水、防灾用品，以在得到救援前维持生活。这个应急包的颜色为醒目的橘黄色，采用棉帆布制作，便于携带、耐磨；款式为简易背包，尺寸约为430 x 480mm。袋子的反面可以标记使用者的住所、姓名及避难地点。袋中的避难物品有饮用水（2瓶）、压缩饼干（2罐）、简易防滑手套、毛巾套装（可在砂石、混凝土等环境为手部提供保护）。即：（1）食品。3天左右的干粮（尽量选用不易腐烂、受潮、保质期长的食品，如饼干、面包、方便面等）；（2）饮用水。平时用水壶或塑料瓶装满，并隔一段时间更换；（3）日常生活必需品。一两套替换衣服、手电筒、火柴、蜡烛、小刀、袖珍收音机；洗脸用具（香皂、肥皂、牙刷、牙膏、手巾、梳子等）；手纸（包括妇女卫生纸、有婴孩的还应准备好尿布）；个人常用防身药品（纱布、伤药、止痛药、胃药等）；适量现金、工作证或身份证、印鉴等；（4）机动物品。如塑料袋、雨衣或雨伞、绳索、口罩、手帕等。假若你是一个医务工作者或个人有兴趣者，那么不妨准备几根导尿管。[2]

三、食品和药品的应急储备制度

对于应急食品，国家采用由生产商和经营商仓储的办法。各级民政部门严格按照救

---

① 多功能手电。特点：手摇发电可为手机或相机充电，有收音机、照明、SOS求救灯、声音报警等功能，发电效率高，充电效果极好。

② 张美英：《日本平时怎么应对地震？应急包储备什么应急品》，未来网，2013年4月21日，http：//news. k618. cn/xda/201304/t20130421_3129171_4. html，最后访问：2016—06—26。

灾物资招投标采购制度，规范采购流程，强化质量监督，根据质量监督部门提供的有资质检验机构名单，委托检验机构做好救灾物资质量检验工作，建立库存救灾物资定期轮换机制，确保救灾物资质量合格、安全、可靠。家庭储备的应急物资包括食品、药品，只需准备3天的使用量，应主要用于黄金72小时内家庭成员间的自救、互救，既要功能齐全，又要携带便捷。北京市首次推出"家庭应急物资储备建议清单"，以备发生重大灾害后居民自救使用。清单分为"基础版"和"扩充版"两个版本。其中，"基础版"的清单内容非常简单，只有应急物品、应急工具、应急药品三大类共10种最基本的应急物资。具体包括：手电筒、救生哨、毛巾、呼吸面罩、多功能组合剪刀、应急逃生绳、灭火器、抗感染和腹泻的常用药、创可贴等医用材料、碘伏棉棒等。而"扩充版清单"的内容则相对复杂多样，共6大类60种物资，其中，不仅有矿泉水、干脆面、压缩饼干等应急食品，也包括长明蜡烛、毛毯、卫生巾等生活用品，甚至还包括出生证、银行卡密码、房产证、保险单据等重要资料。

灾害发生后，灾区各级民政、商务、质量监督、食品药品监管等部门要加强协调配合，保障灾区物资的市场供应，确保救灾物资质量安全。要特别重视救灾应急期间食品、饮用水的质量安全，充分考虑天气、运输等因素，尽量提供保质期相对较长的方便食品、饮用水。要安排专人负责在供货方交货、灾区接收、向受灾群众发放食品前等各个环节的验收工作，全面抽查检验食品质量，杜绝将质量不合格食品发放到受灾群众手中。[①]

为保证灾情、疫情及突发事故发生后对药品和医疗器械的紧急需要，我国于20世纪70年代初，建立了国家医药储备制度。多年来，国家医药储备在满足灾情、疫情及突发事故对药品和医疗器械的紧急需要方面，发挥了重要作用。但是，由于国家医药储备采取中央一级储备、静态管理的体制和管理工作不完善等原因，导致国家医药储备数量减少、救急水平下降，已很难适应保证灾情、疫情及突发事故等紧急需要。为了适应社会主义市场经济发展需要，提高国家医药储备能力和管理工作水平，保证灾情、疫情及突发事故发生后所需药品和医疗器械的及时、有效供应，国务院决定就加强医药储备管理工作，进行重大改革。

自1997年起，在中央统一政策、统一规划、统一组织实施的原则下，改革现行的国家医药储备体制，建立中央与地方两级医药储备制度，实行动态储备、有偿调用的体制。中央医药储备主要负责储备重大灾情、疫情及重大突发事故和战略储备所需的特种、专项药品及医疗器械。地方医药储备主要负责储备地区性或一般灾情、疫情及突发事故和地方常见病、多发病防治所需的药品和医疗器械。需紧急动用国家储备的药品和医疗器械时，原则上由地方储备负责供应，中央储备补充供应。当然，发生一般灾情、疫情及突发事故或在一个省、自治区、直辖市区域范围内发生灾情、疫情及突发事故需紧急动用医药储备的，由本省、自治区、直辖市储备负责供应；发生较大灾情、疫情及突发事故或发生灾情、疫情及突发事故涉及若干省、自治区、直辖市需紧急动用医药储备的，首先由本省、自治区、直辖市储备负责供应，不足部分可按有关部门制定的办

---

① 《民政部等九部门关于加强自然灾害救助物资储备体系建设的指导意见》民发〔2015〕164号文，三、主要任务，（七）规范救灾物资供货渠道，确保质量安全。

法，向相邻地区请求动用其医药储备予以支援，地方储备仍难以满足供应，可申请动用中央储备予以支持；发生重大灾情、疫情及重大突发事故，地方储备难以满足供应的，可按有关部门制定的办法，申请动用中央医药储备。[①]

按照《国家医药储备管理办法》（简称《医药储备办法》）的要求，承担医药储备是国家赋予相关企业的一项光荣的社会责任。承担储备任务企业的主要职责是：（1）执行医药储备管理部门下达的医药储备计划；（2）依照医药储备管理部门下达的调用通知单执行储备药品、医疗器械的调用任务，确保调用时储备药品、医疗器械及时有效的供应；（3）负责对储备药品、医疗器械进行适时轮换，保证储备药品、医疗器械的质量；（4）建立健全企业内部医药储备管理的各项规章制度，加强储备药品、医疗器械的原始记录、账卡、档案等基础管理工作；（5）建立健全企业内部医药储备资金管理制度，确保医药储备资金的安全和保值；（6）按时、准确上报各项医药储备统计报表；（7）负责对从事医药储备工作的人员进行培训，不断提高其业务素质和管理水平。负责审批和组织实施医药储备工作的管理部门及承担医药储备任务的企业，均应落实储备职能部门，由专人负责，建立严格的领导责任制。[②]

其中，中央医药储备主要负责储备重大灾情、疫情及重大突发事故和战略储备所需的特种药品、专项药品及医疗器械；地方医药储备主要负责储备地区性或一般灾情、疫情及突发事故和地方常见病防治所需的药品和医疗器械。医药储备实行严格的计划管理。中央和地方医药储备计划，分别由国家经济贸易委员会和省级医药储备管理部门下达。承担医药储备任务的企业必须与相应的医药储备管理部门签订"医药储备责任书"。承担医药储备任务的企业必须认真执行储备计划，在储备资金到位后一个月内，保证储备计划（品种和数量）的落实。承担中央医药储备任务的企业不得擅自变更储备计划。计划的变动或调整，需报国家经济贸易委员会审核批准。承担医药储备任务的企业调出药品、医疗器械后，应按储备计划及时补齐储备药品、医疗器械品种及数量。

对医药储备的储存管理，主要是：（1）医药储备实行品种控制、总量平衡的动态储备。在保证储备药品、医疗器械品种、质量、数量的前提下，承担储备任务的企业要根据具体药品、医疗器械的有效期及质量要求对储备药品、医疗器械进行适时轮换，储备药品、医疗器械的库存总量不得低于计划总量的70%；（2）加强储备药品、医疗器械的入出库管理，储备药品、医疗器械入出库实行复核签字制；（3）承储企业要切实加强其储备药品、医疗器械的质量管理，落实专人负责，建立月检、季检制度，检查记录参照 GSP[③] 实施指南；（4）有关部门和企业要不断提高医药储备管理水平，逐步实行计算机联网管理。而医药储备的动用原则是：（1）发生一般灾情、疫情及突发事故或一个省、自治区、直辖市区域范围内发生灾情、疫情及突发事故需紧急动用医药储备的，由

---

① 《国务院关于改革和加强医药储备管理工作的通知》（1997 年 7 月 3 日），一、建立中央与地方两级医药储备制度。

② 《国家医药储备管理办法》（国家经贸委，1999 年 6 月 15 日），第 6 条～第 7 条。

③ GSP 是英文 Good Supply Practice 的缩写，在中国称为《药品经营质量管理规范》。1998 年，在 1992 版 GSP 的基础上重新修订了《药品经营质量管理规范》，并于 2000 年 4 月 30 日以国家药品监督管理局第 20 号令颁布，2000 年 7 月 1 日起正式施行。2013 版《药品经营质量管理规范》已于 2012 年 11 月 6 日经卫生部部务会审议通过，自 2013 年 6 月 1 日起施行。

本省、自治区、直辖市在省级医药储备内负责供应；（2）发生较大灾情、疫情及突发事故或发生灾情、疫情及突发事故涉及若干省、自治区、直辖市时，首先动用本省、自治区、直辖市医药储备，不足部分按有偿调用的原则，向相邻省、自治区、直辖市人民政府或其指定的部门请求动用其医药储备予以支援，仍难以满足需要时，再申请动用中央医药储备；（3）发生重大灾情、疫情及重大突发事故时，首先动用地方医药储备，难以满足需要时，可申请动用中央医药储备；（4）没有建立地方医药储备的省、自治区、直辖市原则上不得申请动用中央医药储备。各省级人民政府可指定申请使用中央医药储备的责任部门，并报国家经济贸易委员会备案。地方需要动用中央医药储备时，需由省级人民政府或其指定的职能部门向国家经济贸易委员会提出申请，国家经济贸易委员会商有关部门审核批准后下达调用药品、医疗器械品种、数量通知单，由有关承储单位组织调运相应的储备药品、医疗器械。

本着有偿调用的原则，国家经济贸易委员会可根据需要调剂、调用地方医药储备。承担医药储备任务的企业接到调用通知单后，须在规定的时限内将药品、医疗器械发送到指定地区和单位，并对调出药品、医疗器械的质量负责。有关部门和企业要积极为紧急调用储备药品、医疗器械的运输提供条件。遇有紧急情况如中毒、爆炸、突发疫情等事故发生，承担储备任务的企业接到国家经济贸易委员会的电话或传真，可按要求先发送储备药品、医疗器械。1 周内由申请调用的省级人民政府或其指定的职能部门补办有关手续。中央储备药品在调用过程中如发现质量问题，应就地封存，事后按规定进行处理。接收单位和调出单位应立即将情况报国家经济贸易委员会，由国家经济贸易委员会通知调出单位按同样品种、规格、数量补调。储备药品、医疗器械调出 10 日内，供需双方需补签购销合同。申请动用中央医药储备的省级人民政府或其指定的职能部门要负责及时将货款支付给调出企业。与医药储备有关的政府职能部门、承担医药储备任务的企业，均应设立 24 小时传真电话，建立 24 小时值班制度。单位名称、负责人及值班电话需上报国家经济贸易委员会。

思考与训练：

1. 我国"中央—省—市—县"四级救灾物资储备体系，其理论来自何处？你觉得自己有必要进行救灾物资的个人储备吗？为什么？

2. 何谓物资储备库？成都物资储备库在哪里参观过吗？参观后有何评价？

3. 怎样进行食品和药品的防灾储备？你会购买应急包吗？购买怎样的应急包？

第六章　工程防灾与生命线工程建设

　　工程防灾与生命线工程建设，是以工程防灾学科与生命线工程建设两个学科放在一起来论说的。所谓"防灾减灾工程及防护工程"学科，是土木工程学科的二级边缘学科，学科代码为 081405；其核心内容为工程结构抗震、结构抗风工程、结构抗火工程和抗爆工程等，学科的主要任务是：建立和发展用以提高工程结构和工程系统，抵御自然灾害和人为灾害的科学理论、设计方法和工程措施，最大限度地减轻未来灾害可能造成的破坏，保证人民生命和财产的安全，保障灾后经济恢复和发展的能力，提高国家重大工程的防灾能力，这对我国实施可持续发展战略有着重要作用。

　　工程防灾与生命线工程建设的重点，是围绕重要陆地交通干线建设和运营阶段出现的灾害现象，以及城市生命线工程建设和灾害发生后的维持与修复等，以工程科学和现代技术相结合，研究常见灾害的形成条件、成灾模式、预测预报、防治工程优化，以及防灾管理的信息化技术等问题，提高交通干线和城市生命线的抗灾能力。其主要研究方向为：

　　（1）地下工程减灾防灾。利用工程学的方法研究解决和防治自然灾害、人为灾害、施工灾害的破坏效应，开展地下结构减震、隔震理论与方法，地下工程火灾特征及损伤评估方法，地下工程施工灾害的防御技术，动态可靠度与耐久性设计理论，高应力场与高温度场耦合分析等理论研究。

　　（2）线路系统防灾减灾工程与防护工程。以高山峡谷区重力作用为主的滑坡、崩塌、泥石流等山地灾害的铁路、公路工程防治技术为主线，同时，覆盖特殊岩土地质条件的路基病害整治及公路路面病害处理技术、轮轨和车路系统本身的运行安全技术，以及工务安全管理保障系统等领域。

　　（3）岩土工程灾害预测和防治。利用现代科学理论和技术，进行岩土工程学、地学、环境学、灾害学等多学科交叉解决岩土工程灾害理论研究中的前沿问题，岩土工程灾害防治中的重大难点问题，着重进行岩土工程环境地质评价及地质灾害防治研究、岩土工程中水环境效应及其工程危害研究、岩土工程环境地质问题风险分析与防灾决策可靠性研究，渗流场、应力场、温度场耦合分析及其在工程灾害防治中的应用等。

　　（4）大型结构物抗风与抗震。针对工程实践中急需解决的大型结构物抗风、抗震的关键技术问题，利用现代科学理论与实验技术，研究造成风害和震害的机理，寻求大型结构物抗风、抗震能力的有效措施，着重进行大型结构物风致响应与地震反应的预测及评估、大型结构物环境振动抑制技术、大型结构物抗风抗震设计等理论及应用研究。比如，三北防护林工程、三峡工程，等等。

　　所谓生命线工程，又称生命线工程系统，是指维系一个城市或区域功能的基础性工程系统。"生命线工程系统"概念最早由美国地震学家在 20 世纪 70 年代正式提出，根据 Duke 等的定义，生命线工程系统一般包括能源系统、给排水系统、交通系统和通信系统等 4 种系统。[①] 之所以把这 4 种系统称之为生命线系统，是因为一个城市或者区域人员的生存与生活维持，需要依赖这 4 种系统提供资源。因此，生命线工程是现代防灾减灾救灾综合机制建设的核心问题。

第一节　防灾工程与工程防灾——以南水北调工程为典型

一、防灾工程——三北防护林与防沙治沙的"沙坡头""库布齐"模式

"三北"防护林工程，是指在我国"三北地区"即西北、华北和东北地区建设的大型人工林业生态工程，这个工程也是规模宏大的防灾工程。1979 年，我国政府为改善生态环境，决定把这项工程列为国家经济建设的重要项目。工程规划期限为 70 年，从 1978 年开始到 2050 年结束，分 3 个阶段、8 期进行，21 世纪 10 年代正在实施第 5 期工程[②]，2018 年三北防护林工程迎来工程建设 40 周年纪念年。

"三北"防护林体系东起黑龙江宾县，西至新疆的乌孜别里山口，北抵北部边境，南沿海河、永定河、汾河、渭河、洮河下游、喀喇昆仑山，包括新疆、青海、甘肃、宁夏、内蒙古、陕西、山西、河北、辽宁、吉林、黑龙江、北京、天津等 13 个省、市、自治区的 559 个县（旗、区、市），总面积 406.9 万平方公里，占我国陆地面积的 42.4％。从 1979 年到 2050 年，分三个阶段、七期工程进行，规划造林 5.35 亿亩。到 2050 年，三北地区的森林覆盖率将由 1977 年的 5.05％提高到 15.95％。在总体规划中的三北地区，有八大沙漠、四大沙地，总面积为 133 万平方公里，占全国土地总面积 13.6％，大于全国耕地面积的总和。这里曾经是水草肥美的农、牧区，如今已是遍地黄沙，年风沙日达 30～100 天，下游河床已高出地面 10 米以上。干旱、风沙和水土流失，带来了严重的生态危机："十年九旱，不旱则涝"制约着这一地区的经济发展。三北地区的沙漠和沙地，也是导致沙尘暴、扬沙和灰霾天气、水土流失等气象灾害的重要原因。

建设防护林工程，对三北地区生态平衡的重建、恢复和改善生态环境起了决定性的作用。总体规划要求：在保护好现有森林草原植被基础上，采取人工造林、飞机播种造林、封山封沙育林育草等方法，营造防风固沙林、水土保持体、农田防护林、牧场防护林以及薪炭林和经济林等，形成乔、灌、草植物相结合，林带、林网、片林相结合，多

---

① 郭纯生、刘春侠等：《2008 年初冰雪灾害对生命线工程的几点启示》，《防灾科技学院学报》，2008 年第 2 期，第 91 页。

② 三北工程的一期（1979－1985 年）、二期（1986－1995 年）、三期（1996－2000 年）、四期（2001－2010 年）工程建设已经结束，2012 年，国家正式批准了三北五期工程规划。规划确定，工程建设仍以增加和恢复森林植被为主要任务，在 2011－2020 的 10 年间，规划完成造林 1647.9 万公顷，完成退化林分修复 193.6 万公顷。力争到 2020 年，三北地区新增森林面积 988.4 万公顷，森林覆盖率提高 2.27 个百分点，50％以上的可治理沙化土地得到初步治理，60％以上的退化林分得到有效修复，70％以上的水土流失面积得到有效控制，80％以上的农田实现林网化。与第四期工程相比，第五期内容更加丰富，投资明显增加，任务更加繁重。

种林、多种树合理配置，农、林、牧协调发展的防护林体系。这项工程，根据我国国情，采取民办国助形式，实行群众投工，多方集资，自力更生，国家扶持为辅的建设方针，走一条生态效益和经济效益并重的具有中国特色的防护林建设之路。

在严酷的自然条件下，造林中重视依靠科学技术。我国在"流动沙地飞机播种造林""旱作林业丰产""窄林带、小网格式农田防护林网""宽林网、大网格式的草牧场防护林网"和"干旱地带封山育林育草"五大难题的研究及其有关新技术大面积推广，都处于世界领先地位，并取得很大的经济效益。到 1995 年，完成人工造林 18.15 万平方公里，森林覆盖率由原来的 5.05% 提高到 8.28%，12% 沙漠化土地得到治理，其中有 4 万多平方公里"不毛之地"变成森林。三北地区有 1/3 的县农业生态环境开始走向良性循环。"三北"防护林体系工程，其规模和速度超过美国"罗斯福大草原林业工程"、苏联"斯大林改造大自然计划"和北非五国的"绿色坝工程"，在国际上被誉为"中国的绿色长城""生态工程世界之最"，1987 年被联合国环境规划署评为"全球环境保护先进单位"。1989 年，邓小平同志为三北防护林体系工程亲笔题词"绿色长城"。

三北防护林工程建设 39 年来，防沙治沙实现历史性突破，遏制了荒漠化扩展趋势。营造防风固沙林 806.7 万公顷，治理沙化土地 33.62 万平方公里，从根本上扭转了荒漠化扩展的局面。三北地区荒漠化和沙化土地连续 10 年呈现"双缩减"。三北防护林工程对防治水土流失发挥了积极作用。在水土流失区，累计营造水土保持林和水源涵养林近966.2 万公顷，治理水土流失面积近 45 万平方公里。重点治理的黄土高原，植被覆盖度从 1999 年的 31.6% 增加到 59.6%，60% 的水土流失面积得到不同程度的控制，年入黄河泥沙减少 4 亿吨左右。截至 2017 年 8 月 31 日，三北防护林工程已累计完成造林2918.53 万公顷，工程区森林覆盖率由建设初期的 5.05% 提高至 13.02%，森林蓄积量由起初 7.2 亿立方米增加到 20.98 亿立方米。[①] 目前三北地区防护林体系已初具规模，生态状况显著改变、生态面貌大为改观，风沙危害和水土流失得到初步控制。三北工程为改善三北地区生态环境，提高土地承载力，促进区域绿色发展做出了重大贡献。三北防护林体系工程的具体功能是：

（1）风沙治理。"三北"防护林从新疆到黑龙江的风沙危害区营造防风固沙林 1 亿多亩，使 20% 的沙漠化土地得到有效治理，沙漠化土地扩展速度由 20 世纪 80 年代的2100 平方公里下降到 1700 平方公里。辽宁、吉林、黑龙江、北京、天津、山西、宁夏等七省（自治区、直辖市）结束"沙进人退"的历史。重点治理的科尔沁、毛乌素两大沙地森林覆盖率分别达到 20.4% 和 29.1%，不仅实现了土地沙漠化逆转，而且进入综合治理、综合开发的新阶段。例如，陕西榆林沙区森林覆盖率已由 1977 年的 18.1% 上升到 38.9%，沙化土地治理度达 68.4%。

（2）水土流失治理。在黄土高原和华北山地等重点水土流失区，坚持山水田林路统一规划，生物措施与工程措施相结合，按山系、分流域综合治理，营造水保林和水源涵养林 723 万公顷，治理水土流失面积由工程建设前的 5.4 万平方公里增加到 38.6 万平

---

① 这是一次国际会议上披露的最新数据。即：2017 年 9 月 6 日～9 月 15 日为期 10 天的《联合国防治荒漠化公约》第 13 次缔约方大会在我国内蒙古鄂尔多斯市举行，大会闭幕会上达成具有历史意义的成果——《鄂尔多斯宣言》。《鄂尔多斯宣言》设定 2030 年前实现土地退化零增长的履约自愿目标。

方公里，局部地区的水土流失得到有效治理。重点治理的黄土高原造林 779.1 万公顷，新增治理水土流失面积 15 万平方公里，使黄土高原治理水土流失面积达到 23 万多平方公里，近 50％的水土流失面积得到不同程度治理，水土流失面积减少 2 万多平方公里，土壤侵蚀模数①大幅度下降，每年入黄泥沙量减少 3 亿多吨。例如，山西昕水河流域土壤侵蚀模数，已由 7175 吨下降到 3226 吨。北京潘家口和密云两大水库泥沙入库量分别减少 20％和 60％。

（3）农区防护林。农田防护林作为改善农业生产条件的一项基础设施，始终放在三北防护林体系优先发展的地位，共营造农田防护林 3600 多万亩，有 3.23 亿亩农田实现了林网化，占三北地区农田总面积的 65％。平原农区实现了农田林网化，一些低产低质农田变成了稳产高产田。三北地区的粮食单产由 1977 年的 118 公斤/亩，提高到 2007 年的 311 公斤/亩，总产由 0.6 亿吨提高到 1.53 亿吨。

（4）森林资源。三北防护林体系建设使三北地区的森林资源快速增长，木材及林产品产量不断增加，改变了过去缺林少木的状况。截至 2012 年，三北地区活立木蓄积量达 10.4 亿立方米，年产木材 655.6 万立方米，不仅使民用材自给有余，而且，由于木材产量的增加也带动了木材加工业和乡镇企业、多种经济的发展。"四料"俱缺的状况已有很大改变，特别是已建成了 1870 万亩薪炭林，加上林木抚育修枝，解决了 600 万户农民的燃料问题。营造的牧防林保护了大面积草场，营造的 7500 万亩灌木林和上亿亩杨、柳、榆、槐树的枝叶，为畜牧业提供了丰富的饲料资源，三北地区牲畜存栏数和畜牧业产值成倍增长。

（5）经济发展。林业的发展不仅改善了生态环境，同时也促进了农村经济的发展，三北地区将资源优势转变为经济优势，已发展经济林 5670 万亩，建设了一批名、特、优、新果品基地，年产干鲜果品 1228 万吨，比 1978 年前增长了 10 倍，总产值达 200 多亿元。河北省张家口市大力发展经济林，林业产值由 9000 万元增加到 3 亿元，有 240 个村、15 万户农民靠林果业实现了脱贫致富。

三北防护林的重点工程项目质量标准为：（1）人工造林。集中连片面积 30 亩以上；当年造林成活率和 3 年后保存率达到 85％以上；林木分布均匀。（2）封山育林。每个封育区面积不得小于 500 亩；封育第 3 至第 5 年，目的树种株数达到造林技术规程规定的 85％以上，或郁闭度②在 0.4（含 0.4）以上。（3）低效林改造。面积集中连片 100

---

① 土壤侵蚀模数，单位面积土壤及土壤母质在单位时间内侵蚀量的大小，是表征土壤侵蚀强度的指标，用以反映某区域单位时间内侵蚀强度的大小。土壤侵蚀模数的单位通常有两类：（1）表征单位面积年度侵蚀量大小的单位为 t/（km² · a）或 m³/（km². a）；（2）表征某区域某次降雨条件下单位面积侵蚀量大小的单位为 t/km² 或 m³/km²。另一个解释：表示单位面积和单位时段内的土壤侵蚀量，其单位名称和代号为吨每平方公里年 t/（km² · a），或采用单位时段内的土壤侵蚀厚度，单位名称为毫米每年（mm/a）。

② 郁闭度，是指森林中乔木树冠遮蔽地面的程度，反映林分密度的指标。在一般情况下，常采用一种简单易行的样点测定法，即在林分调查中，机械设置 100 个样点，在各样点位置上抬头垂直昂视的方法，判断该样点是否被树冠覆盖，统计被覆盖的样点数，利用下列公式计算林分的郁闭度：郁闭度＝被树冠覆盖的样点数／样点总数。公式释义：它是以林地树冠垂直投影面积与林地面积之比，以十分数表示，完全覆盖地面为 1。简单地说，郁闭度就是指林冠覆盖面积与地表面积的比例。根据联合国粮农组织规定，0.70（含 0.70）以上的郁闭林为密林，0.20－0.69 为中度郁闭，小于等于 0.1－0.20（不含 0.20）以下为疏林。在园林设计中，可以通过种植草坪降低郁闭度。

亩以上，目的树种株数占85％以上或3年后乔（灌）木郁闭度不低于0.4。（4）飞播造林。当年有苗面积占有效面积的70％以上，每亩有苗400株以上，播后第5年，每亩保存幼树200株以上（含天然更新的伴生目的乔木树种，飞播苗每亩不得少于70株），而且分布均匀。（5）森林病、虫、火、鼠、畜、"五害"和年森林资源消耗量控制在省级相关规定的指标范围内，等等。[①]

在我国，宁夏中卫县的沙坡头是防沙治沙的典范之一。[②]中卫沙坡头地区，位于温带干旱地区东部边缘的腾格里沙漠东南缘，东临中卫灌溉平原，西为半荒漠棕钙土山前平地，境内流动沙丘密集分布，以格状沙丘及格状沙丘链为主，风力以西北风作用为主，又受东南风的影响，沙丘作西北向东南呈"之"字形前移，年平均前移3～5米。腾格里沙漠在西北风的长期作用下，逼临黄河岸沿，高耸于黄河之上。黄河水面海拔1200米，沙丘高处海拔1500米，高差300米。年均降水为186.2mm，年均气温9.6℃，年均风速为2.8m/s，最大风速19m/s，植物生长期150～180d。为保障包兰铁路线中卫段，不受沙丘前移掩埋的侵害，在铁路沿线设置防风阻沙带，以防风蚀沙埋。防护体系由固沙防火带、灌溉造林带、草障植物带、前沿阻沙带和封沙育草带五带组成，上风方向300多米，下风方向200多米，总宽500多米，概称"五带一体"，其中，"无灌溉防护林带"是必备的核心部分。由铁路向外，这五条防护带的营建技术要点分别为：（1）固沙防火带。在路基上风方向20米，下风方向10米，清除植物，整平沙丘，铺设10～15cm厚的卵石、黄土或炉渣。形成固沙防火带。（2）灌溉防护林带。在固沙防火带上风方向外侧60米，下风方向外侧40米范围内，整修梯田，修筑灌渠，梯田设障，灌水造林。可选的乔灌木树种有二白杨、刺槐、沙枣、樟子松、柠条、花棒、黄柳、沙柳、紫穗槐、小叶锦鸡儿、沙拐枣等，春季植苗造林，造林密度1×2米，隔行混交或片状混交，混交时以灌木为主。乔木半月灌水1次，定额33立方米/亩，灌木1月灌水1次，每次66立方米/亩。（3）无灌溉防护林带。在灌溉防护林带外侧上风方向240米左右、下风方向160米左右的范围内，于造林前一年的秋季全面扎设1m×1m的半隐蔽式麦草方格沙障；之后，垂直主风方向，按株行带距1m×1m×2m的规格，营造以头状和乔木状沙拐枣、小叶锦鸡儿、花棒、柠条、黄柳、油蒿等树种为主的灌木林。（4）前沿阻沙带。在无灌溉防护林带外侧上风方向的丘顶或沙丘较高位置，用柽柳巴或枝条建立折线形高立式沙障，沙障地下埋深30cm，障高1m，阻沙积沙，以保护无灌溉防护林带外缘部分的安全。（5）封沙育草带。在前沿阻沙带上风方向百米范围内的局部沙丘迎风坡上，采取设栏封沙、铺设沙障、栽植灌木的方法，减少人畜对自然植被的破坏，促进封育区内植被自然繁殖，抑制风沙流运动。

沙漠地区的铁路防沙，若无灌溉条件，则采取机械固沙方式，如高立式多列式竹篱。有灌溉条件地区，可于铁路上风方向建立多带式植物防护带。带宽30～50米，带距40～50米，具体视沙害程度而定。根据沙害危害程度，上风方向可设3带到1带，下风方向只设1带。乔木可选二白杨、新疆杨、银白杨、沙枣等，灌木可选柽柳、柠

---

① 《长江中上游防护林体系建设工程管理办法》（1991年12月16日），第10条。

② 2016年11月，习近平总书记等中央领导同志对我国防沙治沙工作，尤其是对内蒙古、甘肃、宁夏三省区土地沙化、荒漠化治理作出重要批示，高度肯定我国防沙治沙巨大成就，明确提出了防沙治沙工作的具体任务。

条、锦鸡儿、花棒、梭梭等。配置上要乔灌结合，以形成前紧后疏的林带断面结构。戈壁上需开沟积沙客土造林，沟深 40~50cm，沟宽 40cm，沙满后挖穴造林。因戈壁渗水快，灌溉要少灌勤浇，半月 1 次，每次 80 立方米/亩。4 月下旬至 10 月下旬间，林内除草，带间育草。可见，在我国，沙坡头治沙模式不但成功地保护了包兰铁路，而且为西北地区同类型沙漠的治理，提供了可资借鉴的经验。三北防护林对于减少沙源区释尘量、减轻沙尘暴的危害发挥了作用。根据林业部门统计，到目前为止，沙化严重的我国西部地区，平均森林覆盖率由 5 年前的 9.03% 提高到 12.54%。未来，三北防护林工程的总目标，是从 1979 年到 2050 年造林 5.35 亿亩，使三北地区的森林覆盖率由 5.05% 提高到 15.95%。①

2017 年 9 月 6 日—9 月 15 日，为期 10 天的《联合国防治荒漠化公约》（简称《荒漠化公约》）第 13 次缔约方大会在内蒙古鄂尔多斯市举行。大会期间，各缔约方围绕落实联合国 2030 年可持续发展议程、制定《荒漠化公约》新战略框架，以及推动实现土地退化零增长目标等议题，进行了广泛深入的探讨和磋商，达成多方共识，取得积极成果。在大会闭幕式上，审议并通过了大会报告，发布了《向中华人民共和国政府及其人民表示感谢》的决定，通过并发布《鄂尔多斯宣言》。②《联合国防治荒漠化公约》第 13 次缔约方大会取得了五项重要成果。即：（1）通过《荒漠化公约》2018—2030 年战略框架，明确实现 2030 年全球土地退化零增长目标的战略途径、步骤和监测指标；（2）112 个国家承诺加入"土地退化零增长"自愿目标设定进程，将确定目标并开展行动；（3）通过《鄂尔多斯宣言》，强调政府主导、多方合作，调动私营部门、民间组织、妇女和青年参与的重要性，认可防治荒漠化、遏制土地退化、减缓干旱、缓解沙尘暴危害与应对气候变化、保护生物多样性、维护粮食安全的密切关系，承诺加强荒漠化防治、遏制土地退化、修复和重建退化生态系统；（4）发布《全球防治荒漠化青年倡议》，发布可持续土地管理商业论坛宣言，通过了民间组织和私营部门参与的决议，引导鼓励私营部门建立公私伙伴关系；（5）通过与荒漠化和土地退化防治密切相关的干旱政策倡议、沙尘暴政策框架倡议，荒漠化与移民、能力建设、性别平等和赋权等决议，更加关

---

① 研究表明，影响京津地区沙尘天气的传输路径，可分为北路、西路和西北路，其中，北路和西北路影响最为明显。从蒙古国甚至中亚沙漠地区起源的这类沙尘暴强度大，其影响明显大于境内源地沙尘暴。这种境外沙源是三北防护林无法覆盖到的。而且，防护林也阻挡不了高空的沙尘。根据观测，当强沙尘暴形成时，如果风速达到 30 米/秒（11 级风），那么粗沙（直径 0.5~1.0 毫米）会飞离地面几十厘米，细沙（直径 0.125~0.25 毫米）会飞起 2 米高，粉沙（直径 0.005~0.05 毫米）可达到 1.5 公里的高度，黏粒（直径小于 0.005 毫米）则可飞到更高的高度。防护林的高度一般只有 10~20 米高，靠防护林阻挡高空的沙尘是不现实的。资料来源：刘文静：《三北防护林挡得住沙尘暴吗？》，中国天气网，2015 年 5 月 20 日，http://www.guokr.com/article/440307/。

② 《鄂尔多斯宣言》内容共有 46 条，是《联合国防治荒漠化公约》第 13 次缔约方大会的 5 项大会成果之一。《鄂尔多斯宣言》认可防治荒漠化、遏制土地退化、减缓干旱、缓解沙尘暴危害与应对气候变化、保护生物多样性、维护粮食安全的密切关系。重申各国对有效实施《联合国防治荒漠化公约》的坚定承诺，加强防治荒漠化、土地退化，修复和重建退化生态系统。肯定《联合国防治荒漠化公约》2018—2030 战略框架的重要意义，鼓励各国采取行动，设定履约自愿目标，在 2030 年之前实现土地退化零增长。

注各区域热点问题和需求，加强与其他公约和国际组织协调合作。[①]

应当说，这次高规格的国际会议之所以在鄂尔多斯市举办，是因为"库布齐治沙模式"的功劳。库布齐（蒙语，意思为"弓上之弦"）沙漠，地处鄂尔多斯高原脊线的北部与河套平原的交接地带，即鄂尔多斯市杭锦旗、达拉特旗和准格尔旗的部分区域，北与包头市、土默特右旗、乌拉特前旗隔黄河相望，东与准格尔旗为邻，南靠东胜区，西接杭锦旗，位于 E107°～111°30，N39°30～39°15，带状分布，东西走向，形态以沙丘链和格状沙丘为主，流动沙丘约占 61%，长 400 公里，宽 50 公里，沙丘高 10～60 米，是我国第七大沙漠，总面积 1.86 万平方公里，是距离北京最近的沙漠，更是京津冀地区三大风沙源之一。20 多年前，这里还是一片风沙肆虐、寸草不生、沙尘暴泛滥的荒漠。如今，成片的胡杨林、沙柳、樟子松给曾经的不毛之地披上了绿衣，绝迹多年的狼、狐狸、山鸡、野兔等野生动物也重回这里安家。昔日死亡之海的库布齐沙漠，变成富裕文明的沙漠绿洲的答案，在于库布齐正确、科学的沙漠治理方法。在防沙绿化方面，"库布齐模式"始终坚守经济治沙。在植物选择上，既考虑耐旱性、又考虑经济性，种植沙柳、柠条等沙漠易生植物，每隔 3 年砍掉一批枝丫作为生产饲料，交给农牧民饲养牲畜，废弃物还田后还可以改良土壤。库布齐沙漠的成功治理把"科技、产业、生态、富民"都结合到了一起，"库布齐模式"证明沙漠可以变绿，沙漠可以带来财富，沙漠产业大有可为。此外，库布齐沙区还通过飞播绿化、在林间套种甘草药材、开发沙漠再生能源等方式发展沙漠生态经济产业，既防沙固沙，又形成了立体复合循环产业链，实现了沙漠经济反哺沙漠治理。"库布其治沙模式"证明一个道理：沙漠化并非不能遏制，荒漠化并非不能治理。也就是，一个实际的治沙行动，胜过一沓国际公约的效用。[②]

二、工程防灾——南水北调工程

南水北调，就是把我国汉江流域丰盈的水资源，抽调一部分送到华北和西北地区，从而改变中国南涝北旱和北方地区水资源严重短缺局面的重大战略性工程。[③] 这个工程的目的，就是促进我国南北经济、社会与人口、资源、环境的协调发展。南水北调工程有东线、中线和西线三条调水线路，总投资额 5000 亿元人民币。通过三条调水线路与

---

① 《联合国防治荒漠化公约》第 13 次缔约方大会于 9 月 6 日至 15 日举行。大会第一周为技术性活动，包括科学技术委员会和履约审查委员会会议等；第二周为主要活动，包括高级别会议开幕式、高级别会议、高级别会议闭幕式等。大会还召开了多次全体会议和全体委员会。在高级别会议开幕式上，中国国家主席习近平发来贺信，联合国秘书长古特雷斯发表视频致辞，中国国务院副总理汪洋发表主旨演讲。高级别会议期间召开了 3 次部长级圆桌会议和 3 次交互式对话。中国作为东道国，还启动了"一带一路"防治荒漠化合作机制，召开了全球防治荒漠化青年论坛和中国科技治沙、防治荒漠化、民间组织在行动、防沙治沙与精准扶贫等多个会议，举办了防治荒漠化成就展、现场考察、纪念林植树等活动。

② 2014 年 4 月 22 日，第 45 个世界地球日之际，联合国环境规划署（UNEP）将中国亿利资源库布齐沙漠生态治理区确立为全球沙漠"生态经济示范区"，并把它作为全球首个荒漠化地区生态系统的研究对象，进行科学评估。此举标志着由中国政府、亿利资源集团企业和库布齐沙漠地区的人民，通过市场化手段修复生态、促进绿色经济发展的创新模式进一步得到了联合国组织的重视。资料来源：佚名：《联合国确立库布其为全球沙漠"生态经济示范区"》，新浪环保，2014 年 4 月 22 日。http://news.sina.com.cn/green/news/roll/2014-04-22/135829986773.shtml，最后访问：2016-12-22.

③ 汉江流域水量丰裕，所以，1952 年 10 月 30 日，毛泽东主席提出了"南方水多，北方水少，如有可能，借点水来也是可以的"设想。

长江、黄河、淮河和海河四大江河的联系，构成以"四横三纵"为主体的总体布局，以利于实现我国水资源南北调配、东西互济的合理配置格局。西线工程截至目前，还没有开工建设。规划的东线、中线和西线到2050年调水总规模为448亿立方米，其中东线148亿立方米，中线130亿立方米，西线170亿立方米。整个工程将根据实际情况分期实施，供水面积145万平方公里，受益人口4.38亿人。其中，东线工程位于我国东部地区，利用江苏省已有的江水北调工程，逐步扩大调水规模并延长输水线路。东线工程从长江下游扬州抽引长江水，利用京杭大运河及与其平行的河道逐级提水北送，并连接起调蓄作用的洪泽湖、骆马湖、南四湖、东平湖。出东平湖后分两路输水：一路向北，在位山附近经隧洞穿过黄河；另一路向东，通过胶东地区输水干线经济南输水到烟台、威海。东线工程2002年12月27日开工建设。

中线工程从汉水与其最大支流丹江交汇处的丹江口水库引水，以丹江口大坝加高后扩容的汉江丹江口水库自流供水，经陶岔渠首闸（河南淅川县九重镇），沿豫西南唐白河流域西侧过长江流域与淮河流域的分水岭方城垭口后，经黄淮海平原西部边缘，在郑州以西孤柏嘴处穿过黄河，继续沿京广铁路西侧北上，可基本自流到终点北京。中线工程主要向河南、河北、天津、北京4省市沿线的20余座城市供水。中线工程已于2003年12月30日开工；2014年12月12日，长1432公里、历时11年建设的南水北调中线正式通水。

西线工程在青藏高原上，在长江上游通天河、支流雅砻江和大渡河上游筑坝建库，开凿穿过长江与黄河的分水岭巴颜喀拉山的输水隧洞，调长江水入黄河上游。西线工程的供水目标主要是解决涉及青、甘、宁、内蒙古、陕、晋等6省（自治区）黄河上中游地区和渭河关中平原的缺水问题。结合兴建黄河干流上的骨干水利枢纽工程，还可以向邻近黄河流域的甘肃河西走廊地区供水，必要时也可及时向黄河下游补水。目前，西线工程尚没有开工建设。

南水北调东线工程的起点在长江下游的江都，终点在天津。东线工程供水范围涉及苏、皖、鲁、冀、津五省市。具体为：苏北除里下河腹部及其以东和北部高地外的淮河下游平原；安徽省蚌埠以下淮河两岸、淮北市以东的新汴河两岸及天长县部分地区；山东省的南四湖周边、韩庄运河和梁济运河侧、胶东地区部分城市及鲁北非引黄灌区；河北黑龙港运东地区；天津市及近郊区。东线工程利用的是元朝的运河，目的是缓解苏、皖、鲁、冀、津等五个省、市水资源短缺的状况。南水北调东线工程是在现有的江苏省江水北调工程、京杭运河航道工程和治淮工程的基础上，结合治淮计划兴建一些有关工程规划布置。东线主体工程由输水工程、蓄水工程、供电工程①三部分组成。其中，输水工程包括输水河道工程、泵站枢纽工程、穿黄河工程。即：（1）输水河道。引水口有淮河入长江水道口三江营和京杭运河入长江口六圩两处。输水河道工程从长江到天津输水主干线全长1150公里，其中黄河以南651公里，穿黄河段9公里，黄河以北490公

---

① 蓄水工程：东线工程沿线黄河以南有洪泽湖、骆马湖、南四湖、东平湖等湖泊，略加整修加固，总计调节库容达75.7亿立方米，不需新增蓄水工程。黄河以北现有天津市北大港水库可继续使用，天津市团泊洼和河北的千顷洼需扩建，并新建河北大浪淀、浪洼，黄河以北五处总调节库容14.9亿立方米。供电工程：黄河以南有泵站30处，新增装机容量88.77万kW，多年平均用电量38.2亿kW·h，最大年用电量57.5亿kW·h。第一期工程有泵站23处，新增装机34.32万kW，年平均用电量19亿kW·h。

里。分干线总长 740 公里，其中黄河以南 665 公里。输水河道 90％利用现有河道。（2）泵站枢纽。东线的地形以黄河为脊背向南北倾斜，引水口比黄河处地面低 40 余米。从长江调水到黄河南岸需设 13 个梯级抽水泵站，总扬程 65 米，穿过黄河可自流到天津。黄河以南除南四湖内上、下级湖之间设一个梯级外，其余各河段上设三个梯级。黄河以南输水干线上设泵站 30 处。主干线上 13 处，分干线上 17 处，设计抽水能力累计共 10200 立方米/秒，装机容量 101.77 万千瓦，其中可利用现有泵站 7 处，设计抽水能力 1100 立方米/秒，装机容量 11.05 万千瓦。一期工程仍设 13 个梯级，泵站 23 处，装机容量 45.37 万千瓦。黄河以北各蓄水洼淀进出口设 5 处抽水泵站，设计抽水能力共 326 立方米/秒，装机容量 1.46 万千瓦。南水北调东线工程泵站的特点是扬程低（多在 2～6 米）、流量大（单机流量一般为 15～40 立方米/秒）、运行时间长（黄河以南泵站约 5000 小时/年），部分泵站兼有排涝任务，要求泵站运转灵活、效率高。（3）穿黄河工程。选定在山东东平县与东阿县之间黄河底下打隧洞方案。通过多年地质勘探和穿黄勘探试验洞开挖，查明了河底基岩构造和岩溶发育情况，并成功解决了河底隧洞堵漏开挖的施工难题。穿黄工程从东平湖出湖闸至位临运河进口全长 8.67 公里，其中穿黄河工程的倒虹隧洞段长 634 米，平洞段在黄河河底下 70 米深处，为两条洞径 9.3 米的隧洞。第 1 期工程先开挖 1 条。

南水北调工程是世界上最大的水利工程，它涉及长江、淮河、黄河、海河四大流域和十余省市，牵涉水量和距离均为世界最大。这个超大工程中，有世界上最大的泵站群，东线 1 期工程长 1467 公里，全线共设立 34 泵站，总机流量 4447.6 立方米/秒。同时，这个工程是世界上首次大输水隧道近距穿越地铁下，北京西四环暗河工程从下方仅 3.67 米穿越运营中的北京市五棵松地铁站。也是世界上最大的穿河输水隧道，中线穿黄工程，长 4 公里多的两层衬砌水隧道穿越黄河激流。还有世界上最深的调水竖井，中线穿黄工程将长江水穿越黄河的抽水竖井深 76.6 米，以及世界最大的水坝升级，丹江口大坝加高工程，可相应增加库容 116 亿立方米。其积极意义包括三个方面：（1）社会意义。解决北方缺水问题；增加水资源承载能力，提高资源的配置效率；使中国北方地区逐步成为水资源配置合理、水环境良好的节水、防污型社会；有利于缓解水资源短缺对北方地区城市化发展的制约，促进当地城市化进程；为京杭运河济宁至徐州段的全年通航保证了水源，使鲁西和苏北两个商品粮基地得到巩固和发展。（2）经济意义。为北方经济发展提供保障；促进经济结构的战略性调整；通过改善水资源条件来促进潜在生产力，促进经济增长；扩大内需，促和谐发展，提振国内 GDP。（3）生态意义。改善黄淮海地区的生态环境状况；改善北方当地饮水质量，有效解决北方一些地区地下水因自然原因造成的水质问题，如高氟水、苦咸水和其他含有对人体不利的有害物质的水源问题；利于回补北方地下水，保护当地湿地和生物多样性，等等。

当然，通过南水北调进行缺水的工程性防灾改进，至少在目前我们主要看到的是积极效用。南水北调东线工程水量调度年度为每年 10 月 1 日至次年 9 月 30 日；南水北调中线工程水量调度年度为每年 11 月 1 日至次年 10 月 31 日。[①] 可见，在南水北调的调水期间，北方正好处于枯水期，通过这个巨大的人工调水工程，可以有效地改变北方缺水

---

① 《南水北调工程供用水管理条例》（2014 年 1 月 22 日），第 8 条。

的窘境。由此而言，工程防灾的效用在南水北调工程层面上，表现得非常明显和突出。

三、芦山大地震的教训——汶川大地震后灾后重建的工程防灾能力不足

2013 年 4 月 20 日 08：02，四川雅安市芦山县发生 7.0 级强烈地震，灾区人民群众生命财产遭受严重损失。芦山强烈地震波及四川雅安、成都、乐山、眉山、甘孜、凉山、德阳等市州的 32 个县（市、区），受灾人口约 218.4 万人。截至 2013 年 5 月 23 日，遇难 196 人，失踪 2 人，受伤 14785 人。大量老旧住房倒塌，未倒塌住房结构受损严重，学校、医院等公共服务设施和供水、排水、供气等市政设施受到不同程度损坏，主要公路多处塌方、受损，山体滑坡、崩塌、泥石流等次生灾害严重，生态环境受到严重威胁，余震多、震级高。持续影响大。① 应该说，芦山大地震对于极重灾区和重灾区，包括雅安市芦山县、雨城区、天全县、名山区、荥经县、宝兴县等 6 个县（区），以及成都市邛崃市的 6 个乡镇，共 102 个乡镇的灾民而言，是极其沉痛的教训。理由在于，几年前的汶川大地震中，芦山县属于重灾区，却没有从汶川大地震中认真吸取教训，在灾后重建的过程中，忽视了工程防灾问题，教训是非常沉痛的。

唐山大地震之后，国家迅速组织科研力量进行工程抗震的研究，从而，催生了《房屋建筑抗震规范》GBJ11-78（简称《抗震规范 78》），这个《抗震规范 78》很好地总结了唐山大地震的经验教训，为房屋建筑的工程抗震提供了具体的规范依据和指导。然而，"5·12"汶川大地震之后，并没有像唐山大地震那样，很好地总结一下 8 万人死亡的惨痛教训。也就是说，《抗震规范 78》较好地解决了城市建筑物或者房屋的工程抗震问题，汶川大地震表明：大量的人员伤亡，主要发生在农村或者中小城市。那么，这就需要灾区政府、社会团体，以及科研机构、工程设计工作者，应当更加关注广大农村和中小城市的房屋和各种建筑物、构筑物和设施的抗震问题。

事实上，汶川大地震验证的工程抗震的规律是：农村和中小城市的房屋，从设计、施工和竣工验收等，基本上都没有经过抗震设计、施工和竣工验收。这当中，一方面，主要是工程设计、施工监督和竣工验收的费用问题。这个问题，本质上是防灾意识和防灾投入层面的问题。应当说，对于芦山县、宝兴县这些汶川大地震的重灾区而言，灾后重建的重心，应当在农村和像芦山县城这样的中小城市的灾后恢复重建和房屋、设施的抗震加固上。然而，灾区政府、社会团体，以及建筑结构的科研、设计工作者并没有更加关注芦山县的农村住房建设，尤其是抗震加固或者拿出一些钱来进行维修，提高农民的房屋建筑抗震性能。在从事这些具有公益性质的活动中，工程师们应当为这些农村房屋的抗震性能的提升，免费进行设计、维修或者加固，提出具体而可行的意见和建议，把工程抗震与救灾的钱，花在防灾上。客观地说，汶川地震后芦山县、宝兴县的灾后重建工作中，学校和医院等人员集中的建筑物，都采用了较高的标准和严格的防震加固措施，使得芦山 7 级地震中，建筑物和各类设施虽然损失严重，但是，终于让人们看到地震灾害是可以预防的。尤其是在地震发生之前，通过工程防震和抗震加固措施之后，灾区的人员和财产损失，是可以极大地减轻的。

另一方面，是应急救灾本身的问题。我国历次抗震救灾或者遇到任何重大的自然灾

---

① 《芦山地震灾后恢复重建总体规划》（2013 年 7 月 6 日），第一章重建基础，第一节规划范围。

害，都会表现出万众一心、众志成城抢险救灾的社会氛围，于是，从各级政府（不管是否灾区政府）、军队再到个人，都会全力以赴。不过，抗震救灾最重要的是所谓 24 小时、72 小时的"黄金时间"，这个时间段，是最能体现或者反映抢险救灾效果的时间。如果只是消极地等待外部的救援，恐怕是非常糟糕的，特别是重灾区会因为交通、信息联络等原因，而失去黄金时间的资源整合效果。因此，灾民自救、灾区自救才是最有效的"黄金救助"或者灾害应急的好方法。

事实上，唐山大地震发生之后，灾民的自救、互救才是最为有效的"黄金救助"方法。资料显示，唐山大地震发生后，约有 60~70 万人被埋在瓦砾之中。事后统计，唐山大地震导致 24 万多人死亡，也就是说，有 36~46 万被从瓦砾中救出。而这些被救出的众多灾民，主要是依靠自救或者互救而获得幸存的。理由是，当时军队共救出 1.6 万人，其中，1.5 万人是当地驻军救出的，外援救助的幸存者也就只有 1000 多人。当然，这 1000 多人都是最难救的。所以，外派救援队主要派出的应该是专业救援队，并不在人数众多，而在于精和专。各种自然灾害发生后，外部的救援，主要应该是为灾区提供灾民生存需要的食品、饮用水、帐篷和药品等救急物资。由此而言，在我国这样一个多灾害的国家里，开展自然灾害应急救援的自救、他救和互救的能力养成教育，让各种学校、社区都要开展受灾后的灾民自救、互救的减灾能力教育，是有效减少灾后伤亡和致残的重要路径。遗憾的是，芦山县、宝兴县在汶川大地震之后灾后重建过程中，对农村和中小城市的房屋和各种建筑物的抗震加固和工程抗震问题，依然没有引起高度重视，采取的措施不到位，从而导致发生了"大量老旧住房倒塌，未倒塌住房结构受损严重"的惨重损失。加上汶川大地震之后，对有的房屋和有的设施的偷工减料的建造方并没有追究法律责任，尤其是实行刑事责任追究制度，导致豆腐渣工程成为芦山大地震中自然危险的直接致灾因子，其教训是非常深刻的。

第二节 三峡工程的防灾效用评价

一、三峡工程上马的理由之一——为了防灾减灾

三峡工程（Three Gorges Hydroelectric Power Station），即长江三峡水利枢纽工程，又称三峡水电站、三峡大坝，位于重庆市到湖北省宜昌市之间的长江干流上，大坝位于距离宜昌市上游不远处的三斗坪，并和下游的葛洲坝水电站[①]构成梯级电站。三峡水电站，是目前世界上规模最大的水电站，也是我国有史以来建设最大型的工程项目。三峡是由瞿塘峡、巫峡和西陵峡组成的长江中的三个大峡谷，蕴藏着丰富的水能资源。三峡水电站的功能有十多种，包括防洪、发电和航运、种植等防灾减灾功能等。1992年 4 月 3 日，全国人大七届五次会议以 1767 票赞同、171 票反对、664 票弃权、25 人未按表决器，近 1/3 反对或者弃权票的结果，通过了《长江三峡工程决议案》。这个超

---

① 1970 年，中央决定先建作为三峡总体工程一部分的葛洲坝工程，一方面解决华中用电供应问题，一方面为三峡工程做准备。12 月 26 日，毛泽东主席作了亲笔批示："赞成兴建此坝。" 1970 年 12 月 30 日，葛洲坝工程开工建设。1981 年 12 月，葛洲坝水利枢纽二江电站 1、2 号机组通过国家验收正式投产。

级大工程于 1994 年 12 月 14 日正式动工兴建，2003 年 6 月 1 日开始蓄水发电，到 2006 年 5 月 20 日全面竣工。三峡水电站大坝高程 185 米，蓄水高程 175 米，水库长 600 余公里，总库容 393 亿立方米，总投资 954.6 亿元人民币，安装 32 台单机容量为 70 万千瓦的水电机组。[①] 三峡电站最后一台水电机组于 2012 年 7 月 4 日投产，这意味着装机容量达到 2240 万千瓦的三峡水电站，在这一天正式成为全世界最大的水力发电站和清洁能源生产基地。

三峡电站初期的规划是 26 台 70 万千瓦的机组，装机容量为 1820 万千瓦，年发电量 847 亿度。后又在右岸大坝"白石尖"山体内建设地下电站，建 6 台 70 万千瓦的水轮发电机。再加上三峡电站自身的两台 5 万千瓦的电源电站，总装机容量达到了 2250 万千瓦。仅 2012 年，三峡水电站发电量约 981 亿度，[②] 是大亚湾核电站的 5 倍，是葛洲坝水电站的 10 倍，约占全国年发电总量的 3%，占全国水力发电的 14%。三峡水电开发是中国可持续发展，尤其是清洁能源开发的一个重要里程碑。2012 年年底，三峡累计发电量 6291 亿千瓦时。按中国目前平均发电能耗每千瓦时约 300 克标准煤（供电煤耗 330 克标准煤）计算，三峡工程的水电部分累计节煤超过 2 亿吨，累计减排二氧化碳（CO_2）5.5 亿吨以上，相当于 1.5 亿吨碳当量。如果未建三峡工程，而以现有基于化石燃料的最优火电技术满足同等电力需求，则会每年新增二氧化碳排放约 8500 万吨。同时，无论火电或核电都会消耗大量水资源，而水电则使水资源的合理利用与发电结合成为现实的可能。事实上，燃煤发电及煤化工消耗了我国 15~20% 的水资源，严重消耗了有限的水资源。所以，三峡工程本身，从减排角度看，其防灾的作用也是不容小觑的。

当然，三峡工程引发的移民搬迁、环境、生态安全等问题，使它从开始筹建的那一刻起，便始终与巨大的争议相伴。三峡工程主要有三大防灾减灾效益，即防洪、发电和航运，其中，防洪被认为是三峡工程最核心的效益。历史上，长江上游河段及其多条支流频繁发生洪水，每次特大洪水时，宜昌以下的长江荆州河段（荆江）都要采取分洪措施，淹没众多的乡村和农田，以保障武汉的安全。三峡工程建成后，其巨大库容所提供的调蓄能力，减缓几乎每年夏季都会发生的长江洪涝灾害，使下游的荆江地区可以抵御百年一遇的特大洪水，也有助于洞庭湖的治理和荆江堤防的全面修补。同时，三峡工程的经济效益，则主要体现在发电上。由于三峡工程是我国西电东送工程中线的巨型电源点，尤其是靠近华东、华南等电力负荷中心，所发的电力将主要售往华中电网的湖北省、河南省、湖南省、江西省、重庆市，华东电网的上海市、江苏省、浙江省、安徽省，以及南方电网的广东省。三峡的上网电价，按照各受电省份的电厂平均上网电价确定，在扣除相应的电网输电费用后，约为 0.25 元。由于三峡电站使用水电机组，其成本主要是折旧和贷款的财务费用，因此，发电的利润非常高。

为减轻长江中下游的防洪压力，三峡工程积极发挥削峰、错峰作用，而抗旱补水作

[①] 三峡水电站的水电机组设备，主要由德国伏伊特（VOITH）公司、美国通用电气（GE）公司、德国西门子（SIEMENS）公司组成的 VGS 联营体和法国阿尔斯通（ALSTOM）公司、瑞士 ABB 公司组成的 ALSTOM 联营体提供。在签订供货协议时，都承诺将相关技术无偿转让给我国国内的电机制造企业。

[②] 资料显示，三峡水电站的年发电量平均为 846.8 亿千瓦时。

为三峡工程新增的功能，其超常规的补水来源于三峡水库的超量大库存水量。例如，受当时长江流域降雨影响，湖北防汛形势异常严峻，在长江湖北段水位不断上涨的同时，汉江来水快速增加。这是湖北20年来首次遭遇长江、汉江"两江"夹击形成的紧张局面。2010年7月19日14：00，三峡库区入库流量已达每秒66500立方米，出库流量达每秒38100立方米；到17：00，坝前水位147.74米。20日08：00，三峡工程迎来流量达7万立方米/秒的大规模洪峰，刷新了1998年以来通过宜昌的最大峰值记录，这也是三峡2009年基本建成之后迎来的第一次特大洪水。三峡大坝开启7个泄洪深孔和2个排漂孔泄洪，避免此次洪峰和下游洪水叠加在一起给下游造成安全威胁。而洪水经由三峡大坝拦截后，出库流量减少到4万立方米/秒，相当于三峡工程利用防汛库容拦截了3万立方米/秒的流量。[①] 结果，湖北省的此次"两江"夹击洪水灾害，得到了有效控制。

再如，为了缓解2010年11月以来的长江中下游严重旱情，于是，从2011年5月20日到24日，三峡水库按日均出库每秒10000立方米的水平控泄。这一泄水量高出入库量每秒3000立方米。25日开始到6月10日，三峡水库再次加大泄流量。5月25日到6月10日，三峡水库日均下泄流量加大至每秒11000到12000立方米，进一步抬升长江中下游干流水位，满足湖北、湖南两省中稻栽插等抗旱用水需求，缓解沿江城乡供水、灌溉引水和航运压力，保障长江中下游地区抗旱用水及航运安全。[②] 5月26日，根据宜昌市秭归县长江三峡水利枢纽凤凰山水位自动测报站监测，三峡水库的水位已降至152.4米左右，而三峡水库的最高蓄水位置为175米。为保护船闸免遭特大洪水侵袭，按调度规程要求，三峡双线五级船闸已于6月19日11时停航；而三峡专用公路6月19日15：00正式对载货汽车开放，载货汽车滚装船翻坝转运工作顺利启动。不过，三峡工程并不能彻底解除长江中下游的水患，这一点，已经被时间所反复证明，包括2016年7月的武汉大洪水，就是例证。

二、三峡工程的防灾效用评估

三峡工程对环境、生态的影响，范围非常广泛。其中，对三峡库区自身的影响最为直接和显著，对长江流域也存在着一些重大的负面影响，为此，有人甚至认为：三峡工程将会使得全球的气候和海洋环境发生重大变化。三峡库区的人们对三峡工程影响环境的最大担忧，是三峡水库的水污染。三峡两岸城镇和游客排放的污水和生活垃圾，未经处理直接排入长江，是这种担忧的主要来源。三峡水库在蓄水后，由于水流静态化，污染物不能及时下泄而蓄积在水库中，因此，造成水质恶化和垃圾漂浮，并能引发各种传染病滋生，从而导致三峡库区的部分城镇已在其他水源采集生活用水。加上三峡库区大批移民开垦荒地，加剧了水体污染，并产生水土流失现象。对此，当地政府正在大力兴建污水处理厂和垃圾填埋场，以期解决三峡水库的水污染问题，如果发现水污染过于严

---

① 杨希伟等：《湖北二十年来首次遭遇长江、汉江"两江"夹击》，新华网，2010年7月20日 http://www.hb.xinhuanet.com/zhuanti/2010—07/20/content_20383575.htm，最后访问：2012—07—30.

② 佚名：《南方多省现数十年一遇旱情，三峡开闸放水抗旱》，中国新闻网，2011年5月23日，https://news.qq.com/a/20110523/000789.htm，最后访问：2012—07—30.

重，也会采取大坝增加下泄流量来实现换水。

事实上，三峡水库蓄水后，库湾及支流回水区多次出现水华现象。这主要是由于三峡库区回水区水流减缓，严重的只有 1.2 厘米/秒，几乎不再流动，引起扩散能力减弱，使库区周围近岸水域及库湾水体纳污能力大大下降。而重庆三峡库区水污染问题，有七成是农业生产以及农民生活对环境造成的污染，这些污染已大大超过工业污染的水平。基于葛洲坝水电站运行的经验，三峡工程会对周边生态造成严重的负面冲击。一方面，因为有三峡大坝阻隔，各种鱼类无法正常通过三峡大坝，它们的生活习性和生物遗传等，都会发生变异。三峡水库蓄水后，有 560 多种陆生珍稀植物被淹没，尽管它们中的绝大多数在淹没线以上也有分布。现在，三峡库区森林覆盖率已由 20 世纪 50 年代的 20%，下降到了 10%。另一方面，三峡水库的运行，导致库区水体富营养化进程加快，而支流、库湾藻类水华频发。大坝清水下泄引起长江干流河道剧烈冲刷，使得坝下河道水文情势变化，进而造成中游通江湖泊江湖关系改变，使得湖泊水情与湿地生态明显调整。长江特有鱼类繁育和四大家鱼鱼类产卵场，以及珍稀水生动物生存等受到严重影响。

三峡水库蓄水后，水域面积扩大，水的蒸发量上升，因此，造成附近地区日夜温差缩小，改变了库区的小气候环境。2006 年夏季，四川省、重庆市遭受新中国成立以来最严重的干旱灾害和高温灾害，重庆市綦江出现历史最高气温 44.5 摄氏度。2007 年夏天，四川盆地遭遇自 1998 年大洪水以来最大的降雨，这一事实证明：三峡大坝本身和库区小气候的变化，并不会直接导致干旱灾害，最多只是间接导致干旱灾害而已。而 2011 年 3 月之后，长江中下游地区遭遇历史上罕见的干旱灾害，降水量达到近 50 年以来的最低水平，然而，这次干旱的主因，是 2011 年上半年度长江中下游地区，尤其是两湖地区总体降水严重减少所致，与三峡工程并没有直接的或者太大的内在联系。而且，三峡工程在这次大旱中，还发挥了巨大的减灾救灾作用，那就是：由于三峡水库及时向长江下游放水，在一定程度上缓解了旱灾地区严重的旱情。

三峡工程对环境产生了一定的积极作用。因为，水能是一种清洁能源，三峡水电站的建设、运行，代替了大批的火电机组，使我国每年的煤炭消耗量减少了至少 5000 万吨，由此而减少了二氧化硫等大气污染物和引起温室效应的二氧化碳的排放量，间接实现了环保的目的。应当说，无论一个水库的库容多么巨大、技术多么先进、设计理念或者目标是多么合理科学，也未必能彻底解决广袤地区的洪水灾害或者干旱灾害的威胁。也就是说，三峡工程对人类社会而言，只是用来防灾减灾救灾的减灾工程而已。这一人为的工程，其直接的、具体的和目的性功能，可以被设计、被实施或者被努力实现。但是，毫无疑问，却不可能完全变成消灭自然危险的利器，不会出现对自然灾害的所谓"手到擒来"或者"药到病除"的功效。这是我们评价三峡工程防灾减灾救灾效用的基本立场或者态度。问题是，三峡工程从论证时即发生严重的争议，到全国人大表决通过后实施修建，再到建成后投产，官方并没有把三峡工程的所有利弊，在环保方面、清淤方面、移民方面、设计方面、监理方面、安全方面尤其是防灾减灾救灾功能及其实现方面，通过适宜与合法的方式或路径，一揽子公开出来，让社会公众有一个对三峡工程的防灾减灾救灾效用的准确评估的平台。

三、三峡大坝安全防护条例

大坝历来是具有很高价值的重要军事目标。古今中外，水库大坝都是军事对抗中的主要打击目标，也是恐怖分子破坏或要挟的主要目标。筑坝壅水、破坝放水、水淹敌军的战例，在我国历史上为数不少。国际上的大坝专家们也曾指出，打击对方的水库设施，是国际军事较量的一种重要手段。从这一点上看，在军事较量中，大坝是被对方打击或威胁的对象，拥有大坝的一方，显然处于被动状态，而威胁和打击大坝的一方，则处于主动状态。如果把大坝，尤其是三峡大坝这种超级大坝当作"达摩克利斯之剑"，那么，这把剑就必然悬在拥有大坝一方的头顶上。由此，三峡大坝工程作为目前世界上最大的水电工程，其军事安全防御问题，就不能不引起人们的高度关注。

三峡大坝遭遇军事袭击的四种可能方式：（1）战略弹道导弹核攻击；（2）常规巡航导弹攻击；（3）飞机空袭；（4）制造爆炸等。三峡大坝是一座坚固的混凝土重力坝，大坝由 2689 万吨混凝土外加 29 万吨钢筋和 25.5 万吨钢材组成，坝高 185 米，大坝底部宽 121 米，坝高和坝宽都超过 100 米。三峡大坝的坚固性，来自三峡大坝的设计特点，三峡水库是"一线水"，而不是很多人想象中的"一盆水"，其长度达 600 多公里，平均宽度仅 1.1 公里，其下游段为三峡河谷，千回百转，全长 200 公里，这是一个少见的"河床型"水库，可以使遭受打击包括核打击的破坏性减小到最低限度。也就是说，即使三峡大坝被突然炸溃，对于下游大城市的威胁也不一定很大。理由是：三峡大坝被炸溃坝后，由于三峡库区曲折河道的阻滞，江水从三峡水库的上游流到三峡大坝处，少说也需要两天以上的时间。而且，从三峡到宜昌江面上有 3 个大的转弯，每个转弯处都是很高的山峰，可以有力地缓冲水流。到宜昌以后，江面变宽，水流骤缓。宜昌附近有长江的几条小支流，可以容纳一部分水流。长江第一坝葛洲坝可以阻挡一部分水流。从宜昌到荆州有长江几条比较大的支流可以回水。进入荆江分洪区后，还可通过分洪减轻中游武汉、九江等大城市的洪水压力。

三峡工程的兴建，是党中央、国务院经过长达 30 多年的反复论证后，才谨慎决定的重大工程，对三峡大坝可能成为未来军事打击的重要目标，国家早有考虑。因此，在建设三峡大坝的同时，我国也构筑起了一个严密的三峡大坝安全防御网。负责保护三峡大坝的防空作战人员和武器装备的基本工作是以三峡大坝为圆心，从里到外按陆军防空部队、空军防空部队、空军航空兵循序进行疏散配置，主要兵器大致有：地空导弹，各种类型作战飞机，单兵对空导弹，各型高射炮和高射机枪等；其任务是：高中空由空军航空兵主要负责，中低空由空军、陆军的防空部队负责，等等。

《长江三峡水利枢纽安全保卫条例》（2013 年 7 月 12 日，简称《三峡安全条例》），对三峡工程的安全保卫进行了详细规定，即：（1）三峡枢纽安全保卫区的范围，包括三峡枢纽及其周边特定区域，分为陆域安全保卫区、水域安全保卫区、空域安全保卫区。

其中，陆域安全保卫区、水域安全保卫区实行分区安全保卫制度，[①] 具体范围的划定和调整，由湖北省人民政府确定并公布；而空域安全保卫区为陆域安全保卫区、水域安全保卫区上空的低空空域（第3条）。（2）三峡枢纽安全保卫工作坚持预防与应急处置相结合、专责机关管理与人民群众参与相结合、安全保卫与经济社会发展并重的原则（第4条）。（3）国家统一领导三峡枢纽安全保卫工作。国务院公安、交通运输、水行政等部门和三峡枢纽运行管理单位依照法律、行政法规和国务院确定的职责分工负责三峡枢纽安全保卫有关工作。湖北省人民政府、宜昌市人民政府对三峡枢纽安全保卫工作实行属地管理（第5条）。（4）任何组织或者个人都不得危害三峡枢纽的安全，发现危害三峡枢纽安全的行为和隐患应当立即报告。对保护三峡枢纽安全作出突出贡献的组织和个人，按照国家有关规定给予表彰奖励（第6条）。（5）三峡枢纽安全保卫工作所需经费，由有关人民政府和单位按照职责分工和规定的经费负担体制予以保障（第7条）。[②] 可见，三峡大坝在成为防灾减灾救灾工程的同时，也成为一个重要的军事目标。也就是说，当它的防灾减灾救灾工程功能在成为巨大的工程防灾的物质实体时，必然孕育着巨大的人为工程性风险，即人为工程成为致灾因子的必然性。于是，《三峡安全条例》的颁行也就成为必然了。

第三节　生命线工程及其维护

一、生命线工程在哪里

在这里，生命线工程的定义，与前文有所出入。所谓生命线工程（lifeline engineering），是指自然灾害状态下，能够维持生命的物质和能量的保障系统。在我国，《破坏性地震应急条例》（1995年2月11日发布，2011年1月8日修订，简称《破坏地震条例》）第38条规定："生命线工程"是指对社会生活、生产有重大影响的交通、通信、供水、排水、供电、供气、输油等工程系统。可见，《破坏地震条例》中的"生命

[①] 《三峡安全条例》规定：（1）陆域安全保卫区划分为限制区、控制区、核心区。各区的周边界线应当设置实物屏障或者警示标志，各区的出入口和重点部位应当配备警戒岗哨或者技术防范设施（第8条）。（2）水域安全保卫区划分为管制区、通航区、禁航区。各区的周边界线应当设置警示标志，配备警戒岗哨或者技术防范设施（第16条）。而禁航区是禁止船舶和人员进入的水域。除公务执法船舶以及持有三峡枢纽运行管理单位签发的作业任务书和三峡通航管理机构签发的施工作业许可证的船舶外，任何船舶和人员不得进入禁航区。禁航区应当设置人民武装警察部队岗哨（第19条）。（3）在空域安全保卫区飞行的航空器，应当严格按照飞行管制部门批准的计划飞行（第22条）。（4）禁止在空域安全保卫区进行风筝、孔明灯、热气球、飞艇、动力伞、滑翔伞、三角翼、无人机、轻型直升机、航模等升放或者飞行活动（第23条）。

[②] 三峡工程作为长江上的极其重要的水利枢纽，其安全运行直接关系到华东、华中、华南的用电，以及长江下游防洪区域1500多万人民群众的生命和财产安全，所以，《三峡安全条例》的出台实施，对加强长江三峡水利枢纽安全保卫工作，维护三峡工程的安全和生产秩序，发挥着极为重要的作用。《三峡安全条例》共7章41条，分为总则、陆域安全保卫、水域安全保卫、空域安全保卫、安全保卫职责、法律责任、附则等章节，并明确了从中央、湖北省、宜昌市到三峡枢纽运行管理单位的四级安保工作协调机制，确定了牵头责任主体和重点职责。《三峡安全条例》还明确了长江流域各港口码头，以及进入三峡枢纽安全保卫区船舶的相关安全保卫职责，强化了码头和船舶管理责任人的安全责任制，从源头上预防、消除威胁三峡枢纽的安全隐患。同时，对可能发生的各种违法行为，《三峡安全条例》规定了相应的法律责任。

线工程"是一个地震灾害发生后，维持社会生活、生产的安全工程系统。理论上，"生命线工程"主要是指维持城市生存功能系统和对国计民生有重大影响的工程，主要包括供水、排水系统的工程；电力、燃气及石油管线等能源供给系统的工程；电话和广播电视等情报通信系统的工程；大型医疗系统的工程以及公路、铁路等交通系统的工程等等。研究"生命线工程"的目标，是实现生命线工程的抗灾设计与智能化控制，为防灾减灾救灾提供工程抗灾方面的支持。

在我国，随着经济、社会和文化的发展，城市生活、生产的设施安全和人为工程性风险越来越高。也就是说，城市市民的生存方式当中，衣食住行用、吃喝拉撒睡和生老病死养等问题，对城市设施和各种人为工程的依赖性越来越强。而这种依赖性过强，本身就说明城市这个人造的社会环境对于各种自然危害，比如地震、海啸、洪水、雷电等，以及人为危害，比如火灾、危化品爆炸、恐怖袭击、交通拥堵和各种疫病等，具有太多的脆弱性。这种脆弱性，也可以称之为易损性或者城市的韧性。在这里，所谓城市韧性，是强调任何一个城市在"城市让生活更美好"的理念①之下，在城市建设中，将城市市民的健康及福祉、民生和就业、公共卫生保障、环境和经济、交通和安全等事项，列为韧性城市的驱动因素和次级驱动因素，指导并考核会员城市开展韧性建设。例如：韧性城市②具有向所有人提供足够的住房、安全的食物、源源不绝的供水能力；韧性城市应实施稳健和包容性就业政策及标准，并为失业人口提供社会保障，为就业市场的所有适合人群提供技能培训，等等。

2016年12月15日，"全球100韧性城市"③ 国际研讨会在德阳市举行，"韧性城市"这个名词首度出现在公众视野。那么，"韧性城市""韧性城市项目"与城市市民的生活，尤其是"生命线工程"有什么关系呢？

"全球100韧性城市"亚太区总监维克拉姆·辛格认为，德阳市与美国旧金山等其他城市一样，也面临着韧性不足的困难和"生命线工程"脆弱的挑战。比如，德阳市在

---

① 城市，让生活更美好（Better City，Better Life），是中国2010年上海世界博览会的主题。城市兼收并蓄、包罗万象、不断更新的特性，促进了人类社会秩序的完善。1800年，全球仅有2%的人口居住在城市，到了1950年，这个数字迅速攀升到了29%；而到了2000年，世界上大约有一半的人口迁入了城市。到2010年，全世界城市人口占总人口55%。自20世纪80年代以来，随着环境问题和发展问题的趋严重，可持续发展理念应运而生。各国城市政府为实施《21世纪议程》而提出的战略大多围绕如何重建人与城市、人与自然的和谐，最终达到今世与后世之间的和谐。由此可见，对"和谐生活"和"和谐城市"的追求，主要体现为多元文化的和谐共存、经济的和谐发展、科技时代的和谐生活、社区细胞的和谐运作，以及城市和乡村的和谐互动，越来越彰显在人们为明天城市所描绘的蓝图之中。

② 韧性城市，是指城市在面对急性冲击和慢性压力时，仍然能够维持基本功能的城市特性，即城市在无论顺境逆境，均能更为行之有效地造福全体居民的柔韧城市特性，这种特性的具备，让城市成为适宜人居和具有幸福感的生存之所。

③ 2013年5月，洛克菲勒基金会在其成立百年之际，推出一项城市发展项目即"全球100韧性城市"计划。这个计划，旨在为全球城市提供技术支持与资源，帮助城市打造韧性，提升城市抵御外来冲击、灾害的能力，应对21世纪的社会、经济和现实挑战。这些挑战并不仅限于地震、洪涝、突发疫情等冲击，还包括动摇城市体系的日复一日或循环往复的压力，如失业率居高不下等。洛克菲勒基金会将为入选的100个城市提供总计1.7亿美元的无偿经费资助和相关支持，这些资金主要用于为城市聘请"首席韧性官"，帮助会员城市制定并执行韧性城市建设策略，改善城市整体功能和韧性设计，构建100个会员城市资源和信息共享网络，提供相关技术、信息、创新融资及基础设施建设等方面的配套支持。已经入选的有美国纽约、法国巴黎、英国伦敦、意大利罗马、澳大利亚墨尔本等城市，这些会员城市构成了"全球100韧性城市关系网"。

发展中，面临着水资源不足、雾霾、城市基础设施老化，尤其是生命线工程保障能力过低等问题。从2013年起，德阳市灾后重建任务已经完成，开始参加韧性城市在全球的筛选活动。在德阳市的韧性评估中，专家们对德阳面临的慢性压力和急性冲击直言不讳。2014年12月，德阳市成功跻身全球100韧性城市项目，将获得美国洛克菲勒基金会在技术、信息共享、基础设施建设等方面资助和支持。德阳市委副书记刘宏葆说：德阳高度重视洛克菲勒基金会将德阳纳入全球100韧性城市，真诚希望在国家发改委城市中心帮助下，全面与洛克菲勒基金会合作，搞好韧性城市建设，对接国际名城和跨国公司，发展智能制造和城市智慧服务，共同探索面向未来的智能发展，与全球其他入选城市一道，分享韧性城市建设经验，共同探索韧性城市建设模式。"① 德阳市首席韧性官候选人、四川建筑职业技术学院院长李辉说："德阳有幸成为中国第二个加入该组织的城市，② 实属不易。"他认为，未来德阳韧性城市建设，应分三个方面：（1）通过入选全球100韧性城市，搭建国际化交流的平台，推动德阳国际化发展；（2）通过推动韧性城市建设，使我们应对城市慢性压力和急性冲击的能力得到进一步提升，韧性城市建设的最终目的就是城市在经受慢性压力和急性冲击的时候，城市的基本功能得到保持，保证市民的正常生活；（3）加强对自然灾害的防控能力，积极做好规划，开展不同空间尺度的评价，提高城市空间格局高分辨率的脆弱性识别，尤其重视宜居、便捷、生态和绿色，为城市韧性的精细化规划提供依据。什么样的城市才是真正的韧性城市呢？李辉认为，那就是"人与环境的和谐共处。"③

生命线地震工程的研究，起源于1964年日本新潟地震和1971年美国圣费尔南多地震，是从生命线结构的震害搜集与分析开始的。④ 1974年，美国土木工程学会成立了"生命线地震工程技术协会"（The Technical Council on Lifeline Earthquake Engineering），1978年8月30日—31日在洛杉矶召开学术会议，出版《生命线地震工程专辑》刊物。1977年，美国机械工程学会压力容器与压力管道委员会，成立了"生命线地震工程专门学组"（Task Force on Lifeline Earthquake Engineering）。1979年6月25日—29日在旧金山第三届压力容器与压力管道学术会议上，召开了"生命线地震工程专业组"学术会议，出版《生命线地震工程专辑》论文集。此后形成的生命线地震工程主要包括：（1）交通工程，包括铁路、公路、港口、机场、城市道路、立交、地铁、地下街等；（2）信息工程，包括电报、电话、电视、邮政等；（3）能源工程，包括煤气、热力、电力（包括核电站）等；（4）供水工程，包括水源井、水源库、输水渠

① 德阳市当前的很多工作都与韧性城市建设有关。比如，什邡市在磷石膏治理方面，重点突出磷石膏的整治和综合利用。泰山石膏（四川）有限公司生产的纸面石膏板主要原料是工业废渣石膏，以磷化工企业的磷石膏为主，掺加少量的电厂脱硫石膏，每年可消化磷石膏约70~80万吨。100韧性城市与实践管理部副总监林宏达说，在韧性城市建设上，我们有非常多的建议要给德阳。我们有90多个伙伴在"全球100韧性城市关系网"平台里，当分析出德阳市面临的最重要的问题后，就会把其他国家好的办法、好的措施，以及100韧性城市里的赞助商的一些资金（设备），还有一些方法措施，联合起来，帮助解决德阳所面临的问题。
② 截止到2016年9月9日，中国有黄石、德阳、海盐和义乌等四个城市入选。资料来源：沈颖洁：《义乌入选"全球100韧性城市"》，中国义乌网，2016年9月9日，http://www.yw.gov.cn/zfzx/mryw/201609/t20160909_1011487.shtml。
③ 杜晓鹏：《韧性城市与市民生活息息相关》，《德阳日报》，2016年12月16日，第5版。
④ 【日】久保庆三郎：《生命线地震工程的发展》，《世界地震工程》，1987年第1期，第46页。

道、管网等；（5）卫生工程，包括污水处理系统、排水管道、环卫设施等。[①]

事实上，唐山大地震发生后，生命线工程损毁严重，比如，有62％的桥梁被破坏，铁路路基塌陷、铁轨扭曲。运输中断导致救灾队伍延误了两天赶到灾区。唐山市供水系统瘫痪，通讯全部中断长达40小时，发电厂和变电站建筑普遍倒塌或者严重损坏，全市供电经过5个多月的紧急抢修才恢复；秦京输油管线5处遭到地震破坏，流失原油1万吨，污染了农田和滦河水。唐山市路南区建筑密度达到70％，平均每平方公里15万人，街道狭窄（仅仅6~8米宽）、弯曲，地震时跑出室外的人，由于疏散通道过于狭窄并堵塞，被倒塌的建筑物砸死或者挤压死，死亡人数占路南区总死亡人数30％以上。可见，生命线工程遭受毁坏之后，导致的次生灾害往往比自然灾害本身的损失更大、影响更广。[②]

在我国，同济大学李杰教授在1990年之前即开始"生命线工程"研究。其主要支持背景是国家自然科学基金委员会创新研究群体研究计划项目"城市重大工程防灾的科学问题研究"。由于生命线工程是维系现代城市功能与区域经济功能的基础性工程与设施系统，其典型对象包括区域电力系统、城市供水供气系统，以及现代大规模工业系统，所以，研究从以下层面展开：（1）大尺度地震动场的作用机理与数值模拟；（2）大型复杂工程结构的分析、建模与可靠度评价；（3）大规模生命线工程网络系统的抗灾可靠性分析与优化理论；（4）城市生命线工程复合系统的灾害响应计算机仿真与系统控制等。"生命线工程"涉及维持城市生存功能系统和对国计民生有重大影响的工程，所以，也称为城市生命线工程。在我国，城市生命线工程主要包括：（1）交通工程，如铁路、公路、港口、机场；（2）通信工程，如广播、电视、电信、邮政；（3）供电工程，如变电站、电力枢纽、电厂；（4）供水工程，如水源库、自来水厂、供水管网；（5）供气和供油工程，如天然气和煤气管网、储气罐、煤气厂、输油管道；（6）卫生工程，如污水处理系统、排水管道、环卫设施、医疗救护系统；（7）消防工程等。这些生命线工程必须具备足够的抗震能力、灵活的反应能力和快速的恢复能力。

二、重大灾难中的生命线工程受损与修复

理论上，城市生命线工程的特征主要是：（1）网络系统性。[③]这是"生命线工程"具有共性的基本特征之一，在大多数情况下，它都以一种网络系统的形式存在，并且在空间上覆盖一个很大的区域范围。如高压输电网络、区域交通网络、城市供水管网等等。（2）工程结构性。"生命线工程"的另一个显著特征，是各类生命线系统都是由一批工程结构物构成的，工程结构物是生命线工程系统的客观载体。[④]例如，在电力系统中，存在电厂主厂房、高压输电塔、各类变电站建筑等，即使是高压输电设备（如各类

---

① 孙绍平：《国外生命线地震工程的研究概况》，《地震工程动态》，1984年第1期，第6页~第7页。

② 侯忠良、耿树江：《生命线工程的抗震减灾对策》，《中国减灾》，1991年第1期，第48页。

③ 网络系统的功能不仅与组成系统的各个单元的功能密切相关，而且与各个单元之间的联系方式（主要表现为网络拓扑特征）密切相关。这种共性特征使得对于生命线工程的考察与分析必须借助于系统分析的手段进行。

④ 生命线工程系统中的结构可以统称为生命线工程结构，其抗灾性能、健康状态、耐久性等是决定生命线工程系统能否良好地发挥功能的重要因素。

电容互感器、绝缘子、断路器等），也可以视为一类工程结构；（3）耦联①性。"生命线工程"的又一显著特征，是不同类型的生命线工程系统在功能上往往具有耦联性。如电力系统运行状态的良好与否，可以影响到城市供水系统正常功能的发挥，交通系统、输油系统功能是否正常可能影响到电力系统的运行状态等。在强烈灾害发生时（如强烈地震、台风灾害等），这种耦联作用甚至更加显著和广泛。由此，对于城市防灾减灾或者城市的安全性而言，"生命线工程"意味着对城市韧性即城市弹性的重视。于是，联合国减灾署发起了让"城市更具韧性"的全球运动，旨在引导世界城市的防灾减灾能力提升和促进可持续发展。

2011年8月12日，首届防灾减灾市长峰会于成都闭幕。这次会议，喊出的响亮口号是："让城市更具韧性，我们的城市已经做好准备！"会议上，来自亚洲、非洲、美洲及欧洲33个国家的市长、市政议员、国会议员、大使、民间团体代表、科学社团及联合国机构代表等200多位代表，发布了《成都行动宣言》，来自国内外10个城市的市长，签字加入"让城市更具韧性：我的城市已经做好准备"行动行列。参加此次峰会的市长、地方政府领导人和其他利益相关者，决定采取以下行动（《成都行动宣言》）：（1）加强合作，包括提供各种与"让城市更具韧性十大指标体系"有关的优秀经验及合作机会，并与其他城市分享成功应用的工具、方法和法令；（2）将减灾韧性指标与城市发展规划结合起来；（3）组织公共意识宣传教育活动；（4）建立国际机制，履行义务；（5）加强城市层面的灾害和应急管理，协调利益相关者及市民团体，使其成为应急管理的必要组成部分，并且应该更加关注那些极易遇到危险和应对能力有限的城市贫民。②

"城市更具韧性"的十条准则：（1）以市民团体和民间社团的参与为基础，成立专门机构开展协调工作以了解和降低灾害风险。建立地区联盟，确保各部门了解其在降低灾害风险和相关准备方面的职责与分工；（2）制定专项降低灾害风险预算并出台鼓励性措施，鼓励私人、企业等社会各界以及公共部门投资，以减少其所面临的风险；（3）掌握关于危险和隐患的最新资料、编制风险评估报告，并制定城市发展规划和决策，确保公众随时可获得该市灾害抗御能力相关信息及计划，并与公众就相关内容开展充分讨论；（4）投资兴建并维护能够降低风险的关键基础设施（如：泄洪设施），并在需要时做出相应调整，以应对气候变化；（5）评估每所学校和卫生保健设施的安全性，并进行必要的升级维护；（6）实施并执行实际可行的风险防范建筑法规和土地使用规划原则，确定供低收入市民避难的安全区域，并且针对非正式居住区开发可行的升级项目；（7）确保学校和当地社区开展有关降低灾害风险的教育课程和培训；（8）保护生态系统和天然缓冲区，以减轻洪水、风暴以及所在城市可能遭受的其他危害，以良好的降低风险的做法为基础，适应气候变化；（9）在所在城市装设预警系统并培养应急管理能力，定期开展公众应急演习；（10）确保灾后重建以满足受灾人口的需求为重心，在相关设计与实施中预先计划并纳入受灾人口和社区组织的需求，包括家园重建和生活保障。

---

① 耦，物理学上指两个或两个以上的体系或两种运动形式之间，通过各种相互作用而彼此影响，以至联合起来的现象。在抗震中，"耦联"就是作用在给定侧移的某一质点上的弹性回复力，不仅取决于这一质点上的侧移，而且还取决于其他各质点的位移，因而存在着刚度耦联。

② 赖芳杰：《防灾减灾市长峰会闭幕，"成都宣言"让城市更具韧性》，《华西都市报》2011年8月13日，第2版。

客观地讲，汶川大地震对生命线工程的破坏性，远远超过了唐山大地震。原因是我国经济、社会和文化发展过程中，出现了不重安全只重奢华的一些倾向。按照《建筑抗震设计规范》的要求，抗震设防烈度为6度以上地区的建筑，必须进行抗震设计。而从汶川大地震导致大面积房屋和其他重要设施，尤其是生命线工程的倒塌、损坏的情况看，没有很好地实现抗震设防的目标。汶川大地震给人印象最深、最令人沉痛的是：大量学校建筑的倒塌、医院的倒塌等，导致大量人员的死亡。所以，对于医院、学校、商场、影剧院、宾馆，甚至住宅楼等人员集中居住和活动的这类生命线工程，必须要提高抗震等级。对于大型或重要建筑应当按"抗震性能设计"方法，适当提高结构的抗震性能目标，有些建筑的加固可采用隔震减振技术。

《破坏地震条例》对破坏性地震发生后生命线工程的维护与修复的职责进行了具体规定。即：交通、铁路、民航等部门应当尽快恢复被损毁的道路、铁路、水港、空港和有关设施，并优先保证抢险救援人员、物资的运输和灾民的疏散。其他部门有交通运输工具的，应当无条件服从抗震救灾指挥部的征用或者调用（第25条）。通信部门应当尽快恢复被破坏的通信设施，保证抗震救灾通信畅通。其他部门有通信设施的，应当优先为破坏性地震应急工作服务（第26条）。供水、供电部门应当尽快恢复被破坏的供水、供电设施，保证灾区用水、用电（第27条）。卫生部门应当立即组织急救队伍，利用各种医疗设施或者建立临时治疗点，抢救伤员，及时检查、监测灾区的饮用水源、食品等，采取有效措施防止和控制传染病的暴发流行，并向受灾人员提供精神、心理卫生方面的帮助。医药部门应当及时提供救灾所需药品。其他部门应当配合卫生、医药部门，做好卫生防疫以及伤亡人员的抢救、处理工作（第28条）。民政部门应当迅速设置避难场所和救济物资供应点，提供救济物品等，保障灾民的基本生活，做好灾民的转移和安置工作。其他部门应当支持、配合民政部门妥善安置灾民（第29条）。公安部门应当加强灾区的治安管理和安全保卫工作，预防和制止各种破坏活动，维护社会治安，保证抢险救灾工作顺利进行，尽快恢复社会秩序（第30条）。石油、化工、水利、电力、建设等部门和单位以及危险品生产、储运等单位，应当按照各自的职责，对可能发生或者已经发生次生灾害的地点和设施采取紧急处置措施，并加强监视、控制，防止灾害扩展。公安消防机构应当严密监视灾区火灾的发生，出现火灾时，应当组织力量抢救人员和物资，并采取有效防范措施，防止火势扩大、蔓延（第31条）。广播电台、电视台等新闻单位应当根据抗震救灾指挥部提供的情况，按照规定及时向公众发布震情、灾情等有关信息，并做好宣传、报道工作（第32条）。不过，《破坏地震条例》中的具体规定必须落到实处，才是切实维护生命线工程安全的立法目标。

三、生命线工程的抗灾性建设

近年来，我国城市在防洪、公共安全、空气污染和暴雪等方面也暴露出了严重的问题，如北京"721"水灾（2012.7），青岛输油管爆燃（2013.12），京津冀、长三角灰霾（2013.12）和北京延庆52年来最大暴雪（2012.11）等，就是典型事例。而发达国家同样面临严峻的城市脆弱性问题，根据纽约州立大学布法罗分校和加州大学伯克利分校对美国361个城市的评测，美国40.2％的城市弹性处于差或极差的状态，其中，较为知名的城市包括迈阿密（R317）、洛杉矶（R302）、亚历山大（R263）和奥兰多（R261）

等。由于气候变化的全球效应，使得世界绝大多数城市都可能受到由气候变化所带来的冲击风险。以城市洪水为例，瑞士相关部门最新报告对全球 616 个中心城市内 17 亿市民面临的自然灾害风险进行对比，发现水灾威胁的人数超过其他任何冲击，并指出亚洲城市的水灾风险最大。如印度东部北方邦的戈勒克布尔市，该市是中恒河平原上增长最快的城市，但是该市正面临严峻的洪水和其他涉水问题，对未来气候变化的影响响应相当脆弱。因此，伴随城市的快速发展、城市综合负载的加大、气候变化等生态环境要素而导致的城市问题，使得城市的脆弱性正逐渐成为影响甚至制约城市生存和可持续发展的重大科学问题。国外学术界、规划界和政府间组织正在强化对弹性城市或城市韧性的理论认知，启动多项战略性研究示范工作，提出在世界范围内构建弹性城市的倡导。[①]

生命线工程系统未来的发展方向，是多学科的相互靠近和融合，如建立生命线工程系统的场地危险性评估方法、重大生命线工程破坏机理的分析方法、工程系统的设防标准、形态设计语优化分析方法、地震预警与应急和恢复策略、地震功能失效分析方法、地震灾害损失估计与控制方法等。[②] 生命线工程的受灾特点是：（1）跨度大。如供电、通信和油气输送管道等，短者几十公里，长者数百甚至上千公里。（2）覆盖面大。生命线工程是城市的基础设施，像一张张不同结构的网覆盖着整个城市，城市的规模有多大，生命线工程的规模也就有多大。（3）环节多，结构复杂。如供电工程，就由发电、变电、输电、配电和用电 5 个环节组成，任何一个环节出了问题，都会影响整个工程的正常运行。（4）隐蔽工程量大。如城市给水排水、供气、热力、通信、电力电缆等埋地管线，大多通过地下管道或直接埋置方式敷设。（5）造价高。如发电设备、通信设备等，少者上万元，多者几十甚至上百万元 1 台。这些特点，决定了生命线工程易损性高。[③]

1994 年 12 月 8 日，新疆克拉玛依市友谊宾馆发生特大火灾。火灾前，宾馆改换了 8 个门，其中，5 个为安全门，但是，均在外面加装防盗门，并且全部被锁死，其余 3 个为卷帘门，火灾发生时，仅有 1 个门开着。于是，火灾发生时，5 个安全门的功能没有得到有效发挥，安全门这样的生命之门，却成为导致严重伤亡的死亡之门。在该馆参加活动的中小学生等，有 325 人死亡、130 人受伤。在这里，仅仅 1 个"门"造成重大伤亡的情况，究其原因，乃是使用维护人员的"使用可靠性不足"即人的致灾性过强所致。[④] 而 1995 年日本阪神大地震中，神户地区供水系统主干供水管网破坏 1610 处，导致 110 万户用户断水，一周后仅修复 1/3，全部修复工作持续了 3 个半月。与此同时，该地区供气系统、供电系统都遭到了严重破坏。由于生命线工程系统的耦联作用，还导致了严重的次生灾害。所以，生命线工程涉及重大土木工程抗灾、工程系统的可靠性与耐久性、工程结构与工程系统的安全性监测与控制等土木工程的一系列关键科学与技术

---

① 徐振强：《开展弹性城市建设，提高我国城市"韧性"》，《中国经济网》，2016 年 1 月 15 日，http://www.ce.cn/xwzx/gnsz/gdxw/201601/15/t20160115_8317270.shtml.

② 李宏男、柳春光：《生命线工程系统减灾研究趋势与展望》，《大连理工大学学报》，2005 年第 6 期，第 931 页。

③ 葛学礼、朱立新等：《生命线工程受灾的破坏机制、减灾对策及投入效益估计》，《中国减灾》1998 年第 1 期，第 29 页。

④ 陈宏毅：《论城市生命线工程系统的防（火）灾可靠度分析》，《重庆建筑大学学报》1998 年第 1 期，第 93 页。

问题。①

2003 年 7 月 21 日，云南大姚发生 6.2 级地震后，电力设施由于出现倒杆、断线现象，致使供电一度中断。接踵而至的是 10 月 16 日的 6.1 级地震，两次地震中约有 3/4 的灾区面积重叠，使生命线工程的损坏进一步加重。例如，大姚县供电系统中，北城变电站的主变开关出线开关跳闸，环东、环北线路停电 45 分钟，影响了大姚县城北片、金碧镇西北片以及重要企业和县城北部新街乡等 6 个乡的电力供应。② 城市生命线工程系统的防灾减灾分为工程措施和非工程措施，研究和实践通常偏重于前者。从工程措施作用的有限性、新型生命线系统③灾害的特点以及灾害损失类型的变化看，加强非工程措施具有其必要性，所以，如何从管理体制、技术立法、灾害保险和灾害教育等方面，构建城市生命线系统的非工程防灾减灾体系，殊为重要。④

2008 年 1 月上旬到 2 月上旬，长达近 30 天的冰雪灾害，范围从浙江、江苏、上海、江西、广东一带，蔓延到广西、重庆、贵州、云南等地，一直延展到陕西、甘肃、新疆等，呈现出以湖南、湖北、江西、贵州、安徽等向外递减的特征。到 2008 年 2 月 12 日，此次雪灾造成 107 人死亡，8 人失踪，直接经济损失 1111 亿元。截止到 2008 年 3 月 7 日 17：00，全国范围电网因灾停运电力线路共计 36740 条，其中，因灾停运 500 千伏线路 119 条、220 千伏线路 348 条、110 千伏线路 888 条、10～35 千伏线路 35385 条。因灾停运变电站共 2018 座，110～500 千伏线路因灾倒塔共 8381 基。湖南电网因灾停运电力线路 5107 条，江西电网因灾停运电力线路共 5875 条，浙江电网因灾停运电力线路共 896 条。⑤ 在我国，寒区陆上交通系统受到冻胀、融沉作用和低温损害，常常使路面发生翻浆与鼓胀破坏，桥梁基础的上拔、沉降和倾斜，以及涵洞的冻胀。低温损害造成路面裂缝在寒区最为普遍。实验表明，在寒区，当外部气温为 −30℃时（冬季），路面温度为约 −33℃；而当气温为 35℃时（夏季），路面温度达到了 42℃。如此巨大的温差，势必对路面带来严重的破坏作用。如果进一步考虑温差对季节冻土和多年冻土的影响，路基的破坏概率将会更高。⑥ 汶川大地震发生后，整个地震区公路损坏情况非常严重。根据交通部统计，截至 2008 年 6 月 18 日 12：00，公路受损里程累积 53294 公里，仅四川省就有 17000 公里的农村道路、10 条省级公路、7 条高速公路和 5 条国道严重受损。公路受损的原因主要是：（1）地震本身引起的路面错动、路基路面脱离、路面开裂等；（2）地震造成的山体滑坡和滚石破坏公路，阻碍交通等。地震还造成供水设施

---

① 李杰：《生命线工程的研究进展与发展趋势》，《土木工程学报》，2006 年第 1 期，第 1 页。

② 郭恩栋、余世舟等：《云南大姚 6.1 级地震中的生命线工程——震害及功能状态评述》，《自然灾害学报》，2004 年第 1 期，第 113 页。

③ 城市生命线系统不仅包括道路、供水管网、电力系统等传统项目，也逐渐拓展到电磁、网络等非自然实体空间。造成传统生命线系统破坏的主要是地震、洪水和风暴等自然灾害；造成非自然实体空间生命线系统破坏的，主要是人为灾害和技术灾害。参见尤建新、陈桂香等：《城市生命线系统的非工程防灾减灾》，《自然灾害学报》2006 年第 5 期，第 194 页。

④ 尤建新、陈桂香等：《城市生命线系统的非工程防灾减灾》，《自然灾害学报》2006 年第 5 期，第 194 页。

⑤ 郭纯生、刘春侠等：《2008 年初冰雪灾害对生命线工程的几点启示》，《防灾科技学院学报》，2008 年第 2 期，第 91 页～第 92 页。

⑥ 汤爱平、赵安平等：《寒区生命线工程的灾害特征与防灾减灾措施》，《黑龙江大学工程学报》，2011 年第 3 期，第 144 页。

大面积发生毁损，四川全省 181 个市县区中，受地震影响的有 126 个市县区，受损水厂 156 个，受损供水管道累计达到 47642.5 公里。[①] 所以，全社会需要从汶川大地震吸取更多的教训，真正意识到城市生命线工程建设和维护的重要性。

"韧性城市"的建设有两个重要标准：（1）技术标准；（2）社会管理规范标准。就技术标准而言，首要是必须加强和强化城市的基础设施建设。即从城市基础设施的规划、设计、建设、管理等四个方面，全面提升建设和管理的水平。克服这四个方面互相脱节，相关部门各管各的事的状况，即管规划的往往不考虑安全性标准、居民的便利性标准、建筑物寿命及公共服务能力等因素。而相关基础设施建设完毕后，又面临着没有专人跟进进行专业管理的问题。如果管理跟不上，即便城市基础设施再如何符合安全标准，也容易出问题。比如，许多大城市都存在的骑电瓶车、摩托车、自行车者闯红灯陋习。由此而言，"城市韧性"的提升，要从提升管理水平角度，把城市管理纳入"城市，让生活更美好"的更高管理目标之中。

在"生命线工程"建设中，日本的经验可以归结为一个"四助体系"：（1）自助，即市民自己具备一定的防灾减灾能力；（2）他助，大家要有同情心、互助意识；（3）共助，即企业、社会组织要及时到位；（4）公助，即政府机构要及时发挥主导作用，救护车、消防队、防灾技术小组要第一时间参与救灾应急响应，从而有意识地建设一个社区防灾生活圈。这个"社区防灾生活圈"的内容，包括：（1）设立应灾生命线，即保障粮食、水的供给线，这是基础设施方面的内容；（2）形成防灾绿地，起到隔离和提供休息的作用；（3）防灾据点的准备，即在哪个地方有消防设备，有什么紧急的情况，大家就知道去哪里救助。像学校内部及其周围，平常都要空出来，因为它是防灾的"战略"场所，原则上是不能停放机动车辆的。就政府的日常工作而言，更重要的是"防灾"而不是"救灾"，这是一个很关键的理念转变。要对重点区域、重点建筑，还有重点人群，进行人和物的动态监控，通过网格化管理、信息化管理和防灾工程化管理，防患于未然。从而，在任何自然灾害或者人为灾害发生后，立即及时激活或者"切换"到危机管理状态，[②] 把生命线工程的非工程型措施建设与实施能力的训练与养成，切实地落到实处。

思考与训练：

1. 何谓生命线工程、韧性城市？请你针对德阳市开展韧性城市建设的活动，举出具体事例进行评价。

2. 请你对三北防护林工程和治沙工程、南水北调工程、三峡工程等各种大型防灾工程建成后，其防灾减灾救灾的效用或者效果，选择其一进行具体的分析与评价。

3. 结合"8.8"九寨沟灾后恢复重建中，世界遗产保护规范的适用，谈谈你对九寨沟景区恢复重建具体安排的看法。

---

① 李宏男、肖诗云等：《汶川地震震害调查与启示》，《建筑结构学报》，2008 年第 4 期，第 17 页~第 19 页。
② 夏斌：《风险面前，城市要多一点"韧性"》，《解放日报》2016 年 6 月 6 日，第 11 版。

第七章　防灾减灾救灾能力及其培育

　　防灾减灾救灾能力，即人们面临自然灾害，进行防灾减灾救灾活动时，完成具体的自然灾害应急应对目标或者任务所体现出来的基本素质。在这里，"应急"是应对突然发生的需要紧急处理的事件。自然灾害等突然发生的需要紧急处理的事件，通常被人们简称为"紧急事件"或者"突发事件"。所有突发事件都需要事先监视、预测和预报，即通过严密的监视，尽可能提前发出可能发生突发事件的预测预报，以便减少生命和财产损失。自然灾害等突发事件发生后的应急：（1）发生自然灾害的第一响应，是对于受灾程度评估和控制损失；（2）第二阶段优先考虑的是抢救伤员和挽救生命，然后是抢救财产，抢修通信设施，抢修道路桥梁等；（3）第三阶段通常是从其他地区及资源储备点调集后备救灾人员、物资和装备，然后安置受灾群众，接受援助，排除次生事件等。

　　2006 年 6 月 15 日，国务院《关于全面加强应急管理工作的意见》中要求，推进国家应急平台体系建设，提高基层应急管理能力，加强应急救援队伍建设，加强各类应急资源的管理，全力做好应急处置和善后工作以及加强评估和统计分析工作等，全面加强自然灾害等突发事件的应急管理工作。尤其是面对各种自然灾害，要全面普及预防、避险、自救、互救、减灾等知识和技能，逐步推广应急识别系统。尽快把公共安全和应急防护知识纳入学校教学内容，编制中小学公共安全教育指导纲要和适应全日制各级各类教育需要的公共安全教育读本，安排相应的课程或课时；要在各种招考和资格认证考试中逐步增加公共安全内容。[①] 可见，"全面普及预防、避险、自救、互救、减灾等知识和技能"，是每一个公民防灾减灾救灾能力建设的关键。比如，消防安全的"四个能力"就是：检查和整改火灾隐患能力，扑救初期火灾能力，组织引导人员疏散逃生能力和消防安全常识宣传教育培训能力等。作为人的一种生存和逃生能力，以应急能力而论，属于潜意识范畴。也就是说，当人遇到自然灾害等突发事件时，人的大脑立即根据以往的经验和自我思维来处理该自然灾害等突发事件的能力。这个时候，人的自然灾害等突发事件的应急能力，属于下意识反应能力范畴。然而，应急训练即防灾减灾救灾能力的平时训练以及自我培养，对一个合格的大学生来说，是必须自觉完成的一种自我生存能力的养成训练任务。

　　对于大学生来说，增强应对自然灾害风险的防范和应急能力，打通防灾减灾救灾能力养成的"最后一公里"，关键是：（1）自觉增强防灾减灾救灾意识，克服对自然灾害防范的无意识或者意识不强等缺陷；（2）通过各种手段和方法，提高自己的身体和心智

---

① 《国务院关于全面加强应急管理工作的意见》（国发〔2006〕24 号），六、加强领导和协调配合，努力形成全民参与的合力；二十二、大力宣传普及公共安全和应急防护知识。

的应急灵活性和"抗打击"能力；(3)通过学习尤其是防灾减灾救灾的具体实务的学习与训练，培养自己面对突发事件的应急心理和应对技巧；等等。对于各级政府而言，要推进防灾减灾救灾体制机制改革，提升社会的防灾减灾救灾能力，主要是：(1)切实增强工作责任感和使命感，敢于担当，积极作为；(2)进一步树立综合减灾理念，强化风险防范能力，纠正"防灾减灾做得好，不如救灾表现好"的倾向；(3)抓紧出台体制机制改革的实施意见并抓好落实，注重政策的含金量，积极稳妥地推进改革试点工作；(4)进一步加强社区减灾工作，提高全国综合减灾示范社区创建质量，提升基层公众减灾意识和能力。①

第一节　防灾减灾救灾意识

一、一则消息、一瓶水与第一应急性反应

(一)"非典灾害"——国人遇到的重大公共卫生事件

2003年2月初，在广州，一粒粒肉眼看不见的病毒在空气中传播，吸入肺部出现发烧等症状，就会被"隔离"至死神的门前。市民们通过短信、电话，纷纷向外传说着这种病毒的可怕，谈论这种"怪病"。后来，医生将它命名为"急性传染性非典型肺炎"，英文名"SARS"，人们叫它"非典"。这种病似乎比瘟疫还要恐怖，作为一种烈性传染病，通过呼吸就能传播。广州城外的人们口口相传：有人染上"非典"后被隔离，有人已经染病死亡。"什么是非典?"最初，没有人知道，只知道染上可能就会死。传言比"非典"更快，传得更让人恐怖。"广州口罩脱销，板蓝根脱销，白醋1000元一瓶……"这就是我国遇到的"非典灾害"——一种人们不明就里，却被恐惧笼罩着的疫病灾害——一种人畜共患病型灾害。

2003年2月11日(农历正月十一)，广州市政府召开新闻发布会，新闻发言人介绍，自2002年的年底，广东部分地区先后出现非典型肺炎的病例。从2003年1月12日起，个别外地危重病人转送到广州地区部分大型医院治疗。春节前后，广州地区开始出现本地病例。截至2月11日，广州市共发现100多该类病例，其中，不少是医护人员。于是，"非典"疫病灾害的警报，便从广州拉响了。应当说，广州市最初的100多病例中，医护人员得病，是最让人担心的。理论上，医护人员是救死扶伤的，为何会成为第一批非典患者呢?这说明，2003年春节前后的疫情处置，出现了严重的判断失误和信息公开瑕疵。而这种失误和瑕疵，恰恰带来了严重的疫病灾害方面的恐慌与应对失策。

从这个意义上说，作者之所以把非典疫情称之为"非典灾害"，是因为这是国人第一次遇到的重大公共卫生事件，是发生在网络时代和知识经济时代的一个社会脆弱性的典型事例。这个事例本身，说明那个年代全社会普遍存在着对"非典"、"非典"应急和重大公共卫生事件的无知或者应对知识与技能的缺乏。这种缺乏，不仅带来了严重的

---

① 佚名：《民政部谈防灾减灾救灾工作：各地要强化风险防范能力》，中国新闻网2017-11-24。http://news. 163.com/17/1124/10/D40JFB1F00018AOQ.html，最后访问：2017-12-12。

"无知恐慌",而且因医护人员这些专业人士对"非典"的无知或者知之甚少,从而专业防护与应对能力、技能低,而付出了生命的代价。这才是最令人痛心的——专业人士竟然在应对"非典"的第一时间,成为"非典疫情"的受害者,确实让人感受到防灾减灾救灾能力并不是天生的,而是通过学习和实践后天获得的。面对自然灾害,任何一个个体的防灾减灾救灾能力与技能的具备,都是全社会所不可缺少的能力储备任务。

(二)一个手电筒与一瓶水、一个防烟罩

在发生火灾的情况下,一个防烟罩可以让火场的人获得逃生的机会。一般而言,全中国的家庭中,有几户是事先准备有防烟罩的呢?绝大多数的人总认为自然灾害是小概率事件或者不可能发生的超小概率事件。因此,平时根本用不着为这样的小概率事件的发生而花费时间、精力和金钱。事实上,防灾减灾能力的有无,逃生技能的高低,往往决定了灾害发生时承灾体损害的大小、高低。比如,2016 年 12 月 22 日 10:30 左右,日本新潟县丝鱼川市一家中餐馆突然起火,火势蔓延至周围 140 余栋建筑,持续 10 余小时。日本总务省称,这是日本 20 年来非地震和海啸引发的最大规模火灾。由于事发地当日为强风天气,且起火地木质建筑较密集,火势迅速蔓延,过火面积超过 7.5 万平方米,363 个家庭的 744 人收到避难警告。不过,此次火灾仅仅造成两人轻伤。[①]

相比之下,2008 年 11 月 14 日,上海商学院大学生宿舍失火,4 名女大学生不听劝阻接连跳楼死于非命,就是典型的火场逃生经验缺乏,以及面对突发情况,不能有效应对,手足无措,只能消极跳楼以逃避危急情况,导致最终死亡的悲剧。也就是说,有无逃生能力和应对各种突发事件的能力,其实都是一种生存能力的表现。有人说,从小到大的学生教育中,虽有火灾的应急教育,但是,多是流于形式,真正实用的信息和技能并没有传递给学生,例如身处诸如此类的险境时,该如何有效处置和应急应对,很多人是不知道的。这 4 名女生的死亡,就是证明。

其实,平时准备"一个手电筒与一瓶水、一个防烟罩"并不难。难的是,一个人不仅仅要有准备这些物品的意识,还要有遇到突发事件的积极应对能力。任何时候都具备使用"一个手电筒与一瓶水、一个防烟罩"的应对突发事件的意识和能力,则是需要认真而且严格地训练的。在这方面,国人对于防灾减灾救灾演练,缺少应有的关注。那么,应对突发事件的意识和能力的养成,就变得十分重要。对此,要从生存权意识入手,教育公众树立生存权保护意识。个人的生存权是生命权的前提,为了生命权的延续,任何人都有义务懂得如何运用自己的能力和技能,去维护自己的生命安全。与此同时,任何个人也有义务在法定情形下,有开展他救和互救的义务与职责。从这个意义上看,自救意识和能力、他救意识和能力以及呼救意识和能力,是"一个手电筒与一瓶水、一个防烟罩"所蕴含的生存权意识的延伸与表现。

(三)人与突发事件的应急——求生本能与逃生技能的第一反应性激发

突发事件,是指突然发生,造成或者可能造成重大人员伤亡、财产损失、生态环境破坏和严重社会危害、危及公共安全的紧急事件。根据突发公共事件的发生过程、性质和机理,突发公共事件主要分为以下四类:(1)自然灾害。主要包括水旱灾害、气象灾害、地震灾害、地质灾害、海洋灾害、生物灾害和森林草原火灾等。(2)事故灾难。主

---

① 田泓:《日本新潟县发生大规模火灾》,《人民日报》2016 年 12 月 24 日,第 11 版。

要包括工矿商贸等企业的各类安全事故，交通运输事故，公共设施和设备事故，环境污染和生态破坏事件等。（3）公共卫生事件。主要包括传染病疫情，群体性不明原因疾病，食品安全和职业危害，动物疫情，以及其他严重影响公众健康和生命安全的事件。（4）社会安全事件。主要包括恐怖袭击事件、经济安全事件和涉外突发事件等。各类突发公共事件按照其性质、严重程度、可控性和影响范围等因素，一般分为四级：Ⅰ级（特别重大）、Ⅱ级（重大）、Ⅲ级（较大）和Ⅳ级（一般）。[①] 在任何类型的突发事件发生后，作为个人的第一反应，便是求生本能与逃生技能的第一反应性激发——在突发事件现场的应急处置和应对意识、能力的表现。

对于突发事件发生地的政府而言，其第一处置原则，当然是"以人为本，减少危害"。其目的是切实履行政府的社会管理和公共服务职能，把保障社会公众的健康和生命财产安全作为首要任务，最大限度地减少突发公共事件造成的人员伤亡和危害。为此，要求事发地的政府职能部门要"快速反应，协同应对"。充分动员和发挥乡镇、社区、企事业单位、社会团体和志愿者队伍的作用，依靠社会公众的力量，形成统一指挥、反应灵敏、功能齐全、协调有序、运转高效的应急管理机制。与此同时，要"依靠科技，提高素质"，要加强公共安全科学研究和技术开发，采用先进的监测、预测、预警、预防和应急处置技术及设施，充分发挥专家队伍和专业人员的作用，提高应对突发公共事件的技术能力和指挥能力，避免发生次生、衍生事件；要加强以属地管理为主的应急处置队伍建设，建立健全以分类管理、分级负责、条块结合、属地管理为主的应急管理体制，建立联动协调制度，加强宣传和培训教育工作，提高社会公众自救、互救和应对各类突发公共事件的综合素质。[②]

可见，任何突发事件发生时，个体作为承灾体必需的应急反应，便是如何在突发事件背景下逃生、求生和生存，求生本能与逃生技能是个体的第一反应性能力的激发。在这一点上，各类动物在自然界的生存法则下，练就的消极逃生的技能或者反应能力，往往不但会威胁个体生命的生存，有时候也会威胁到群体生命的安全。所以，人类社会的安全从突发事件的处置角度看，便是通过应急制度的体系化、规范化、制度化和法制化建设，把政府、社会和个体的突发事件应急能力有效地衔接起来，并把个体的求生本能与逃生技能第一反应性能力的激发，与社会应急制度的作用结合起来。只有这样，个体的临灾生存或者顺利逃生才能有效实现。

二、个体人在地震发生第一时间的应急反应

（一）汶川大地震中大学生反应能力比较高而自然灾害逃生训练比较低

有学者调查认为，汶川大地震发生后，四川大学临床医学、经济管理、水电工程和法学等不同专业的大学生，对地震等自然灾害基本知识正确掌握的比例为 65.4% ～ 90.7%，能够采取正确的逃生方式的比例为 73.1～91.9%，在问及"是否接受自然灾害逃生训练"的问题时，仅有 12.3% 的大学生表示接受过相关训练，可见，我国高校灾害教育中，偏重于理论、缺乏实践的情况比较严重，灾害发生时的自救和互救等技能

---

① 《国家突发公共事件总体应急预案》（2005 年 8 月 7 日），第 1.3 条分类分级。
② 《国家突发公共事件总体应急预案》（2005 年 8 月 7 日），第 1.5 条工作原则。

的教育和训练非常薄弱。[①]

在这里，有一点值得质疑，那就是：既然 65.4%～90.7% 的大学生对地震等自然灾害基本知识正确掌握的程度比较高，并且有 73.1～91.9% 的大学生会采取正确的逃生方式，那么，仅有 12.3% 的大学生在回答"是否接受自然灾害逃生训练"问题时，表示接受过相关训练，是值得质疑的。换句话说，有 87.7% 的大学生没有接受过自然灾害的逃生训练，应当说，这是一种带有漠视生存理念、生存方式和生命价值的大学教育。需要强调的是，在被调查的大学生中，要么其取样非常不合理、不科学，要么询问的问题极其不科学，或者被访问的大学生在作答时非常随便。因此，三个问题的百分比如此悬殊，自然成为疑问：大学生的正确逃生方式的掌握，依赖什么呢？是无师自通还是他们超强的领悟力或者在自然灾害来临时"雪山飞狐"般的超然应急、应对和应变能力与专业技巧？显然，这样的分析判断是难以成立的。当代 90 后大学生们中，许多人为独生子女，被"独惯了"之后，当只有 12.3% 的大学生在"是否接受自然灾害逃生训练"时，表示接受过相关训练，能有超然的应急能力，显然是虚假和不真实的！

应当说，对于"应急"存在着一些模糊认识，也是重要原因之一。所谓应急，就是应对突然发生的需要紧急处理的事件。其中，"应急"本身包含两层含义：客观上，事件是突然发生的，是不可预见的；主观上，则需要突发事件的亲历者紧急处理这种突然发生的事件。在国外，应急（emergency）的定义是：突然发生并要求立即处理的事件。突然发生的需要紧急处理的事件，通常被人们简称为"紧急事件"或者"突发事件"。所要表达的主要思想，一方面是事发突然或者人们没有预期或者没有准备，另一方面则是情况紧急必须立即处置、处理，表现的是人类社会整体、群体和个体的处置能力、应急能力和反应能力等。

（二）汶川大地震中灾民的自救、他救和互救能力分析

汶川大地震之后，截至 2008 年 6 月 23 日，我国官方确认因灾遇难 69181 人、受伤 374171 人、失踪 18498 人。其中，四川省遇难者达到 68669 人（99.26%）、受伤 360352 人（96.31%）、失踪 18498 人（100%）。失踪人员中相当数量可能已经遇难，这次遇难总人数超过了 8 万人。[②] 可见，8 万人的伤亡数字当中，97.78% 以上的人员属于四川灾区内的灾民，应当说，灾民们第一时间的灾害应急反应能力太差，缺乏基本的自救能力和互救能力，是造成严重伤亡的最主要的原因。

在自然灾害中对人们的反应能力好坏泛泛而论，并没有太大的价值和意义。但是，在自然灾害发生或者降临的一瞬间，对于罹灾者而言，其价值和意义却非同寻常——有无良好的应急反应能力，决定了罹灾者的生与死或者能否开展他救与互救，从而减少因灾伤亡或者致残，其社会后果确实有天壤之别。汶川大地震过去了这么多年后，四川灾区社会公众的地震应急能力，尤其是自救和他救能力，实际提升了多少呢？恐怕没有人能回答清楚这个问题。

---

① 李玲、廖邦华等：《汶川大地震后大学生应急能力及志愿服务医院调查》，《现代预防医学》2009 年第 23 期，第 4490 页～第 4492 页。

② 回良玉：《国务院关于四川汶川特大地震抗震救灾及灾后恢复重建工作情况的报告——2008 年 6 月 24 日在第十一届全国人民代表大会常务委员会第三次会议上》，一、震情和灾情，（二）灾情。

当然，汶川大地震发生后，在北川县地震废墟中，余运先、何家兴、朱运能等 9 人，作为县城附近的幸存者，从得知地震的消息后，就在县城里奔波，除了寻找自己的孩子和亲人，也积极地开展他救。还有，映秀镇小学的张米亚、龙居小学的向倩、怀远中学的吴忠红、南坝小学的杜正香等，用鲜血和生命，向世人宣誓人民教师这个职业的神圣。这些老师是用自己的死，换得了学生的生，或者学生虽然并没有获救，但是，他们牺牲时的救助精神，让人感受到了他们身上他救义务的可贵，也就是舍己救人精神的伟大与崇高。在自然灾害面前，任何人都是承灾体，汶川大地震不会因为这些老师的舍己为人或者舍生取义或者英勇他救的精神，而减少其危害性。但是，假如我们的老师在不怕牺牲的精神之中，又有非常强的自救、他救、互救意识和能力，那效果又当如何呢？

从这个层面上看，不仅仅是大学生受到的自救、他救和互救能力的训练较少，即便是社会公众中，真正认真地参与过自然灾害中的自救、他救和互救能力训练的人群，应当说也太少了。事实上，这种训练对于任何人而言，是一种自然灾害中的生存能力或者逃生能力的养成训练。经受过专门训练并养成良好意识的这种逃生能力，其实就是一种自保能力或者自我生命的护卫能力。任何时候，任何人都不能把自我生存与自保生命的希望，寄托在社会救助或者应急救援之上，而是首先要把自己的自我生存和自保能力与意识，通过良好的训练和不断的能力养成过程培养出来。从这个意义上看，"汶川大地震中四川灾民反应能力差"的判断，不是对死者的不敬，而是通过这么惨重的伤亡教训，试图告诫人们：任何时候，如果我们自己都对自己的生命罹患危险之时束手无策的话，又凭什么批评死者对于自己生命的轻视呢？

（三）地震发生时第一时间如何应急

汶川大地震发生之初，作者本人在书房里和研究生正在通电话。当时第一反应是，立即将午休的妻子唤醒，并搀扶着岳母飞快下楼。因为整个楼房地面在抖动，岳母抓住楼梯不想走，笔者架着岳母从 2 楼的家门口奔出单元门时，大地的震动（14：28 的主震）还没有结束。2013 年 4 月 20 日 08：02，芦山大地震发生后，由于有了 2008 年 "5·12" 汶川大地震的逃生经验，这一次，拎上应急包，与妻子相扶快速而出，比汶川大地震时逃离出来还要快很多。

汶川大地震之后，我国政府统计的损失中，四川、甘肃、陕西、重庆等省（区、市）的 417 个县、4656 个乡（镇）、47789 个村庄受灾，灾区总面积 44 万平方公里，重灾区面积达 12.5 万平方公里，受灾人口 4624 万。其中，四川省灾区面积达 28 万平方公里，受灾人口 2983 万，倒塌房屋 778.91 万间，损坏房屋 2459 万间。北川县城、汶川映秀等一些城镇几乎夷为平地。还有，震中地区周围的 16 条国道省道干线公路和宝成线等 6 条铁路受损中断，电力、通信、供水等系统大面积瘫痪。山体崩塌、滑坡、泥石流阻塞江河形成较大堰塞湖 35 处，2473 座水库一度出现不同程度险情，灾区的正常生产生活秩序受到严重影响。6443 个规模以上工业企业一度停工停产，其中，四川 5610 个。机关、学校、医院等严重受损。部分农田和农业设施被毁，因灾损失畜禽达

4462 万头（只）。① 直接经济损失 8451 亿元，而四川省的经济损失占总体经济损失的 91.3％。②

在当时，就四川省本身的经济实力而言，要想独立承担汶川大地震的灾害后果，几乎是不可能的。可见，汶川大地震发生的第一时间，个体人如何应急和采取什么样的方式应急，不仅是事关自己性命保全的大计，更是有效减少自然灾害损失，克服人类社会脆弱性或承灾体易损性的重要路径。

三、自然灾害的致灾结果——自杀选择的不可取性

（一）董玉飞的自杀——失去儿子与工作压力双重的内在关联

2008 年 10 月 3 日，北川农委干部董玉飞结束了自己的生命——借助一张不到 1 米高的床和一根棉绳，将自己勒死。这个身高 1.8 米的壮汉能做到这点，表明当时"他是下了决心的"。董玉飞生前身兼三职：北川县农办主任、救灾办主任和农房建设办主任。董玉飞为何选择死亡？灾区的基层干部在媒体眼里是抗震救灾中的英雄，在领导眼里是灾后重建工作的骨干，在群众眼里是国家干部。而事实上，他们同样是在这场汶川大地震的灾民。失去儿子的伤心，夫妻聚少离多，父母无暇照顾，除了沉重的工作压力，这些都构成董玉飞自杀的精神性原因。这些伤痛，与干部身份无关，实为震区普通灾民承受的伤痛。

"生活对我而言已经失去了乐趣，活着只是因为身上的责任。"汶川大地震发生后，董玉飞和绝大多数北川灾民一样变得一无所有。由于董玉飞是北川农办主任，在外界看来，在基本生活上不会有问题。不过，董玉飞和普通干部一样，震后一直生活艰难。据北川的干部介绍，地震发生之后，北川一度要求公务员家属不能领取各种救灾物品。北川县委宣传部说，董玉飞参与了县农贸市场和曲山小学东校区救助工作，共救出、转移 120 名灾民。地震发生时，董玉飞妻子李照在上班路上被倒塌的建筑埋掉，所幸未受重伤。董玉飞的儿子董壮，则在曲山小学遇难。震后第三天，董玉飞在曲山小学找到了儿子的遗体，当即痛哭不已。董玉飞谈起儿子的事，感叹道："救人还得靠自己。"汶川大地震中，北川遇难者多达万人，其中，绝大多数都死在县城里，很多失去孩子的北川人与董玉飞一样，陷入深深的自责和内疚当中。

地震之后，董玉飞父母一直住在北川县灌岭乡老家。由于忙于工作，一直到中秋节前，董玉飞方与妻子回老家探望父亲，在地震后父母搭起的帐篷中住了一晚。在此之前，他曾于 2008 年 6 月托人给父母捎了一张字条和一个收音机，字条上说家里一切都好，让父母放心。不过，父母很快便知道了孙子遇难的消息。遗书中，董玉飞最后提到"跪别父亲"，死前可能遥拜父母良久。

2008 年 6 月下旬，董玉飞下乡检查工作，曾向副县长王久华抱怨"家没有家，县没有县""生活没意思"，这也是震后北川困境的写照。当时，由于新县城选址未定，北

① 回良玉：《国务院关于四川汶川特大地震抗震救灾及灾后恢复重建工作情况的报告——2008 年 6 月 24 日在第十一届全国人民代表大会常务委员会第三次会议上》，一、震情和灾情，（二）灾情。
② 佚名：《汶川大地震损失 8451 亿》，《新京报》2008 年 9 月 5 日，http://news.hexun.com/2008-09-05/108596585.html。

川灾后重建工作无法全面开展，住在临时县城安昌的北川人，多有寄人篱下之感。在董玉飞任北川农房办公室主任的两个月里，妻子李照回忆说，董玉飞一度听到手机铃声就心烦意乱。董玉飞死后留下遗书，成为分析他自杀原因的主要依据。遗书中，董玉飞明确提到，"工作、生活压力太大……实在支撑不下去了"。他将自己的选择视为"好好休息一下"。北川县委宣传部给媒体的一份说明中，对董玉飞之死提及三点原因：（1）董玉飞在地震中痛失爱子，在阴影中长期不能自拔；（2）工作压力大；（3）董玉飞患抑郁症。该说明将第一点视为董玉飞死亡的主要原因。不过，董玉飞妻子李照将主因归结为工作压力。李照否认董玉飞生前患抑郁症，弟弟董卓错则说，董玉飞住院期间确实一度心情不好，也有医生怀疑其得了抑郁症。但只是随口一说，未曾有诊断。董玉飞生前的多名同事称，工作压力是董玉飞之死的直接诱因。北川农业局工作人员称，董玉飞工作中追求完美。他写报告多数由自己亲自执笔，即使是别人所写，也要详加修改。调任农办主任之后，董玉飞工作压力骤然加大，北川历任农办主任皆兼任救灾办主任，董玉飞亦是如此。此外，随着灾后重建工作的展开，北川成立农房建设领导小组，董玉飞任办公室主任，也是具体办事人员。

北川灾后重建中，永久性农房建设成为"头等大事"。绵阳市政府要求，全市 2009 年春节前完成灾民农房建设工作，是各县区"必须完成的硬任务"。北川则还需突出"羌族文化特色""成为灾后重建标兵和旗帜"。在其任办公室主任的两个月里，北川农房办需将农房建设情况一日一上报，一周要发两份简报。由于人手少，且一向爱护下属，工作上董玉飞大都亲力亲为。2008 年 9 月 24 日，北川因暴雨引发泥石流，不少刚盖起的农房被冲毁，即将打通的公路也完全损毁，运输成本居高不下，农房建设愈加困难。据北川一乡镇干部介绍，由于交通困难，0.5 元一块的砖运到建房地，要涨到 1 元多。国家给每家农户的补助款，算起来刚好够建筑材料运费。由于工作繁忙，时间不够用，董玉飞经常在车上写报告。在董玉飞自杀的宿舍中，除了遗书，还放着他自杀当日从农房办所取的那份"重建专报"，上载建设进度，"需恢复重建永久性住房 37827 户，今日开工 1 户，累计开工 10025 户，累计已完工 1393 户"，以及问题反映，"交通不畅，建材运输困难，农房重建工作进展缓慢"。

北川在汶川大地震中，震灾的特殊之处在于：县城曲山镇灾情最重，关内大山中各乡镇灾情较轻。由于北川各乡镇党委、政府的领导干部大都在县城安家，"得知县城被'包饺子'之后，干部们都要疯了"。那个时候，大家其实都是普通灾民。不过，由于职责所在，北川公务员们仍需站在抗震救灾的第一线。而其身上所担负的，往往是难以承受之重。地震后，在北川片口乡，一名失去子女的乡领导在受灾民责难时，曾经一度失控，反问对方："你们家死了几口人？"2008 年 10 月 10 日，董玉飞死后整 1 周的日子，北川恢复了双休日和震前上下班时间。2008 年 10 月 14 日，绵阳市领导到北川看望基层干部讲话称："基层干部也是灾民。"① 沉重的工作压力，被地震撕碎的家庭和艰苦的生活，也就是说，失去儿子与工作压力双重的内在性，成为董玉飞无法承受之生命重压，继而成为压死骆驼的最后一根稻草！

---

① 柴会群：《压垮北川自杀官员的最后稻草》，《南方周末》2008 年 10 月 16 日，http://www.infzm.com/content/18555/0，最后访问：2008-10-20.

（二）张支蓉悲剧的杀手①

2013 年 4 月 20 日，芦山大地震发生后，发生了张支蓉自杀的事件，这是地震灾害"二次伤害"型心理危机方面的典型事例。它不仅包括来自地震灾害即自然加害源意义上的"二次伤害"带来的灾民心理损伤的累积性叠加损伤，也包括人为加害源意义上的"二次伤害"带来的灾民心理损伤的无形性强加等情形。对于后一种情形，人们往往没有给予更多的关注，甚至忽视某些来自环境、亲邻的无形心理损伤或者心理加害源。对于一个灾民，尤其是经历过两次大地震即汶川特大地震和芦山大地震的芦山县、宝兴县的灾民而言，在不到 5 年的时间里，两次大地震的经历本身，就构成了严重的二次心理伤害，而这种伤害究竟会带来多大程度的精神痛苦，以及多久时间的心理折磨，对于不是灾民的人而言，是不容易理解的。当灾区的物质性、生态型重建被看作第一要务，而灾民本身因为自然灾害的致灾性成为承灾体，承受了"物是人非""人是物非"和"人物皆非"的巨大痛苦与精神煎熬，出现巨大的 PTSD 症候时，灾后重建也应当是借助社会力量，医治灾民的 PTSD 或者防控"二次伤害"向精神疾患演化的重要时段。

芦山大地震发生后，雅安市芦山县龙门乡青龙场村付家营组村民张支蓉全家 4 口人人身无恙，但是，张支蓉和丈夫付良全千辛万苦修建的 3 间房屋，成为危房而被推倒。作为对这所房屋付出了全部心力、财富和感情的农村女性，张支蓉根本无法承受"失房"的沉重心理压力。芦山大地震后的 4 月 26 日，张支蓉与 5 岁二儿子付思奥从灾民安置点回家喂家畜，二儿子正在如厕时余震发生，掉入厕所后张支蓉救助无果。后来，付良全将张支蓉母子二人救出送医，二儿子因救助迟延而不幸夭折。5 岁的二儿子付思奥因为如厕死亡，让本来已经因为"失房"而背负非常沉重心理压力的张支蓉，陡然剧升而变成地震灾害的"二次伤害"心理疾患之人。这种自然灾害中的 PTSD 患者，往往因为自然灾害中的种种原因，其心理或者精神可能反复遭受原发性灾害损伤之后的次生灾害、衍生灾害或者人为因素的损伤。这种损伤，作者将其称之为灾民心理的"二次伤害"。对于张支蓉而言，那就是：芦山大地震发生时，张支蓉家的房屋因为成为危房被拆除而"失房"，构成了张支蓉个人心理的原发性损伤或者"一次损伤"，属于"人是物非"的心理损伤情形。在这种心理损伤发生的过程中，张支蓉家的房屋发生"物非"即被拆除，必然给千辛万苦建造该房子的张支蓉带来严重的心理伤害，或者承受严重的失去房屋的心理痛苦。这种后果，除了张支蓉本人及其家属之外，谁也无法替他们承受。

对于张支蓉而言，芦山大地震中如果只是出现了"人是物非"的财产损失，其灾后损害到此为止的话，也不会发生张支蓉因为"失子而自杀"的悲剧。也就是说，芦山大地震中 4 月 26 日的那次余震，表面上看，仅仅是让张支蓉"失子"。不过，张支蓉这次"失子之痛"的发生，由三个致灾因子构成，即：（1）4 月 26 日的余震，导致正在如厕、只有 5 岁的张支蓉二儿子付思奥跌入厕所内，救助不济而死亡。（2）张支蓉母子在抢救期间，张支蓉接受了心理干预，但是，对此产生了严重的对抗心理。也就是说，这次心理干预，对于张支蓉而言，成为其后来对抗后续心理干预的根本原因。（3）张支蓉

---

① 王建平、冯林玉：《地震灾害中"二次伤害"心理危机的法律干预条件——以〈心理救援条例〉制定与颁行的障碍为视角》，《当代法学》2015 年第 4 期，第 60 页~第 63 页。

所在社区负责人、邻居和亲友对于张支蓉心理损伤的"不当加码",即批评张支蓉对二儿子"监护不当""看管有误"以及事发当天张支蓉一位亲属就对媒体表示:5岁的付思奥死亡是"因为大人的一时疏忽"造成的,而一位村干部说,二儿子的死亡是"大人监管不力",等等。这时,通过媒体现场采访时表露的这些带有明显的责怪语气,尤其是责任追究的言语,成为压垮张支蓉生存能力与精神支柱的"最后一根稻草",成为一种破坏力极大的心理致灾因子。

事后,在张支蓉自杀事件中,丈夫付良全及其大儿子根本无法追究任何人的法律责任或者道义责任,出现了在地震灾害状态下,责任主体消失的现象。不过,地震灾害中,张支蓉个人遭遇的叠加性损害,带有一定的必然性。它带给人们的思考是:地震灾害发生后,如何通过《心理援助条例》的体系化防控措施,一方面将灾民的"二次伤害"防控变成法定义务并使之法律化,这是自然灾害心理危机干预"二次伤害"法律控制问题讨论的前提;另一方面全社会应当意识到,当自然灾害的致灾因子在孕灾环境中不断转化成"人是物非""物是人非"或者"人物皆非"的损害时,唯有系统化的干预义务,以及这种义务的科学设计和履行,才能有效遏制"二次伤害"的发生。

(三)自然灾害中的心理救援

尊重生命、关爱生命、珍惜生命和敬畏生命,是灾后重建当中必需的,并且,生命神圣的根基,不仅在于人具有"属人的"知识、情感、意志,在于人的主体性和创造性,以及人因此而具有的潜在的和现实的价值与作为道德主体的人所具有的特定意义的人格和尊严,[①] 这应该得到灾区政府和社会的高度认同。要排除轻视灾民的生命以及对于灾民的生命健康、安全在灾后重建的政策措施安排上的不当举措,为制定我国《心理救援条例》扫除障碍,就必须先认真开展全社会的生命价值观、生命逆境认识、生命安全和生存能力教育,培养全社会的生命关怀意识、心理健康教育等。[②] 事实上,董玉飞、张支蓉自杀的悲剧一再证明:灾区临灾期的心理救援是多么的迫切和重要。芦山地震中张支蓉"失房"又"失子",出现了"一次伤害"和"二次伤害"的心理创伤的叠加性加重,其原因是心理救援缺乏衔接性导致救援无效,亲邻环境不佳即"失子"责任的不当评论,让她最终自杀,酿成芦山地震的"张支蓉悲剧"。

与此类似的是,董玉飞作为北川农委的干部,痛失爱子之后,因为担任三个职务而工作压力过大,也属于心理创伤的叠加性加重,而不拿干部当灾民的结果,又让其产生了严重的"弃儿感"或者"只履行义务和职责"心理,于是,工作认真负责的董玉飞便选择以自杀寻求解脱。两个死亡悲剧本身,都提出了制定《心理救援条例》,以强化心理救援中的义务这样的问题。然而,如同自然灾害中"二次伤害"发生具有必然性一样,《心理救援条例》的颁行受到来自生命价值观、生命文化的强有力的制约性障碍,把尊重生命、关爱生命、珍惜生命和敬畏生命,变成灾后重建规划的主要内容,殊有必要。

从这个意义上看,通过制定我国的《心理救援条例》,把灾民"二次伤害"作为防

[①] 程新宇:《试析生命神圣论》,《医学与社会》2003年第2期,第27页。

[②] 吴顺领、蒋洪波:《浅论当代大学生命教育——由5.12汶川大地震引发的思考》,《西安交通大学学报(社会科学版)》2008年第4期,第39页~第42页。

灾减灾、灾害应急和灾后重建的重要内容给予重视是非常必要的。作为地震灾害中的特殊问题，"二次伤害"本身可能只是一个灾害损失的统计与消除的问题。然而，在芦山大地震灾后重建规划中，对于芦山县、宝兴县这些重灾区而言，灾民遭受了"二次伤害"是比较普遍的，那么，为什么不能引入灾后心理救援项目和措施，让灾民的心理救援更加清晰透明，并为《心理救援条例》的颁行早日扫清道路呢？通过对比分析，不难发现："二次伤害"在灾后重建规划中，存在着明显的差异。即：汶川大地震之后，2008 年 9 月 19 日出台的《汶川地震灾后重建总体规划》（简称《汶川重建规划》）在第十二章，第一节规定了"人文关怀"的内容，其中，专门规定"实施心理康复工程，采取多种心理干预措施，医治灾区群众心理创伤，提高自我调节能力，促进身心健康"；并在"专栏 29 精神家园"部分，规划了"心理康复工程"，即"在中小学校开展心理疏导教育，在医院设置心理门诊，在新闻媒体开办专栏节目，组织专业人员和志愿者进社区（村庄），开设心理咨询热线，培训心理疏导专业人员，编写灾区志愿者服务工作手册和心理辅导手册"等。[①] 应当说，汶川大地震之后，《汶川重建规划》对心理救援进行了具体而明确的规定。相比之下，2013 年 7 月 6 日发布的《芦山地震灾后恢复重建总体规划》（简称《芦山重建规划》）对于"人文关怀"或者"心理救援"没有任何更加详细的表述，表明芦山大地震灾后重建总体规划还有待更加明确。

在汶川特大地震中，芦山县、宝兴县、汉源县被划为重灾区，而 2013 年 4 月 20 日的芦山强烈地震中，这些重灾区大量老旧住房倒塌，未倒塌住房结构受损严重，学校、医院等公共服务设施和供水、排水、供气等市政设施受到不同程度损坏，主要公路多处塌方、受损，山体滑坡、崩塌、泥石流等次生灾害严重，生态环境受到严重威胁，余震多、震级高，持续影响大。《芦山重建规划》范围包括雅安市芦山县、雨城区、天全县、名山区、荥经县、宝兴县等 6 个县（区），以及成都市邛崃市的 6 个乡镇，共 102 个乡镇，面积 10706 平方公里，2012 年末总人口 114.79 万人。[②] 其中，对于芦山县、宝兴县的灾后重建的困难，《芦山重建规划》归纳为：两次地震叠加，重建任务艰巨。芦山县、宝兴县是汶川特大地震的重灾区，其他地方大部分是汶川特大地震的一般灾区，两次地震间隔短、损失大，旧伤未愈、再遭新创，地方财力薄弱，灾区群众负担重、困难大。[③]《芦山重建规划》中，没有对"心理救援"进行专门的规划和安排，而只在第五章"公共服务"第三节"社会管理"中规定了"人文关怀"，即"采取多种心理援助措施，有效协调各类相关资源，增强灾区群众心理康复能力。营造关心帮助灾区孤老、孤残、孤儿及留守儿童的社会氛围。建设妇女儿童和青少年活动中心"。既没有具体的规划项目，也没有详细的措施。由此，期望我国《心理救援条例》能尽快出台。

---

① 《汶川重建规划》第十二章开宗明义规定："精神家园的恢复重建，要加强心理疏导，体现人文关怀，重塑积极乐观向上的精神面貌，坚定自力更生、艰苦奋斗的信心，弘扬伟大抗震救灾精神和中华民族优秀传统文化。"但是，这样的规定在芦山大地震的灾后重建规划中，却未着一字。

② 《芦山重建规划》，第一章重建基础第一节规划范围。

③ 《汶川重建规划》，第一章重建基础，第二节灾区特点。

第二节 防灾减灾救灾能力的自我养成

一、从"骑马坐轿三分忧"谈起

（一）古人"骑马坐轿三分忧"的启示

古代由于交通不发达，人们远行大多都要骑马或者坐轿。这两种看似非常安全的代步方式，古人乘用却都很谨慎，用"骑马坐轿三分忧"的习语告诫人们：骑马坐轿也不能掉以轻心，要十分注意安全。说到安全，清代诗人袁枚在《所见》中云："牧童骑黄牛，歌声振林樾。意欲捕鸣蝉，忽然闭口立。"牧童骑黄牛，不必虑安危。但是，有这样的故事，恐怕就不是"牧童骑黄牛"了——2015年5月3日下午，驾驶私家车准备前往三圣乡的卢女士，被一红色Polo车逼停，并遭到对方男性车主张某的暴打，致其右肩骨折、脑震荡，身上多处淤青。张某随后被周围市民拦下。张某被警方控制后交代，当天下午，他开车带着妻子和孩子行驶至成南立交桥时，卢女士的车子在行驶过程中突然变道，两车险些相撞。随后，两车互相阻道，二人隔车对骂，最后两车几乎并排"S"形向前行驶，张某的孩子不断哭喊，张某因孩子受到惊吓气不过，随即一路从成南立交追到娇子立交桥将卢女士的车子拦下，并对卢女士实施殴打。

随着"成都女司机被暴打"事件的持续升温，"路怒症"[①]这个老生常谈的话题，再次引发了公众的热烈讨论，并导致舆论逆转。[②] 2015年5月11日，被殴打的卢女士发出"致歉信"称："我是卢琴，也是'成都娇子立交打人事件'中的女司机，经过这段时间的康复治疗，我的伤情开始逐步恢复，却因为身陷舆论旋涡给我的生活带来了巨大的冲击，经过认真深刻的反思，痛定思痛，我想我应该面对这一切，我非常诚恳地向大家表达我现在的认识：首先，对我行车中的鲁莽和不理智，诚恳地向大家道歉，我已认识到错误；对于我违章驾驶、开斗气车的行为，我自愿接受相关处罚；对我过往的驾驶陋习一定通过认真学习加以改正。"[③]

2008年5月28日，孙伟铭购买别克牌轿车后，长期无证驾驶，并有多次交通违规

---

① "路怒症"的概念来自心理学界，"路怒"（road rage）是形容在交通阻塞情况下，开车压力与挫折所导致的愤怒情绪，也称作"阵发型暴怒障碍"，发作者会袭击他人的汽车，猛烈程度往往让他人和自己大感意外。

② 2015年5月6日，参考消息网报道说：港媒称，四川一名女司机因驾车时转线并阻碍他人行驶，被一名男司机拉下车暴打，相关报道5月5日在搜狐新闻网站引起近26万内地网民留言。内地网民纷纷指女司机危险驾驶，当中，逾六成网民对男司机打人表示理解。香港《明报》网站5月6日报道，自5月3日开始，一段视频在网上疯传。一辆红色私家车男司机将一长发女子的私家车逼停，并打开车门将女司机拖出殴打，4次踢中女司机脸部。视频播出后，舆论哗然，驾驶红色私家车的张某称，自己车上有妻儿，卢女士突然从侧面变线，他急刹车到1岁儿子的脸撞上车窗受惊，他气不过也变道"阻碍"卢女士，没想到她又故技重施，他才会打人。张某涉嫌寻衅滋事被刑拘，并录了一段短片向卢姓女子道歉。卢女士因为车德不良，挨打又被社会公众指责，真是"路怒症"害死人。

③ 到2015年5月6日，舆论开始愈发理性和客观，外界普遍认为双方各有责任，应该"各打五十大板"，并谴责"路怒症"的现象。一项调查显示，70%的网友认为女司机被打活该。5月11日，被打女司机卢某的亲属称，如今仍在住院的卢琴近日来也在反思，并认识到自己在此事中的一些过错，特写下《致歉信》并授权媒体发布。资料来源：刘洋：《成都被暴打女司机发布致歉信：求大家到此为止》，南方网，2015-05-11 10:36，http://news.qq.com/a/20150511/026038.htm。

记录。2008 年 12 月 14 日 16 时许，孙伟铭醉酒驾驶该车从成都市成华区万年场"四方阁"酒楼，送其父母去火车北站后，又继续驾车沿成龙路前往龙泉驿区。17 时许，孙伟铭驾车在成龙路"蓝谷地"路口从后面撞上正常行驶的比亚迪轿车尾部后，继续向龙泉驿方向高速行驶，[①] 行至成龙路"卓锦城"路段时，越过道路中心双实线，猛烈冲撞对面正常行驶的长安奔奔轿车，接着，又先后撞上长安奥拓轿车、福特轿车、奇瑞 QQ 轿车。致长安奔奔轿车内驾驶员张某某，乘客尹某、金某某、张某某死亡，代某某重伤，造成公私财产损失 5 万余元。一审法院认定，孙伟铭作为心智健全、受过一定教育的成年人，在明知驾驶车辆必须经过相关培训，并通过国家有关机关考试的情况下，仍无视国家交通安全法规，置不特定多数人的生命安全于不顾，长期无证驾驶车辆并多次违章，2008 年 12 月 14 日在严重醉酒的情况下，驾车行驶于车辆、人群密集之处，并最终造成四死一重伤及他人财产损失数万元的严重后果，其行为已构成以危险方法危害公共安全罪，且情节特别恶劣，应予以严惩。2009 年 7 月 23 日，成都中院认定，孙伟铭犯以危险方法危害公共安全罪，判处死刑，剥夺政治权利终身。2009 年 9 月 8 日，四川高院终审认定，孙伟铭以危险方法危害公共安全罪罪名成立，但其有真诚悔过表现，判处无期徒刑，剥夺政治权利终身。

卢女士被暴打一案和孙伟铭醉酒驾驶致人死伤一案，都是"骑马坐轿三分忧"最典型的现代注脚。事实上，或许卢女士原本并没有无故随意违规超车的理由，但是，路面交通的实际状况诱发了她开"斗气车"的"怒气"；而孙伟铭如果不饮酒后去开车，应该不会发生醉驾撞死人事件。尤其是孙伟铭的亲友们，明知酒后驾驶是非常危险的，为了亲友团聚的气氛，对孙伟铭大量饮酒的行为不进行应有的劝阻和干预，而是放任其大量饮酒并且醉酒后开车送其父母到火车站。在这里，孙伟铭的亲友没有"酒后不开车"的劝阻，必然导致孙伟铭的驾车行为充满了"走路行车三分忧"的风险。

（二）安全风险意识的自我养成

有打工者曾在建筑工地所见：楼房已经修到 10 多层，楼房四周却没有架设安全网，工人们怕麻烦连安全帽都不戴。一天早上，那些没有任何安全防范设施的工人如履平地般，在楼顶边缘走来窜去。其中一个砌砖工，手提砖刀一边与别人开玩笑，一边向后退，退着退着脚下一踩空，便像秋天一片树叶一样直往下"飘"。下"飘"中，砌砖工的身体在钢管架上弹起又落下，然后再弹起再落下。砌砖工的身体落到地上，一个大活人，瞬间被夺去了性命。人的生命极其脆弱、安全生产极其重要。

一家纺织厂有上百号人，安全生产制度全都上了墙，每台机器上都设有安全提示标牌。厂子里有一位人称厂花的美女，某日，这位厂花美女嫌戴着帽子影响形象，于是顺手将帽子取下，脖子一扭满头秀发轻轻舞动起来。不巧的是，其中一缕秀发被飞速旋转的机器绞住，撕心裂肺般的惨叫声随之而来。厂花美女为了秀其美发将安全生产标准抛在一边，结果是：她付出了惨重的代价——差点丢掉性命，而且那一缕秀发和头皮一起

---

① 经鉴定，孙伟铭驾驶的车辆碰撞前瞬间的行驶速度为 134～138 公里/小时（限速 60 公里，超速 120% 以上）；孙伟铭案发时，血液中的乙醇含量为 135.8mg/100mg（大于或者等于 80mg/100mL 为醉酒驾驶）。2011 年 2 月 26 日，全国人大常委会表决通过《刑法修正案（八）》，首次将飙车、醉驾列入犯罪行为。《刑法修正案（八）》第 22 条规定："在道路上驾驶机动车追逐竞驶，情节恶劣的，或者在道路上醉酒驾驶机动车的，处拘役，并处罚金。有前款行为，同时构成其他犯罪的，依照处罚较重的规定定罪处罚。"

被机器绞掉了。这说明：无论有没有安全设施，无论安全生产的制度是否齐全，最为重要和关键的是，要牢记"骑马坐轿三分忧"的古训，要有居安思危的意识，时时紧绷安全这根弦，[①] 不能把自己的危机防范和控制意识丢掉。对于有车一族而言，驾车安全不仅是自己安全，而且也是对他人或者社会的安全。孙伟铭案件的深刻其实就在这里：酒驾和醉驾不仅危害自身，而且把"骑马坐轿三分忧"的自身危险，转化成了机动车对于路人、自行车和其他非机动车的危险。

我国是世界上交通事故死亡人数最多的国家之一。从 20 世纪 80 年代末我国交通事故死亡人数首次超过 5 万人至今，我国大陆每年的交通事故多达 50 万起，因交通事故死亡人数均超过 10 万人，已经连续十多年居于全球第一位。2009 年，我国汽车保有量占世界汽车保有量的 3%，但是，交通事故死亡人数却占世界的 16%，尤其是酒后驾驶成为导致交通事故的主要罪魁祸首之一。2009 年我国全年共发生道路交通事故 23.83 万起，造成 67759 人死亡，27525 人受伤，直接经济损失 9.1 亿元。[②] 而到了 2014 年 11 月 27 日，我国机动车驾驶人数量突破 3 亿。其中，汽车驾驶人 2.44 亿人；全国民用机动车保有量达 2.64 亿辆，其中，汽车 1.54 亿辆；驾驶人数量位居世界第一，汽车数量居世界第二位。这标志着我国道路交通发展达到了新节点——交通事故的发生量将会大量增加，换句话说，"骑马坐轿三分忧"的"忧愁"会大量增加。驾驶人 4 年新增"1 个亿"，增速越来越快。1949 年 10 月新中国成立后至 2003 年，全国驾驶人数量达到 1 亿人，实现第一个"1 亿"用了整整 54 年的时间。至 2010 年，驾驶人快速增加达到 2 亿，年均增量超过千万，实现第二个"1 亿"只用了 7 年的时间。至 2014 年 11 月 27 日，驾驶人突破 3 亿大关，年均增长超过两千万，实现第三个"1 亿"仅用了短短不到 4 年时间。而到 2016 年底，我国机动车保有量达到 2.9 亿辆，而驾驶人则超过了 3.6 亿人。[③] 机动车带给驾车人太多的方便、便利或者便捷，然而，机动车本身的安全性与驾车人的驾驶技术和"车德"如果不能同步跟进的话，机动车肇事和成为交通事故的肇事源的情况必然呈几何量级增加。这一点，是任何人都不愿意看到，但是又不得不接受的。机动车年增量超过两千万，35 个城市汽车超过百万辆。近十年来，我国机动车年均增量超过 1500 万辆以上，11 个省份机动车保有量超过 1000 万辆。汽车保有量达 1.54 亿辆，占机动车比例从十年前的 33.3% 提高到 58.5%，社会公众机动化出行方式经历了从小型化到大型化、从摩托车到汽车的转变，交通出行结构发生了根本性变化。驾驶人群体结构明显变化，意味着社会属性的深刻变革。

也就是说，随着小汽车进入我国普通家庭，驾驶汽车不仅仅是求职和谋生的需要，而且逐渐成为人们生活和社交必备的基本技能，驾驶人从职业化到大众化、从"单位人"向"社会人"转变。目前，驾驶人占成年人口比例已达到 30%，约每 3 个成年人

---

① 张枥：《骑马坐轿三分忧》，《潮州日报》，2010 年 8 月 30 日，第 B4 版。

② 佚名：《中国历年交通事故死亡人数官方统计》，中新网，http://www.docin.com/p-1320102292.html。因此，醉驾入刑，成为刑事罪名。

③ 2016 年底，全国机动车保有量达 2.9 亿辆，其中汽车 1.94 亿辆；机动车驾驶人 3.6 亿人，其中汽车驾驶人超过 3.1 亿人。全国有 49 个城市的汽车保有量超过百万辆，18 个城市超 200 万辆，6 个城市超 300 万辆。其中，汽车保有量超过 200 万辆的 10 个城市依次是北京、成都、重庆、上海、深圳、苏州、天津、郑州、西安、杭州。

中就有 1 人为机动车驾驶人。从事营运的驾驶人仅占 7%，90% 以上的驾驶人为非职业司机。女性、低龄、老年小汽车驾驶人数量激增，其中，女性驾驶人从十年前的 300 万飞速增长到 6059 万，增长了 19 倍；25 岁以下低年龄驾驶人从 221 万增长到 2744 万，增长了 11 倍；60 岁以上老年驾驶人从 10 万增长到 393 万，增长了 38 倍。从驾驶人驾龄情况看，1 年以内驾龄的新驾驶人数量达 2928 万人，占全部驾驶人总量的 9.7%。这种驾驶人是否会成为"马路杀手"自有公论，但是，驾驶技术不精和技能较差，遇到突发事件不能有效处理等，确实是我国交通事故大量增加的根本原因。从文化层面看，有车一族在马路中央行驶而过，其心态发生了"路权升级"的变异。即将自己的机动车通行权与行人、非机动车的路权在比较之后，认为自己的机动车通行权远远大于和高于后者的路权的心态变化。这种心态变化，成为我国社会不能形成"机动车礼让行人"的文化根源。

近年来，面对交通大发展、出行大变化的复杂局面，每年一次死亡 10 人以上事故由 1996 年的历史最高点 80 起，下降到 2013 年最低点 16 起；驾龄 1 年以内新驾驶人被查处的违法起数同比下降 44.9%，引发的交通事故起数、死亡人数，同比分别下降 19.7%、21.4%；因超速导致的事故起数、死亡人数分别下降 34.9%、35.9%；因酒驾、醉驾导致的交通事故起数、死亡人数分别下降 25%、39.3%。我国《道路交通安全法》实施以来，1.03 亿驾驶人因连续 6 年无满分记录，依法换领了 10 年有效期的驾驶证。可见，人们在享受汽车为工作、生产、生活带来快捷高效的同时，面临着死伤事故、交通拥堵、环境污染等问题和挑战，面对快速进入汽车社会这一现象，交通管理和社会治理还存在很多不适应：面临"社会之重"的挑战，道路交通和空气环境面临巨大压力，一些地方出现大范围交通拥堵、长时间重度雾霾，机动车总量已超出社会环境承载能力。还有，全国机动车、驾驶人、公路里程数量分别比 1987 年交通管理体制改革时，增长 23 倍、24 倍和 3.4 倍，而管理力量、安全设施装备、管控能力也有待提升增强。[①]

（三）蔑视交通安全的状况

网友对一些人集体闯红灯的现象提出批评。出现这种现象，是我国社会中，社会公众受法不责众的"从众"心理影响，从而不顾及交通安全的一种社会现象，或者群体无意识现象。2012 年 10 月 10 日网友称：有一种过马路的现象，就是"凑够一撮人就可以走了，和红绿灯无关"。2012 年 10 月 11 日，网友在微博发消息称：此种方式过马路，就是凑够一撮人就可以走了，和红绿灯无关。微博同时还配了一张行人过马路的照片，虽然，从照片上看不到交通信号灯，但有好几位行人并没有走在斑马线上，而是走在旁边的机动车变道路标上，其中，有推着婴儿车的老人，也有电动车、卖水果的三轮车，等等。这条微博引起了不少网友的共鸣，一天内被近 10 万网友转发。网友纷纷跟帖"太形象了""同感"，还有网友惭愧地表示，自己也是"闯灯大军"中的一员。

闯红灯就是违法，不应有任何借口。一些人缺乏交通安全意识、遵纪守法意识，缺乏对执法民警的尊重，缺乏对交通违法行为的正确认知，并对他人的公然抵触出现侥幸

---

① 佚名：《我国驾驶人总量突破 3 亿，交通安全面临挑战，汽车文明亟待加强》，公安部交管局，2014 年 11 月 27 日，http://www.mps.gov.cn/n2255040/n4908728/c4929109/content.html，最后访问：2014－11－30。

心理。文明交通的构建，绝非一朝一夕，有赖于整治行动的常态化，有赖于执法者的严格执法，更有赖于交通参与者的自律。很多人虽然知道闯红灯危险，但是，总觉得交通事故是小概率事件，不会发生在自己身上。其实，不管是开车还是走路，走在道路上就有被撞的概率。因为没有人在出事故前就知道自己被撞，否则就不会有交通事故。因此，也可以说每一个人都有可能发生交通事故，而闯红灯时这种概率就更大。

2012年10月14日《新闻直播间》节目播出：十字路口一小时600人闯红灯，记者在"文明天下行"的媒体行动推出之后，专门进行了一小时文明观察。在石家庄的一个十字路头，观察采访一小时的时间，发现路口的红绿灯基本上是形同虚设。为了快速通过路口，人不让车，车不让人，所以车辆剐蹭行人的事故就经常发生。毋庸讳言，行人过马路闯红灯，其实已经成为城市交通管理的一种"痼疾"，这一现象折射出的，不仅是管理手段的乏力和无奈，还有国人规则意识的淡薄。按理说，行人、非机动车、机动车都有相应的"路权"，任何一方都不能侵犯他方的交通空间。然而，在道路资源有限的背景下，各方相互争夺、吞噬他方"路权"的情况比比皆是。行人不看红绿灯，不走斑马线；机动车经常在人行道、非机动车道上横冲直撞；一些司机不遵守交通法规，做出闯红灯的疯狂行为。由此造成的种种混乱，不仅损害了他人的权益，而且造成巨大的安全隐患。

路权是人人应享有的一种权利。对路权的争夺，并不是一定要分出输赢的比拼，而是要平衡各方权益，实现道路资源共享，进而达到共赢目的。在交通设施完备的前提下，行人、非机动车、机动车本应各行其道、遵章守纪，才能改善交通秩序，减少事故隐患，实现道路安全畅通，这才符合大多数人的利益和要求。实际上，每个人都是社会的一分子，个人的所作所为都对社会产生或多或少的影响。不同的是，有的人以自身的文明言行，最大限度地传递着"正能量"；而有的人，则在茫茫人海中随波逐流，甚至引发令人生厌的"负能量"。由此而言，当我们在马路上行走或驾车的时候，更应好好地想一想，自己是不是闯红灯那群人中的一员？对于行人来说，过马路时无视红绿灯，只会给自己增加风险。对司机来说，驾车行驶在路上，当然处于一种强势地位，毫无疑问该对行人多一些避让。唯有多些规则意识，多些对生命的敬畏，我们的道路才会更畅通、更安全。

很多人都闯过红灯，可以列举的理由或者原因很多，其实，我们的文化心理上存在着一个"不守规矩"的"基因"：那就是对已经确立的规矩不严格执行，这使得"不违法、小违规"在社会上大行其道。因此，只能靠国民素质教育尤其是社会公众的安全意识教育及其整体性的提高，让全社会形成遵守信号灯的基本礼仪意识。调查显示：闯红灯与红灯时长超过行人忍耐限度有关，不能完全归责于行人的素质，更深层反映的是行人与机动车马路权益分配规则层面的问题。香港汽车工业学会会长李耀培认为，内地繁忙的主干道上，加设行人过路灯倒数定时器后，不少地方的等候时间超过了100秒，甚至最长见过180秒的，这一举措是要平衡行车的流量管制，然而，行人等候时间往往过长，不少人因等得不耐烦而闯红灯。此外，学者研究发现，天气和时间亦会影响人们闯红灯的意欲，对此，李耀培说："每逢夏天到秋天之前，最热的时间，早上10时至下午4时之间，最多交通意外发生。"同济大学交通运输工程学院的一项研究发现：杭州市行人可忍受等待时间约为70至90秒，而其他国家的研究表明，英国人可忍受等待时间为 45 至 60 秒，德国人的忍耐限度则是 60 秒。心理学博士陈天祥表示，其实没有一个"黄金数字"反映人们冲过马路的意欲，因为促成人们闯红灯有多个因素且因人而异。60 秒是足够让人考虑要不要冲过马路的了。

二、如何从火场逃离：火灾现场逃生技能的获得

（一）上海商学院 4 名女大学生——违规使用"热得快"跳楼逃生而亡

2008 年 11 月 14 日 06：12，上海商学院徐汇校区女生宿舍楼 602 寝室冒出浓烟，随后又蹿起火苗，屋内 6 名女生被惊醒，离门较近的 2 名女生拿起脸盆冲出门外到公共水房取水，另 4 名女生则留在房中灭火。然而，当取水的女生回来后，却发现寝室门打不开了。因为火场温度高，木制的寝室门被烧得变了形，被火场的气流牢牢吸住了。

不一会儿，大火越烧越旺，4 名穿着睡衣的女生被浓烟逼到阳台上。蹿起的火苗不断扑来，吓得她们惊恐尖叫。隔壁宿舍女生见状，慌忙将蘸过水的湿毛巾从阳台上扔过去，想让被困者蒙住口鼻，争取营救时间。宿舍楼下，大批被紧急疏散的学生纷纷往楼上喊话，鼓励 4 名女生不要慌乱，等待消防队员前来救援。可是，在凶猛的火魔面前，4 名女生逐渐失去了信心。又一团火苗蹿出后，一名女生的睡衣被烧着了，惊慌失措的她大叫一声，从 6 楼阳台跳下，摔在底层的水泥地上。看到同伴跳楼求生，另外两名女生也等不及了，顾不得楼下男生们"不要跳，不要冲动"的提醒，也纵身一跃，消失在众人的视野中。3 名同伴先后跳楼，让最后一名女生没了主意。她在阳台上来回转了好几圈后，决定翻出阳台跳到 5 楼逃生。可她刚拉住阳台外栏杆，还没找准跳下的位置，双臂已支撑不住，一头掉了下去。与此同时，滚滚浓烟灌进了隔壁 601 寝室，将屋内 3 名女生困在阳台上。所幸消防队员接警后及时赶到，强行踹开宿舍门，将 601 寝室的女生救了出来。此时，距 4 名女生跳楼求生不过几分钟时间。这次着火原因是：602 寝室女生违规使用"热得快"引发电器故障，并将周围可燃物引燃所致。[①]

知情者介绍，事发前一天晚上，602 寝室的女生曾用"热得快"烧水，晚上 11 时宿舍断电，6 人均忘记将插头拔掉。11 月 14 日清晨 6：00，宿舍恢复供电后，"热得快"开始自行加热，10 分钟后，高温引发了电器故障，迸发出的火星落在了女生们晾挂的衣物上，最终酿成这次惨痛的火灾事故。据了解，起火的上海商学院徐汇校区宿舍楼建于 2000 年，大楼内有消防栓，但是，大楼内部及公用卫生间内均无自动喷淋器。这起致 4 名女生死亡的惨痛事件中，客观原因是次要原因，而同寝室 6 名女生违规使用"热得快"这种小电器，才是主要原因。还有一个很重要的原因，就是 6 名女大学生在遇到火灾时，不知道如何有效逃生和灭火。

那么，为什么大学生会违规使用这种小电器，又为什么会忘了关掉"热得快"，在寝室失火后，为什么不能有效逃生而选择跳楼逃生呢？应当说，缺乏火灾有效逃生训练是根本原因之一。而这些原因的综合性分析结论，便是我国社会普遍存在的"轻视生

---

① 乔礼、蒋泽：《上海商学院宿舍区发生火灾，4 名大学生跳楼身亡》，新华网，2008 年 11 月 14 日，http://news. xinhuanet. com/edu/2008—11/14/content＿10356735. htm，最后访问：2008—11—15。

命""蔑视生存危机"和"合格公民教育"① 的问题，表明在"生命的三维向度"② 中，不注重生命的高度这一内涵。

（二）竟然可以在室内放火焰枪——深圳舞王俱乐部 44 条人命"丢失"的教训

2008 年 9 月 20 日 22：49，位于广东省深圳市龙岗区龙岗街道龙东社区的舞王俱乐部发生特大火灾事故，截至 9 月 27 日 12 时，事故造成 44 人死亡、87 人受伤。舞王俱乐部是一家歌舞厅，事发时，俱乐部内有数百人正在喝酒看歌舞表演。火灾发生后，慌乱的人群尖叫着往同一个方向拥挤，而出口非常狭窄，仅仅不到两米，导致很多人摔倒，人群发生严重的踩踏——人踩着人像叠罗汉一样翻过去！现场可以用"惨不忍睹"来形容。随着火灾被扑灭，舞厅里面的人员陆陆续续被救出，但这些人都已经奄奄一息，好多人面目都是黑黑的，分不清哪些是活着，哪些是死了。当时，由于救护车数量有限，舞厅前面的广场上、马路上，一时间堆满了受伤的人，哭声、呼救声让人不忍再听。许多人在等待救援的同时，一边哭一边给自己的情侣、朋友进行人工呼吸。消防人员救出来的伤者，摆满了外面的空地。

事故发生时，接近晚上 11：00，有两个演员在舞台上表演两个乞丐比赛要钱的节目，用插科打诨取乐观众，快结束的时候，一名"警察"跑上台，拿着一把火焰枪对着天花板开了一枪，喷出一团火烧着了天花板上的黑色海绵。这时，突然听见有人喊"起火了"，还有工作人员喊"不用慌"。随后，天花板上包扎管道的白色塑料突然爆燃，10 多秒后，火沿着管道蔓延到整个大厅天花板上。这时，大厅里惨叫声此起彼伏，烧着的海绵滴到了人们的头上、背上。舞王俱乐部舞厅空间结构设计极其不合理，除中央舞池有"厅"的感觉外，四周全部隔成几十个小包间。从楼梯到各包房，均是窄小通道连接，有入昏暗地道的感觉。每当俱乐部有节目安排时，中央舞池的人数最多，若此时出现险情，人员极难疏散，很容易形成踩踏，造成大量伤亡。此外，歌舞厅在装修时重隔音、轻消防的做法，也是造成此次火灾惨剧的另外一个原因。

还有，舞王俱乐部地处住宅区，为消除噪音避免居民投诉，经营者在通道隔墙、包

---

① 这是作者的归纳，"合格公民的标准"应当是"守法、诚信、向善"这六个字。其中的含义是：（1）"守法"就是不做违法的事，是一种外化型的公民素质；（2）"诚信"则是言不轻诺，有诺必行，是一种内在型的修养；（3）"向善"就是"友善"，对待他人、他物和他事均有一颗善良的事，不过于自私自利，把善意、善心和善行等，与社会主义核心价值观中的"友善"紧密结合起来。

② "生命的长宽高"即生命的三维向度理论，是朱永新先生的新生命教育理论。他强调：拓展生命的长宽高，集自然生命之长、社会生命之宽、精神生命之高，才能够形成一个立体的人。纵观生命的成长历程，一个基本逻辑是：肉身的诞生，是生命的自然事实；交往关系的存在，则是生命的社会事实；自我意识的觉醒，是生命的精神事实。这三个事实，构成了理解生命的三个基本向度。所以，新教育把生命理解为具有三重意义上的生命：自然生命、社会生命和精神生命。其中，"自然生命"是指个体的物质存在，如身体、组织、器官等身心系统。"社会生命"是指个体与人、自然、社会形成的交互关系。"精神生命"是指个体的情感、观点、思想、信仰等价值体系。人的三重生命之间互相联系、互相制约、辩证统一。自然生命是社会生命、精神生命得以存在的前提。离开自然生命，社会生命、精神生命就不可能存在。自然生命的长度，有效地保障并促进着社会生命、精神生命的继续发展。社会生命也制约着自然生命的丰富和精神生命的提升。每一个自然生命都会被时空所局限，此时社会生命的宽度，影响着人们对自然生命的认知和把握，并从很大程度上决定了精神生命的境界。精神生命则能最大限度地突破自然生命、社会生命的局限，绽放人这一特殊生命体的存在价值。精神生命的高度，是对自然生命、社会生命的最终升华与定格。资料来源：朱永新：《拓展生命的长宽高》，《光明日报》，2015 年 7 月 21 日，http://www.cssn.cn/jyx/jyx_xzljy/201507/t20150721_2086713_1.shtml，最后访问：2015－07－23。

房内墙、包房临窗外墙内使用了大量隔音材料，这些都属于易燃物。临街窗户又用砖头封死，这都为险情发生埋下了极大的隐患。这次"9·20"深圳龙岗舞王俱乐部特大火灾死亡人数达 44 人，其中，85％的死者属于窒息死亡，也就是说，烟雾无法散尽，空气不流通，是致人死亡的关键。从技术角度上来看，不改变上述这种封闭式隔音设计理念，不设法将歌舞厅迁离住宅办公区，不采用有效的耐火隔音材料，不配备完善的火灾预警灭火系统，类似的惨剧就可能再度发生。因为舞王俱乐部的歌舞厅逃生口比较小，没有一扇窗户，浓烟无法排出，大多数人被困在里面，消防人员只好搭起云梯，在舞厅的墙壁上凿洞以排浓烟。经过现场勘查以及对现场人员的笔录分析，初步判定火灾着火部位在三楼舞王俱乐部舞台，起火原因为演员在舞台使用自制烟花道具枪时，引燃天花上的吸音海绵等易燃有毒材料并迅猛燃烧，在 30 秒内产生大量有毒浓烟并迅速扩散蔓延。

据了解，当晚进入舞王俱乐部消费的人员约有 400 人。火灾发生时，该俱乐部工作人员曾想用灭火器扑火，由于舞王俱乐部三楼空间密闭，有毒烟雾迅速扩散蔓延至各个角落，大量人员因无法及时疏散，导致 43 人当场受烟熏中毒死亡，65 人受伤。相关调查报告中的一组数字显示，本次火灾过火面积 100 多平方米，仅占三层总面积 1695 平方米的 6％还不到。"9·20"特大火灾发生后，深圳公安、消防与工商等部门对其调查时发现，该俱乐部于 2007 年 9 月 8 日开业 1 年多来，居然无营业执照，无文化经营许可证，且消防验收不合格，属于无牌无照擅自经营的商户。此次"9·20"特大火灾事故，大火仅燃烧了半小时，产生的毒烟就夺去了 44 条鲜活的生命。有专家称，如果这些遇难者生前能够了解一些火灾自救的常识，冷静自处，用现场的啤酒饮料泼湿衣物，坚持 20 分钟就极有可能生还。国务院安委会办公室通报称，此次事故发生在人员密集的公共场所，伤亡惨重，影响恶劣，教训深刻，暴露出三个主要问题：（1）有关单位对违法违规经营行为查处不力，监督管理工作存在漏洞；（2）娱乐场所的消防安全设施和消防安全管理存在严重隐患；（3）从业人员和社会公众缺乏基本的安全意识和必要的自救能力，加上生产经营单位应急处置不力。[①] 可见，那个演员使用的喷火枪是火种，而舞王俱乐部装修时大量使用可燃物和堵死消防通道，是助燃剂和加重死亡的原因；还有舞客们的无自救能力，恐慌中人踩人逃生，其结果可想而知了。也就是说，在约 400 名舞客中，44 人死亡、87 人受伤即 131 人伤亡，占 32.75％，这么多的人员伤亡，表明死伤者是绝对欠缺火灾中的自救能力的，至于逃生的 269 人中，究竟有多少人具有火灾中的自救能力，虽然不敢妄议，但是，这些人或者绝大多数生存者，并没有多少他救或者互救能力。否则，这次火灾的损失不会这么严重。换句话说，一个人在火灾中如果有了自救能力，那么，他救和互救能力肯定不会付阙的。

（三）独克宗古城的消防通道与消防管道之伤

独克宗古城以大龟山为中心，呈放射状扩展布局，面积 36.9 公顷。辖北门、仓房、金龙 3 个社区办事处、9 个村民小组，主要交通道路 4 条，巷道 23 条，最宽处 5.2 米，最窄处 3.3 米。共有传统民居 515 幢，非传统民居 105 幢，新建民居 83 幢，居民 1682

---

① 佚名：《深圳舞王俱乐部"9·20"火灾事故调查报告》，文化传播网，2008 年 9 月 27 日，http://info.audio.
hc360.com/2008/09/27105558338-2.shtml，2008-09-29。

户。常住人口 8287 人、流动人口 4521 人。古城居民住房和经营商户用房均为个人财产，个人招租行为，古城管委会为财政拨款单位，不收取费用。①

2014 年 1 月 11 日 1：10 许，云南迪庆州香格里拉县独克宗古城仓房社区池廊硕 8 号"如意客栈"经营者唐英，在卧室内使用五面卤素取暖器不当，引燃可燃物引发火灾，造成烧损、拆除房屋面积 59980.66 平方米，烧损（含拆除）房屋直接损失 8983.93 万元（不含室内物品和装饰费用），无人员伤亡。事故发生后，按照《生产安全事故报告和调查处理条例》（简称《事故调查条例》）的规定，立即成立云南省政府迪庆州香格里拉县"独克宗古城'1·11'火灾事故调查组"（简称"事故调查组"），由云南省安全生产监管局、省公安厅、省监察厅、省住建厅、省总工会及迪庆州人民政府等单位组成，并邀请省检察院派员参加。事故调查组调查结论如下：

1. 事故发生经过。2014 年 1 月 10 日迪庆州香格里拉县独克宗古城仓房社区池廊硕 8 号"如意客栈"经营者唐英，从吃晚饭开始，先后 3 次大量饮酒至 23：20 左右，回到客栈卧室躺下睡着。11 日凌晨 1：00 左右，唐英醒后发现其房间里小客厅西北角电脑桌处着火，遂先后两次用水和灭火器灭火，但没有扑灭。于是，唐英让小工和春群报警并跑到一楼配电房拉下电闸，用手机再一次报警，并从餐厅跑出。

2. 事故应急处置情况。2014 年 1 月 11 日 1：22，迪庆州消防支队接到火灾报警后，迅速调集支队特勤中队奔赴火灾现场。1：37 特勤中队首战力量到达古城火灾事故现场，1：41 出水控火，经 15 分钟扑救后，火势被控制在起火建筑如意客栈范围。之后，参战部队连续开启附近 4 个室外消火栓（古城专用消防系统消火栓）进行补水，但均无水，便迅速调配车辆到距离现场 1.5 公里外的龙潭河进行远距离供水，同时，组织力量从市政消火栓运水供水。此时，火势开始蔓延。香格里拉县公安局 110 指挥中心接到报警后，及时指令县消防大队和建塘派出所出警处置，1：40 将警情上报至州公安局指挥中心。与此同时，正在执行城区巡逻防控工作的西片区巡控组发现火情，立即用对讲机向城区巡控工作办公室通报，办公室紧急指令另 6 个巡控组火速赶赴现场开展救援。1：41 许，建塘派出所 4 名民警到达现场，1：43 许，巡控组共 110 名警力赶到火灾现场、特警大队城区主干道巡逻组 14 名警力赶到现场。州公安局指挥中心接到警情报告后，副局长七卫东于 2：10 抵达火灾现场，会同香格里拉县公安局现场指挥部共同指挥开展工作，州公安局机关民警 100 人、县公安局 150 名警力接到指令后陆续抵达火灾现场。从 2：20 起至 4：00，公安民警、消防、武警及军分区官兵先后分 5 批到达现场。共计 1600 余人，全面投入到救援中。5：00 许，挖掘机等大型机械设备陆续到场。6：00 许州开发区中队、维西中队 5 车 17 人增援力量抵达现场。7：00 许，在全体救援力量的共同努力下，火势得到有效控制。7：50 丽江、大理支队 18 车 95 人增援力量到场。9：45 省消防总队灭火指挥部 11 人、昆明支队 33 人携相关设备到达现场。当日 10：50 许，明火基本扑灭，对余火进行清理，防止死灰复燃。

---

① 古城保护计划始于 2002 年，由香格里拉县委批复成立"建塘镇独克宗古城保护开发管理委员会"（简称"管委会"），管委会设在建塘镇人民政府，负责实施古城保护与开发计划，并按照计划实施管理。后来，增设古城消防安全科、古城综合执法科。在《香格里拉县城市总体规划（2010—2030）》中，确定古城保护的中心主题为："保护独克宗古城的空间形态、山体水系、建筑群体环境、地方历史建筑和传统民居以及具有民族特色的人文景观和民族文化"。

按照省委、省政府的工作部署，迪庆州政府迅速成立由州县领导牵头的善后工作指挥部，安排 13 家酒店集中安置 532 名受灾人员。建立"一对一"对接的负责制度，每一户受灾群众确定一名干部负责安抚善后工作。省政府下拨 500 万元，迪庆州、香格里拉县两级政府下拨 643.3 万元，专项用于应急及受灾群众的慰问和救助，7 家保险公司共接到报损 2968 万元，通过勘查定损，共兑现赔付 1135.5 万元。

3. 事故原因。直接原因是：唐英在卧室内使用五面卤素取暖器不当，入睡前未关闭电源，五面卤素取暖器引燃可燃物引发火灾。间接原因较为复杂，包括：（1）消防专业队伍实施火灾扑救过程中，无法控制火势蔓延的主要原因是 2012 年 6 月新建成的"独克宗古城消防系统改造工程"（简称"古城消防工程"）消防栓未正常出水，自备消防车用水不能满足救火需要，导致火势蔓延；（2）"古城消防工程"设计方案中，未严格按国家工程建设消防技术标准设计消火栓具体防冻措施，留下消火栓不能保证高原地区低温冰冻先天缺陷；（3）"古城消防工程"施工中，未严格按照设计要求埋深敷设管线，部分消火栓管顶覆土深度未达到要求，更加降低防冻标准，不能有效防止低温冰冻；（4）"古城消防工程"在监理过程中，虽然发现施工中存在未严格按照设计要求埋深敷设管线的问题，但仅向施工单位发出监理工程师通知单，未严格把关，进行跟踪督促整改；（5）建设方为解决消火栓冰冻问题，自行采用支墩和保温材料进行了补充改造，但因直管穿越冻土层未进行保温处理，支墩改造中又堵塞了消火栓的泄水孔，不仅未起到防冻作用，反而埋下了消火栓低温冻结的隐患；（6）相关部门对"古城消防工程"建设督促指导不到位；（7）独克宗古城内通道狭小，纵深距离长，大型消防车辆无法进入或通行，古城内建筑物多为木质，耐火等级低，大量酒吧、客栈、餐厅使用柴油、液化气等易燃易爆物品。市政消防给水管网压力不足，且在扑救火灾时，未能及时联动，提供加压保障。可见，独克宗古城火灾虽然无人员伤亡，但是，惨重的财产损失说明，消防通道和消防管道上冻，只是表面上的客观原因，实际上主要是人为的原因——古城管委会消防科、州消防支队消防处的监管不当，加上现场灭火时，未能有效动员消防用水，而导致火情复燃，这是最为重要的原因。

三、"范跑跑"地震现场逃生的"逻辑"谬误

2008 年"5·12"汶川大地震发生时，正在课堂讲课的范美忠先于学生逃生，后因此向所在的都江堰光亚学校辞职。5 月 22 日，范美忠在天涯发帖《那一刻地动山摇——"5·12"汶川地震亲历记》[①]（简称《那一刻地动山摇》），细致地描述自己在地震时所做的一切以及过后的心路历程，在舆论界掀起轩然大波，被网友讥讽为"范跑跑"，并引发了一场关于"师德"的持续大讨论。

在《那一刻地动山摇》中，范美忠写道："我瞬间反应过来——大地震！然后猛然向楼梯冲过去，在下楼的时候甚至摔了一跤，这个时候我突然闪过一个念头'难道中国遭到了核袭击？'然后连滚带爬地以最快速度冲到了教学楼旁边的足球场中央！我发现

---

① 范美忠：《那一刻地动山摇——"5·12"汶川地震亲历记》，范美忠的博客 http://blog. sina. com. cn/guangyafanmeizhong，2008—05—22，http://blog. sina. com. cn/s/blog_52ee4aef01009hnd. html。最后访问：2008—05—31。

自己居然是第一个到达足球场的人，接着是从旁边的教师楼出来的抱着一个两岁小孩的老外，还有就是从男生宿舍楼下来的一个学生。这时大地又是一阵剧烈的水平晃动，也许有 1 米的幅度！这时我只觉世界末日来临，人们常说脚踏实地，但当实地都不稳固的时候，就觉得没有什么是可靠的了！随着这一波地震，足球场东侧的 50 厘米厚的足球墙在几秒钟之内全部坍塌！逐渐地，学生老师都集中到足球场上来了，因为是二年级毕业考试期间，有些学生没有上课，有的学生正在寝室里睡觉或者打游戏，因此一些学生穿着拖鞋短裤，光着上身就跑出来了！

"这时我注意看，上我课的学生还没有出来，又过了一会儿才见他们陆续来到操场里，我奇怪地问他们：'你们怎么不出来？'学生回答说：'我们一开始没反应过来，只看你一溜烟就跑得没影了，等反应过来我们都吓得躲到桌子下面去了！等剧烈地震平息的时候我们才出来！老师，你怎么不把我们带出来才走啊？'我从来不是一个勇于献身的人，只关心自己的生命，你们不知道吗？上次半夜火灾的时候我也逃得很快！'话虽如此说，之后我却问自己：'我为什么不组织学生撤离就跑了？'

"其实，那一瞬间屋子晃动得如此厉害，我知道自己只是本能反应而已，危机意识很强的我，每次有危险我的反应都比较快，也逃得比较快！不过，瞬间的本能抉择却可能反映了内在的自我与他人生命孰为重的权衡，后来我告诉对我感到失望的学生说：'我是一个追求自由和公正的人，却不是先人后己勇于牺牲自我的人！在这种生死抉择的瞬间，只有为了我的女儿我才可能考虑牺牲自我，其他的人，哪怕是我的母亲，在这种情况下我也不会管的。因为成年人我抱不动，间不容发之际逃出一个是一个，如果过于危险，我跟你们一起死亡没有意义；如果没有危险，我不管你们，你们也没有危险，何况你们是 17、18 岁的人了！'这或许是我的自我开脱，但我没有丝毫的道德负疚感，我还告诉学生：'我也绝不会是勇斗持刀歹徒的人！'话虽这么说，下次危险来临的时候，我现在也无法估计自己会怎么做。我只知道自己在面对极权的时候也不是冲在最前面并因而进监狱的人。"

"五岳散人"在自己的博客上，针对《那一刻地动山摇》发表《自由与道德——从"范跑跑"事件说起》一文，于是，"范跑跑"一词就这样出现了，并成为范美忠在网上的另一个称呼。5 月 25 日，在受到猛烈抨击之后，范美忠又发表了《我为什么写〈那一刻地动山摇〉》（简称《我为什么写》）①，在这篇文章中他说："《那一刻地动山摇》的帖子是记录我在地震中的经历和感受，紧接着的帖子就是反思这次地震的方方面面。纯粹客观的反思，不进行空洞的情感悲伤表达和无用的道德谴责！为这次大地震保留一个较为真实的个案记录。"

在《我为什么写》中，范美忠说："对道德绑架的反感，起因是王石事件，刘翔、姚明事件，以及有人号召抵制某些外企的事件。当看到姚明第一次才捐 50 万元的时候，我也觉得有点少，因为据我所知，他的年收入是 1.8 亿元，捐 1000 万元也不会影响他的生活吧？但在与老婆和朋友讨论这个问题的时候，我说：'既然是捐款，就应该是自愿，不是强制的义务。既然这样，不捐也没什么可以谴责的。如果他捐了，无论多少，

① 范美忠：《我为什么写〈那一刻地动山摇〉》，范美忠的博客 http://blog.sina.com.cn/guangyafanmeizhong，2008-05-30，http://blog.sina.com.cn/s/blog _ 52ee4aef01009hnd.html。最后访问：2008-05-31。

哪怕是 1 块钱，也表示感激，如果我是受惠的灾民。'"如此言论，直白天下，必然反弹巨大，甚至于遭到强烈的人身攻击和人格贬损评价。

2008 年 6 月 2 日，人民网论坛发表评论《范美忠给国人出了个难题：我可以不做英雄吗?》，认为：范美忠的诚实让我们很为难，既要赞许其诚实的可贵，又要谴责其对"争当英雄"传统美德的冲击。这怎么办呢? 难道为了维护传统美德的尊严，而把范美忠的诚实一块谴责? 这也不行! 因为诚实也是中国人的传统美德。

2008 年 6 月 12 日，作家陆天明发表博客评论《此时此刻，必须把"范美忠"钉上历史耻辱柱》，文章指出：震区的救灾工作还在关键时刻，许多条生命还埋在废墟中，在这个时候，只能有一个声音，就是冲上去，救人! 一切妨碍救人的言行，都必须视为"反人类"行为。如果在战争年代，可以被当场枪毙。最后，作者表示：在这一关键时刻，"如此卑劣的范美忠"必须被钉上历史的耻辱柱，以正视听!

2008 年 6 月 6 日，范美忠在北京接受媒体访谈时首次公开向公众道歉，但坚持自己的基本立场。对于范美忠的"先跑行为"，校长卿光亚表示没有问题，有问题的只是范美忠在震后 10 天发表的感想言论，校方不会开除"因言获罪"的人。

2008 年 6 月 16 日，教育部新闻发言人王旭明在接受记者采访时表示，解聘"先跑老师"范美忠是由他所在的学校自主决定的，而非教育部官方指令。王旭明声明，教育部未发出任何要求取消范美忠任教资格的通知。但根据他目前了解的情况，范美忠所在的学校确实已对其发出解聘的正式书面通知。

2008 年 6 月 18 日，北京大学历史学系党委书记王春梅在接受《信息时报》采访时表示："我们以有这样的学生为耻辱! 对学校开除他，我们表示赞成!"同时，王书记表示："范美忠毕业离校之后，就曾经在网上将他所认识的北大的老师轮流骂了一遍。在学校时他不好好学习，对老师也十分不恭敬!"

2008 年 6 月 21 日，中国青年报刊登中国人民大学教授马少华《谁都没有以命换命的义务》一文，文章指出："我不认为教师有牺牲自己的生命挽救学生生命的义务。如果要求范做出这种牺牲，就是不应该的……""《教师法》再修改，也不可能写入让老师牺牲自己生命来保护学生，只能更加明确强调老师保护学生的义务。"

2008 年 6 月 26 日，教育部在其网站公布新修订《中小学教师职业道德规范（征求意见稿）》，第 3 条"热爱学生"中加入"保护学生安全"字样，部分舆论认为：此修订是为回应范美忠事件而作的。"保护学生安全"这条被首次加入《中小学教师职业道德规范》，表明范美忠在"5·12"汶川大地震中的"先跑行为"并没有违反职业道德规范。所以，舆论普遍认为，这是范美忠"先跑行为"的一次"奉献"。①

范美忠在《那一刻地动山摇》博文中，也问道："我为什么不组织学生撤离就跑了?"应当说，是他心目中生命意识过于强烈，而显得只顾自己而不顾及在场的学生。尽管这些学生都是 17、18 岁的人了，但是，在遇到"5·12"汶川大地震这样的灾难

---

① 荆楚网则发表《保护学生安全教育部岂可推责?》一文，指出：与危房改造、学生安全意识等各个方面相比，教师保护学生安全处在这条链的最末端，所起的作用最有限，教育部此时更应该借着民意的威风，和相关部门一道，着手解决各类威胁师生安全的深层次问题，并且拿出具体的措施方针和时间表，将保护学生安全的链条做结实，做稳妥。

时，"范跑跑"的地震逃生的"逻辑"看似很有理，其实，他是完全不顾我国《教育法》第 30 条"维护受教育者合法权益"和《教师法》第 8 条教师义务中"职业道德"即保护学生安全，而把法律义务当成职业道德或者道义义务，从而在《那一刻地动山摇》《我为什么写》博文中，把正常状态和紧急法律状态下学校所负有的法定义务混为一谈了。

我国《突发事件应对法》第 56 条规定，在自然灾害发生后，学校这样的单位应当立即组织本单位应急救援队伍和工作人员营救受害人员，疏散、撤离、安置受到威胁的人员。因此，教师作为履行学校教育职责的职务行为人员，当然就有义务"疏散、撤离、安置受到威胁的人员"即学生了，这才是范美忠遇到"5·12"汶川大地震这样的重大自然灾害时，应有的行为"逻辑"！

第三节　减灾技能的培育：从灾害现场逃离与灾害应对心理角度

一、逃生：从本能到技能再到能力

（一）火灾及其特点

火灾，是指在时间或空间上失去控制的燃烧所造成的灾害。在各种灾害当中，火灾是最经常、最普遍威胁公众安全和社会发展的主要灾害之一。人类能够对火进行利用和控制，是文明进步的一个重要标志。人类使用火的历史与同火灾作斗争的历史是相伴相生的，人们在用火的同时，不断总结火灾发生的规律，尽可能地减少火灾对人类造成的危害。在火灾发生时，需要安全快速地逃生。火灾的特点是：（1）燃烧的条件性。燃烧是可燃物与氧化剂发生的一种氧化放热反应，通常伴有光、烟或火焰。燃烧的三要素：可燃物、助燃物、着火源，对于有焰燃烧一定存在自由基的链式反应这一要素。（2）火灾的类型性。[①] A 类火灾：指固体物质火灾。这种物质通常具有有机物质性质，一般在燃烧时能产生灼热的余烬。如木材、煤、棉、毛、麻、纸张等火灾。B 类火灾：指液体或可熔化的固体物质火灾。如煤油、汽油、柴油、原油，甲醇、乙醇、沥青、石蜡等火灾。C 类火灾：指气体火灾。如煤气、天然气、甲烷、乙烷、丙烷、氢气等火灾。D 类火灾：指金属火灾。如钾、钠、镁、铝镁合金等火灾。E 类火灾：指带电火灾。物体带电燃烧的火灾。F 类火灾：指烹饪器具内的烹饪物，如动植物油脂火灾等。（3）灭火的措施性。灭火的主要措施：控制可燃物、减少氧气（助燃物）、降低温度与化学抑制（针对链式反应）。

（二）灭火的常识与基本反应

A 类火灾灭火选择水型灭火器、泡沫灭火器、磷酸铵盐干粉灭火器、卤代烷灭火器；B 类火灾灭火可选择泡沫灭火器（化学泡沫灭火器只限于扑灭非极性溶剂）、干粉灭火器、卤代烷灭火器、二氧化碳灭火器；C 类火灾灭火可选择干粉灭火器、卤代烷灭火器、二氧化碳灭火器等；D 类火灾灭火可选择粉状石墨灭火器、专用干粉灭火器，也

---

① 《火灾分类》GB/T 4968—2008（2008 年 11 月 4 日发布，2009 年 4 月 1 日实施）根据可燃物的类型和燃烧特性，把火灾分为 A、B、C、D、E、F 六类。

可用干砂或铸铁屑末代替；E 类火灾灭火可选择干粉灭火器、卤代烷灭火器、二氧化碳灭火器；F 类火灾扑救可选择干粉灭火器等。其中，E 类带电火灾，包括家用电器、电子元件、电气设备（计算机、复印机、打印机、传真机、发电机、电动机、变压器等），以及电线电缆等燃烧时仍带电的火灾，而顶挂、壁挂的日常照明灯具起火后，可自行切断电源的设备所发生的火灾，则不应列入带电火灾范围。①

灭火时，基本反应应当是：（1）查明起火点；（2）弄清可燃物；（3）控制助燃物（减少氧气）；（4）正确使用灭火器材；（5）防止吸入有毒气体；（6）从安全通道逃离；（7）等待救援，等等。

（三）火灾逃生手段与预防方法

1. 高楼火灾的逃生。正确应对高楼火灾，应急逃生的方法：（1）缓降器。主要针对个人使用，其构造由调速器、安全带、安全钩、钢丝绳等组成，无须动力，能够使被困人员安全地缓降至地面。（2）救生气垫。救生气垫是一种利用充气产生缓冲效果的高空救生设备，一般采用高强度纤维材料，经缝纫、黏合制成，一般采用高压气瓶充气。仅限于高度为 3～4 层的楼房使用。（3）救生滑道。救生滑道是一种能使多人有序地从高处在其内部缓慢滑降的逃生用具，采用摩擦限速原理，达到缓降的目的。其外罩材料具有防火性能、抗渗水性能和抗辐射性能，最高耐温 600℃。（4）楼顶缓降装置。一种安装于大楼楼顶的缓降装置，其顶端包括一个圆球、一个支架和滑动平台，圆球内垂下一根带着挂钩的钢索，作为危险时刻逃生者的"救命稻草"。（5）组合式升降装置。主要由导轨和升降装置两部分组成，其中，导轨事先安装于高层建筑疏散通道窗口的外墙一侧。当高楼发生火警时，消防人员赶赴现场将升降装置与导轨组合，这时的导轨、升降装置及各个楼层的疏散通道窗口，就可构成一个与地面沟通的临时应急通道，消防人员可由此通道进入楼内实施消防灭火，楼内被困人员也可由此通道及时疏散。（6）消防直升机。航空消防是 20 世纪中后期出现的消防新技术，短短几十年里获得快速发展。现代消防飞机按其飞行原理可分为固定翼飞机和直升机两大类，前者飞行速度快、航程远、载重量大，一般用于森林、草原等野外火灾扑救。这类飞机多数是由运输机、轰炸机、反潜机、农用机等机型改装而成。后者具有垂直起降、空中悬停等独特性能，在很多方面更适合消防任务的需要。（7）应急救援吊篮。由悬挂机构和升降设备两部分组成，悬挂机构预先安装在各个高楼的楼顶，升降设备在消防部门装备，包括钢索和悬吊平台。发生高楼火灾时消防人员携带升降设备到达火灾现场，操作悬挂机构可以牵引钢索上升并且悬挂在楼顶，挂好的钢索容许载荷。再操作悬吊平台沿钢索升降，可以运送消防人员及器材至火灾楼层实施灭火，也可以将楼内被困人员有序地疏散到地面。

2. 公共场合的火灾逃生。主要有：（1）不能惊慌失措；（2）捂住口鼻防止吸入过

---

① 2007 年 6 月 26 日，公安部《关于调整火灾等级标准的通知》将火灾的等级标准由原来的特大火灾、重大火灾、一般火灾三个等级，调整为特别重大火灾、重大火灾、较大火灾和一般火灾四个等级。即：（1）特别重大火灾：指造成 30 人以上死亡，或者 100 人以上重伤，或者 1 亿元以上直接财产损失的火灾；（2）重大火灾：指造成 10 人以上 30 人以下死亡，或者 50 人以上 100 人以下重伤，或者 5000 万元以上 1 亿元以下直接财产损失的火灾；（3）较大火灾：指造成 3 人以上 10 人以下死亡，或者 10 人以上 50 人以下重伤，或者 1000 万元以上 5000 万元以下直接财产损失的火灾；（4）一般火灾：指造成 3 人以下死亡，或者 10 人以下重伤，或者 1000 万元以下直接财产损失的火灾。

量有毒气体；（3）保护头发和衣物使其不被引燃；（4）寻找有效逃生路径；（5）沿着应急通道逃生；（6）不能随意打开门窗；（7）不能使用电梯；（8）听从消防人员的指挥；（9）会使用灭火器材，等等。

3. 日常生活中的火灾预防。主要是：（1）不乱扔烟头。燃着的烟头，是一个燃烧着的物体，温度很高，据测定，其表面温度在 200℃～300℃，中心温度高达 700℃～800℃，而一般可燃物质的燃点是：棉花为 150℃，纸张为 130℃，麻绒为 150℃，布匹为 200℃，涤纶纤维为 390℃，松木为 250℃，麦草为 200℃ 等。（2）不躺在床上吸烟。（3）不在蚊帐内点蜡烛看书。（4）不焚烧杂物。（5）不存放易燃易爆物品。（6）不使用电炉、热的快、电热杯、电饭锅等电热设备。（7）不擅自使用煤炉、煤油炉、液化器灶具、酒精炉等。（8）人走灯关。（9）台灯不要靠近枕头和被褥，等等。

二、通道期的生存意志和直面灾难的毅力

（一）通道期的定义和特征

所谓"通道期"，即对自然灾害应急的救援和救援物资、人员的集中支持时间段的一种描述。在这个"通道期"内，灾民因为有救援人员、救济物资和救助关怀等存在，而相对比较容易度过心理困难或者避免出现 PTSD。但是，这个时期可能很短暂，比如我国的地震应急期为 10 日，即或将自然灾害发生后的临时安置和过渡安置时期包括在内，"通道期"最长也就是 3～5 个月时间。以汶川大地震为例，《汶川重建规划》是 2008 年 9 月 23 日发布的，那么，这次地震的全部应急"通道期"到这一天，是 4 个月 11 天即 134 天。

研究"通道期现象"，是因为通道期本身有三大特征：（1）灾区被集中应急救援。这个时期，抢险救灾是临灾期的主要任务，于是，灾害救援队源源不断地抵达灾区，大批救援物资不断地送到灾民手上。（2）灾民心理损伤得到安抚。灾民的心理损伤有人干预或者能提供一定的心理支持，于是，对于心理损伤轻的灾民而言，可能安然度过心理危机期；而对于心理损伤较重或者非常严重的灾民，通过有效的心理干预，可以控制和防止其应激反应障碍转化成 PTSD。（3）灾情消退快而灾民心理重建慢。事实上，1988 年苏联亚美尼亚地震、2006 年印度克什米尔地震后，心理救援实践证明：创伤后应激障碍和抑郁症是震后心理创伤的典型问题，74% 的人表现为 PTSD 症状，22% 的灾民患有抑郁症。[①] 同样，汶川大地震后，对什邡市 4 个灾民安置点 984 名灾民随机访问显示，需要心理干预者占 55.28%。其中，较突出者占 9.35%，有自杀倾向者占 28.05%；男女性别无严重的明显差异；文化程度方面，学历较低者受损程度高，小学及以下 > 初中 = 高中。最常见的心理问题是感到疲劳（78.46%）、焦虑担心（77.64%）、抑郁不高兴（71.95%）等。[②] 对江油市太平镇安置点 223 名灾民的调查显示：筛查出 PTSD 阳性 29 人（13.0%），最常见的是再体验症状 77.9%、高警觉症状

---

① 孟万金、张冲等：《震后心理救援：国外的经验与启示》，《中国特殊教育》2008 年第 6 期，第 63 页。

② 任凯、彭龙颜等：《什邡地震灾区 984 名灾民心理健康调查》，《中国公共卫生管理》，2008 年第 3 期，第 243 页。

60.8％、回避麻木症 42.6％等。①

在"通道期"内，应急救援往往会成为灾民生存意识和能力的外在支持因素。但是，这个支持期一旦经过了，灾民就会部分或者全部失去心理层面上的支持，在"物是人非""人是物非"或者"人物皆非"的灾区环境下，灾民是否有能力开展灾后重建、是否有谋生手段和路径等，都是其能否度过灾后心理安全期的关键因素。可见，灾后重建不仅必要，而且也是《四川省人民代表大会常务委员会关于汶川特大地震中有成员伤亡家庭再生育的决定》（简称《四川再生育决定》，2008 年 7 月 25 日）能够在 74 天形成地方法规的根本的原因。

（二）生存意识和生存意志

灾害应急的"通道期"过后，灾民进入心理上自我稳定和生活方面缺乏日常支撑的状态，进入紧张和令人更容易陷入不良情绪反复发作的灾后重建的时期。于是，很容易发生灾民 PTSD 加重，甚至导致自杀的悲剧。周颖政等的研究表明，地震灾害对地震受害者的自杀率有显著影响：我国台湾"9·21"地震发生后 6 个月内的相关记录显示，地震受害者自杀的可能性比非受害者高 1.46 倍。② Shneidman 认为，自杀是心里痛苦的结果，所有的情感状态，包括抑郁、绝望等，当它们与无法忍受的心理痛苦有关时，就会导致自杀；心理痛苦的主要来源是受挫的心理需要，心理痛苦的程度越高，自杀的风险就越高。③

《四川再生育决定》第 2 条规定，因地震出现下列情形，可以再生育一个子女：（1）现有一个子女且伤残不能成为正常劳动力的，或者符合规定生育两个子女且都伤残不能成为正常劳动力的；（2）夫妻一方为三级以上伤残，家庭现有一个子女的；（3）夫妻一方为丧偶再婚，双方现有子女合计不超过两个的。当然，这个《四川再生育决定》实施后，相关方面开展全程服务，即各级人口计生部门和各服务机构开展再生育服务，普遍实行"五个一"工作机制，截止到 2009 年 7 月 20 日有 2029 名妇女成功怀孕，642 名婴儿健康出生。再生育服务工作不仅受到了灾区群众的普遍欢迎和国际社会的高度赞誉，也得到了中央领导的充分肯定。④ 在灾后重建工作基本完成后，依然存在的问题是

① 温盛霖、陶炯等：《四川汶川地震安置点灾民急性和创伤后应急症状及相关因素分析》，《中国自然医学杂志》，2009 年第 5 期，第 328 页。

② 樊召锋、俞国良等：《心理痛苦研究述评——聚焦"5·12"汶川大地震受灾群众心理痛苦》，《心理科学进展》2009 年第 3 期，第 635 页。

③ Edwin S. Shneidman，美国加州大学（洛杉矶）终身"死亡学"教授，美国自杀学学会创办人，自杀学研究领域的权威学者，2009 年 5 月 15 日离世，享年 90 岁。他的著作《人之死》（1973，入围美国国家图书奖）和《死亡之声》（1980）已成经典文献。作为自杀学（suicidology）之父，他认为：所有自杀的行为皆具十项心理共通点：（1）其共通的刺激源乃是其心理或心灵上无法忍受的痛苦；（2）其共通的压力源乃是其心理需求的受挫；（3）其共通的意图乃是寻求解决（问题的办法）；（4）其共通的目标乃是终止其意识（心念）；（5）其共通的情绪乃是极端无助（无可奈何）；（6）其共通的内在态度乃是其矛盾的情感或思维，一方面意欲终结生命，另一方面却寄望被援救；（7）其共通的认知状态乃是紧缩或压迫性的思维，将自杀视为唯一的选择；（8）其共通的人际行为乃是其意图的传达，多数的自杀者会留下呐喊救助的线索或提示；（9）其共通的行为乃是其逃脱（或逃避）的趋向；（10）其共通的行为一致性（或一贯性）乃是终其一生所习惯的应对模式。此外，他认为欲了解自杀者与自杀行为的最好方法，就是透过直接对话来了解人们的情绪状态，而不是透过研究人类的大脑结构，也无须诉诸社会学的统计数字，更不必钻研精神疾病。

④ 陈文华：《关于〈四川省人民代表大会常务委员会关于汶川特大地震中有成员伤亡家庭再生育的决定〉实施情况的报告——2009 年 7 月 20 日在四川省第十一届人民代表大会常务委员会第十次会议上》，一、做法和成效。

专业心理卫生服务人员不足，灾民的心理安抚任务没有全面完成。由此，灾区干部群众心理抚慰是一项长期任务。①

灾民自己要有相当的生存意识和生存意志，尤其是要有罹灾后勇敢面对和克服生存困难、摆脱生存压力的能力，不能完全依赖外部的救援或者心理干预、心理抚慰。换句话说，灾民的生存意识和生存意志，是一种自觉意识，而不是一种依赖意识：即把救助当成补助或者把灾后重建，包括心理重建当成别人尤其是政府、社会或者他人的义务与责任，而自己除了"等、靠、要"的依赖意识和行为，无任何作为，无自救型重建行动，怨天尤人或者抱怨，等等。

（三）通道期个体克服生存危机的毅力

学者认为，缺乏心理救援的救灾是不完整的救灾，也就是说，灾后心理救援不仅仅是专业工作者的事情，政府作为危机管理的主体，更应承担不可或缺的责任。尤其是在心理重建过程中，政府应当提供相应的强有力的政策支持与社会动员机制的保障。② 对此，作者要强调的是，个体克服生存危机的毅力、动力或者努力，有时候可能更切实有效。事实上，在国人的知识体系和国民教育当中，缺乏挫折教育和心理痛苦的自我摆脱教育——生存危机压力的克服与摆脱痛苦技能训练，没有对生命、对大自然的敬畏的意识和心态。学者认为，羌族文化的认知体系与汉族明显不同，面对汶川大地震这一突如其来的灾难，羌族的文化价值观对灾民的心理状况产生了特定的影响：（1）羌族人对大自然的敬畏心理能够在一定程度上减轻地震灾害带来的心理冲击。也就是说，大多数羌族人对命运有着服从心理，可以避免灾后常见的否定感和不幸感。（2）羌族群体性的生活和民间艺术能够减轻地震后的悲伤感和孤独感。也就是说，即使在地震之后，羌族人仍然会用歌舞来寄托哀思，抵抗悲伤和痛苦。（3）羌族的山地文化使得羌族人能够适应灾后恶劣的物质生活条件。地震之后，羌族灾民凭借顽强的意志，翻山抵达外界，并保持健康的心态。这种独特的民族文化，对灾后心理重建及消除心理痛苦，起到了举足轻重的作用。③

应当说，羌族人面对地震灾害的严重局面时，能够挺立不倒，民族文化中那种敬畏大自然、乐观面对灾难和不怕苦难的精神，构成了灾后北川县城异地重建，民族文化得到发扬光大和对口支援制度的闪光点。这些让人必然想到了地震灾害的应急"通道期"过后，个体克服生存危机的意识、意志和毅力的重要性。事实上，人的一生确实是"生于忧患，死于安乐"④，那么，为什么大多数人在遇到自然灾害或严重灾难时，会绝望或者不能像羌族人那样坚强面对呢？其实就是怕苦、怕累和怕创造，而不敢、不愿或者不能去克服困难。事实上，许多困难都是可以克服的，尤其是在现代社会，交通、通信

---

① 蒋巨峰：《关于灾后恢复重建情况的报告——2009年7月20日在四川省第十一届人民代表大会常务委员会第十次会议上》，四、强化保障，狠抓落实。

② 王丽莉：《论政府在重大灾难事件心理救援中的责任》，《理论与改革》，2009年第5期，第22页。

③ 樊召锋、俞国良等：《心理痛苦研究述评——聚焦5·12汶川大地震受灾群众心理痛苦》，《心理科学进展》2009年第3期，第636页。

④ 《孟子·告子下》："舜发于畎亩之中，傅说举于版筑之间，胶鬲举于鱼盐之中，管夷吾举于士，孙叔敖举于海，百里奚举于市。故天将降大任于斯人也，必先苦其心志，劳其筋骨，饿其体肤，空乏其身，行拂乱其所为，所以动心忍性，曾益其所不能。人恒过，然后能改；困于心，衡于虑，而后作；征于色，发于声，而后喻。入则无法家拂士，出则无敌国外患者，国恒亡。然后知生于忧患，而死于安乐也。"

和科技等都很发达，只要人们愿意克服困难，就没有什么生存危机会阻止灾民的生存和发展。

三、面对 PTSD 的自我超越与助人维生能力

(一) 通道期后 PTSD 的自我克服与亲邻环境改善

研究显示，北川县在汶川大地震之后，基层干部的压力极大。一方面，灾后临时安置和过渡安置的工作，尤其在灾后重建方面，任务重、时间紧、要求高、条件差；另一方面，北川各级基层干部还承受着亲人遇难、住房被毁等生活上的困难。加上地震后对这些基层干部的关爱、关心和关怀还不够，多重压力使得其身心健康受到极大的挑战。虽然通过地震后出台的相关政策和措施，如补充人员、强制公休、异地轮训、加强心理疏导、鼓励再生育等加以改善，但是，缺乏系统配套的完善政策和措施，效果有限。所以，需要对灾民包括各级基层干部的 PTSD 患者的筛查，并努力改善亲邻环境和灾后生存环境，对基层干部的工作给予理解与支持，建立多层次的基层干部支持体系，[①] 并限制媒体对于某些灾后事件的过度解读和报道，以免发生类似张支蓉的悲剧。[②]

虽然，有时候，灾民的压力程度平均为中度，但是，这种压力与社会支持包括亲邻环境的支持呈现负相关关系。所以，良好的社会支持可以缓解灾民的压力，减轻其心理痛苦。[③]

研究表明，绵阳市安县 289 个灾民在汶川大地震之后 6 个月的时候，进行 PTSD 筛查发现：PTSD 筛查阳性率为 11.4%、抑郁症阳性率为 23.4%，8.7% 有自杀情绪。PTSD 患者无法摆脱精神创伤的痛苦记忆，严重影响了患者的身心健康。[④] 因此，亲邻环境的改善与营造，就成为 PTSD 患者自我克服心理痛苦与心理障碍的关键所在。从全社会角度看，如何营造相对比较良好的灾后重建阶段的亲邻环境，是需要在各种类型的应急预案制定和启动实施时，要认真研究和解决的重大理论问题。

(二) 通道期后灾民的心理自我重建

需要强调，灾区的灾民在临时安置和过渡安置过程中，采用集中安置和分散安置，实际上为灾民提供了两种类型的社区情境。受灾严重的安置点灾民心理健康状况并不低于普通社区灾民。相比于普通社区，在集中安置的安置点社区，资源损失给灾民带来的压力得到有效缓解，社会支持对心理健康的积极作用更为显著。这说明，灾害情境下，集中安置点作为一种特殊社会情境，具有更强的"社会力"，在政策意义上凸显灾后心

① 杨颖、邹泓等：《汶川地震后基层干部的生存现状与支持体系的建设》，《北京师范大学学报（社会科学版）》，2010 年第 4 期，第 110 页。

② 王建平、李欢：《芦山地震心理危机干预"二次伤害"的法律控制——以张支蓉叠加性损害的心理援助义务法律化为视角》，《理论与改革》，2014 年第 6 期，第 150 页。

③ 学者通过对汶川灾区 371 个灾民的调查，调查对象的压力得分在 0～103 分之间，其中，低压力状态者 71 名（19.1%）、中度压力为 130 名（35.0%）、高压力为 170 名（45.9%）。中度压力和高压力合计 300 人，占 80.9%。与前文引用的其他学者的研究数据可以互相对照。资料来源：庄红、谈学灵等：《"5·12"地震灾民的压力与社会支持的相关性分析》，《现代预防医学》，2010 年第 5 期，第 876 页。

④ 孙丽艳、李笑富等：《汶川地震后 6 个月安县受灾群众创伤后应激障碍（PTSD）的发生率及相关因素的分析》，《医学理论与实践》，2011 年地 20 期，第 2412 页。

理救援中社区干预的重要性。[①] 学者在研究过程中，把灾民灾后的"灾后情感历程"分成四个阶段：（1）英雄主义的阶段（临灾期和应急期）；（2）"蜜月"阶段（临时安置和过渡安置期，灾害发生后 1 周~36 周）；（3）幻灭阶段（通道期—通道期后，持续 2 个月~2 年）；（4）灾后重建阶段（持续数年）。尤其是过了"幻灭阶段"之后，灾民开始认识到其实许多事情，包括重建家园、事业发展和生活各方面的恢复等，还得自己动手，逐渐感受到自我承担灾后重建压力的重要性。[②] 可见，通道期后，灾民的心理自我重建，也是灾后重建工作的重要组成部分。

一般来说，自然灾害对于灾民而言，剥夺了其生存资料和各种生活资源，让其衣食住行用等方面发生了困难或者出现危机。这种情况下，心理压力增加是很自然的。这种痛苦本身，既有物质资料缺乏或者经济能力丧失或者部分丧失的痛苦，也包括失业或者各种灾后重建资源，比如粮食、水果、蔬菜和肉禽蛋等生活用品，以及水电气、建材等涨价或者供不应求等困难。因此，灾民心理自我重建，首先是要对遇到的种种困难和压力，保持乐观和勇于面对的心态；其次，"遇事说事"，困难一个一个去克服，不能指望一夜之间，把所有问题都一起解决；最后，学会与他人共享共担。也就是说，任何人生活在这个世界上，都不是孤零零的一个人，要学会与他们共同分享利益，共担负担。不能太自私，人一旦过于自私，肯定会遇到利益方面的障碍，其主观心理感受和客观后果都是比较糟糕的。

通道期后，灾民一定要有意识地克服"等、靠、要"思想，把对国家、对政府和对社会、对他人的过度依赖思想丢弃，积极创造条件，想办法把自己和家庭的灾后重建搞好。这需要端正自己的意识和心态：自然灾害是自然变异的产物，不是社会造成的，更不是他人造成的。因此，不能把遇到的困难、面临的压力，变成一种对国家、对政府和对社会、对他人的一种怨气。自然灾害有终了的时候，自然而然地，抢险救灾的应急救援，以及临时安置和过渡安置都会很快终结。而随后就是艰苦的灾后重建时期。这才是心理和情感的考验，面对这样的考验，相信每一个笃信"勤劳致富"和"勇敢者幸福"的灾民，都会很快调整好自己的心态，积极开展自己的心理重建。

（三）通道期后灾民的助人维生能力的提升

在汶川大地震 4 年之后，研究表明：经过对 526 个灾民的测试，灾民在死亡逃避、自然接受、情绪安全感和自我安全感上的得分，显著高于非灾区被试者。在逃离接受维度上的得分，则显著低于非灾区民众。2008 年汶川大地震之后，一时间涌向灾区心理救援的志愿者达到了 2000 多人，四川省科技厅派出 13 支专家队伍实施心理援助，截至 2010 年底，中科院共组织了 2100 多人次投入到地震灾区进行心理救援工作。这些心理援助工作本身，对灾民的心理健康起到了积极的促进作用，使他们能接受自然灾害导致死亡的事实。[③] 这说明：自然灾害和各种灾难本身，也是人生难得的教科书——"经历风雨必见彩虹"！

---

① 毕向阳、马缨：《重大自然灾害后社区情境对心理健康的调节效应——基于汶川地震过渡期两种安置模式的比较分析》，《中国社会科学》2012 年第 6 期，第 151 页。

② 梁茂春：《灾害社会学》，暨南大学出版社 2012 年版，第 44 页。

③ 冯春、王宁霞等：《"5·12"地震后灾民死亡态度与安全感的相关研究》，《中国健康心理学杂志》2014 年第 1 期，第 52 页。

一旦进入灾后重建时期，灾民的心理痛苦和精神压力，随着灾区灾后重建的全面展开，慢慢释放完毕，其注意力逐步转向关注灾后重建工程及其进展。从这个方面来看，灾后重建本身，一方面能够恢复灾民的生活资料的供给体系，从而恢复其生命支持系统，让灾民逐渐回到正常生活状态；另一方面，灾后重建过程本身，有一定形式的重建成果，包括有形的重建成果和无形的重建成果。这些重建成果的被感知、被认同和被使用，都会让灾民的心理获得感被强化，于是，灾民们就会慢慢地遗忘和"告别"其灾民身份，而重拾其社会成员的一般身份。可以说，灾民身份一旦不再被社会反复提起，那么，也就意味着灾区的灾后恢复重建基本完成。

对于任何一个灾民而言，自然灾害的经历，尤其是面临生死考验的经历，都会使其得到"经历后必收获"的"奖赏"——"吃一堑，长一智"，通过自然危险转化成自然灾害的教训，灾民不但会对亲友罹灾而伤亡处之泰然，而且，会在临灾应急方面，形成相应的应对能力。在这里，作者并不是说，人们必须经过自然灾害才会有对于自然灾害的应对能力。不过，在自然灾害状态下，灾民在"英雄主义的阶段"自救之外，他救和互救意识的产生与增强，显然对灾民的自我修复能力的提升是有帮助的。从这个层面看，作者坚信这样的说法：一个人一生的经历，便是他的财富。而这种财富，有时候就能转化成超人的创造能力和营造人生幸福的能力。

思考与训练：

1. 假设：你在室内的火灾现场，而只有一个逃生出入口，你选择怎样逃生？

2. 你赞同"骑马坐轿三分忧"的说法吗？为什么？假定你现在正在一列动车上，在经过隧道群而发生了紧急停车事件后，你作为乘客应当如何应对？

3. 结合"5·12"汶川大地震中，范美忠《那一刻地动山摇》《我为什么写》博文内容，请对范美忠的"先跑行为"进行个人应急能力层面的评价。

4. 何谓通道期，在通道期和通道期后两个时间段，灾民应当如何反应才比较妥当？试以"8·8"九寨沟大地震为背景，说说你的看法。

下编 实践论——自然灾害的法制化应对

第八章 抢险救灾法与公众应急参与训练

所谓抢险救灾，是指自然灾害或者重大人为灾难来临时，国家动用一切力量和资源（组织人力物力）进行解救、转移或者疏散受困人员，并抢救、运送重要财产、物资以及保护重要目标的安全等，继而开展灾后重建等活动的总称。对于公民个体而言，抢险救灾在"社会公众参与"的国家政策之下，则是积极主动参加相关的解救、抢救、转移、疏散或者运送等工作。可见，公民作为承灾体是有义务参与抢险救灾工作的，至少是有积极配合抢险救灾义务的。

四川省作为自然灾害多发省份，具有灾害种类多、分布地域广、发生频率高、灾害损失重的特点。因此，在四川省域内的任何公民，都有在自然灾害发生第一时间，积极参与抢险救灾的义务。而要有效地履行这种义务，在克服"巨婴症"或者"巨婴心理"[①]的背景下，把临灾的逃生能力包括应急能力养成的训练义务，留给自己而不是别人。

中国外交部鉴于印尼巴厘岛阿贡火山爆发的重大灾害险情，9月、10月、11月先后共发布12次预警：劝阻中国游客不要前往巴厘岛旅游！但是，2017年11月23日，竟然还有几十名中国游客前往巴厘岛旅游，继而因为火山爆发而被困，后被中国大使馆救助。为此，2017年12月1日，中国驻巴萨总领馆发布一则通知：鉴于特殊情况，如中国公民在提醒发布后仍坚持前往，导致当事人面临极高安全风险，并将严重影响其获得协助的实效，且因获得协助而产生的费用需完全自理。这份通知的语气，非常严肃，[②]把公民在自然灾害预警后的合作义务，通过预警告知。可见，日常生活中，肆意

---

① 所谓巨婴式公民心态，就是剥离自己对于自我的主体责任，完全把自己交给国家，完全没有现代公民意识，打破公民与国家之间平等的契约关系，像孩子一样要求国家照顾的心理现象。这种现象在我国某些公民身上，时常有所表现。这是一种人格缺陷症，以及依赖症和我国政府过度保护公民等多种因素共同作用的产物。

② 以北京—巴厘岛2000元单价为标准，这次"巴厘岛行动"为安全撤离17000名中国游客，外交部共计花费人民币34000000元，这还不算紧急占用机场和其他各方面的花费。国家当然有责任和义务为每位在国外的中国人提供必要而及时的领事保护，但是，这却不是任何人可以滥用公共资源的一种借口。2017年11月23日到巴厘岛的几十个中国游客，对中国外交部的火山爆发预警不当回事，应该承担相应费用。

妄为型不听警示或者劝告而任性从事引发紧急救援或者灾难紧急救助情形，对大学生而言，这是必须汲取的惨重教训！

自然灾害是危害人民群众生命财产安全、影响社会经济发展的主要因素之一。那么，如何及时、高效地做好救灾工作，保护人民群众生命财产安全，减轻自然灾害造成的损失，是四川各级政府的重要职责，也是四川省域内公民积极参与抢险救灾义务的表现形式。为了规范抢险救灾工作，合理配置救灾资源，提高救灾工作应急反应能力，建立高效有序的救灾运行机制，提高救灾工作整体水平，切实做到有备无患、迅速准确、有序有效地开展救灾工作，结合四川省的实际，早在 2003 年 9 月 12 日，四川省政府办公厅即制定发布《四川省自然灾害救灾应急预案》（试行，川办发〔2003〕31 号，简称《四川灾害预案 2003》）。① 这个应急预案，是四川省灾害应急的基本指南。

第一节 《四川灾害预案 2003》中的灾害应急

一、灾害预警与报告灾情阶段

《四川灾害预案 2003》规定的工作原则是：统一领导，分级负责。《四川灾害预案 2003》适用于地震、洪涝、滑坡、泥石流、森林火灾、风灾、冰雹灾、病虫灾等突发性自然灾害发生后的应急反应。救灾应急预案确定各级政府对救灾工作的领导作用和责任，明确政府各部门救灾职责，确保救灾工作做到紧密配合和衔接，共同完成应急任务。具体抢险救灾工作，最初分成三个层次：

1. 灾害预警。气象、地震、水利、国土资源、农业、林业等灾害预报部门及时发出预警，预测灾害的发生趋势及可能对特定区域内的群众生命财产造成的威胁或损失的程度。地震灾害由省抗震救灾指挥部发布临震应急预警；洪涝灾害由省防汛抗旱指挥部发布预警；重特大森林火灾由省护林防火指挥部发布预警；地质灾害由省国土资源厅发布预警。

2. 建议对策。救灾、气象、地震、水利、国土资源、农业、林业等部门根据自然灾害预测预警及时向省政府提出应急对策建议和措施，或者制定针对性应急方案。

3. 报告灾情。自然灾害发生后，当地政府必须在 6 小时以内向上一级政府和有关部门报告初步灾情并迅速组织有关部门调查核实灾情。发生特大灾害，可以越级向上级政府或主管部门报告。灾情内容主要包括：自然灾害种类，发生时间、地点、范围、程度、损失及趋势，采取的措施，生产、生活方面需要解决的问题等。各级政府及有关部门接到灾情报告后，应立即向政府主管领导报告，根据灾害等级由各级政府确定救灾应急预案的启动时机。特殊情况下，上级政府可以指令下级政府启动预案。

二、应急预案启动及对策阶段

1. 预案启动。应急预案启动的条件及方式，按照《四川灾害预案 2003》的具体规

---

① 这应该是四川省最早版本的自然灾害应急预案，此后这个应急预案多次修订和修改，不断地完善。

定，明确灾害的等级①划分，按照预案启动的条件，以及预案启动方式启动应急预案。凡遇特大灾害或重大灾害，省政府救灾应急预案启动，受灾的市（州）、县（市、区）政府应急预案也同时启动。其他灾害由受灾的市、县政府根据灾害情况启动应急预案。地震灾害预案由省抗震救灾指挥部按程序实施运行；洪涝灾害预案由省防汛抗旱指挥部按程序实施运行；森林火灾由省护林防火指挥部按程序实施运行。市、县预案由本级政府颁布实施。

2. 应急反应机构。应急组织机构由指挥决策机构、综合协调机构和具体工作机构组成。指挥决策机构有：省抗震救灾指挥部、省防汛抗旱指挥部和省护林防火指挥部等。综合协调机构：各指挥部办公室。其他重大灾害由有关部门成立临时指挥部。救灾指挥部人员组成：指挥长原则上由省政府主管副省长担任；副指挥长由省政府分管副秘书长担任；成员由省政府救灾办、省计委、省经贸委、省民政厅、省财政厅、省水利厅、省交通厅、省农业厅、省林业厅、省国土资源厅、省信息产业厅、省公安厅、省建设厅、省卫生厅、省教育厅、省气象局、省地震局、省粮食局、省通信管理局、成都铁路局、民航西南管理局、省广播电视局、省外事办公室、省红十字会、省军区、武警四川省总队、武警四川省消防总队和武警森林部队四川省总队等部门领导同志组成，组成人员名单另行文通知。指挥部办公室人员分别由省政府救灾办、省民政厅、省水利厅、省林业厅、省国土资源厅、省地震局和承担主要救灾职责单位的同志参加。② 指挥部成

---

① 《四川灾害预案2003》第3条第（一）项规定，一次性灾害造成下列后果之一的为特大灾害：（1）农作物绝收面积2万公顷以上；（2）倒塌房屋1万间以上（城市多层建筑毁坏以"幢"或"万平方米"为统计用语）；（3）因灾死亡30人（含30人）以上；（4）牧区大牲畜死亡10万头以上；（5）鱼类损失500万公斤以上；（6）森林火灾、虫灾受害面积在1000公顷以上；（7）人口稠密或较稠密区发生7级（含7级）以上严重破坏性地震；（8）直接经济损失5000万元以上，社会影响极大。

② 救灾指挥部主要职责：（1）向各工作组传达指挥部工作指令并监督落实；（2）收集各工作组工作进展情况，及时向指挥部报告；（3）负责灾情和救灾工作信息发布；（4）及时收集、评估灾情，按程序向国务院及国家有关部门汇报灾情和救灾工作情况；（5）协调救灾工作过程中的职能交叉；（6）完成指挥部交办的其他工作。办公室可分为若干个工作组。具体工作组可分为：预测预报、人员抢救、工程抢险、转移安置、交通恢复、生活保障、物资保障、通讯保障、宣传动员、恢复重建等。

员单位的职责，有详细规定。①

3. 救灾准备。包括：（1）救援人员组成。紧急救援队伍主要由省武警总队和受灾地区的干部和群众组成。特大、重大灾害发生由省军区及各军分区、省武警总队协调驻地部队和武警部队、民兵及预备役部队参加抢险救灾，省卫生厅和红十字会组织医疗队参加抢救伤病员。驻军及武警部队在参加抢险救灾时，经请示上级领导同意后，可动用部分部队车、船、飞机、通信等装备。（2）救援物资储备。紧急救援物资包括抢险物资和救助物资两大部分。抢险物资主要包括抢修水利设施、抢修道路、抢修电力、抢修通讯、抢救伤员、卫生防疫药品和其他紧急抢险所需的物资。救助物资包括粮食、方便食品、帐篷、衣被、饮用水和其他生存性救助所需物资等。救援物资由水利、交通、经贸、通信、建设、卫生、电力等部门储备和筹集；救助物资由民政、粮食、供销等部门储备和筹集。

三、应急反应行动

应急反应行动，是应急预案启动后的具体活动和措施。具体包括：

1. 转移安置和组织。发生突发性灾害对人的居住和生活造成威胁时，必须进行转移安置，转移安置在农村一般由县（市、区）或乡级政府组织实施，在城市由市政府组

---

① 救灾指挥部成员单位较多，主要包括：（1）省政府救灾办：综合、组织、协调全省救灾工作；（2）省民政厅：组织核查报告灾情，申请、管理、分配灾民救济款物；组织指导救灾捐赠；组织转移安置灾民；负责灾民倒塌房屋恢复重建的资金安排；负责省级救灾物资的组织调拨和供应工作；（3）省水利厅：承担省防汛抗旱指挥部的日常工作，组织、协调、指导全省防汛抢险工作，对主要河流、水库实施水的调度，负责灾后水利设施的修复；（4）省林业厅：承担省护林防火指挥部的日常工作。组织、协调、指导、监督、检查全省森林防火、防虫工作。负责指导帮助灾后林业生产自救和恢复；（5）省国土资源厅：负责地质灾害防治规划，组织开展地质灾害调查，编制防灾预案，建立群测群防监测体系，指导抢险救灾，协调重大地质灾害防治的监督管理；（6）省地震局：承担省抗震救灾指挥部的日常工作。组织地震现场强余震监视和震情分析会商，及时提供震情发展趋势。组织地震现场灾害调查、灾害损失评估和科学考察工作；（7）省气象局：组织发布天气预测、预报，及时通报灾害天气实况，提出应对建议，针对干旱、森林火灾和冰雹等灾害组织开展人工增雨灭火消雹作业，为防灾抗灾提供气象保障服务；（8）省经贸委：协调组织铁路、邮电、电力、商业、物资、医药等骨干企业的抢险救灾工作；（9）省计委：安排重大救灾基建项目，协调有关方面落实项目建设资金和以工代赈资金；（10）省财政厅：负责救灾资金筹集、拨付；（11）省交通厅：负责组织、指挥修复中断的国道、省道，必要时水路的交通管制和救助打捞；（12）省建设厅：制定指导地震灾区恢复重建计划和城市恢复重建规划方案，负责城市市政基础设施和房屋建筑震害调查和损失评估；（13）省农业厅：负责指导帮助灾后农业生产自救和恢复；（14）省卫生厅：负责调度卫生技术力量，组织抢救伤病员，对重大疫情、伤情实施紧急处置，防止疫情、疾病的发生、传播、蔓延；（15）省教育厅：负责转移受灾学校，做好灾后学校教育、教学组织工作，协调有关部门共同做好灾后校舍恢复重建；（16）成都铁路局：负责救灾物资的铁路运输调度工作；（17）省公安厅：负责灾区的社会治安及必要时的交通管制工作；（18）省通信管理局：负责抢通讯的保障工作和灾后通信设施抢修工作；（19）省信息产业厅：负责保障应急频率的使用，搞好灾区无线电监听监测工作，视情实行局部电波管制；（20）省粮食局：负责救灾粮的调拨供应的组织、协调工作；（21）省广播电视局：负责灾后广播、电视系统的抢修、恢复工作；（22）省外办：负责国际组织及港澳捐赠活动的协调、联络工作；（23）民航西南管理局：负责国际组织捐助物资和救生、救济物资的航空运输工作；（24）省红十字会：负责组织、协调、指导市、州红十字会备灾救灾工作，依法开展救灾款物的募集，独立接收、分配国外机构、国际国内红十字会和社会团体及个人捐赠的救灾款物；（25）省军区：负责协调驻川部队、民兵和预备役部队的抢险救灾工作；（26）武警四川省总队：负责协调指挥驻川武警部队的抢险救灾工作；（27）武警四川省消防总队：负责指挥全省消防部队的抢险救灾工作；（28）武警森林部队四川省总队：负责森林的防火、灭火工作及维护林区的社会稳定，指挥全省森林部队的抢险救灾工作。

织实施。安置地点应在征求国土资源部门专家意见后妥善实施。安置方式可采取投亲靠友、借住公房、搭建临时帐篷等。由政府发出转移安置通知或进行动员，安排运输力量，按指定的路线进行转移，保证转移安置地和灾区的社会治安。保障转移安置后灾民的生活，做好饮水、食品、衣物的调集和发放。对转移安置灾民情况进行登记。转移安置情况及需要解决的困难要及时逐级上报。在灾区要防止次生灾害发生，如火灾、疫病等。

2. 灾情搜集和报告。灾情发生后，县（市、区）、乡（镇）要及时组织有关部门和人员核查统计汇总灾害损失情况，并逐级上报。省政府及各有关部门要根据灾情及时向国务院及有关部门报告。加强网络信息系统建设，建立卫星通信手段，借助直升机深入灾区，借助机载雷达、遥感卫星等手段对灾区实施监控。

3. 紧急救援行动。主要有：（1）协调军队进行紧急抢救、抢险工作；（2）组织卫生系统医护人员对伤员进行紧急救治；（3）水利、交通、电力、通信等部门对毁坏的设施、道路和线路进行抢修，气象部门提供气象信息并适时开展人工增雨消雹作业；（4）灾区急需的救援物资，紧急状态下可采取征用或采购的办法，事后由政府有关部门结算，救灾物资运输的道路、工具、经费，救灾物资的安全、保管、登记、发放、使用按有关规定办理；（5）救灾捐赠的组织。根据灾区的急需情况确定捐赠物资的品种、数量，通过政府发文或新闻媒介，发动社会力量向灾区捐款捐物。民政部门和红十字会分别按有关规定负责管理捐赠款物的接收、分配、运输、发放工作。省级部门重点接收兄弟省、市、区和境外捐赠，省内各市（州）、县（市、区）之间捐赠由捐赠方直接捐给受赠方。

4. 处理有关事务。根据灾情，省政府领导带队赴灾区慰问和指导救灾工作，必要时可在灾区建立前线指挥部。以省政府名义向国务院报告灾情，并申请救灾资金和物资支持。重大灾情的宣传报道按有关规定办理。发挥新闻媒体宣传作用，宣传救灾工作成效和典型事迹，促进互助互济，稳定灾区秩序，等等。

需要强调的是，政府启动应急预案之后，根据《四川省突发事件应对办法》（2012年8月1日）的规定，四川省域的公民必须承担如下义务：（1）有义务参与突发事件应对工作（第10条）；（2）鼓励公民、法人和其他组织为突发事件应对工作提供物资、资金、技术支持和捐赠（第29条）；（3）获悉突发事件信息的公民、法人和其他组织，应当立即向当地政府、有关部门报告（第33条）；（4）突发事件发生后，事发地单位和个人应当服从履行统一领导职责的人民政府指挥和安排，配合政府采取的应急处置措施，积极参加应急救援工作，协助维护社会秩序。政府鼓励单位和个人开展自救和互救（第40条）；（5）有关政府及其部门为应对突发事件，必要时可依法征用单位和个人的财产，被征用者应当予以配合（第41条）。① 可见，公民的参与抢险救灾的义务，并不是可有可无的。

---

① 《四川省突发事件应对办法》第41条第二款、第三款规定，征用时应当向被征用的单位或者个人出具应急征用手续并登记造册，载明被征用财产的相关信息。紧急情况下，可以先征用并及时补充完善相应手续。被征用的财产使用完毕或者突发事件应急处置工作结束后，应当及时返还。财产被征用或者征用后毁损、灭失的，应当按征用时的市场价格给予补偿。

第二节　政府抢险救灾

一、减灾委

国家减灾委员会（简称"国家减灾委"），原名"中国国际减灾十年委员会"。1989年4月，我国政府积极响应联合国关于开展"国际减灾十年活动"的号召，成立了"中国国际减灾十年委员会"；2000年10月，根据我国开展减灾工作的需要和联合国有关决议的精神，更名为"中国国际减灾委员会"；2005年4月，经国务院批准改为现名，即国家减灾委员会，是国务院领导下的部级议事协调机构。其主要任务是：研究制定国家减灾工作的方针、政策和规划，协调开展重大减灾活动，指导地方开展减灾工作，推进减灾国际交流与合作。国家减灾委员会的具体工作由民政部承担。

国家减灾委成员单位由国务院有关部门、军事单位、科研机构和非政府组织等34个单位组成。2013年5月8日，国务院办公厅行文确认国家减灾委员会成员单位有：中共中央宣传部、国务院办公厅、民政部、外交部、国家发改委、教育部、科技部、工信部、解放军副总参谋长、公安部、财政部、国土资源部、环境保护部、住房城乡建设部、交通运输部、水利部、农业部、商务部、卫生计生委、国资委、广电总局、安全监管总局、统计局、林业局、地震局、气象局、保监会、自然科学基金会、海洋局、测绘地信局、武警部队、中国科协、中国红十字会等。国家减灾委员会的具体工作，由民政部承担。国家减灾委设立协调员（34个单位）和联络员（56个单位）。

国家减灾委员会办公室（简称"减灾办"）是国家减灾委的办事机构，主要任务是：贯彻落实国家减灾委员会各项工作方针、政策和规划；承担减灾的综合协调工作；收集、汇总、评估、报告灾害信息、灾情需求和抗灾救灾工作情况；召开会商会议，分析、评估灾区形势，提出对策；协调有关部门组成赴灾区工作组，协助、指导地方开展抗灾救灾工作；协调各成员单位和地方开展重大减灾活动；负责国家减灾委员会专家委员会各项具体工作；承办国家减灾委各项对外联络、协调工作；负责印章保管与使用、文件运转和文书归档等各项具体工作事宜。减灾办实行主任负责制，减灾办常务副主任负责处理日常工作。减灾办下设秘书处、专家委员会办公室。其中，设主任1人、常务副主任1人、副主任7人。国家减灾委员会专家委员会设委员若干，由国家减灾委员会专家委员会秘书处负责其运行事务。

国家减灾委专家委员会，是国家减灾委员会领导下的专家组织，为我国的减灾工作提供政策咨询、理论指导、技术支持和科学研究。其主要职责包括：对国家减灾工作的重大决策和重要规划提供政策咨询和建议；对国家重大灾害的应急响应、救助和恢复重建提出咨询意见；对减灾重点工程、科研项目立项及项目实施中的重大科学技术问题进行评审和评估；开展减灾领域重点专题的调查研究和重大灾害评估工作；研究我国减灾工作的战略和发展思路；参加减灾委组织的国内外学术交流与合作。

现任国家减灾委专家委员会由36位委员、4位名誉顾问和若干位专家组成，分为应急响应、战略政策、风险管理和空间科技与信息4个分委会，基本涵盖防灾减灾领域的所有专业，具有广泛的代表性。现任国家减灾委专家委员会主任：秦大河院士（中国科学院）。经国家减灾委员会专家委员会提议，报国家减灾委员会办公室批准，成立专家委员会秘书处。专家委员会秘书处设在民政部国家减灾中心科技标准部，主要职责是：制定专家委员会工作计划；在专家委员会领导下组织协调专家委员会各专家组开展工作；向减灾委专家委员会、减灾委反映各位委员和专家针对减灾工作提出的问题、意见或建议；组织专家委员会的重大活动；组织召开专家委员会的各类会议；承担专家委员会日常工作。

另外，还有全国减灾救灾标准化技术委员会（简称"减灾标准委"），编号：SAC/TC307，英文名称为：National Technical Committee 307 on Disaster Reduction and Relief of Standardization Administration of China。"减灾标准委"由 39 名委员组成，史培军教授任主任委员，秘书处承担单位为民政部国家减灾中心。"减灾标准委"主要负责全国减灾救灾、灾害救助等（不涉及各专业部门已开展的工作）领域的标准化工作。民政部还设有"国家减灾中心"（卫星减灾应用中心）。[①] "国家减灾中心"有 15 个内设机构：办公室（党委办公室）、运行管理中心（值班室）、数据中心、评估与应急部、卫星遥感部（国际减轻旱灾风险中心）、航空遥感部、科技标准部（国家减灾委专家委员会秘书处、"减灾标准委"秘书处）、技术装备部、政策研究部、减灾和应急工程重点实验室、灾害评估与风险防范重点实验室、国际合作部、财务部、宣传教育中心（民政部国家减灾中心灾害信息员职业技能鉴定站办公室）和后勤保障部等。

"国家减灾中心"主要承担：减灾救灾的数据信息管理、灾害及风险评估、产品服务、空间科技应用、科学技术与政策法规研究、技术装备和救灾物资研发、宣传教育、培训和国际交流合作等职能，为政府减灾救灾工作提供信息服务、技术支持和决策咨询。其主要任务是：（1）研究并参与制定减灾救灾领域的政策法规，发展战略、宏观规划、技术标准和管理规范；（2）负责国家减灾救灾信息网络系统和数据库规划与建设，协助开展灾害监测预警、风险评估和灾情评估工作；（3）协助开展查灾、报灾和核灾工作，为备灾、应急响应、恢复重建、国家自然灾害救助体系和预案体系建设提供技术支持与服务；（4）承担国家自然灾害灾情会商和核定的技术支持工作；（5）负责环境与灾害监测预报卫星的运行管理和业务应用，开展灾害遥感的监测、预警、应急评估工作，负责重大自然灾害遥感监测评估的应急协调工作；（6）负责空间技术减灾规划论证、科技开发、产品服务和交流合作，承担卫星通信、卫星导航与卫星遥感在减灾救灾领域的应用集成工作；（7）协助开展减灾救灾重大工程建设项目的规划、论证和实施工作；（8）开展减灾救灾领域的科学研究、技术开发和成果转化，承担减灾救灾技术装备、救灾物资的研发、运行、维护和推广工作；（9）开展减灾救灾领域公共政策、灾后心理干预和社会动员机制研究；推动防灾减灾人才队伍建设；（10）开展减灾救灾领域的国际交流与合作，负责国际减轻旱灾风险中心的日常工作；承担与 UN-SPIDER 北京办公室、"国际减灾宪章"（CHARTER 机制）的协调工作；（11）开展减灾领域的宣传教育和培训工作；负责《中国减灾》杂志的编辑和发行工作；（12）承担国家减灾委员会专家委员会秘书处、全国减灾救灾标准化委员会秘书处的日常工作；（13）负责民政部国家减灾中心灾害信息员职业技能鉴定站工作；承担灾害信息员职业技能鉴定有关工作；

---

① 民政部国家减灾中心于 2002 年 4 月成立，2009 年 2 月加挂"民政部卫星减灾应用中心"牌子。

（14）为地方减灾救灾工作提供科技支持和服务；（15）承担国家减灾委员会、民政部和有关方面交办的其他任务。①

在四川省，1996 年 10 月 3 日，四川省人民政府《关于成立四川省国际减灾十年委员会的通知》川府函〔1996〕646 号发布，称：鉴于我省自然灾害频繁，每年都给工农业生产及人民群众生命财产造成严重损失，为进一步贯彻"以防为主，防救结合"的方针，配合"国际减轻自然灾害十年"活动，争取国际援助和中国国际减灾十年委员会的支持，促进我省减灾工作健康发展，省政府决定成立"四川省国际减灾十年委员会"（简称"四川减灾委"）。时任四川省副省长欧泽高担任主任，副主任为：侯更新（四川省政府副秘书长）、姜宝山（四川省民政厅厅长）。"四川减灾委"在民政厅内设立办公室，负责日常工作。2009 年 1 月 24 日，四川省人民政府办公厅发布《关于四川省国际减灾委员会更名为四川省减灾委员会及调整有关组成人员的通知》川办函〔2009〕26 号称：根据《国务院办公厅关于中国国际减灾委员会更名为国家减灾委员会及调整有关组成人员的通知》国办发〔2005〕23 号文，经省政府批准，四川省国际减灾委员会更名为四川省减灾委员会，其主要职责是：贯彻落实国家减灾工作的方针、政策和规划，研究制定我省防灾减灾规划，协调开展全省防灾减灾活动，指导市、县开展防灾减灾工作，推进防灾减灾交流与合作。根据人员变动情况和工作需要，省政府决定对四川省减灾委员会的组成单位和人员进行相应调整。调整后的名单如下：主任：张作哈（副省长）；副主任：王七章（省政府副秘书）、黄明全（省民政厅厅长）、郑备（省发展改革委副主任）、周孟林（省科技厅副厅长）、张其昌（省财政厅副厅长）、贺宾（省商务厅副巡视员）、三身小木滚（省民政厅副厅长）、谭欣（省外办副主任）等。"四川省减灾委"具体工作，由四川省民政厅承担。

四川省减灾委设办公室，即四川省减灾委员会办公室（简称"四川减灾办"），挂在四川省民政厅"救灾处"。四川省民政厅"救灾处"的职责：（1）拟订救灾工作政策并组织实施；（2）承办救灾组织、协调工作；（3）组织、指导自然灾害救助应急体系建设；（4）承办灾情核查和统一发布工作以及中央和省级救灾款物管理、分配及监督使用工作；（5）会同有关方面组织协调紧急转移安置受灾群众、农村受灾群众毁损房屋恢复重建补助和灾民生活救助工作；（6）组织和指导救灾捐赠；（7）拟订减灾规划并组织实施，承担四川省减灾委员会的具体工作和国际国内减灾合作事宜等。

二、应急办

2008 年 7 月 10 日，根据《国务院办公厅关于印发国务院办公厅主要职责内设机构

---

① 民政部国家减灾中心主要职能，资料来源：国家减灾网，http://www.jianzai.gov.cn//DRpublish/jggl/0001000800030001-1.html，最后访问：2017-05-12。

和人员编制规定的通知》国办发〔2008〕60 号（简称《内设机构规定》）①，国务院应急管理办公室（国务院总值班室）负责国务院值班工作，及时报告重要情况，传达和督促落实国务院领导同志指示；组织开展应急预案体系建设，协助国务院领导同志做好有关应急处置工作；办理安全生产、信访以及国务院应急管理方面的专题文电、会务和督查调研工作。

国务院是包括自然灾害在内的各种突发公共事件应急管理工作的最高行政领导机构。在国务院总理领导下，通过国务院常务会议和国家相关突发公共事件应急指挥机构，负责突发公共事件的应急管理工作，必要时，派出国务院工作组指导有关工作。其办事机构是在国务院办公厅内，设立"国务院应急管理办公室"，履行值守应急、信息汇总和综合协调职责，发挥运转枢纽作用。其工作机制是作为部际议事协调机构，在发生任何重大突发事件时，按照国务院有关部门依据有关法律、行政法规和各自职责的法定要求，负责相关类别突发公共事件的应急管理工作。并具体负责相关类别的突发公共事件专项和部门应急预案的起草与实施，贯彻落实国务院有关决定事项。

应急办的地方机构，是设立在省级地方政府办公厅以及市县区政府办公室内，与国务院应急办承担同样的职责。地方各级人民政府是本行政区域突发公共事件应急管理工作的行政领导机构，负责本行政区域各类突发公共事件的应对工作。需要特别说明，各级应急办都设有专家组，这是国务院和各应急管理机构建立的各类专业人才库，可以根据实际需要聘请有关专家组成专家组，为应急管理提供决策建议，必要时，专家组的专家们将参加突发公共事件的应急处置工作。

2007 年 10 月 12 日，四川省人民政府应急管理办公室（简称"四川省应急办"）挂牌成立。"四川省应急办"是根据四川省机构编制委员会《关于撤销省政府救灾办公室和原省政府应急管理办公室新设立省政府应急管理办公室的批复》川编发〔2007〕92 号文，在撤销原四川省政府救灾办公室和原四川省政府应急管理办公室基础上设立的。原"四川省政府救灾办"成立于 1989 年 3 月，18 年来对四川省防灾、抗灾、救灾工作，发挥了重要作用。而原"四川省政府应急办"成立于 2005 年 7 月，直接参与过处置人感染猪链球菌病疫情等 20 余起重大突发公共事件，跟踪监控、督促协调处理 100 余起较高级别的突发公共事件。

"四川省应急办"为四川省人民政府办公厅内设行政机构，下设综合处、应急管理一处、应急管理二处 3 个职能处，核定行政编制 19 名（所需人员和编制由原省政府救灾办、原省政府应急管理办公室和省政府办公厅划转），其中主任 1 名，副主任 2 名。其主要职责是：履行应急值守、信息汇总和综合协调职责，发挥运转枢纽作用；负责接收和办理向省政府报送的紧急重要事项；承办省政府应急管理的专题会议，督促落实省政府有关决定事项和省政府领导批示、指示精神；指导全省突发公共事件应急体系、应

---

① 据此，国务院办公厅内设机构由 6 个增至 9 个，编制由 219 名扩大到 519 名。"国务院应急管理办公室"等属于新设机构——国务院应急管理办公室（国务院总值班室）、督查室、电子政务办公室、财务室等之一。这是10 年来国务院办公厅职责、机构、编制的一次较大调整。《内设机构规定》显示，国务院办公厅的主要职责由原来的 11 项精简为 8 项，被精简的 4 项职责是：处理群众来信、来访；对国务院部门间出现的争议问题提出处理意见；根据国务院负责人指示，组织专题调研；做好行政事务，为国务院负责人服务等。而《内设机构规定》所列的 8 项主要职责中，"指导、监督全国政府信息公开工作"的职责为新增内容。

急信息平台建设；组织编制、修订《四川省人民政府突发公共事件总体应急预案》；检查指导市（州）、省级有关部门应急预案的编制、修订和实施，组织审核专项应急预案；督促、检查各级政府及部门应急机构和队伍建设；负责全省各类重大、特别重大突发公共事件预警信息披露、新闻发布以及与市（州）政府、省级部门的联系沟通；协调重大突发公共事件的预防预警、应急演练、应急处置、调查评估、应急保障和宣传培训工作；负责与专家咨询机构的协调联系并提供相应服务；负责国际间应急管理的合作交流；负责与驻川解放军、武警部队在应急管理工作方面的联系；负责贯彻执行抗灾救灾的方针、政策；处理抗灾救灾事宜，指导全省抗灾救灾工作；对省上安排的抗灾救灾资金、物资提出分配意见，并监督检查执行使用情况，等等。

三、临设抗灾救灾指挥部

根据《国家突发公共事件总体应急预案》（2005 年 8 月 7 日，简称《国家公共预案2005》）第 2.1 条至第 2.3 条"领导机构"规定，国务院是突发公共事件应急管理工作的最高行政领导机构。在国务院总理领导下，由国务院常务会议和国家相关突发公共事件应急指挥机构（简称"相关应急指挥机构"）负责突发公共事件的应急管理工作；必要时，派出国务院工作组指导有关工作。其"办事机构"为"国务院应急管理办公室"即"国家应急办"，履行值守应急、信息汇总和综合协调职责，发挥运转枢纽作用。而其"工作机构"为国务院有关部门依据有关法律、行政法规和各自的职责，负责相关类别突发公共事件的应急管理工作。具体负责相关类别的突发公共事件专项和部门应急预案的起草与实施，贯彻落实国务院有关决定事项。

《国家自然灾害救助应急预案》（2011 年 10 月 16 日修订，简称《国家灾害预案2011》）第 2.1 条和第 2.2 条规定，国家减灾委员会（即"国家减灾委"）为国家自然灾害救助应急综合协调机构，负责组织、领导全国的自然灾害救助工作，协调开展特别重大和重大自然灾害救助活动。国家减灾委成员单位按照各自职责做好全国的自然灾害救助相关工作。国家减灾委办公室负责与相关部门、地方沟通联络，组织开展灾情会商评估、灾害救助等工作，协调落实相关支持措施。同时，国家减灾委设立专家委员会，对国家减灾救灾工作重大决策和重要规划提供政策咨询和建议，为国家重大自然灾害的灾情评估、应急救助和灾后救助提出咨询意见。而 2016 年 3 月 10 日，修订后的《国家自然灾害救助应急预案》（简称《国家灾害预案 2016》）相同条款的规定中，只增加了"由国务院统一组织开展的抗灾救灾，按有关规定执行"的内容。

《国家地震应急预案》（2012 年 8 月 28 日修订，[①] 简称《国家地震预案 2012》）第2.1 条～和第 2.2 条"国家抗震救灾指挥机构"的规定，"国务院抗震救灾指挥部"负责统一领导、指挥和协调全国抗震救灾工作。地震局承担国务院抗震救灾指挥部日常工作。必要时，成立"国务院抗震救灾总指挥部"，负责统一领导、指挥和协调全国抗震救灾工作；在地震灾区成立"现场指挥机构"，在国务院抗震救灾指挥机构的领导下开展工作。县级以上"地方人民政府抗震救灾指挥部"负责统一领导、指挥和协调本行政

---

① 《国家地震应急预案》自 1991 年颁布以来，分别于 1996 年、2000 年和 2005 年进行了 3 次修订，2012 年 8 月 28 日的修订，是第四次修订。

区域的抗震救灾工作。地方有关部门和单位、当地解放军、武警部队和民兵组织等，按照职责分工，各负其责，密切配合，共同做好抗震救灾工作。可见，抗灾救灾指挥部是临设机构，而各级减灾委和应急办，则是常设机构，它们之间的分工在于：临设机构负责灾害发生时的指挥决策，具有临时机构的性质。而应急办和减灾委则是灾害应急综合职能机构。国务院抗震救灾指挥机构，下设 10 个工作组：抢险救援组，群众生活保障组，医疗救治和卫生防疫组，基础设施保障和生产恢复组，地震监测和次生灾害防范处置组，社会治安组，救灾捐赠与涉外、涉港澳台事务组，国外救援队伍协调事务组，地震灾害调查及灾情损失评估组，信息发布及宣传报道组等。①

根据《四川灾害预案 2003》第 4 条"应急反应机构"的规定，应急组织机构由指挥决策机构、综合协调机构和具体工作机构组成。指挥决策机构有：省抗震救灾指挥部、省防汛抗旱指挥部和省护林防火指挥部等。综合协调机构：各指挥部办公室。其他重大灾害，则由有关部门成立临时指挥部。根据《四川省自然灾害救助应急预案》（2016 年 11 月 7 日，简称《四川灾害预案 2016》）第 2.1 条"省减灾委员会"的规定，省减灾委员会即"省减灾委"为四川省自然灾害救助应急综合协调机构，负责组织、领导全省的自然灾害救助工作；协调开展特别重大和重大自然灾害救助活动。省减灾委成员单位，按照各自职责做好自然灾害救助相关工作。省减灾委办公室负责与相关部门、地方的沟通联络，组织开展灾情会商评估、灾害救助等工作，协调落实相关支持措施。由省人民政府统一组织开展抗灾救灾，按有关规定执行。同时，省减灾委设立"专家委员会"，对全省减灾救灾工作重大决策和重要规划提供政策咨询和建议，为省重大自然灾害的灾情评估、应急救助和灾后救助提出咨询意见。

需要说明的是，2017 年 12 月 1 日，四川省委、省政府建设的第一批 22 个智库名单公布。四川大学"自然灾害应急管理与灾后重建研究智库"（简称"应急重建智库"）在列。首席专家为：谢和平院士、解洪副主席、彭宗超教授、张利民教授、王建平教授。其主要专家团队成员包括：柯瑞卿·卡隆基（Gretchen Kalonji，美国人，四川大学－香港理工大学灾后重建与管理学院院长）、谢和平教授（中国工程院院士；四川大学校长）、解洪博士（四川省第十届政协副主席）、彭宗超教授（清华大学公共管理学院副院长）、张利民教授（香港科技大学离心机实验所主任）、小出治教授（高端外籍教师，四川大学建筑与环境学院、四川大学—香港理工大学灾后重建与管理学院双聘教授）、何成奇教授（四川省卫计委首席专家；四川大学－香港理工大学灾后重建与管理学院）、唐亚教授（四川大学建筑与环境学院）、钟开斌教授（国家行政学院应急管理案例研究中心主任）、邹积亮副教授（中国应急管理学会秘书处学术部负责人，《中国应急管理报告》编辑部主任）、王建平教授（四川大学法学院；四川大学－香港理工大学灾后重建与管理学院）、王春英教授（中共四川省委党校、四川行政学院"5·12"汶川地震灾害应对研究与培训中心）、龙恩深教授（四川大学建筑与环境学院）、王东明副研究员（国家减灾研究中心），还有四川大学—香港理工大学灾后重建与管理学院韩自强副研究员、郑路副教授、赵娓妮副教授、卡比力江·吾买尔副教授、李浩副教授、雷尚清讲师、田兵伟讲师、贺帅讲师、钟平讲师、鄢婷婷讲师等。这个"应急重建智库"是四

---

① 《国家地震预案 2012》，第 6 条"国家应急处置"的规定。

川省委、省政府防灾减灾救灾体制建设、各类灾害具体应对的智囊团，是自然灾害防灾减灾救灾过程中，为四川省委、省政府提出具有可操作性意见、建议和措施的高级智囊团队。

第三节　军队抢险救灾

一、动用军队参加抢险救灾的程序

在我国，军队作为抢险救灾的重要制度力量，被依法赋予了"参加抢险救灾"的法定义务。

我国是一个自然灾害多发的国家。在经济社会文化快速发展的现阶段，也是自然灾害的多发时期。每当发生重大险情、灾情，都需要动用军队参加抢险救灾。特别是"1998 抗洪"以后，军队和地方有关方面都在认真总结经验，认为：应当使军队参加抢险救灾工作，尽快走上法制化、规范化和常规化的道路，明确动用军队参加抢险救灾的法定程序，确定军队参加地方抢险救灾的组织指挥机制，并落实军队参加抢险救灾的保障机制。为此，2003 年 10 月，民政部、总参谋部将《军队参加抢险救灾条例（草案）》（简称《军队救灾条例》）报请国务院、中央军委审批。

国务院法制办收到《军队救灾条例》草案后，即征求了全国人大常委会法工委、中宣部、财政部、国资委、交通部、水利部、地震局等 30 多个有关部门，以及各省、自治区、直辖市人民政府的意见，在此基础上，会同中央军委法制局、民政部、总参谋部对送审稿反复研究、修改，形成了《军队救灾条例》送审稿，有关部门对这个送审草案已经形成了一致意见。《军队救灾条例》于 2005 年 6 月 7 日通过，国务院、中央军委第436 号令发布，2005 年 7 月 1 日施行，共 18 条。

为了发挥中国人民解放军（简称"军队"）在抢险救灾中的作用，保护人民生命和财产安全，根据我国《国防法》第 17 条、第 22 条和第 58 条[①]、《军队救灾条例》的规定，军队是抢险救灾的突击力量，执行国家赋予的抢险救灾任务是军队的重要使命。各级人民政府和军事机关，应当按照《军队救灾条例》的规定，做好军队参加抢险救灾的组织、指挥、协调、保障等工作（第 2 条）。中国人民武装警察部队参加抢险救灾，参照《军队救灾条例》执行（第 17 条）。军队参加抢险救灾主要担负下列任务：（1）解救、转移或者疏散受困人员；（2）保护重要目标安全；（3）抢救、运送重要物资；（4）参加道路（桥梁、隧道）抢修、海上搜救、核生化救援、疫情控制、医疗救护等专业抢险；（5）排除或者控制其他危重险情、灾情。必要时，军队可以协助地方人民政府开展灾后重建等工作（第 3 条）。

为了保证县级以上各级人民政府在组织抢险救灾中能够及时用兵，按程序用兵，

---

① 我国《国防法》规定，中华人民共和国的武装力量属于人民。它的任务是巩固国防，抵抗侵略，保卫祖国，保卫人民的和平劳动，参加国家建设事业，全心全意为人民服务（第 17 条）；中国人民解放军现役部队是国家的常备军，主要担负防卫作战任务，必要时可以依照法律规定协助维护社会秩序（第 22 条）；现役军人应当发扬人民军队的优良传统，热爱人民，保护人民，积极参加社会主义物质文明、精神文明建设，完成抢险救灾等任务（第 58 条）。

《军队救灾条例》规定：国务院组织的抢险救灾需要军队参加的，由国务院有关主管部门向中国人民解放军总参谋部提出，中国人民解放军总参谋部按照国务院、中央军事委员会的有关规定办理。县级以上地方人民政府组织的抢险救灾需要军队参加的，由县级以上地方人民政府通过当地同级军事机关提出，当地同级军事机关按照国务院、中央军事委员会的有关规定办理。在险情、灾情紧急的情况下，地方人民政府可以直接向驻军部队提出救助请求，驻军部队应当按照规定立即实施救助，并向上级报告；驻军部队发现紧急险情、灾情也应当按照规定立即实施救助，并向上级报告。抢险救灾需要动用军用飞机（直升机）、舰艇的，按照有关规定办理（第4条）；而国务院有关主管部门、县级以上地方人民政府提出需要军队参加抢险救灾的，应当说明险情或者灾情发生的种类、时间、地域、危害程度、已经采取的措施，以及需要使用的兵力、装备等情况（第5条）。

二、军队参加抢险救灾的组织指挥机制

根据军队参加地方抢险救灾总结出的实践经验，同时，考虑到"1998抗洪"之后，全国多数地区已经建立起军地联合指挥机构，在抢险救灾中发挥了重要作用，《军队救灾条例》将这一行之有效的做法规范化，并明确规定：县级以上地方人民政府组建的抢险救灾指挥机构，应当有当地同级军事机关的负责人参加；当地有驻军部队的，还应当有驻军部队的负责人参加（第6条）；军队参加抢险救灾应当在人民政府的统一领导下进行，具体任务由抢险救灾指挥机构赋予，部队的抢险救灾行动由军队负责指挥（第7条）；县级以上地方人民政府应当向当地军事机关及时通报有关险情、灾情的信息。在经常发生险情、灾情的地方，县级以上地方人民政府应当组织军地双方进行实地勘察和抢险救灾演习、训练（第8条）；省军区（卫戍区、警备区）、军分区（警备区）、县（市、市辖区）人民武装部应当及时掌握当地有关险情、灾情信息，办理当地人民政府提出的军队参加抢险救灾事宜，做好人民政府与执行抢险救灾任务的部队之间的协调工作。有关军事机关应当制定参加抢险救灾预案，组织部队开展必要的抢险救灾训练（第9条）。

三、军队参加抢险救灾的保障措施

为了发挥军队在抢险救灾中突击力量的作用，同时，又不挤占军队经费、装备、物资、器材，不影响军队任务的完成，军队参加抢险救灾有必要由地方提供必要的保障。《军队救灾条例》对军队参加抢险救灾的保障从以下几个方面作了明确规定：

1. 装备、物资、器材保障。《军队救灾条例》规定：军队参加抢险救灾时，当地人民政府应当提供必要的装备、物资、器材等保障，派出专业技术人员指导部队的抢险救灾行动；铁路、交通、民航、公安、电信、邮政、金融等部门和机构，应当为执行抢险救灾任务的部队提供优先、便捷的服务。军队执行抢险救灾任务所需要的燃油，由执行抢险救灾任务的部队和当地人民政府共同组织保障（第10条）；军队参加抢险救灾需要动用作战储备物资和装备器材的，必须按照规定报经批准。对消耗的部队携行装备器材和作战储备物资、装备器材，应当及时补充（第11条）；国务院有关主管部门和县级以上地方人民政府应当在险情、灾情频繁发生或者列为灾害重点监视防御的地区储备抢险

救灾专用装备、物资和器材，保障抢险救灾需要（第 14 条）。

2. 生活保障。《军队救灾条例》第 12 条规定：灾害发生地人民政府应当协助执行抢险救灾任务的部队做好饮食、住宿、供水、供电、供暖、医疗和卫生防病等必需的保障工作。地方人民政府与执行抢险救灾任务的部队应当互相通报疫情，共同做好卫生防疫工作。

3. 经费保障。《军队救灾条例》第 13 条规定：军队参加国务院组织的抢险救灾所耗费用由中央财政负担。军队参加地方人民政府组织的抢险救灾所耗费用由地方财政负担。抢险救灾所耗费用包括：购置专用物资和器材费用，指挥通信、装备维修、燃油、交通运输等费用，补充消耗的携行装备器材和作战储备物资费用，以及人员生活、医疗的补助费用。抢险救灾任务完成后，军队有关部门应当及时统计军队执行抢险救灾任务所耗费用，报抢险救灾指挥机构审核。

4. 宣传保障和优抚保障。《军队救灾条例》规定：军队参加重大抢险救灾行动的宣传报道，由国家和军队有关主管部门统一组织实施。新闻单位采访、报道军队参加抢险救灾行动，应当遵守国家和军队的有关规定（第 15 条）；对在执行抢险救灾任务中有突出贡献的军队单位和个人，按照国家和军队的有关规定给予奖励；对死亡或者致残的人员，按照国家有关规定给予抚恤优待（第 16 条）。

四、军队参与抢险救灾的实例与澳门"防灾减灾十年规划"

2016 年入汛以来，尤其是 6 月下旬到 7 月初，我国经历 21 轮较强降水过程，为近 5 年来同期最多，华南、华东、华中、西南局部地方发生洪涝和地质灾害，引发道路塌方、山体滑坡、河堤溃口、房屋倒塌，造成重大人员伤亡和财产损失。应地方政府请求，截至 2017 年 6 月 29 日，军队和武警部队共派出 8515 人，组织民兵预备役近万人次，出动舰艇 7 艘、直升机 2 架、冲锋舟 80 余艘，各型车辆、工程机械 646 台（套）参加抢险救灾行动。军队共救出 16 人，转运受伤群众近 1000 人，转运物资 2000 余吨。特别是江苏盐城龙卷风冰雹特大灾害，军队和武警部队先后出动 4652 人、民兵 4200 人、装备机械 397 台，参加抢险救灾。共抢救转运受伤群众 703 人，清理受损房屋 2980 余间，转运粮食和物资 1750 余吨、22600 余件，清理垃圾 370 余吨，疏通道路 137.5 公里，搭建帐篷 1432 顶。[①] 诸如此类的军队参与抢险救灾的例子，不胜枚举。

2017 年 8 月 20 日"天鸽"台风[②]过后，发生严重风暴潮，造成 9 人死亡，至少 244 人受伤，也对澳门居民的工作和生活造成了严重影响。2017 年 8 月 25 日，应澳门特区政府请求，经中央人民政府批准，解放军驻澳门部队出动官兵约千人，协助救治灾害，清除路障，保障澳门的财产安全，在十月初五街及氹仔广东大马路一带协助清理杂物。

[①] 黄子娟：《国防部：中国军队积极参加抢险救灾工作》，人民网－军事频道，2016 年 6 月 30 日，http://military. people. com. cn/n1/2016/0630/c220414-28512705. html，最后访问：2017-12-11。

[②] 热带风暴"天鸽"（英语：Tropical Storm Hato；国际编号：1713）为 2017 年太平洋台风季第 13 个被命名的风暴。"天鸽"一名由日本提供，是首次使用，名字意义即天鸽座，是一种星座。2017 年 8 月 20 日 14：00 时，天鸽在我国台湾地区鹅銮鼻东偏南方向约 760 公里洋面上生成；8 月 23 日 07：00，加强为强台风，10：00 时，加强为强台风（48m/s，15 级），12：50 时，登陆广东（45m/s，14 级）；后加强为 15 级强台风，为 2017 年以来登陆中国的最强台风。"天鸽"台风过境后造成 18 人遇难，其中，广东 9 人，澳门 9 人。

澳门内港十月初五街一带木桥街、果栏街的垃圾堆积过腰，布满整条街道，弥漫一股腐烂的味道，驻澳部队协助清理。这些都是中国军队可歌可泣的抢险救灾的故事之一。

2017年11月14日，澳门特区行政长官崔世安在特区立法会发表《务实进取，共享发展》2018年财政年度施政报告。报告中提出一系列短中长期防灾减灾措施，并宣布将于2018年启动编制澳门防灾减灾十年规划（2019－2028年）。报告称，2017年澳门居民共同面对了自1953年有台风记录以来最强台风正面吹袭的艰难考验。在国家减灾委员会专家团队协助下，澳门政府全面总结经验教训，加强软硬基础设施建设，把居民生命财产和公共安全放在首要位置，提升防灾减灾能力和水平。报告提出，将健全以政府主导和社会参与结合、日常预防与应急处理结合的机制，强化高层统筹指挥、部门协同行动。要着力制度建设与资源投入，配合短中长期措施，构建防灾减灾长效机制。

其中，短期措施包括：各部门启动编制应急行动预案；设立民防及应急协调的专责部门，包括民防综合演练、全社会紧急应变、安全意识教育、防灾减灾物资管理、避险安置中心等；完善风险管控和危机应对的法律法规，重点修订气象警报方面的行政法规和标准；改善内港防洪防潮、排水排涝的基础设施，提升供水、供电、通信等现有设施的应急能力。而中长期措施包括：加强城市安全运行能力，在新城规划中优先做好基础设施，包括地下管网的规划以及建筑物的防风设计；利用大数据建立危机信息管理系统，推动灾情信息共享，建立统一的信息发布平台；建设专业高效的应急救援队伍，强化气象部门等人员专业培训等。报告特别提出，积极推动澳门电网与南方电网第三通道的建设，并加强与内地尤其是广东省和珠海市的合作，建立紧急状态下的特别通关制度等。① 应当说，澳门政府在中国驻军参与抢险救灾之后，能做出这样的安排是令人钦佩的。

第四节　抢险救灾立法

一、制定我国《突发事件应对法》：从《紧急状态法》转变而来

在我国，严格说来，并没有直接针对自然灾害的抢险救灾的基本法律。自然灾害的有险可抢、有灾可救的立法，最早是1988年1月21日《中华人民共和国水法》② 的通过，这是新中国第一部管理水事活动的基本法，标志着我国水利建设与管理步入了法制轨道。2002年8月29日修订后，我国《水法》强调：在江河、湖泊和地下水源上开发、利用、控制、调配和保护水资源的各类水工程（第79条），必须承担保护水资源和防治水害的义务（第6条、第9条）；而从事防洪活动，则依照我国《防洪法》的规定，涉及水污染防治的，依照我国《水污染防治法》的规定执行（第81条）。

应当说，《水法》这次修订，主要是针对我国严重的水资源浪费，以及水体污染问

---

① 王晨曦等：《崔世安：澳门将于2018年启动编制防灾减灾十年规划》，新华网，2017年11月14日，http://www.chinanews.com/ga/2017/11-14/8376494.shtml，最后访问：2017-12-11。

② 我国《水法》1988年1月21日通过，1988年7月1日施行，7章53条；2002年8月29日修订通过，2002年10月1日施行，8章82条；2009年8月27日第一次修正，2016年7月2日第二次修正。

题，确立了"水资源论证制度"，即国民经济和社会发展规划，以及城市总体规划的编制、重大建设项目的布局，应当与当地水资源条件和防洪要求相适应，并进行科学论证，编制建设项目水资源论证报告书。还有，确立了水中长期供求规划制度，提出水中长期供求规划应当依据水的供求现状、国民经济和社会发展规划、流域规划、区域规划，按照水资源供需协调、综合平衡、保护生态、厉行节约、合理开源的原则制定。还确立了流域水量分配方案制度和旱情紧急情况下的水量调度预案制度以及年度水量分配方案和调度计划制度。强调了水质管理，确立相应的法律制度：（1）确立江河、湖泊的水功能区划制度；（2）规定国家建立饮用水水源保护区制度；（3）规定在江河、湖泊新建、改建或者扩大排污口，应当经过有管辖权的水行政主管部门或者流域管理机构同意，等等。① 尤其是，从事水资源开发、利用、节约、保护和防治水害等水事活动，应当遵守经批准的规划；因违反规划造成江河和湖泊水域使用功能降低、地下水超采、地面沉降、水体污染的，应当承担治理责任。开采矿藏或者建设地下工程，因疏干排水导致地下水水位下降、水源枯竭或者地面塌陷，采矿单位或者建设单位应当采取补救措施；对他人生活和生产造成损失的，依法给予补偿（第 31 条）。

在我国，主管抢险救灾的《突发事件应对法》，曾以《紧急状态法》的名称，列入第十届全国人大常委会立法规划。从 2003 年 5 月起，国务院法制办成立起草领导小组，着手该法的研究起草工作，先后委托两所高校和一个省级人民政府法制办进行研究并起草建议稿，重点研究美、俄、德、意、日等十多个国家应对突发事件的法律制度，举办了两次国际研讨会，并多次赴地方调研。在此基础上，先后起草了《紧急状态法》征求意见稿和《紧急状态法》草案，两次征求全国人大、全国政协有关单位和有关社会团体、各省级和较大的市级政府、国务院各部门、最高人民法院、中央军委法制局和专家学者的意见，三次送请国务院有关部门和中央军委法制局核稿，多次召开国内座谈会、论证会，听取国务院有关部门、一些地方人民政府和专家学者的意见，并会同国务院办公厅应急预案工作小组，就草案与应急预案协调、衔接的问题反复进行研究。

2005 年 3 月，国务院第 83 次常务会议讨论了《紧急状态法》草案。根据国务院常务会议精神对《紧急状态法》草案作了进一步修改、完善，就修改的有关内容向全国人大法律委、全国人大常委会法工委作了汇报，并将名称改为《突发事件应对法》，再次赴有关地方调研，征求有关地方、国务院有关部门和专家学者的意见。经过两年多的反复研究、论证，广泛征求意见，数易其稿，形成了《中华人民共和国突发事件应对法（草案）》（简称《突发事件应对法》草案）。这个《突发事件应对法》草案，于 2006 年 5 月 31 日国务院第 138 次常务会议讨论通过。

我国是一个自然灾害、事故灾难等突发事件较多的国家。各种突发事件的频繁发生，给人民群众的生命财产造成了巨大损失。党和国家历来高度重视突发事件应对工作，采取了一系列措施，建立了许多应急管理制度，这些措施和制度对保护人民生命财产安全发挥了重要作用。但是，在突发事件应对工作中，还存在一些突出问题：（1）应对突发事件的责任不够明确，统一、协调、灵敏的应对体制尚未形成；（2）一些行政机

---

① 佚名：《新水法"新"在哪里？副部长答记者问》，中国人大网，2002 年 9 月 5 日，http://law.npc.gov.cn/FLFG/flfgByID.action?flfgID=229454&showDetailType=QW&zlsxid=23，最后访问：2015-05-12。

关应对突发事件的能力不够强，危机意识不够高，依法可以采取的应急处置措施不够充分、有力；（3）突发事件的预防与应急准备、监测与预警、应急处置与救援等制度、机制不够完善，导致一些突发事件未能得到有效预防，有的突发事件引起的社会危害未能及时得到控制；（4）社会广泛参与应对工作的机制还不够健全，公众的自救与互救能力不够强，危机意识有待提高。为此，国务院和地方各级政府制定了一大批有关自然灾害的应急预案，初步建立了突发事件应急管理体制和机制。为了提高社会各方面依法应对自然灾害等突发事件的能力，及时有效控制、减轻和消除自然灾害引起的严重社会危害，保护人民生命财产安全，维护国家安全、公共安全、环境安全和社会秩序，构建社会主义和谐社会，在认真总结我国应对自然灾害经验教训、借鉴其他国家成功做法的基础上，制定一部规范应对各类自然灾害等突发事件共同行为的法律，是十分必要的。①

2007年8月30日通过的《突发事件应对法》（2007年11月1日施行，7章70条），第四章"应急处置与救援"就是专门规定各种自然灾害发生时，如何进行抢险救灾应对的。自然灾害发生后，履行统一领导职责或者组织处置自然灾害的人民政府应当针对其性质、特点和危害程度，立即组织有关部门，调动应急救援队伍和社会力量，依照有关法律、法规和规章的规定，采取应急处置措施（第48条）。这些应急处置措施，主要包括：（1）组织营救和救治受害人员，疏散、撤离并妥善安置受到威胁的人员以及采取其他救助措施；（2）迅速控制危险源，标明危险区域，封锁危险场所，划定警戒区，实行交通管制以及其他控制措施；（3）立即抢修被损坏的交通、通信、供水、排水、供电、供气、供热等公共设施，向受到危害的人员提供避难场所和生活必需品，实施医疗救护和卫生防疫以及其他保障措施；（4）禁止或者限制使用有关设备、设施，关闭或者限制使用有关场所，中止人员密集的活动或者可能导致危害扩大的生产经营活动以及采取其他保护措施；（5）启用本级人民政府设置的财政预备费和储备的应急救援物资，必要时调用其他急需物资、设备、设施、工具；（6）组织公民参加应急救援和处置工作，要求具有特定专长的人员提供服务；（7）保障食品、饮用水、燃料等基本生活必需品的供应；（8）依法从严惩处囤积居奇、哄抬物价、制假售假等扰乱市场秩序的行为，稳定市场价格，维护市场秩序；（9）依法从严惩处哄抢财物、干扰破坏应急处置工作等扰乱社会秩序的行为，维护社会治安；（10）采取防止发生次生、衍生事件的必要措施，等等（第49条）。如果自然灾害严重影响国民经济正常运行时，国务院或者国务院授权的有关主管部门可以采取保障、控制等必要的应急措施，保障人民群众的基本生活需要，最大限度地减轻突发事件的影响。这一点，可以在汶川大地震的应急中，观察太多的实际事例。

二、各单灾种的立法情况

事实上，按照我国《环境保护法》第2条的规定，大气、水、海洋、土地、矿藏、森林、草原、湿地、野生生物、自然遗迹、人文遗迹、自然保护区、风景名胜区、城市

---

① 曹康泰：《关于〈中华人民共和国突发事件应对法（草案）〉的说明——2006年6月24日在第十届全国人民代表大会常务委员会第二十二次会议上》，中国人大网，2006年6月24日，http://law.npc.gov.cn/FLFG/flfgByID.action?flfgID=251111&showDetailType=QW&zlsxid=23，最后访问：2015-05-12。

和乡村等，皆是自然危险的承灾体或者孕灾环境或者致灾因子。就我国的单灾种即单一灾害种类的立法实践来看，具体情况如下：

（一）我国《防震减灾法》的应急规范

我国是一个多地震的国家，为此，国务院先后制定了《发布地震预报的规定》《地震监测设施和地震观测环境保护条例》和《破坏性地震应急条例》等法规，这些行政法规的实施，对依法推动防震减灾工作的开展积累了经验，发挥了重要作用。我国《防震减灾法》[①] 于 1997 年 12 月 29 日通过，1998 年 3 月 1 日开始施行，共 7 章 48 条，其第四章地震应急（第 26 条~第 32 条）是主要的内容。这部法律，是我国在"国际减轻自然灾害十年"活动中颁行的一部单灾种法律。对于从事地震监测预报、地震灾害预防、地震应急、震后救灾与重建等（简称"防震减灾"）活动，都是适用的。按照我国《防震减灾法》的规定，任何单位和个人都有依法参加防震减灾活动的义务。军队、武警部队和民兵，应当执行国家赋予的防震减灾任务（第 8 条）。

关于地震应急，针对地震灾害具有突发性的特点，做好地震应急工作对于减少人员伤亡和经济损失，以及防止灾害的扩大，有着十分重要的作用。在认真总结《破坏性地震应急条例》实施经验的基础上，《防震减灾法》草案明确规定了"破坏性地震应急预案的制定与实施"要求，规定了地震灾害评估制度：破坏性地震发生后，"国务院地震工作主管部门或者地震灾区的省、自治区、直辖市人民政府负责管理地震工作的部门，应当及时会同有关部门对地震灾害损失进行调查、评估；灾情调查结果，应当及时报告本级人民政府。"还规定："严重破坏性地震发生后，为了抢险救灾并维护社会秩序，国务院或者地震灾区的省、自治区、直辖市人民政府按照规定的权限和程序，可以在地震灾区实行下列紧急应急措施：（1）交通管制；（2）对药品、食品等生活必需品统一发放和分配；（3）临时征用房屋、运输工具和通信设备等；（4）需要采取的其他紧急应急措施"。[②]

汶川大地震之后，我国《防震减灾法》于 2008 年 12 月 27 日修订（2009 年 5 月 1 日施行），共有 9 章 93 条，即：第一章总则（第 1 条~第 11 条）；第二章防震减灾规划（第 12 条~第 16 条）；第三章地震监测预报（第 17 条~第 33 条）；第四章地震灾害预防（第 34 条~第 45 条）；第五章地震应急救援（第 46 条~第 57 条）；第六章地震灾后过渡性安置和恢复重建（第 58 条~第 74 条）；第七章监督管理（第 75 条~第 81 条）；第八章法律责任（第 82 条~第 91 条）；第九章附则（第 92 条~第 93 条）。其中，第五章地震应急救援（第 46 条~第 57 条）的核心内容是：

1. 制定《国家地震应急预案》《部门地震应急预案》，以及各级地方政府及其部门

---

① 最初，国家地震局起草的法律名称为：《中华人民共和国减轻地震灾害法（送审稿）》。由国家科委于 1996 年 4 月报请国务院审批。国务院法制局广泛征求国务院有关部门和地方人民政府的意见，会同国家地震局和有关部门对送审稿反复研究、修改，形成名为《中华人民共和国防御与减轻地震灾害法（草案）》。最终，该草案经国务院常务会议讨论通过，共 7 章 50 条，分为总则、地震监测预报、地震灾害预防、地震应急、震后救灾与重建、法律责任、附则。后来，全国人大会议上，更为名《中华人民共和国防震减灾法》。

② 陈章立：《关于〈中华人民共和国防御与减轻地震灾害法（草案）〉的说明——1997 年 8 月 25 日在第八届全国人民代表大会常务委员会第二十七次会议上》，中国人大网，1997 年 8 月 25 日，http://law.npc.gov.cn/FLFG/flfgByID.action?flfgID=33078702&showDetailType=QW&zlsxid=23，最后访问：2015-05-12。

的地震应急预案，还有易震单位的地震应急预案等（第46条～第47条）。

2. 地震预报意见发布后，宣布有关区域进入临震应急期；有关地方人民政府应当按照地震应急预案，组织有关部门做好应急防范和抗震救灾准备工作（第48条）。

3. 地震灾害分为一般、较大、重大和特别重大四级。并按照级别登记启动地震应急预案（第49条）。

4. 地震灾害发生后，抗震救灾指挥机构应当立即组织有关部门和单位迅速查清受灾情况，提出地震应急救援力量的配置方案，并采取以下紧急措施：（1）迅速组织抢救被压埋人员，并组织有关单位和人员开展自救互救；（2）迅速组织实施紧急医疗救护，协调伤员转移和接收与救治；（3）迅速组织抢修毁损的交通、铁路、水利、电力、通信等基础设施；（4）启用应急避难场所或者设置临时避难场所，设置救灾物资供应点，提供救济物品、简易住所和临时住所，及时转移和安置受灾群众，确保饮用水消毒和水质安全，积极开展卫生防疫，妥善安排受灾群众生活；（5）迅速控制危险源，封锁危险场所，做好次生灾害的排查与监测预警工作，防范地震可能引发的火灾、水灾、爆炸、山体滑坡和崩塌、泥石流、地面塌陷，或者剧毒、强腐蚀性、放射性物质大量泄漏等次生灾害以及传染病疫情的发生；（6）依法采取维持社会秩序、维护社会治安的必要措施（第50条）。

5. 特别重大地震灾害发生后，国务院抗震救灾指挥机构在地震灾区成立现场指挥机构，并根据需要设立相应的工作组，统一组织领导、指挥和协调抗震救灾工作。各级人民政府及有关部门和单位、军队、武警部队和民兵组织，应当按照统一部署，分工负责，密切配合，共同做好地震应急救援工作（第51条）。

6. 地震灾区的县级以上地方人民政府应当及时将地震震情和灾情等信息向上一级人民政府报告，必要时可以越级上报，不得迟报、谎报、瞒报。地震震情、灾情和抗震救灾等信息按照国务院有关规定实行归口管理，统一、准确、及时发布（第52条）。

7. 地震灾害紧急救援队伍在实施救援时，应当首先对倒塌建筑物、构筑物压埋人员进行紧急救援（第54条）。

8. 县级以上人民政府有关部门应当按照职责分工，协调配合，采取有效措施，保障地震灾害紧急救援队伍和医疗救治队伍快速、高效地开展地震灾害紧急救援活动（第55条）

9. 县级以上地方人民政府及其有关部门可以建立地震灾害救援志愿者队伍，并组织开展地震应急救援知识培训和演练；国务院抗震救灾指挥机构负责外国救援队和医疗队的统筹调度，并根据其专业特长，科学、合理地安排紧急救援任务。地震灾区的地方各级人民政府，应当对外国救援队和医疗队开展紧急救援活动予以支持和配合（第56条～第57条）。

（二）我国《防洪法》的应急规范

1997年8月29日，我国《防洪法》通过（1998年1月1日施行，8章66条），经过2009年8月27日第一次修正，2015年4月24日第二次修正，2016年7月2日第三次修正，共有8章65条。即：第一章总则（第1条～第8条）；第二章防洪规划（第9条～第17条）；第三章治理与防护（第18条～第28条）；第四章防洪区和防洪工程设施的管理（第29条～第37条）；第五章防汛抗洪（第38条～第47条）；第六章保障措施（第48条~第52条）；第七章法律责任（第53条~第64条）；第八章附则（第65条）。本法第1条开宗明义地规定：为了防治洪水，防御、减轻洪涝灾害，维护人民的生命和财产安全，保障社会主义现代化建设顺利进行，制定《防洪法》。并强调：任何单位和个人都有保护防洪工程设施和依法参加防汛抗洪的义务（第6条）。其中，第五章防汛抗洪（第38条~第47条）规定：

1. 防汛抗洪工作实行各级人民政府行政首长负责制，统一指挥、分级分部门负责（第38条）。

2. 国务院设立国家防汛指挥机构，负责领导、组织全国的防汛抗洪工作，其办事机构设在国务院水行政主管部门。在国家确定的重要江河、湖泊可以设立由有关省、自治区、直辖市人民政府和该江河、湖泊的流域管理机构负责人等组成的防汛指挥机构，指挥所管辖范围内的防汛抗洪工作，其办事机构设在流域管理机构。有防汛抗洪任务的县级以上地方人民政府设立由有关部门、当地驻军、人民武装部负责人等组成的防汛指挥机构，在上级防汛指挥机构和本级人民政府的领导下，指挥本地区的防汛抗洪工作，其办事机构设在同级水行政主管部门（第39条）。

3. 有防汛抗洪任务的县级以上地方人民政府根据流域综合规划、防洪工程实际状况和国家规定的防洪标准，制定防御洪水方案（包括对特大洪水的处置措施）。长江、黄河、淮河、海河的防御洪水方案，由国家防汛指挥机构制定，报国务院批准；跨省、自治区、直辖市的其他江河的防御洪水方案，由有关流域管理机构会同有关省、自治区、直辖市人民政府制定，报国务院或者国务院授权的有关部门批准。各级防汛指挥机构和承担防汛抗洪任务的部门和单位，必须根据防御洪水方案做好防汛抗洪准备工作（第40条）。

4. 省、自治区、直辖市人民政府防汛指挥机构根据当地的洪水规律，规定汛期起止日期。当江河、湖泊的水情接近保证水位或者安全流量，水库水位接近设计洪水位，或者防洪工程设施发生重大险情时，有关县级以上人民政府防汛指挥机构可以宣布进入紧急防汛期（第41条）。

5. 对河道、湖泊范围内阻碍行洪的障碍物，按照谁设障、谁清除的原则，由防汛指挥机构责令限期清除；逾期不清除的，由防汛指挥机构组织强行清除，所需费用由设障者承担。在紧急防汛期，国家防汛指挥机构或者其授权的流域、省、自治区、直辖市防汛指挥机构有权对壅水、阻水严重的桥梁、引道、码头和其他跨河工程设施作出紧急处置（第42条）。

6. 在汛期，气象、水文、海洋等有关部门应当按照各自的职责，及时向有关防汛指挥机构提供天气、水文等实时信息和风暴潮预报；电信部门应当优先提供防汛抗洪通信的服务；运输、电力、物资材料供应等有关部门应当优先为防汛抗洪服务。军队、武警部队和民兵应当执行国家赋予的抗洪抢险任务（第43条）。

7. 在汛期，水库、闸坝和其他水工程设施的运用，必须服从有关的防汛指挥机构的调度指挥和监督。在汛期，水库不得擅自在汛期限制水位以上蓄水，其汛期限制水位以上的防洪库容的运用，必须服从防汛指挥机构的调度指挥和监督。在凌汛期，有防凌汛任务的江河的上游水库的下泄水量必须征得有关的防汛指挥机构的同意，并接受其监督（第44条）。

8. 在紧急防汛期，防汛指挥机构根据防汛抗洪的需要，有权在其管辖范围内调用物资、设备、交通运输工具和人力，决定采取取土占地、砍伐林木、清除阻水障碍物和其他必要的紧急措施；必要时，公安、交通等有关部门按照防汛指挥机构的决定，依法实施陆地和水面交通管制。取土占地、砍伐林木的，在汛期结束后依法向有关部门补办手续；有关地方人民政府对取土后的土地组织复垦，对砍伐的林木组织补种（第 45 条）。

9. 江河、湖泊水位或者流量达到国家规定的分洪标准，需要启用蓄滞洪区①时，国务院、国家防汛指挥机构、流域防汛指挥机构、省、自治区、直辖市人民政府，省、自治区、直辖市防汛指挥机构，按照依法经批准的防御洪水方案中规定的启用条件和批准程序，决定启用蓄滞洪区。依法启用蓄滞洪区，任何单位和个人不得阻拦、拖延；遇到阻拦、拖延时，由有关县级以上地方人民政府强制实施（第 46 条）。

10. 发生洪涝灾害后，有关人民政府应当组织有关部门、单位做好灾区的生活供给、卫生防疫、救灾物资供应、治安管理、学校复课、恢复生产和重建家园等救灾工作以及所管辖地区的各项水毁工程设施修复工作。水毁防洪工程设施的修复，应当优先列入有关部门的年度建设计划（第 47 条）。

（三）我国《大气污染防治法》的应急规范

我国《大气污染防治法》于 1987 年 9 月 5 日通过，于 1995 年 8 月 29 日修正，2000 年 4 月 29 日第一次修订、2015 年 8 月 29 日第二次修订（2016 年 1 月 1 日施行），共有 8 章 129 条。即：第一章总则（第 1 条～第 7 条）；第二章大气污染防治标准和限期达标规划（第 8 条～第 17 条）；第三章大气污染防治的监督管理（第 18 条～第 31 条）；第四章大气污染防治措施（第 32 条～第 85 条）；第五章重点区域大气污染联合防治（第 86 条～第 92 条）；第六章重污染天气应对（第 93 条～第 97 条）；第七章法律责任（第 98 条～第 127 条）；第八章附则（第 128 条～第 129 条）。我国《大气污染防治法》立法宗旨是：为保护和改善环境，防治大气污染，保障公众健康，推进生态文明建设，促进经济社会可持续发展。防治大气污染，应当加强对燃煤、工业、机动车船、扬尘、农业等大气污染的综合防治，推行区域大气污染联合防治，对颗粒物、二氧化硫、氮氧化物、挥发性有机物、氨等大气污染物和温室气体实施协同控制（第 2 条）。尤其是：企业事业单位和其他生产经营者应当采取有效措施，防止、减少大气污染，对所造成的损害依法承担责任。公民应当增强大气环境保护意识，采取低碳、节俭的生活方式，自觉履行大气环境保护义务（第 7 条）。我国《大气污染防治法》第五章重点区域大气污染联合防治（第 86 条～第 92 条）、第六章重污染天气应对（第 93 条～第 97 条）规定：

1. 国家建立重点区域大气污染联防联控机制，统筹协调重点区域内大气污染防治

---

① 蓄滞洪区，是指包括分洪口在内的河堤背水面以外临时贮存洪水的低洼地区及湖泊等。我国《防洪法》第 29 条～第 30 条又规定，防洪区是指水泛滥可能淹及的地区，分为洪泛区、蓄滞洪区和防洪保护区。其中，洪泛区是指尚无工程设施保护的洪水泛滥所及的地区；而防洪保护区是指在防洪标准内受防洪工程设施保护的地区。洪泛区、蓄滞洪区和防洪保护区的范围，在防洪规划或者防御洪水方案中划定，并报请省级以上人民政府按照国务院规定的权限批准后予以公告。各级人民政府应当按照防洪规划对防洪区内的土地利用实行分区管理。

工作。重点区域内有关省、自治区、直辖市人民政府应当确定牵头的地方人民政府，定期召开联席会议，按照统一规划、统一标准、统一监测、统一的防治措施的要求，开展大气污染联合防治，落实大气污染防治目标责任（第86条）。

2. 国家建立重污染天气监测预警体系。国务院环境保护主管部门会同国务院气象主管机构等有关部门、国家大气污染防治重点区域内有关省、自治区、直辖市人民政府，建立重点区域重污染天气监测预警机制，统一预警分级标准。可能发生区域重污染天气的，应当及时向重点区域内有关省、自治区、直辖市人民政府通报。省、自治区、直辖市、设区的市人民政府环境保护主管部门会同气象主管机构等有关部门建立本行政区域重污染天气监测预警机制（第93条）。

3. 县级以上地方人民政府应当将重污染天气应对纳入突发事件应急管理体系。省、自治区、直辖市、设区的市人民政府以及可能发生重污染天气的县级人民政府，应当制定重污染天气应急预案，向上一级人民政府环境保护主管部门备案，并向社会公布（第94条）。

4. 省、自治区、直辖市、设区的市人民政府环境保护主管部门应当会同气象主管机构建立会商机制，进行大气环境质量预报。可能发生重污染天气的，应当及时向本级人民政府报告。省、自治区、直辖市、设区的市人民政府依据重污染天气预报信息，进行综合研判，确定预警等级并及时发出预警。预警等级根据情况变化及时调整。任何单位和个人不得擅自向社会发布重污染天气预报预警信息。预警信息发布后，人民政府及其有关部门应当通过电视、广播、网络、短信等途径告知公众采取健康防护措施，指导公众出行和调整其他相关社会活动（第95条）。

5. 县级以上地方人民政府应当依据重污染天气的预警等级，及时启动应急预案，根据应急需要可以采取责令有关企业停产或者限产、限制部分机动车行驶、禁止燃放烟花爆竹、停止工地土石方作业和建筑物拆除施工、停止露天烧烤、停止幼儿园和学校组织的户外活动、组织开展人工影响天气作业等应急措施。应急响应结束后，人民政府应当及时开展应急预案实施情况的评估，适时修改完善应急预案（第96条）。

6. 发生造成大气污染的突发环境事件，人民政府及其有关部门和相关企业事业单位，应当依照我国《突发事件应对法》《环境保护法》的规定，做好应急处置工作。环境保护主管部门应当及时对突发环境事件产生的大气污染物进行监测，并向社会公布监测信息（第97条）。

（四）我国《气象法》的应急规范

在我国，气象是与气象灾害密切相关的。所谓气象灾害，是指台风、暴雨（雪）、寒潮、大风（沙尘暴）、低温、高温、干旱、雷电、冰雹、霜冻和大雾等所造成的灾害。加强气象灾害的预报、预防和应对，准确、及时地发布气象预报，防御气象灾害，合理开发利用和保护气候资源，为经济建设、国防建设、社会发展和人民生活提供气象服务，是我国《气象法》立法的基本宗旨。我国《气象法》的前身为1994年8月18日发布生效的《中华人民共和国气象条例》（简称"气象条例"，共8章40条），于1999年10月31日通过，并经过2009年8月27日第一次修正，2014年8月31日第二次修正，共有8章45条。即：第一章总则（第1条～第8条）；第二章气象设施的建设与管理（第9条～第14条）；第三章气象探测（第15条～第21条）；第四章气象预报与灾害性天气警报（第22条～第26条）；第五章气象灾害防御（第27条～第31条）；第六章气候资源开发利用和保护（第32条～第34条）；第七章法律责任（第35条～第40条）；第八章附则（第41条～第45条）。

我国《气象法》第四章气象预报与灾害性天气警报（第22条～第26条）和第五章气象灾害防御（第27条～第31条）对"气象灾害"应对做出了具体规定：

1. 国家对公众气象预报和灾害性天气警报实行统一发布制度。各级气象主管机构所属的气象台站应当按照职责向社会发布公众气象预报和灾害性天气警报，并根据天气变化情况及时补充或者订正。其他任何组织或者个人不得向社会发布公众气象预报和灾害性天气警报。国务院其他有关部门和省、自治区、直辖市人民政府其他有关部门所属的气象台站，可以发布供本系统使用的专项气象预报。各级气象主管机构及其所属的气象台站应当提高公众气象预报和灾害性天气警报的准确性、及时性和服务水平（第22条）。

2. 各级广播、电视台站和省级人民政府指定的报纸，应当安排专门的时间或者版面，每天播发或者刊登公众气象预报或者灾害性天气警报。各级气象主管机构所属的气象台站应当保证其制作的气象预报节目的质量。广播、电视播出单位改变气象预报节目播发时间安排的，应当事先征得有关气象台站的同意；对国计民生可能产生重大影响的灾害性天气警报和补充、订正的气象预报，应当及时增播或者插播（第24条）。

3. 广播、电视、报纸、电信等媒体向社会传播气象预报和灾害性天气警报，必须使用气象主管机构所属的气象台站提供的适时气象信息，并标明发布时间和气象台站的名称（第25条）。

4. 信息产业部门应当与气象主管机构密切配合，确保气象通信畅通，准确、及时地传递气象情报、气象预报和灾害性天气警报。气象无线电专用频道和信道受国家保护，任何组织或者个人不得挤占和干扰（第26条）。

5. 县级以上人民政府应当加强气象灾害监测、预警系统建设，组织有关部门编制气象灾害防御规划，并采取有效措施，提高防御气象灾害的能力。有关组织和个人应当服从人民政府的指挥和安排，做好气象灾害防御工作（第27条）。

6. 各级气象主管机构应当组织对重大灾害性天气的跨地区、跨部门的联合监测、预报工作，及时提出气象灾害防御措施，并对重大气象灾害作出评估，为本级人民政府组织防御气象灾害提供决策依据。各级气象主管机构所属的气象台站应当加强对可能影响当地的灾害性天气的监测和预报，并及时报告有关气象主管机构。其他有关部门所属的气象台站和与灾害性天气监测、预报有关的单位应当及时向气象主管机构提供监测、预报气象灾害所需要的气象探测信息和有关的水情、风暴潮等监测信息（第28条）。

7. 县级以上地方人民政府应当根据防御气象灾害的需要，制定气象灾害防御方案，并根据气象主管机构提供的气象信息，组织实施气象灾害防御方案，避免或者减轻气象灾害（第29条）。

8. 县级以上人民政府应当加强对人工影响天气工作①的领导，并根据实际情况，

---

① 所谓人工影响天气，是指为避免或者减轻气象灾害，合理利用气候资源，在适当条件下通过科技手段对局部大气的物理、化学过程进行人工影响，实现增雨雪、防雹、消雨、消雾、防霜等目的的活动。

有组织、有计划地开展人工影响天气工作。国务院气象主管机构应当加强对全国人工影响天气工作的管理和指导。地方各级气象主管机构应当制定人工影响天气作业方案，并在本级人民政府的领导和协调下，管理、指导和组织实施人工影响天气作业。有关部门应当按照职责分工，配合气象主管机构做好人工影响天气的有关工作。实施人工影响天气作业的组织必须具备省、自治区、直辖市气象主管机构规定的资格条件，并使用符合国务院气象主管机构要求的技术标准的作业设备，遵守作业规范（第 30 条）。

9. 各级气象主管机构应当加强对雷电灾害防御工作的组织管理，并会同有关部门指导对可能遭受雷击的建筑物、构筑物和其他设施安装的雷电灾害防护装置的检测工作。安装的雷电灾害防护装置应当符合国务院气象主管机构规定的使用要求（第 31 条）。

除此之外，我国《消防法》《防沙治沙法》以及各种污染防治法、各种疫病和各种资源类自然灾害比如森林火灾、人畜共患疾病等等的应急应对，都有相应的具体立法规定其具体的应急规范。

三、我国亟须一部抢险救灾基本法：《灾害基本法》的理性思考

（一）制度性难题使得任何单灾种法都不好解决

汶川大地震后，我国颁布《汶川灾后恢复重建条例》（简称《汶川重建条例》），通过了《汶川灾后重建总体规划》，从而强有力地保障了灾后重建的顺利进行。借鉴汶川大地震的应急救援与灾后重建的成功经验，我国《防震减灾法》修订时，把一些原来没有的做法补充进去，成了法律规范。现在，我国《防震减灾法》《防洪法》《大气污染防治法》《气象法》《消防法》《水土保持法》等单灾种法基本齐备了，也出台了一系列国家综合应急预案和专项应急预案，构成了依法减灾的"一案三制"的法律体系。但是，我国目前还缺乏一部综合性的《防灾减灾基本法》，理由是：

灾害学上，有个很重要的观点叫"祸不单行"。21 世纪前半段，整个地球处于"嘉荫期"即灾害群发期，这是一种灾害引发另外一种灾害的现象。比如洪灾、旱灾、海啸往往和地震有关。2006 年的川渝大旱，岷江、都江堰等地水利工程开闸放水，而 2008 年初期的冰雪灾害，接着是 5 月份的汶川大地震。防灾减灾国家立法，不能头痛医头，脚痛医脚，而是要考虑制定我国的《防灾减灾基本法》。所谓《防灾减灾基本法》，就是要解决应对各种自然灾害的系统性制度设计问题。包括灾前预防：主要是备灾、防灾减灾工程和防灾投入，防灾减灾义务在各级政府、公民、法人和其他组织等主体之间的分配等；灾中处置：抢险救灾预案的启动，临时安置与过渡安置，各地和各种救灾力量参与抢险救灾的配合义务与权利，比如行政型泄洪时，洪水给行蓄洪区损失的补偿机制，志愿者救灾、NGO 参与救灾以及抢险救灾国际合作、灾区开放等；灾后恢复重建：主要是灾后恢复重建的政府、政策与法律保障，对口援建机制的启动，灾后重建要保证不发生新的重建型灾害等。这些制度性的设计难题，因为涉及法际冲突或者法际协调，任何单灾种法律都不能很好解决的。

（二）"三灾制度"与平战结合型专业救灾部队

我国《防灾减灾基本法》首先应当包括"三灾制度"，即三种对自然灾害定性、定量和定处理措施的具体性可协调和通用的制度。主要是：（1）灾民的认定。我国历史

上，以农业收成确定灾民。即减少 6 成收入就是重灾民，而 3 成属轻灾，1 成是轻微灾。这个标准现在还用不用，能否用于城市受灾居民，是需要认真讨论和明确的。（2）灾区的划定。首先要明确，"灾区"不是一个行政区划或者行政区域概念。比如水灾，长江淮河流域发洪水，涉的省市地区很多。而汶川地震后，划分了极重灾区、重灾区和一般灾区等等，但并没有严格的具体标准，即或有，这个标准也没有公开或者公示。给人的感觉是灾区划定信息不透明。（3）灾情核实机制。灾情调查核实不仔细，会带来灾民安置和灾后恢复重建的一系列非常麻烦的问题。例如，非常严重的自然灾害、非灾型突发事件，都应启动紧急状态，那么，各单灾种法律法规中对此规定得不统一，突发事件应对法规定得也比较含糊，都与灾情核实机制的临灾调查、灾中报告和灾后核实等有密切的关系。

在我国，军队、武警部队和民兵依法有抢险救灾和参加自然灾害等各种突发事件应急的义务。从我国军队参与抢险救灾和各种突发事件处置的实践经验来看，赋予部分军队、武警部队和民兵专门性抢险救灾的任务，是完全有可能的。大灾来临时，军队在防灾减灾法律体系中，居于什么样的法律地位？也就是说，军队指挥权与防震减灾总指挥部的军队指挥权，究竟是什么关系？军队、武警部队和民兵有参加抢险救灾的义务，这是非常明确的。需要军队、武警部队和民兵参加抢险救灾时，由国务院有关主管部门向中国人民解放军总参谋部提出，总参按规定办理，部队应听从防震减灾总指挥部的指挥。汶川地震中的军队抢险救灾的总任务，是由抗震救灾总指挥部下达的。到了灾区现场，实行抢险救灾属地管理原则，军队、武警部队和民兵应听从地方指挥部现场指挥。领了任务后，具体的抢险救灾行动，还是军队独立完成，由军队首长直接指挥。

无论在救灾的专业性还是指挥协调上，效果应该都好于临时抽调部队。中国是否也可以利用部队的通信兵、工程兵、卫生兵等专业技术力量，组建专业的救灾队伍？目前另行组建专门救灾部队的可能性比较小。我国军队规模已经在缩编，另行组建会增加部队编制。如果以"三不变"来组建平战结合型部队则可行。即不增加人员编制（人员不变），不增加经费（经费不变）和不另建机构（机构不变），专门赋予其中一部分军队专门性抢险救灾或者灾害处置的任务。平时，这支力量为国防效力，属于正规军队编制和序列，而灾害状态下，则是国家的专业抢险救灾或者灾害处置专门力量，可以在第一时间集结，即刻开赴灾区履行职责。这首先要取得中央军委支持，并由中共中央和国务院来协调，国家要有专门的经费支持。可以在基本法里规定，以"三不变原则"在军队中组建专业型抢险救灾部队。

（三）"紧急状态"标准的明晰化

《防灾减灾基本法》在立法过程中，可以把"特别重大突发事件"的详细标准列举出来，一旦达到这些标准，就必须立即宣布进入紧急状态。应当说，现在是风险社会，依法启动"紧急状态"或者适用"紧急状态"进行自然风险和各种社会突发事件等安全风险的干预或者管制，是国际社会的成功经验。而《防灾减灾基本法》可以在立法上解决"紧急状态"的标准明晰化问题，这属于自然灾害应急的顶层制度设计问题。

汶川大地震发生后，如果当时启动紧急状态应对的话，对集中力量抢险救灾应该是很有利的。但是，因为立法原因而没有启动。也就是说，我国 2007 年 8 月 30 日通过了《突发事件应对法》，2007 年 11 月 1 日施行的。这个法刚开始就叫《紧急状态法》。《突发事件应对法》有 7 章 70 条，其中，"突发事件"的含义非常广，包括自然灾害、事故灾难、公共卫生事件和社会安全事件等。比如，2009 年 4、5 月份的甲型 H1N1 流感的流行，① 也是突发事件，但不一定达到宣布紧急状态的程度。事实上，我国极少宣布紧急状态。我国《突发事件应对法》规定了突发事件的预警登记制度。分成红色、黄色、橙色、蓝色四个级别，启动预案也有同样的等级级别要求。而紧急状态的宣布，要由全国人大常委会或国务院依法执行。2008 年的"3·14 拉萨事件"是特别管制状态，也没有宣布紧急状态。②

在立法中，《防灾减灾基本法》可以把"特别重大突发事件"的详细标准列举出来。一旦达到这个标准，就必须宣布进入紧急状态。这可以保证政令畅通。汶川大地震后，通往都江堰的各条道路很快被堵塞，启动紧急状态就可以马上采取措施，保证道路畅通，满足抢险救灾的第一需要。事实上，紧急状态的启动，与启动二级以上灾害应急预案有对应关系。但能否启动、如何启动紧急状态，中央应给多大的扶持与帮助，对什么样的灾区、何种自然灾害，采取怎样的紧急措施，都没有明确的规定，都要在这个《防灾减灾基本法》中加以具体解决。

在灾后重建的过程中，会遇到一系列原有权利与义务关系的调整。那么，紧急状态是否可以延续到灾后重建阶段呢？根据实际情况，紧急状态可长可短。也可以只针对某个灾区的特定区域或者灾区的某一方面。汶川大地震后，灾区的公民、法人和其他组织对各级政府灾后重建中的措施，不一定都很理解。比如，在清理地震废墟时，有人就要求按照正常状态下的征地拆迁给予补偿，否则就不干。为了避免造成疫情或次生灾害，要尽快清理废墟，这肯定不能受阻拦。但清理过程中，是否允许废墟的主人自己先清理，或者在政府、救援者清理过程中，允许主人清理自己废墟中的财物，以及废墟清理完毕，废墟上的土地使用权由政府统一规划后，或者紧急状态过后，如何给予合法补偿，则要通过《防灾减灾基本法》来明确。与此同时，《防灾减灾基本法》还可以对"四大班子"做具体的职能规定与要求。"紧急状态"一旦启动，除了党委与政府之外，

---

① 甲型 H1N1 流感病毒是 A 型流感病毒，携带有 H1N1 亚型猪流感病毒毒株，包含有禽流感、猪流感和人流感三种流感病毒的核糖核酸基因片断，同时拥有亚洲猪流感和非洲猪流感病毒特征。医学测试显示，目前主流抗病毒药物对这种毒株有效，美国疾控机构的照片显示甲型 H1N1 流感病毒呈阴性反应。2009 年 4 月 30 日世界卫生组织、联合国粮农组织和世界动物卫生组织宣布，一致同意使用 A（H1N1）型流感指代当时疫情，并不再使用"猪流感"一词。中国卫生部门则相继将原人感染猪流感改称为甲型 H1N1 流感，中国卫生部 2009 年 4 月 30 日发布 2009 年第 8 号公告，明确将甲型 H1N1 流感（原称人感染猪流感）纳入传染病防治法规定管理的乙类传染病，并采取甲类传染病的预防，控制措施。2009 年 5 月 17 日，我国内地首例甲型 H1N1 流感患者治愈出院。

② 2008 年 3 月 14 日上午 11：00 许，一些僧人在西藏拉萨市的小昭寺用石头攻击执勤民警。同时，不法分子在八廓街聚集，呼喊分裂国家的口号。潜伏在拉萨城区各处的不法分子很快出动，并袭击执勤民警和过往群众。拉萨市二中、海城小学、冲赛康商场、中国银行西藏分行北京东路支行、电信移动营业网点、新华社西藏分社、西藏日报社等新闻单位，成了"藏独"分子攻击的目标。当日，不法分子纵火 300 余处，拉萨 908 户商铺、7 所学校、120 间民房、5 座医院受损，金融网点被砸毁 10 个，20 余处建筑物被烧成废墟，84 辆汽车被损毁。18 名无辜群众被烧死或砍死，受伤群众多达 382 人，其中重伤 58 人。拉萨市直接财产损失高达 24468.789 万元。2008 年 3 月 15 日、16 日，四川省阿坝州、甘肃省甘南州分别发生打、砸、抢暴力事件。在这些地区，暴徒们呼喊着"西藏独立"的口号，携带石块、自制汽油弹，挥舞着"西藏流亡政府"的旗帜，闯入政府机关、警察局、医院、学校、商店和市场，造成当地警察和政府机构工作人员受伤。不仅如此，2008 年 3 月 14 日前后，我驻外使领馆不断遭受"藏独"分子的骚扰和袭击。

核实灾情、制定灾后恢复重建规划和具体重建措施的落实与监督，人大、政协也应当积极地介入。所以，建议在未来修订《突发事件应对法》时，考虑将其更名为《紧急状态法》。万一再发生重大自然灾害时，要启动紧急状态的话，就有了具体直接的法律依据。① 或者，另行制定我国的《防灾减灾基本法》，专门解决我国抢险救灾的制度性难题，以及"三灾制度"与平战结合型专业救灾部队设置，还有"紧急状态"标准的明晰化等问题。

思考与训练：

1. 假设：2017 年 8 月 20 日前后，你在澳门遇到"天鸽"台风肆虐，而且不幸被台风刮到一个水塘中，请问：你选择怎样逃生？

2. 在某次灾害的应急预案启动后，你作为灾害发生区域的一个公民，如何参与抢险救灾？

3. 结合"巨婴症"，对中国外交部针对 2017 年 11 月 23 日到达印尼巴厘岛的中国游客的救助行为，进行自己的评价（注意：不准使用侮辱人格或者完全失去分寸的语言）。

---

① 戴志勇：《汶川抗震启示：中国还缺一部什么灾难都能管的基本法》，《南方周末》，2009 年 5 月 21 日，http:// www. infzm. com/content/28766，最后访问：2015－05－12。

第九章　临灾救助法及获得救助的方法

　　所谓临灾救助法，是指自然灾害预警到自然危险发生初期，对于灾民救助和安排，对于灾区安抚和救济，以及在过渡期持续进行灾民、灾区紧急救助，以维护灾区秩序和灾民生存为目的的法律法规的总和。这个方面的立法，标志着一个国家自然灾害应对的立法水平。因此，日本《灾害救助法》第 1 条开宗明义宣称："本法旨在发生灾害时，国家在地方公共团体、日本红十字会及其他团体和国民的协助下，紧急进行必要的救助，以保护受害者和维护社会秩序。"可见，自然灾害发生时，灾区、灾民作为承灾体承受了致灾因子和孕灾环境成灾的考验，必须给予相应的救助，才能有效地控制和减轻自然灾害造成的经济、社会和文化等方面的损失。

　　国家对灾区、灾民的赈济义务，应当通过立法成为法定义务。为此，日本《灾害救助法》规定了灾害救助基金，并以《对灾害被害者租税减免——关于征收缓期等的法律》，明确规定了灾民应享受优惠的具体内容，就是一个典型。这样一来，"灾民优惠"这种暗补之法，凭借法律的保障之力，而不断地得到发展和完善。应当说，灾害救助立法也属于《防灾减灾基本法》之下的专门法范畴。《防灾减灾基本法》是一种对策法，或者称对策基本法，与灾害救助法相比，显然不能等同。其理由是：灾害救助法有其专门的调整对象，即灾区、灾民等在临灾状况下，抢险救灾之后的临时安置和过渡安置，这些安置，需要物质的、精神的和制度等方面的具体措施来保障，不是一蹴而就的。

　　灾区民众对于有限的救灾物资，是否可以无限制获得或者对于获得的救灾物资是否有选择权，作为灾民，能否"举牌求助"或者自行开通网络渠道，筹集或者募集救灾物资，这是一个需要依据我国《突发事件应对法》《慈善法》① 和《自然灾害救助条例》（简称《灾害救助条例》）② 认真思考和解决的问题。

---

① 我国《慈善法》第 5 条规定，国家鼓励和支持自然人、法人和其他组织践行社会主义核心价值观，弘扬中华民族传统美德，依法开展慈善活动。

② 《自然灾害救助条例》第 5 条、第 6 条规定，国家鼓励和引导单位和个人参与自然灾害救助捐赠、志愿服务等活动；各级政府应当加强防灾减灾宣传教育，提高公民的防灾避险意识和自救互救能力。

第一节　我国的灾害救助立法

一、"法律法规库"中的灾害救助——中央与地方立法

2010 年 7 月 8 日，我国颁布了《自然灾害救助条例》，彰显了其减灾的价值功能。不过，以"救助""灾害救助"关键词搜索，在"中国人大网"上的查询结果，并不理想，见表 9—1 至 9—6。[①]

表 9—1　中国人大网"救助"查询——行政法规（3）

序号	法规或规章文件标题	颁布日期	时效性
1	社会救助暂行办法	2014/02/21	有效
2	自然灾害救助条例	2010/07/08	有效
3	城市生活无着的流浪乞讨人员救助管理办法	2003/06/20	有效

表 9—2　中国人大网"救助"查询——地方法规规章（58）

序号	法规或规章文件标题	颁布日期	时效性
1	天津市社会救助实施办法	2016/05/17	有效
2	天津市海上搜寻救助规定	2007/07/02	有效
3	河北省社会救助实施办法	2015/11/23	有效
4	河北省道路交通事故社会救助基金管理办法	2014/07/17	有效
5	河北省海上搜寻救助规定	2010/04/13	有效
6	关于对城乡特困家庭实施救助的决定	2004/04/17	有效
7	包头市刑事被害人困难救助条例	2012/06/21	有效
8	辽宁省社会救助实施办法	2016/05/01	有效
9	大连市农村困难居民医疗救助办法	2008/02/23	有效
10	黑龙江省水上搜寻救助条例	2013/11/06	有效
11	江苏省自然灾害救助办法	2016/10/19	有效
12	江苏省社会救助办法	2014/12/17	有效
13	江苏省水上搜寻救助条例	2009/09/23	有效
14	无锡市刑事被害人特困救助条例	2009/05/20	有效

[①] "救助""灾害救助"词条查询中国人大网的法律法规库，这个"法律法规库"中，"有效、已修改和失效"的法律法规文件数据为 54748 个。其具体构成：（1）宪法法律 604 个；（2）行政法规及文件 1294 个；（3）地方性法规规章 42099 个；（4）部委规章及文件 6824 个；（5）司法解释及文件 3400 个。另外，还有"修正案"17 个、"法律解释"27 个、"人大决定"483 个，等。查询日期：2017 年 2 月 2 日。网页地址：http://law.npc. gov. cn/FLFG/gjSearch. action。

续表9－2

序号	法规或规章文件标题	颁布日期	时效性
15	浙江省社会救助条例	2014/07/31	有效
16	宁波市道路交通事故社会救助基金管理试行办法	2011/02/18	有效
17	安庆市人民政府关于将安庆市自然灾害救助Ⅱ级响应提升为Ⅰ级响应的命令	2016/07/05	有效
18	安徽省生活无着的流浪乞讨人员救助办法	2016/05/28	有效
19	安徽省自然灾害救助办法	2015/04/13	有效
20	福建省海上搜寻救助规定	2015/02/16	有效
21	江西省实施《自然灾害救助条例》办法	2014/06/09	有效
22	江西省城市生活无着的流浪乞讨人员救助管理规定	2008/03/22	有效
23	山东省社会救助办法	2014/09/26	有效
24	山东省海上搜寻救助办法	2011/03/21	有效
25	济南市城镇职工大额医疗费救助试行办法	2002/10/14	有效
26	河南省城市生活无着的流浪乞讨人员救助管理规定	2005/05/18	有效
27	武汉市实施临时救助暂行办法	2016/07/04	有效
28	湖北省自然灾害救助办法	2016/01/08	有效
29	湖北省社会救助实施办法	2014/09/10	有效
30	湖北省城市生活无着的流浪乞讨人员救助管理实施办法	2005/12/03	有效
31	深圳市残疾人特殊困难救助办法	2015/12/04	有效
32	深圳经济特区救助人权益保护规定	2013/06/28	有效
33	广东省海上搜寻救助工作规定	2013/03/28	有效
34	深圳市道路交通事故社会救助暂行办法	2008/02/15	有效
35	广西壮族自治区海上搜寻救助条例	2006/12/01	有效
36	海南省社会救助规定	2015/11/17	有效
37	海南省海上搜寻救助条例	2015/10/01	有效
38	四川省社会救助实施办法	2014/12/30	有效
39	贵州省自然灾害防范与救助管理办法	2015/01/29	有效
40	贵州省自然灾害救助款物管理办法	2007/10/23	有效
41	昆明市社会救助实施办法	2016/08/19	有效
42	云南省自然灾害救助规定	2012/12/28	有效
43	陕西省社会救助办法	2015/09/12	有效
44	甘肃省特困人员救助供养办法	2016/07/18	有效
45	甘肃省社会救助条例	2015/07/31	有效

续表9－2

序号	法规或规章文件标题	颁布日期	时效性
46	甘肃省城乡居民临时救助试行办法	2009/11/27	有效
47	甘肃省城乡医疗救助试行办法	2009/11/27	有效
48	宁夏回族自治区医疗救助办法	2015/11/14	有效
49	宁夏回族自治区刑事被害人困难救助条例	2009/11/19	有效
50	贵阳市城市生活无着的流浪乞讨人员救助管理规定	2010/04/30	已修正
51	大连市城市困难居民医疗救助办法	2007/01/01	失效
52	宁波市医疗救助办法	2006/05/16	失效
53	安徽省城市生活无着的流浪乞讨人员救助管理办法	2004/04/01	失效
54	山东省海上搜寻救助工作规定	1994/07/11	失效
55	关于修改《广东省海上搜寻救助工作规定》的通知	1997/12/22	失效
56	广东省人民政府中国人民解放军广州军区颁布《广东省海上搜寻救助工作规定》的通知	1995/12/05	失效
57	广东省海上搜寻救助工作暂行办法	1988/11/21	失效
58	云南省涉诉特困人员救助条例	2012/03/31	失效

表9－3　中国人大网"救助"查询——部委规章（3）

序号	法规或规章文件标题	颁布日期	时效性
1	道路交通事故社会救助基金管理试行办法	2009/09/10	有效
2	城市生活无着的流浪乞讨人员救助管理办法实施细则	2003/07/21	有效
3	海上救助打捞船舶调度指挥管理办法	1992/01/06	失效

表9－4　中国人大网"救助"查询——司法解释（2）

序号	法规或规章文件标题	颁布日期	时效性
1	最高人民法院关于对经济确有困难的当事人提供司法救助的规定	2005/04/05	有效
2	最高人民法院关于对经济确有困难的当事人予以司法救助的规定	2000/07/28	已修正

表9－5　中国人大网"灾害救助"查询——自然灾害救助（9）

序号	法规或规章文件标题	颁布日期	时效性
1	自然灾害救助条例	2010/07/08	有效
2	江苏省自然灾害救助办法	2016/10/19	有效
3	安庆市人民政府关于将安庆市自然灾害救助Ⅱ级响应提升为Ⅰ级响应的命令	2016/07/05	有效
4	安徽省自然灾害救助办法	2015/04/13	有效
5	江西省实施《自然灾害救助条例》办法	2014/06/09	有效

序号	法规或规章文件标题	颁布日期	时效性
6	湖北省自然灾害救助办法	2016/01/08	有效
7	贵州省自然灾害防范与救助管理办法	2015/01/29	有效
8	贵州省自然灾害救助款物管理办法	2007/10/23	有效
9	云南省自然灾害救助规定	2012/12/28	有效

表9−6 中国人大网"自然灾害"查询——自然灾害救助（11）

序号	法规或规章文件标题	颁布日期	时效性
1	自然灾害救助条例	2010/07/08	有效
2	江苏省自然灾害救助办法	2016/10/19	有效
3	安庆市人民政府关于将安庆市自然灾害救助Ⅱ级响应提升为Ⅰ级响应的命令	2016/07/05	有效
4	安徽省自然灾害救助办法	2015/04/13	有效
5	江西省实施《自然灾害救助条例》办法	2014/06/09	有效
6	湖北省自然灾害救助办法	2016/01/08	有效
7	广东省自然灾害救济工作规定	2002/07/26	有效
8	贵州省自然灾害防范与救助管理办法	2015/01/29	有效
9	贵州省自然灾害救助款物管理办法	2007/10/23	有效
10	云南省自然灾害救助规定	2012/12/28	有效
11	重庆市自然灾害处置办法	2003/06/30	失效

在表9−1至9−6中，"救助"条目下的查询结果是：中国人大网"救助"查询的"行政法规"有3个，即：（1）城市生活无着的流浪乞讨人员救助管理办法（2003年6月20日）；（2）自然灾害救助条例（2010年7月8日）；（3）社会救助暂行办法（2014年2月21日）。而"救助"查询的"地方法规规章"有58个、"部委规章"有3个、"司法解释"有2个，共计为68个（含修改和失效的法规文件）。而中国人大网"灾害救助"查询的结果是9个，即：（1）贵州省自然灾害救助款物管理办法（2007年10月23日）；（2）自然灾害救助条例（2010年7月8日）；①（3）云南省自然灾害救助规定（2012年12月28日）；（4）江西省实施《自然灾害救助条例》办法（2014年6月9日）；（5）贵州省自然灾害防范与救助管理办法（2015年1月29日）；（6）安徽省自然灾害救助办法（2015年4月13日）；（7）湖北省自然灾害救助办法（2016年1月8日）；（8）安庆市人民政府关于将安庆市自然灾害救助Ⅱ级响应提升为Ⅰ级响应的命令（2016年7月5日）；（9）江苏省自然灾害救助办法（2016年10月19日）。而以"自然

---

① 国务院《灾害救助条例》第33条~第34条规定：发生事故灾难、公共卫生事件、社会安全事件等突发事件，需要由县级以上政府民政部门开展生活救助的，参照本条例执行（第32条）；法律、行政法规对防灾、抗灾、救灾另有规定的，从其规定（第33条）。

灾害"查询则有 11 个，除去 9 个与"灾害救助"相同外，另有广东省自然灾害救济工作规定（2002 年 7 月 26 日），仍然有效，而重庆市自然灾害处置办法（2003 年 6 月 30 日）已经失效。① 值得注意的是，遭遇汶川大地震、芦山大地震的四川省，还没有"自然灾害救助"方面的立法，尚需加强这方面的地方立法。②

二、自然灾害中的救灾与救济重叠的立法

1997 年 9 月 23 日，吉林省人民政府令第 81 号发布《吉林省救灾救济捐赠款物管理办法》（简称《吉林救灾办法》），共 6 章 30 条，迄今有效。这个《吉林救灾办法》规定，所谓"救灾救济捐赠款物"，是指国内外的组织和个人为援助本省遭受自然灾害地区、贫困地区的组织和人员以及其他应当救济的人员，无偿捐赠的资金和物品（第 2 条）；各级政府的民政部门是救灾救济捐赠款物活动的主管部门，负责救灾救济捐赠款物活动的管理和监督。各级政府的其他有关部门应当按照各自的职责，做好救灾救济捐赠款物活动的组织管理工作（第 4 条）。接收救灾救济捐赠的款物，包括现金（人民币和世界上通用的其他货币）和实物（生产资料、生活用品、医疗设备、交通工具等）（第 6 条）；定向捐赠的救灾救济款物，由受赠者直接接收或者由受赠者所在地的民政部门负责接收（第 7 条）。非定向捐赠的救灾救济款物的接收方式：（1）国家和省统一组织捐赠的救灾救济款物，国家和省属单位以及省外组织和个人捐赠的款物，由省民政部门或其委托的下级民政部门负责接收；（2）其他组织和个人捐赠的救灾救济款物，由当地民政部门负责接收（第 8 条）；民政部门接收的救灾救济款物，必须办理接收登记手续，为捐赠者开具接收凭证（第 10 条）。

《吉林救灾办法》还规定，救灾救济捐赠款物的发放对象包括：（1）捐赠者指定的捐赠对象；（2）农村灾区和贫困地区的受灾户、贫困户、五保户、优抚对象；（3）城镇灾民中的无依无靠、无劳动能力、无生活来源的居民；（4）城镇灾民中无自救能力的生活困难职工；（5）其他应当救济的组织和个人（第 12 条）。而民政部门接收的定向捐赠的救灾救济款物，由受赠者所在地的民政部门组织，向捐赠者指定的捐赠对象发放（第 13 条）。至于非定向捐赠的救灾救济款物，按规定组织发放：（1）发放给农村灾区和贫困地区的受灾户、贫困户、五保户以及优抚对象的，由当地乡（镇）人民政府负责组织发放；（2）发放给城镇灾民中无依无靠、无劳动能力、无生活来源居民的，由其户口所在地的街道办事处负责组织发放；（3）发放给城镇灾民中无自救能力的生活困难职工的，由当地民政部门委托的有关组织负责组织发放（第 14 条）；救灾救济募集物品在接收、仓储、消毒、整洗、包装和运输过程中发生的必要费用，由当地财政部门负担（第 15 条）；救灾救济捐赠款物，一律不得用于购买或折换通信设备、交通工具等（第 16 条）；任何组织和个人以救灾救济的名义开展的义务性募集活动，均须经所在地民政部

---

① 2014 年 3 月 17 日，重庆市人民政府第 40 次常务会议通过《重庆市人民政府关于废止和继续施行部分政府规章的决定》（2014 年 3 月 20 日公布施行），15 个被废止的规章的第 9 个就是"9. 重庆市自然灾害处置办法（重庆市人民政府令第 156 号 2003 年 8 月 5 日施行）"。

② 2014 年 12 月 30 日，四川省人民政府以第 286 号令发布《四川省社会救助实施办法》。其中，第 2 条规定，四川省行政区域内的最低生活保障、特困人员供养、受灾人员救助、医疗救助、教育救助、住房救助、就业救助、临时救助、社会力量参与救助等相关工作，适用本实施办法。但是，这个政府规章的级别较低。

门批准。开展义务性募集活动所得的款物，必须全部移交当地民政部门，用于救灾救济。民政部门应当会同有关管理部门对以救灾救济名义开展的义务性募捐活动实施监督（第 19 条）。

对于救灾救济捐赠款物的管理与监督，《吉林救灾办法》规定，对于救灾救济对象不适用的捐赠物品，经省人民政府民政部门批准，可以变卖，所得资金必须全部用于救灾救济（第 20 条）；捐赠的水上交通工具、帐篷、排水设备等长期供救灾救济使用的物资，使用后由民政部门及时收回，登记造册，妥善保管（第 21 条）；公安、交通等有关部门应当为运输救灾救济捐赠物资提供方便条件（第 22 条）；各单位接收和发放的救灾救济捐赠款物应当建立专门账册，捐赠款应当在银行或信用社设立专户。任何单位和个人不得截留或者挪用救灾救济捐赠款物（第 23 条）；财政、审计、监察等部门应当加强对救灾救济捐赠款物使用情况的监督、检查和审计，确保捐赠款物依法使用（第 24 条）；县级以上人民政府或者民政部门，应当及时向社会公布救灾救济捐赠款物的接收和发放使用情况，接受社会监督（第 25 条）。

应当说，在 20 世纪 90 年代，《吉林救灾办法》的具体规定和规范，是非常具有创新意义的。即或是到了现在，我国已经有了《灾害救助条例》，这样的地方立法依然具有具体、可行和规范的特点，体现了这个政府规章对于自然灾害地区、贫困地区的组织和人员获得救助权利的高度重视。

三、从社会救济到自然灾害救济的立法

这种从社会救济到自然灾害救济的立法做法，是我国广东省的地方立法做法。1998 年 12 月 31 日，广东省第 9 届人民代表大会常委会第 7 次会议通过了《广东省社会救济条例》（简称《广东救济条例》，1999 年 3 月 1 日施行，共 7 章 29 条），① 到了 2002 年 6 月 24 日，广东省人民政府第 9 届 93 次常务会议通过了《广东省自然灾害救济工作规定》（简称《广东救济规定》，2002 年 9 月 1 日施行，共 22 条）。也就是说，广东省通过 51 条地方性立法规定，解决了"社会救济"② 和"自然灾害救济"的衔接问题。理由是，《广东救济条例》的立法依据是我国《宪法》第 45 条③的规定，而《广东救济规定》的依据是《广东救济条例》，其宗旨是保障广东省遭受自然灾害居民的基本生活，规范灾民救济工作（第 1 条）。其中，所谓"自然灾害救济"，是指各级人民政府对具有广东省常住户口、在本行政区域内，遭受自然灾害、无法维持基本生活的人员所给予的救助（第 2 条）。遭受自然灾害的地区，当地人民政府可以在本行政区域内组织开展救灾捐赠工作（第 4 条）；特大自然灾害由省组织救灾，大自然灾害和中等自然灾害由地级以上市为主组织救灾，小自然灾害由县（市、区）和乡镇组织救灾（第 5 条）；各级政府的民政部门负责本行政区域的自然灾害救济工作。具体职责是：（1）及时准确调

---

① 2010 年 7 月 23 日，广东省第 11 届人民代表大会常委会第 20 次会议通过《广东省人民代表大会常务委员会关于修改部分地方性法规的决定》，对《广东救济条例》进行修改，这个修改决定自公布之日施行。

② 《广东救济条例》第 2 条规定：所谓社会救济，是指各级人民政府对本行政区域内具有广东省常住户口无法维持基本生活的人员给予的救助。社会救济的标准，是应当保障救济对象的基本生活需要。

③ 我国《宪法》第 45 条规定，公民在年老、疾病或者丧失劳动能力的情况下，有从国家和社会获得物质帮助的权利。国家发展为公民享受这些权利所需要的社会保险、社会救济和医疗卫生事业。

查、统计、核定和上报自然灾害情况；（2）确定自然灾害救济对象；（3）制定和实施自然灾害救济方案；（4）管理发放自然灾害救济款物，接收和分配国内外自然灾害救济捐赠款物；（5）监督和检查自然灾害救济款物的管理使用情况；（6）向本级政府和上级民政部门报告灾民生活救济情况；（7）做好自然灾害救济应急预案，因地制宜建立救灾物资储备制度，设立救灾物资储备仓库，储备必备物资（第6条）。①

《广东救济规定》的具体救助措施与标准：遭受自然灾害，下列人员可作为自然灾害救济对象：（1）需要紧急转移的；（2）缺衣被缺粮食，没有自救能力的；（3）住房倒塌或者严重损坏，无家可归，无力自行解决的；（4）死亡者遗属生活困难的，伤病者无力医治的。其中，第（1）类情形不受本规定救济范围及程序限制，直接由当地政府决定救济方案并从速组织实施（第11条）。自然灾害救济标准以保障灾民基本生活需要为原则，以困难程度为依据：（1）紧急转移救济费每人每天一般不超过10元；（2）住房救济：住房倒塌无家可归的，按照当地建房平均造价，每人最高不超过建筑面积10平方米金额，每户最高不超过50平方米金额；住房部分倒塌、损坏的，按照当地维修房屋平均造价，每户一般不超过维修所需费用的一半；符合五保户条件的灾民，安排入住敬老院集中供养，原则上不再救济单独建房，其应得的建房救济款划拨给相关敬老院用于建房和购买生活用具；（3）口粮救济：每人每天500克大米；（4）衣被救济：保证灾民有衣穿，重点救济御寒衣被；（5）伤病救济：根据伤病和家庭困难程度适当救济（第12条）。

申请自然灾害救济形式和程序，则按照《广东救济条例》有关规定执行（第13条），即：第一，符合下列条件之一的人员，有权申请社会救济：（1）无劳动能力，无生活来源，无法定赡养、抚养义务人或者法定赡养、抚养义务人是没有赡养、抚养能力的老年人、残疾人、未成年人；（2）领取失业救济期间或失业救济期满仍未重新就业，凡共同生活的家庭成员人均收入低于当地最低生活保障标准的人员；（3）在职人员、下岗人员、离休退休人员凡共同生活的家庭成员人均收入低于当地最低生活保障标准的人员；（4）城镇无固定职业、无固定收入的居民，凡共同生活的家庭成员人均收入低于当地最低生活保障标准的人员；（5）农村村民凡共同生活的家庭成员人均收入低于当地农村最低生活保障标准的人员；（6）遭受自然灾害无法维持基本生活的人员；（7）其他法律、法规规定应当给予社会救济的人员（第5条）。②

第二，社会救济的具体形式：（1）符合《广东救济条例》第5条第（1）项的人员，在城镇的，实行最低生活保障救济；在农村的，实行五保供养，即保吃、保穿、保住、保医和保葬。对其中的未成年人还应当保障其接受义务教育；（2）对符合《广东救济条例》第5条第（2）、（3）、（4）、（5）项的人员，按最低生活保障标准实行差额救济；

---

① 《广东救济规定》第7条规定：（1）各级人民政府的有关部门应当协同民政部门做好自然灾害救济工作；（2）财政部门负责落实本级自然灾害救济款预算；（3）发展计划部门或者粮食部门负责按计划落实粮食储备和调拨，确保灾区的粮食供应；（4）国土部门负责做好灾民建房用地的审批工作；建设部门负责指导和做好灾民建房的规划、设计和建设工作；（5）卫生部门负责指导和做好灾区、灾民的疾病防治工作。

② 《广东救济条例》第5条规定：（1）前述规定人员，违反《广东省计划生育条例》的，必须落实计划生育补救措施后，才能申请社会救济；（2）领取失业救济的人员以及无业、下岗人员，经劳动服务部门两次介绍就业，而无正当理由拒不就业的，不予救济；（3）因吸毒、赌博造成自身生活困难的，不予救济。

（3）对符合《广东救济条例》第5条第（6）项的人员，实行自然灾害救济；（4）对符合《广东救济条例》第5条第（7）项的人员，按有关法律、法规规定实施社会救济；（5）对符合《广东救济条例》第5条的人员，生活发生特殊困难的，实行临时救济（第6条）。

第三，各级政府对救济对象采取发放现金、实物，按规定减免税收或有关费用等方式予以救济（第7条）。

第四，政府有关部门应鼓励和帮助救济对象自谋职业，在医疗、子女入学、房屋租赁等方面给予必要的照顾和扶持（第8条）。

第五，社会救济标准为：最低生活保障标准按照城、乡和不同地区由县级以上政府根据当地下列情况确定，并视情况变化适时进行调整：（1）维持吃、穿、住、医疗等基本生存所需物品、服务的种类和数量，其中未成年人增加义务教育费用；（2）基本生活消费物价指数；（3）地区社会经济发展及财政状况（第8条）；农村五保供养标准由省人民政府制定和公布（第10条）；自然灾害救济以保障灾民吃、穿、住和因灾害引起的疾病治疗等基本需要为主，对恢复住房确有困难的，可给予适当补助，具体标准由县级以上政府确定（第11条）；临时救济标准由乡、民族乡、镇或者街道办事处主管民政工作的机构根据救济对象的困难程度确定（第12条）；《广东救济条例》实施前，救济对象享受的救济标准高于当地最低生活保障标准的，维持原有标准不变。根据国家有关规定享受特殊待遇的优抚对象等人员，其抚恤金等不计入家庭收入（第13条）。

第六，申请社会救济，以家庭为单位，由户主（救济对象是孤儿的，由其监护人代理）向户口所在地的乡、民族乡、镇或者街道办事处提出书面申请，由乡、民族乡、镇或者街道办事处初审后，报县级人民政府民政部门审批（第14条）；申请社会救济人员，应当如实填写社会救济申请表，提供户口簿、身份证、家庭收入证明等有关证件（第15条）；乡、民族乡、镇或者街道办事处主管民政工作的机构或者县级以上民政部门应当对申请人家庭经济状况进行调查，有关单位和个人应当予以配合（第16条）。

第七，乡、民族乡、镇或者街道办事处主管民政工作的机构对符合社会救济条件的申请，应当自收到申请之日起15日内予以批准，或者签署意见后报送县级以上民政部门审批；县级以上民政部门应当自收到签署意见之日起15日内予以批准。对不符合条件的，乡、民族乡、镇或者街道办事处主管民政工作的机构或者县级以上民政部门应当自收到申请或签署意见之日起15日内予以退回，并书面说明理由（第17条）；社会救济申请经批准后，由批准机关发给申请人社会救济证或者社会救济通知。救济对象凭社会救济证或者社会救济通知到乡、民族乡、镇或者街道办事处主管民政工作的机构领取社会救济款物（第18条）。

第八，原批准救济的机关应当定期对救济对象的家庭收入进行复查，经调查其家庭收入确已不低于社会救济标准的，应当及时停止社会救济（第19条）；乡、民族乡、镇或者街道办事处主管民政工作的机构应当将救济标准、救济名单、救济金额予以公布，接受群众监督（第20条）；采取虚报、隐瞒、伪造等手段，骗取社会救济款物的，由县级人民政府民政部门给予批评教育或者警告，追回其冒领的社会救济款物；情节严重的，处冒领金额1倍以上3倍以下的罚款。以暴力、威胁等手段阻碍社会救济工作人员执行公务的，由公安机关依法予以处罚；构成犯罪的，依法追究刑事责任（第28条）。

第九，因自然灾害需要紧急转移、安置、救济灾民，可不受《广东救济条例》规定的救济程序限制，直接由当地人民政府决定救济方案并组织有关部门从速办理（第21条）。

《广东救济规定》还规定自然灾害救济经费和物资来源：（1）国务院下拨的特大自然灾害救济款；（2）各级人民政府财政预算安排的自然灾害救济款；（3）社会捐赠或者募集用于自然灾害救济的款物（第14条）。① 自然灾害救济款和物资的使用范围：（1）解决灾民无力克服的衣、食、住、医等生活困难；（2）紧急抢救、转移灾民；（3）灾民倒塌房屋的恢复重建；（4）加工及储运救灾物资（第15条）。

第二节　救助准备与应急救助

一、临灾的救助准备

在我国，2010年6月30日，《自然灾害救助条例》（即《灾害救助条例》）经国务院常务会议通过，2010年9月1日施行。其第二章对"救助准备"（第8条～第12条）进行了具体规定，即：

1. 启动《自然灾害救助应急预案》。县级以上地方政府及其有关部门，应当根据防灾、抗灾、救灾的有关法律、法规和规章，上级政府及其有关部门的应急预案，以及本行政区域的自然灾害风险调查情况，制定相应的《自然灾害救助应急预案》。这个预案当中，应当包括的内容是：（1）自然灾害救助应急组织指挥体系及其职责；（2）自然灾害救助应急队伍；（3）自然灾害救助应急资金、物资、设备；（4）自然灾害的预警预报和灾情信息的报告、处理；（5）自然灾害救助应急响应的等级和相应措施；（6）灾后应急救助和居民住房恢复重建措施等（第8条）。有了这个应急预案之后，遇到自然危险酝酿成灾时，就可以启动这个应急预案。

2. 应急指挥支撑系统。县级以上政府应当建立健全自然灾害救助应急指挥技术支撑系统，并为自然灾害救助工作提供必要的交通、通信等装备（第9条）。

3. 物资储备库。国家建立自然灾害救助物资储备制度，由国务院民政部门分别会同国务院财政部门、发展改革部门制定全国自然灾害救助物资储备规划和储备库规划，并组织实施。设区的市级以上政府和自然灾害多发、易发地区的县级政府应当根据自然灾害特点、居民人口数量和分布等情况，按照布局合理、规模适度的原则，设立自然灾害救助物资储备库（第10条）。

4. 应急避难场所。县级以上地方政府应当根据当地居民人口数量和分布等情况，利用公园、广场、体育场馆等公共设施，统筹规划设立应急避难场所，并设置明显标志。启动自然灾害预警响应或者应急响应，需要告知居民前往应急避难场所的，县级以

---

① 《广东救济条例》第22条规定，社会救济经费和物资来源：（1）国务院下拨的特大自然灾害补助等社会救济经费；（2）各级人民政府财政预算安排的自然灾害救济费、灾民救济粮差价补贴款、最低生活保障资金、临时社会救济费等社会救济经费；（3）乡、民族乡、镇人民政府统筹供养五保户的款物；（4）社会救济经费的增值资金和集体经济组织筹集的社会救济款物；（5）社会捐赠或者社会募集用于社会救济的款物。

上地方政府或者政府的自然灾害救助应急综合协调机构，应当通过广播、电视、手机短信、电子显示屏、互联网等方式，及时公告应急避难场所的具体地址和到达路径（第11条）。

5. 灾害信息员。县级以上地方政府应当加强自然灾害救助人员的队伍建设和业务培训，村民委员会、居民委员会和企业事业单位应当设立专职或者兼职的自然灾害信息员（第12条）。

应当说，这5个方面的临灾救助准备工作，是对当地政府的最低要求。为了规范自然灾害救助工作，保障受灾人员基本生活，我国的自然灾害救助工作，遵循的是以人为本、政府主导、分级管理、社会互助、灾民自救的原则。在我国，自然灾害救助工作，实行各级人民政府行政领导负责制。其中，国家减灾委员会负责组织、领导全国的自然灾害救助工作，协调开展重大自然灾害救助活动。国务院民政部门负责全国的自然灾害救助工作，承担国家减灾委员会的具体工作。国务院有关部门按照各自职责做好全国的自然灾害救助相关工作。而县级以上地方政府或者政府的自然灾害救助应急综合协调机构，组织、协调本行政区域的自然灾害救助工作。县级以上地方政府民政部门负责本行政区域的自然灾害救助工作。县级以上地方政府有关部门按照各自职责做好本行政区域的自然灾害救助相关工作，这是《灾害救助条例》第3条的明确规定。与此同时，县级以上政府应当将自然灾害救助工作纳入国民经济和社会发展规划，建立健全与自然灾害救助需求相适应的资金、物资保障机制，将政府安排的自然灾害救助资金和自然灾害救助工作经费纳入财政预算（第4条）；村民委员会、居民委员会以及红十字会、慈善会和公募基金会等社会组织，依法协助人民政府开展自然灾害救助工作。国家鼓励和引导单位和个人参与自然灾害救助捐赠、志愿服务等活动（第5条）。

二、应急救助及其内容

《灾害救助条例》第三章"应急救助"即第13条～第17条规定了应急救助的条件和具体内容。县级以上政府或者政府的自然灾害救助应急综合协调机构，应当根据自然灾害预警预报启动预警响应，可以采取的措施包括：（1）向社会发布规避自然灾害风险的警告，宣传避险常识和技能，提示公众做好自救互救准备；（2）开放应急避难场所，疏散、转移易受自然灾害危害的人员和财产，情况紧急时，实行有组织的避险转移；（3）加强对易受自然灾害危害的乡村、社区以及公共场所的安全保障；（4）责成民政等部门做好基本生活救助的准备（第13条）。

自然灾害发生并达到自然灾害救助应急预案启动条件的，县级以上政府或者政府的自然灾害救助应急综合协调机构，应当及时启动自然灾害救助应急响应，可以采取的措施包括：（1）立即向社会发布政府应对措施和公众防范措施；（2）紧急转移安置受灾人员；（3）紧急调拨、运输自然灾害救助应急资金和物资，及时向受灾人员提供食品、饮用水、衣被、取暖、临时住所、医疗防疫等应急救助，保障受灾人员基本生活；（4）抚慰受灾人员，处理遇难人员善后事宜；（5）组织受灾人员开展自救互救；（6）分析评估灾情趋势和灾区需求，采取相应的自然灾害救助措施；（7）组织自然灾害救助捐赠活动。对应急救助物资，各交通运输主管部门应当组织优先运输（第14条）。

在自然灾害救助应急期间，县级以上地方政府或者政府的自然灾害救助应急综合协调机构，可以在本行政区域内紧急征用物资、设备、交通运输工具和场地，自然灾害救助应急工作结束后应当及时归还，并按照国家有关规定给予补偿（第 15 条）。自然灾害造成人员伤亡或者较大财产损失的，受灾地区县级政府民政部门应当立即向本级政府和上一级政府民政部门报告。自然灾害造成特别重大或者重大人员伤亡、财产损失的，受灾地区县级政府民政部门应当按照有关法律、行政法规和国务院应急预案规定的程序及时报告，必要时可以直接报告国务院（第 16 条）。灾情稳定前，受灾地区政府民政部门应当每日逐级上报自然灾害造成的人员伤亡、财产损失和自然灾害救助工作动态等情况，并及时向社会发布。灾情稳定后，受灾地区县级以上政府或者政府的自然灾害救助应急综合协调机构，应当评估、核定并发布自然灾害损失情况（第 17 条）。

自然灾害救助款物专款（物）专用，无偿使用。定向捐赠的款物，应当按照捐赠人的意愿使用。政府部门接受的捐赠人无指定意向的款物，由县级以上人民政府民政部门统筹安排用于自然灾害救助；社会组织接受的捐赠人无指定意向的款物，由社会组织按照有关规定用于自然灾害救助（第 24 条）；自然灾害救助款物应当用于受灾人员的紧急转移安置，基本生活救助，医疗救助，教育、医疗等公共服务设施和住房的恢复重建，自然灾害救助物资的采购、储存和运输，以及因灾遇难人员亲属的抚慰等项支出（第 25 条）；受灾地区政府民政、财政等部门和有关社会组织，应当通过报刊、广播、电视、互联网，主动向社会公开所接受的自然灾害救助款物和捐赠款物的来源、数量及其使用情况。受灾地区村民委员会、居民委员会应当公布救助对象及其接受救助款物数额和使用情况（第 26 条）。

各级政府应当建立健全自然灾害救助款物和捐赠款物的监督检查制度，并及时受理投诉和举报（第 27 条）；县级以上政府监察机关、审计机关应当依法对自然灾害救助款物和捐赠款物的管理使用情况进行监督检查，民政、财政等部门和有关社会组织，应当予以配合（第 28 条）；采取虚报、隐瞒、伪造等手段，骗取自然灾害救助款物或者捐赠款物的，由县级以上人民政府民政部门责令限期退回违法所得的款物；构成犯罪的，依法追究刑事责任（第 30 条）；抢夺或者聚众哄抢自然灾害救助款物或者捐赠款物的，由县级以上人民政府民政部门责令停止违法行为；构成违反治安管理行为的，由公安机关依法给予治安管理处罚；构成犯罪的，依法追究刑事责任（第 31 条）；以暴力、威胁方法阻碍自然灾害救助工作人员依法执行职务，构成违反治安管理行为的，由公安机关依法给予治安管理处罚；构成犯罪的，依法追究刑事责任（第 32 条）。

三、灾后救助与持续救助

《灾害救助条例》第四章"灾后救助"即第 18 条~第 21 条规定了灾后救助的要求和规则。即：受灾地区政府应当在确保安全的前提下，采取就地安置与异地安置、政府安置与自行安置相结合的方式，对受灾人员进行过渡性安置。就地安置应当选择在交通便利、便于恢复生产和生活的地点，并避开可能发生次生自然灾害的区域，尽量不占用或者少占用耕地。受灾地区政府应当鼓励并组织受灾群众自救互救，恢复重建（第 18 条）。

自然灾害危险消除后，受灾地区政府应当统筹研究制订居民住房恢复重建规划和优惠政策，组织重建或者修缮因灾损毁的居民住房，对恢复重建确有困难的家庭予以重点帮扶。居民住房恢复重建应当因地制宜、经济实用，确保房屋建设质量符合防灾减灾要求。受灾地区政府民政等部门应当向经审核确认的居民住房恢复重建补助对象发放补助资金和物资，住房城乡建设等部门应当为受灾人员重建或者修缮因灾损毁的居民住房提供必要的技术支持（第19条）。

居民住房恢复重建补助对象由受灾人员本人申请或者由村民小组、居民小组提名。经村民委员会、居民委员会民主评议，符合救助条件的，在自然村、社区范围内公示；无异议或者经村民委员会、居民委员会民主评议异议不成立的，由村民委员会、居民委员会将评议意见和有关材料提交乡镇政府、街道办事处审核，报县级政府民政等部门审批（第20条）。

自然灾害发生后的当年冬季、次年春季，受灾地区人民政府应当为生活困难的受灾人员提供基本生活救助。受灾地区县级人民政府民政部门应当在每年10月底前统计、评估本行政区域受灾人员当年冬季、次年春季的基本生活困难和需求，核实救助对象，编制工作台账，制定救助工作方案，经本级人民政府批准后组织实施，并报上一级人民政府民政部门备案（第21条）。

县级以上政府财政部门、民政部门负责自然灾害救助资金的分配、管理并监督使用情况。县级以上人民政府民政部门负责调拨、分配、管理自然灾害救助物资（第22条）；政府采购用于自然灾害救助准备和灾后恢复重建的货物、工程和服务，依照有关政府采购和招标投标的法律规定组织实施。自然灾害应急救助和灾后恢复重建中涉及紧急抢救、紧急转移安置和临时性救助的紧急采购活动，按照国家有关规定执行（第23条）。

第三节　汶川大地震的过渡安置[①]

一、汶川大地震灾民的临时安置

自然灾害发生后，在抢险救灾的黄金时间里，抢救人命和重要的财产，控制次生灾害发生，是重中之重的工作。而自然灾害发生初期的抢险救灾当中，幸存者、遇难者和死亡畜禽等都需要进行安置或者处理，这是政府救灾责任中的临时安置责任。其具体内容主要是：（1）灾民的吃穿住用医问题，是生存的基本问题，必须由政府提供基本的吃穿住用医保障；（2）遇难者遗体处理前的尸体特征提取、尸体整理，以及尸体处理（火化或者安埋等）等；（3）死亡畜禽的无害化处理等。

由于抢险救灾工作量大，所以，需要大量的救援力量，比如军队、警察和民兵预备役人员，以及大量的志愿者，还有救援专业队伍和技术力量的参与，有时，国际救援组织也会主动参加。但是，获救的灾民的临时安置，由于与相应的灾民吃穿住用医物资资料保障密切联系在一起，只能是当地政府即灾区政府的职责。相比之下，遇难者遗体处理与死亡畜禽的无害化处理工作，是一次性工作，外部救援组织或者力量可以承担一部

---

① 本章的内容，参见王建平：《减轻自然灾害的法律问题研究》（修订版，法律出版社2008年版）第九章"灾区的减灾责任"第二节"过渡安置责任"，第461页～第478页。

分，不过，在实施完毕后，就不再需要进一步的资源投入，政府的安置责任已经履行完毕。

对于灾民而言，临时安置只是解决了其在灾后很短时间内，吃穿住用医等问题，而灾民长期的吃穿住用医问题，则需要灾区政府的过渡安置和灾后恢复重建来逐步解决。因此，灾民的过渡安置，是在临时安置的基础上，一种具有阶段性目标的安置工作，也是灾区政府的一种法定安置责任。由于汶川大地震具有强度烈度高、影响范围广①、余震频次多、救灾难度大等特点，导致临时灾民安置不能有效地解决灾民长期的吃穿住用医问题，因此，过渡安置中的板房提供等，以及灾后恢复重建工作，都启动了对口支援机制。这样一来，就大大加快了灾民的过渡安置进度，并为及时启动灾后恢复重建工作，奠定良好的基础。

在汶川大地震发生后，按照中央的部署，整个抗震救灾工作果断有力、紧张有序、持续有效地全面展开。进入了紧张的临时安置和过渡安置阶段，即：

（1）迅速解救被困民众。抗震救灾工作一开始就把救人作为首要任务，只要有一线希望，就要做百倍努力，决不放弃。解放军和武警官兵组成小分队，在通信、道路中断的情况下，冒着余震、泥石流、滚石等危险，翻山越岭，克服艰难险阻，于 2008 年 5 月 14 日中午前到达全部受灾县，2008 年 5 月 15 日 24 时前到达全部重灾乡镇，2008 年 5 月 19 日 14 时 28 分前到达灾区所有村庄。② 救灾力量的到来，是抢险救灾中临时安置的第一步。③

（2）全力安置受灾民众。保障上千万灾民的吃穿住用，往往是灾民安置中一项空前艰巨的任务。汶川大地震发生后，国务院决定在 3 个月内，向灾区困难灾民每人每天发放 1 斤口粮和 10 元补助金，为孤儿、孤老和孤残等"三孤人员"每人每月提供 600 元基本生活费，对因灾死亡人员的家庭按照每位遇难者 5000 元的标准发放抚慰金。与此同时，紧急调运大量救灾物资，使灾民的日常生活得到了基本安置。截至 2008 年 6 月 23 日，已调运救灾帐篷、活动板房、成品粮油、被子、衣物和瓶装水的数量见表 9-7。

---

① 汶川大地震影响范围非常之广。地震波及四川、甘肃、陕西、重庆等省（区、市）的 417 个县、4656 个乡（镇）、47789 个村庄，灾区总面积 44 万平方公里，重灾区面积达 12.5 万平方公里，受灾人口 4624 万。其中，四川省灾区面积达 28 万平方公里，受灾人口 2983 万，是名副其实的特重灾区。

② 汶川大地震发生以来，共出动解放军、武警部队兵力 14 万余人，公安民警、消防官兵和特警 2.8 万余人，民兵预备役人员 7.5 万余人，国内外地震专业救援队 5257 人；出动各种飞机 7084 架次，解救被困人员、运送救灾物资。截至 2008 年 6 月 23 日，共解救转移被困群众 146 万余人，累计从废墟中抢救被掩埋人员 84017 人。资料来源：回良玉：《国务院关于四川汶川特大地震抗震救灾及灾后恢复重建工作情况的报告——2008 年 6 月 24 日在第十一届全国人民代表大会常务委员会第三次会议上》，二、抗震救灾工作进展。

③ 灾区各级政府组织精心救治灾区伤病人员，是防止灾区发生传染病的重要措施。汶川大地震发生后，在全力搜救被困人员的同时，尽最大努力挽救伤员生命。中央政府和各级政府迅速向灾区调派大批医护人员、救护车、药品和医疗器械，空运医疗队到达偏远乡村，派遣医疗专家参加和指导救治，组织专列、包机等向 20 个省（区、市）转运了 10015 名重伤病员，争分夺秒，确保伤病群众得到及时救治。截至 2008 年 6 月 23 日，累计投入医疗卫生人员 9.68 万人，救治伤员 204.01 万余人次，其中住院治疗 96140 人，已出院 82325 人。资料来源：回良玉：《国务院关于四川汶川特大地震抗震救灾及灾后恢复重建工作情况的报告——2008 年 6 月 24 日在第十一届全国人民代表大会常务委员会第三次会议上》，二、抗震救灾工作进展。

表 9-7 汶川大地震灾区接受捐赠物资情况表

中央政府拨付的救灾物资	物资数量	救灾投入与捐赠款物	抗震救灾资金（亿元）
救灾帐篷	157.97 万顶	各级政府共投入	615.07
活动板房	42.59 万套①	中央财政投入	550.74
成品粮油	16.63 万吨②	应急抢险救灾资金	250.74
被　子	486.69 万套	灾后恢复重建资金	300.00
衣　物	1410.13 万件	地方财政投入	64.33
瓶装水	216.00 万箱	国内外社会各界捐赠款物	582.11
燃　油	220.60 万吨	实际到账款物	579.19
煤　炭	471.20 万吨	已向灾区拨付捐赠款物	221.66
备　注	本表中的救灾投入与捐赠款物的截止时间为 2008 年 7 月 21 日		

　　四川等受灾省份通过建造简易住房、组织投亲靠友等多种方式安置受灾群众。优先安排教学用房，使灾区学生尽快复课。各灾区累计紧急转移安置受灾群众 1510.62 万人。灾区各级党委、政府组织党员干部和专业人员深入灾民，开展心理安抚和思想疏导工作。加强灾区社会治安工作，严厉打击各种违法犯罪行为，确保了灾区治安稳定。

　　（3）加强卫生防疫工作。把灾区卫生防疫工作，作为抗震救灾的一项重大任务来抓，确保大灾之后无大疫，是灾区政府的当务之急。于是，中央政府和灾区各级政府从全国各地紧急调集大批卫生防疫人员，共组织调拨消毒药品 3670 多吨，卫生防疫工作已覆盖到所有受灾县乡村和受灾群众集中安置点，每个村和安置点都有 1~3 人开展卫生防疫工作。及时组织开展建筑物废墟等环境消毒工作，加强对饮用水的监测和食品卫生监督检查，精心组织易感人群免疫接种，实行突发公共卫生事件每日报告制度，加强疫情监测并严密防范传染病流行蔓延。妥善处理遇难者遗体，已处理 69164 具。对数千万的死亡畜禽进行了无害化处理。截止到 2008 年 6 月 23 日，汶川大地震灾区无传染病暴发和食物中毒等突发公共卫生事件的报告。③

　　自然灾害之后的临时安置，主要解决的是抢险救灾状态的三大临时性安置对象的具体问题，即：一是灾民的吃穿住用医等问题；二是遇难者的遗体处置与处理问题；三是死亡畜禽的无害化处理等。后两个问题一次性解决问题后，可以有效防止出现灾区疫情。但是，灾民的临时安置只是暂时的，由于没有解决其长期的吃穿住用医等问题，必然要面临和解决过渡安置与灾后恢复重建问题。

　　因此，四川省民政厅于 2008 年 6 月 3 日以川民电〔2008〕86 号文，发出《关于切实做好受灾群众临时和过渡性安置工作的紧急通知》（简称《安置紧急通知》），要求各

---

① 根据住房城乡建设部报告，截至 2008 年 7 月 20 日，地震灾区过渡安置房（活动板房）已安装 54.61 万套、正安装 1.41 万套、待安装 3.41 万套，生产地已发运 0.66 万套、待发运 2.62 万套。

② 根据发展改革委报告，截至 2008 年 7 月 20 日，向灾区调运的中央储备救灾粮累计出库 26.09 万吨，食用油累计出库 0.91 万吨。

③ 资料来源：回良玉：《国务院关于四川汶川特大地震抗震救灾及灾后恢复重建工作情况的报告——2008 年 6 月 24 日在第十一届全国人民代表大会常务委员会第三次会议上》，二、抗震救灾工作进展。

市、州民政局保障灾民有饭吃、有衣穿、有住所、有医疗、有水喝，要做到：

（1）明确目标，落实责任。即地震灾害发生1个月以内，确保每个受灾家庭都能得到临时安置，3个月内每个受灾家庭能得到过渡性安置。

（2）摸清情况，制定方案。各地尤其是重灾区民政部门迅速组织精干力量，开展一次地震灾害倒损房屋和安置需求情况普查，按照《灾区倒房恢复重建管理工作规程》要求，建立因灾倒房户台账和灾后恢复重建户台账，力求准确无误。要摸准受灾群众安置需求，分类确定安置对象和安置方式，结合当地地理、建设条件和受灾群众意愿，制定受灾群众临时安置和过渡性安置方案。

（3）拓宽思路，多方并举。把临时安置和过渡性安置有机结合起来，采取帐篷、篷布、活动板房、自建房和鼓励投亲靠友、租房安置等多种方式实行安置。进一步采取措施，激励、组织和动员受灾群众参与到安置工作中来，发挥他们的主体性、主动性和能动性。安排部署好工作力量，深入交通通信中断地区村组，了解受灾群众生活情况，通过空投和人畜搬运，解决好受困群众的生活问题。

（4）合理分配，公平发放。活动板房、帐篷及篷布的发放使用要明确分配原则和顺序，区分轻重缓急，根据需求结构、灾民自建临时住所的条件和能力，做到重点使用、合理使用和有效使用，避免因分配问题引发矛盾。要坚持公开、公平、公正的原则，严格按程序进行调查摸底、分类排队、登记造册、民主评议、公开发放，特别是活动板房的发放使用要做到条件明确，对象准确，程序规范，确保灾民人心安定、灾区社会稳定。[①]

应当说，到2008年8月12日汶川大地震发生3个月的时候，四川极重灾区和重灾区的灾民临时安置，已经顺利完成。而整个四川地震灾区的过渡安置工作，在中央政府的大力支持下，在对口支援的兄弟省市区政府的大量帮助下，还有广大灾民的积极配合下，灾区各级政府基本上完全履行了其职责，顺利实现了汶川大地震灾区灾民的过渡安置任务。

二、安置板房与责任履行

所谓板房，也叫活动板房，是一种以轻钢为骨架，以夹芯板为围护材料，以标准模数系列进行空间组合，构件采用螺栓连接，全新概念的环保经济型活动板房屋。这种房屋，并非专门为自然灾害后的灾民安置生产和设计，但是，因为其可方便快捷地进行组装和拆卸，实现了临时建筑的通用标准化，树立了环保节能、快捷高效的建筑理念，使临时房屋进入了一个系列化开发、集成化生产、配套化供应、可库存和可多次周转使用的定型产品领域。

活动板房为钢木结构，其特点为：（1）可随意拆装、便于运输、移动方便，活动房适宜坐落在山坡、丘陵、草原、沙漠、河畔等地域，在地震灾区，则适合在相对比较平整的大片空地组建和安装。（2）不占用空间，可建造为15~160平方米不等，活动房卫

生洁净，室内设施齐全，活动房的稳定性耐久性强，外表美观大方，适合灾民过渡安置需要。（3）可按安置需要进行户型设计，精致典雅，节能环保，保温性能好，做到冬暖夏凉，抗地震灾害能力强，居住舒适的要求。其大部分结构在工厂完成，节约生产成本。（4）活动房现场安装，既不破坏环境又绿色环保，不仅具有实用价值，更具有简便易行和灾民安置实用的特点，因而，成为灾民过渡安置阶段解决灾民住房问题的首选。2008年汶川大地震之后，板房生产和组装，以及板房安置等，成为中央政府和灾区各级政府、对口支援省市重要的灾民过渡安置方式。

（1）板房生产与安装。板房种类比较多，有水泥活动房、[①] 菱镁活动房[②]和彩钢板活动房[③]等种类。具体选择何种形式，由灾区相关机构，根据当地政府的过渡安置方案，具体确定。一般而言，作为灾后恢复重建任务完成之前的过渡安置措施，板房的质量要求以能够在2~3年内不损坏为条件，具体用材则根据灾区的环境特点（比如，四川的许多灾区多雨、潮湿，以及日照少等）进行设计。从用途上看，则主要是以活动板房解决地震灾民过渡安置的燃眉之急。

板房生产采用灾区政府机构委托生产、支援建设生产和政府采购生产等方式，不论是哪种方式，政府的板房生产组织责任与安装监督责任，都是不容忽视的。在汶川大地震灾区，由各地派往的抗震板房工作队，曾夜以继日地为灾民搭建整洁、舒适的活动板房。由于拆装、组合方便，一般几天之内就可有几百套活动板房交付使用，在到处是残垣断壁的废墟上，这些崭新的小屋，成为灾民地震之后的温暖新家。[④]

比如，2008年7月26日，作为极重灾区的都江堰市，已经全面完成板房建设任务。各板房安置点人气格外旺，近20万受灾群众络绎不绝地搬进分布于各乡镇220个点位的安置房中，开始"板房村"的新生活。为了让广大受灾群众在板房中住得更舒服，都江堰市各乡镇政府想方设法改善灾民居住条件，并完善板房的本身缺陷和配套设施。例如，青城山镇锦青苑是成都市灾区最大的板房村之一，建筑面积11.4万平方米，可入住1.5万~2万人。针对群众入住后发现的下雨后墙壁下方浸水导致板房内积水，

---

① 水泥活动房，是适用于各种建筑工地做办公室或者民工宿舍，也可用于平顶加层、各种仓库等的活动房。水泥活动房的承重系统均为钢结构，安全可靠，墙体采用双层钢丝网，轻质保温材料和高标号水泥预制复合板，保温、隔热、轻质、高强、顶面用机制水泥瓦，外墙面为彩色水刷面、内墙面采用高级塑料花纹壁纸装饰，室内采用铝合金龙骨石膏板吊顶，美观新颖，运输安装方便、快捷，钢窗、钢门、玻璃、锁等配套齐全。

② 菱镁活动房，因为采用菱镁土而得名。这种活动房，是目前活动房市场上价格最低，重量最轻，最易搭建的简易轻体活动房，它具有防水、防火、防震和防腐蚀的独特效果。板材采用聚苯加芯，能充分达到保温隔热等效果。一般设计标准宽5米，长12米，重约两吨多。这种活动房，适用于施工单位的临时用房。

③ 对于活动板房，大多数人会比较陌生，而在现代建筑中，却因其独特的优势被广泛采用。活动板房不同种类中，比较常用的为彩钢活动房。这种活动房的墙体与屋面材料，均为彩色钢板覆面聚苯乙烯泡沫塑料夹芯复合板。彩钢夹芯板具有保温隔热、防腐隔音、轻质阻燃、抗震性能好、坚固美观、安装方便、有效增加房屋的使用面积，以及无须二次装修等特点。彩钢活动房的结构稳定可靠，屋面采用结构防水设计，不需另做任何防水处理。内外墙与屋面色泽明艳、质感柔和、板面平整，与房屋钢骨架非常和谐，具有很好的装饰效果，房屋内部的可装饰性也很强。

④ 据淄博市为灾区生产活动板房的企业负责人介绍，此次抗震救灾过渡安置板房的建设标准，是抗震、保温、防火和隔热。其中，每户20平方米左右，配备有液化气、供水、供电设施等，能基本满足灾民的生活需求。另外，还将根据居民的户数比例，进行学校、垃圾房、厕所等相关配套设施建设。这些活动板房，可使用1~2年，能够解决灾民过渡期间的居住问题。

厨房内没有换气扇，房檐下没有遮阳架等问题，[①] 当地镇政府积极想办法，以采取补救措施，使用 10 多位泥工，冒着烈日在锦青苑板房园区查漏补漏，用水泥、胶水和着玻纤等，给每间板房墙壁下方的缝隙补漏，处理好漏水板房问题。此外，锦青苑还组织附近农民和志愿者，在板房前后栽种竹子和花木，美化居住环境。[②]

（2）板房基地选择。板房本身占地少，但是，作为一种灾后过渡安置的措施，因为灾毁居民房屋数量巨大，所以，过渡安置居住的灾民人数就多。板房的基地选择就成为完成板房村建设和灾民过渡安置的一项重要工作。

灾民过渡安置的工作中居住问题的解决，在板房基地选择上，要考虑到以下几个重要因素，即：（1）避开余震、强降雨等引起的滑坡、泥石流、堰塞湖以及洪水等灾害发生区域；（2）板房村以集中规划和选择基地为主，尽量不使用分散安置方法；（3）地势平缓的四荒地或者农田，可以作为板房基地选择，但是，应当履行法定的审批程序；（4）应当有利于配套设施的建设，避免选择基地不当而导致灾民生活不便，等等。

板房基地选择责任主要是政府职能机构的责任，但是，应当让灾民或者当地居民以一定的方式参与，从而保证所选板房基地不出现大的失误和偏差。由于板房基地选择，与政府救灾责任中的粮油、蔬菜、衣被、药品等物资调运，确保灾区供应责任有密切关系，所以，相关机构必须多方协调、通盘考虑才好。

（3）板房安置成效。根据住房城乡建设部报告，截至 2008 年 7 月 20 日，"5·12"汶川大地震灾区过渡安置房（活动板房）已安装 546100 套、正安装 14100 套、待安装 34100 套，已发运 6600 套、待发运 26200 套。[③]

四川省则在各方大力支持下，提前完成灾民过渡安置房建设目标，实现 2008 年 8月 12 日前基本解决无房户过渡安置的承诺。截止到 2008 年 8 月 6 日，四川省基本完成全省城乡汶川大地震造成的 445.4 万家庭住房毁损的过渡安置工作，其中，农村家庭347.6 万户，城镇家庭 97.8 万户。在农村 347.6 万户受灾家庭中，群众自建过渡安置房安置 184.3 万户，自建篷布房安置 40.1 万户，加固修复住房迁回入住 76.8 万户，省外援建的活动板房集中过渡安置 7.1 万户。另有已建成永久性住房安置 1.7 万户，正在重建永久性住房保证入冬前建成入住、暂时利用帐篷临时安置 37.6 万户。而在城镇97.8 万户受灾居民家庭中，极重灾区和重灾区共 39 个县（市）的 84.3 万户城镇居民，通过省外援建的活动板房安置 42.86 万户，地方政府统建和调剂房源、企业自建或货币化安置 19.3 万户，集镇居民自建 9.4 万户，居民租房、异地就业等方式自行安置约11.92 万户，另外社会捐建 0.82 万户；其他一般灾区 13.5 万城镇户主要通过居民租

---

① 在都江堰市的城北馨居，是安徽省援建的板房村，分为吉园、祥园、心园、润园等四区，入住近 2 万人。可能由于对口援建者来自北方，修建厨房时，没有充分考虑四川人的饮食生活习惯，厨房内既无通风孔、换气扇，也没有淘米洗菜的水池，群众煮饭很不方便。于是，灾民们集中煮饭的时候，油烟味、花椒味、海椒味呛得人难以忍受。于是，板房村管委会在知道情况后，立即请来 30 余名能工巧匠，为每个小区共用的厨房打孔，安装上了换气扇，解决了厨房大问题。灾民不再为吃烦恼了，煮饭做菜的声音，成为一天中最令灾民们愉快的交响曲。资料来源：《都江堰市板房建设全面完成，板房村越来越美》，《成都晚报》2008 年 7 月 30 日。

② 《都江堰市板房建设全面完成，板房村越来越美》，《成都晚报》2008 年 7 月 30 日。

③ 2008 年 7 月 21 日，国务院新闻办公室根据国务院抗震救灾总指挥部的统计数据，授权发布的信息。数据来源：新华网，http://wenwen.soso.com/z/q77599052.htm?ch=w.xg.llyjj，最后访问：2008-07-30。

房、地方政府调剂房源、企业自建或货币化安置、集镇居民自建等方式完成安置。①

四川省有关方面负责人称，力争到 2008 年底完成加固修复 50% 的受损住房，新开工建设 20% 的重建住房项目，力争用两年半时间，完成灾区城镇住房恢复重建的主要工作。应当说，这是政府积极承担过渡安置中的板房安置责任，以及灾后恢复重建责任的重要标志，是值得大力肯定的。

三、就业安置及其成果

根据人力资源和社会保障部报告，截至 2008 年 7 月 21 日 12 时，汶川地震灾区有组织劳务输出合计 127050 人，本地就业合计 618909 人，② 总共 745959 人就业，而且17.03% 的就业者是劳务输出型就业。即或如此，就业人数占极重灾区和重灾区灾民总数 1986.7 万人③的 3.75% 的比例，显然无法满足灾区灾民就业安置的需要的。因此，《汶川重建规划》根据我国《防震减灾法》《汶川重建条例》和《国务院关于做好汶川地震灾后恢复重建工作的指导意见》，专门就"就业和社会保障"规定了实施就业援助工程，通过定向招工、定向培训、技能培养等，解决规划区 100 万左右劳动人口的稳定就业问题，并恢复重建就业和社会保障服务设施，原则上，县城建设一个就业和社会保障综合服务设施，街道（乡镇）、社区建设劳动保障工作平台，以及恢复重建就业和社会保障服务信息系统。见表 9—8。④

表 9—8　汶川地震灾区恢复重建就业责任承担

汶川地震灾区恢复重建就业和社会保障			单位：个	
项　　目	合计	四川	甘肃	陕西
县级就业和社会保障综合服务机构	51	39	8	4
基层劳动保障工作平台⑤	1855	1507	217	131
县乡社会福利机构⑥	1800	1350	421	29
县乡残疾人综合服务设施	157	138	12	7

分析表 9—8，不难看出，国家通过《重建总体规划》中的县级就业和社会保障综合服务机构、基层劳动保障工作平台、县乡社会福利机构和县乡残疾人综合服务设施的建设和完善计划，已经承担了灾民的就业责任。应当说，这是我国防灾减灾国家承担的重要表现形式。对于不少农村灾民成为无宅基地、无耕地、无就业的"三无"人员后，加上地震灾害造成的恐惧心理医治需要较长时间和过程的情况，灾民自己的就业与参加灾后恢复重建的义务，则是作者需要特别强调的话题。

---

① 《四川灾区上千万群众住进过渡安置房》，《华西都市报》2008 年 8 月 13 日。
② 2008 年 7 月 21 日，国务院新闻办公室根据国务院抗震救灾总指挥部的统计数据，授权发布的信息。数据来源：新华网，http://wenwen.soso.com/z/q77599052.htm?ch=w.xg.llyjj，最后访问：2008-07-30。
③ 《国家汶川地震灾后恢复重建总体规划（公开征求意见稿）》第一章重建基础第一节灾区概况。
④ 表 9—8 及其注释，参考《国家汶川地震灾后恢复重建总体规划（公开征求意见稿）》专栏 16。
⑤ 基层劳动保障工作平台主要包括街道（乡镇）劳动保障事务所、社区劳动保障工作站。
⑥ 县乡社会福利机构主要包括社会福利院（儿童福利院、精神病院）、敬老院、救助管理站、殡仪馆（站）、光荣院和优抚医院、烈士纪念设施、军休所。

我国《宪法》第 42 条规定，[①] 公民有劳动的权利和义务，对于国家而言，是通过各种途径，创造劳动就业条件，加强劳动保护，改善劳动条件，并在发展生产的基础上，提高劳动报酬和福利待遇。另外，国家对就业前的公民进行必要的劳动就业训练。那么，对于劳动者而言，在有劳动能力时，则有参加劳动的义务。这种义务，也包括灾民就业与参加灾后恢复重建的义务。

事实上，就业责任对于国家和政府而言，是提供灾民就业的机会与就业岗位，而就业的实际完成，是以劳动者即灾民的具体订立劳动合同，农民有田可耕，然后实际参加有报酬或者有收获的劳动和工作等为条件的。换句话说，就业责任不是去领取救济金，而是去参加劳动和灾后恢复重建工作，通过获取报酬，维持自己和抚养人口的生存和发展。所以，灾民应当在政府的帮助下，实现在 3 年内户户有就业，即每个家庭至少有 1 人能够稳定就业，达到城镇居民人均可支配收入 13050 元和农村居民人均纯收入 3533 元的水平。[②]

特别是，灾区内需要就业性质安置的受灾农村人口，在实行农业安置时，应依法调剂安排耕地、林地和宅基地，使其能有耕作意义上的劳作资料，并给予安置后期扶持。而对受灾农村人口实行城镇安置时，则应妥善解决好其居住、社会保障、创业就业以及户籍等配套问题。而对于就业困难的灾民，则需要加大就业援助，即将因灾就业困难人员纳入就业援助范围，确保每个家庭至少有 1 人就业。按规定降低灾后恢复重建规划区内企业失业保险费率。采取社会保险补贴、小额担保贷款等措施促进就业。可见，稳妥安置和促进灾民的就业和工作，是统筹安置规划和灾后恢复重建工作的重要组成部分。[③]

四、以工代赈与"三个目标"的实现

以工代赈中的"赈"，有免费给予灾害救济的意思。而"以工代赈"则是拿"工"即工作或者劳动换取灾害救济的食物、钱财，而不是免费发放或者施舍给灾民。在我国，以工代赈是指政府投资建设基础设施工程，受赈济者参加工程建设以获得劳务报酬，以此取代直接救济的一种扶持政策。这样做，可以做两方面理解，一是施赈一方是有偿提供赈济物资，另一是受赈一方有偿提供劳动或者劳务，换取救赈物资。在经济学上，这是一种典型的物资与劳动的交换。

所以，以工代赈既可以解决灾民的温饱问题，也可以为灾区恢复重建创造价值，用现在的话来讲，就是实现政府施赈与灾民参与灾后恢复重建的"双赢"。"以工代赈"作为一种灾后恢复重建的救援机制，是让有劳动能力的灾民，通过工作去挣钱，以换取政

---

① 《中华人民共和国宪法》第 42 条规定，劳动是一切有劳动能力的公民的光荣职责。国有企业和城乡集体经济组织的劳动者都应当以国家主人翁的态度对待自己的劳动。国家提倡社会主义劳动竞赛，奖励劳动模范和先进工作者。国家提倡公民从事义务劳动。

② 《国家汶川地震灾后恢复重建总体规划（公开征求意见稿）》确认，本规划的规划范围为四川、甘肃和陕西省极重灾区和重灾区的 51 个县（市、区）。总面积 132596 平方公里，乡镇 1271 个，行政村 14565 个，2007 年末总人口 1986.7 万人，地区生产总值 2418 亿元，城镇居民人均可支配收入和农村居民人均纯收入分别为 13050 元、3533 元。

③ 请参见《国家汶川地震灾后恢复重建总体规划（公开征求意见稿）》第 13 章政策措施第 7 节援助政策、第 8 节其他政策。

府灾害救助的物资，从而代替由政府或社会团体免费给予救助，为灾后恢复重建积聚所需要的人力资源与人工资源。

我国历史上，有范仲淹"以工代赈"防灾救灾的案例，[①] 也有"平垸行洪，以工代赈"的现代事例，[②] 以工代赈更是现阶段我国一项非常重要的农村扶贫政策。具体操作上，是国家安排以工代赈投入建设农村小型基础设施工程，贫困农民参加以工代赈工程建设，获得劳务报酬，直接增加收入。不过，对于汶川大地震这样的特大自然灾害来说，因为造成的损失极其惨重，因此，灾区的灾后恢复重建，必然要采取以工代赈这种吸引灾后恢复重建所需要的人力资源与人工资源的政策与法律措施。

鉴于以工代赈是灾区灾后恢复重建的重要的灾民就业与安置，以及灾后恢复重建工程人力成本节约的重要途径，因此，对于恢复重建工程成本的降低，以及解决灾民的就业和灾后工作安置等，都有重要意义。汶川大地震后的灾区恢复重建工作，当然应当大量采用以工代赈这一形式。而以工代赈本身，带有一定的强制色彩。说它带有"强制色彩"，一方面国务院《国家以工代赈管理办法》（简称《以工代赈办法》）第 17 条、第 18 条规定，以工代赈项目主要依靠项目所在地的农民工建设，地方政府部门应当责成以工代赈项目实施单位组织项目所在地的农民参加工程建设，并落实好劳务报酬的发放工作。[③] 从灾民或者农民工的角度看，就是带有一定的强制色彩。另一方面，政府部门的项目组织，也具有一定的强制性，即采取以工代赈方式组织灾区的灾民和民众，参与恢复重建。尤其是以工代赈计划是灾区恢复重建规划的重要组成部分，在编制时应当以灾区国民经济和社会发展计划为指导，与国家的汶川地震灾区灾后恢复重建总体规划相协调，坚持以人为本、民生优先、尊重自然、科学布局、统筹兼顾、协调发展、创新机制、协作共建、安全第一、保证质量、厉行节约、保护耕地、传承文化、保护生态、以

[①] 宋朝皇祐二年，吴州一带闹大饥荒，当时范仲淹（字希文，卒谥文正）治理浙西，下令散发米粮赈灾，并鼓励百姓储备粮食，救荒的措施非常完备。吴州民俗喜好赛舟，并且笃信佛教。范仲淹于是鼓励百姓举行划船比赛，自己也日日在湖上宴饮。从春至夏，当地的百姓几乎天天都扶老携幼在湖边争看赛船。另外，范仲淹又招集各佛寺住持，对他们说："饥岁荒年工钱最是低廉，正是寺院大兴土木的大好时机。"于是各寺庙住持无不招募工人大肆兴建。范仲淹又招募工人兴建官家谷仓及吏卒官舍，每天募集的工人多达 1000 人。掌监察的官员认为，范仲淹不体恤荒年财政困难，竟鼓励百姓划船竞赛，寺院大兴土木，既劳民又伤财，所以上奏弹劾范仲淹。范仲淹上奏说：臣所以鼓励百姓宴游湖上，寺院、官府大兴土木，其用意正是借有余钱可花的百姓，嘉惠贫苦无依的穷民，使得靠出卖劳力生活的百姓，能依赖官府与民间所提供的工作机会生活，不致背井离乡，饿死荒野。这年全国的大饥荒，只有杭州一带的百姓没有受到严重的灾害。

[②] "平垸行洪，以工代赈"。1998 年发生特大洪水以后，实施了"封山植树、退耕还林；退耕还湖，平垸行洪；以工代赈，移民建镇；加固干堤，疏浚江河"的基本措施。其中，"垸"就是坝，是民坝，即老百姓自己筑的坝，位于官坝之内的民坝。河水在河槽里面流，通常官坝之间有好几公里，河水只有几百米宽，这中间的差，就是河滩。水小的时候是滩，水大的时候就被淹，有的人就打算在河滩上种庄稼，为了保护自己种在河滩上的庄稼，就要筑一道坝把种了庄稼的河滩圈起来，免得被淹了。垸多了河槽就窄，发大水时就会危险。所以，把这些民坝拆除恢复河槽叫"平垸行洪"。"赈"就是赈济，就是发救济，也就是给那些受灾的灾民发放免费的伙食、衣服，还有发钱。而以工代赈就是说，那些伙食不白给了，灾民要做工，才有赈济。做什么工呢？通常都是一些基础建设，比如水利建设。"平垸行洪，以工代赈"就是组织灾民自救，拆民坝，然后，给他们吃的穿的和钱即劳动报酬等。

[③] 《国家以工代赈管理办法》（2005 年 12 月 27 日）第 17 条~第 18 条规定，以工代赈项目主要依靠项目所在地的农民工建设，并支付劳务报酬。在项目前期工作和计划安排中，应当结合当地农民务工收入水平确定劳务报酬。地方发展改革部门应当责成以工代赈项目实施单位组织项目所在地的农民参加工程建设，并落实好劳务报酬的发放工作。劳务报酬发放应当做到公开、足额、及时，严禁克扣和拖欠。

及因地制宜、分步实施等基本原则。

要通过以工代赈迅速恢复重建，首先需要政府专业职能机构积极行动起来。2008年6月13日，四川省以工代赈办在成都召开了"5·12"汶川大地震"以工代赈"灾后重建工作讨论会。阿坝州、绵阳市、德阳市、广元市和南充市、达州市、宜宾市等7市州以工代赈办主任对特大地震以工代赈灾后重建工作，进行了认真讨论，并提出了一系列建设性意见。即四川省以工代赈投入要向灾区倾斜，突破现有以工代赈政策边界：一是突破国贫非贫县边界，把重灾区和国贫县同等对待，以灾区民生为重；二是提高灾区以工代赈工程的补助标准；三是提高灾区以工代赈项目的劳务报酬比例；四是对灾区以工代赈项目实行全额补助；五是对灾区以工代赈项目落实"特事特办"，简化审批程序，提高工作效率。四川省以工代赈办将对全省2008年以工代赈和易地扶贫搬迁试点工程的资金和项目安排，进行适当调整，对阿坝州大骨节病区易地搬迁工程的安置地点和安置人数进行重新核定，在重灾区启动以工代赈灾后重建重点帮扶村工程，为改善灾区基础设施条件，为灾区人民重建家园提供支持。灾区各市州在项目建设中要大力推行以工代赈方式，这样既可以解决灾民的就业问题，增加灾民收入，减轻国家扶持负担，还可以通过参加工程建设掌握适用技能，激发灾区群众建设自己家园的积极性；在项目建设中应落实灾区群众的知情权、参与权和监督权，落实公告公示制度，通过程序公正体现社会公正，维护灾区群众稳定，努力在灾后重建实施机制上有所创新；要进一步加强灾后恢复重建工作的宣传管理，结合灾后重建进行感恩报国教育。

2008年7月2日，四川省以工代赈办在成都市组织召开了2008年预算内以工代赈计划和第二批易地扶贫搬迁计划衔接会，进一步磋商2008年6月13日会议的工作安排。此次会议涉及计划的20个市（州）以工代赈办主任、计划科长，以及45个县以工代赈办主任参加会议。会议就2008年国家财政预算内计划、国家财政预算内以工代赈灾害损毁工程修复计划、省级以工代赈配套项目计划，以及国家第二批易地扶贫搬迁计划进行了衔接，并对以工代赈计划编制的原则、重点、方法等提出了具体要求。①

2008年四川省以工代赈计划安排，充分考虑了汶川大地震灾害的特殊情况，倾斜投入地震灾害严重的极重灾区和重灾区，无论是投向范围还是工程补助标准，都比以往有较大突破，更多地安排了重灾区非贫县的灾后恢复重建项目，对极重灾区的以工代赈建设项目将实行全额补助。② 四川省广元市的一些做法，具有借鉴意义，广元市于2008年6月9日在极重灾区青川县，进行地震灾后专项就业援助行动试点的基础上，根据灾后基础设施建设需要，整合全市资源，把废墟清理、乡村公路建设、农田水利损毁修复、山林损毁恢复等纳入以工代赈范围，组织灾民就业，给予必要的资金物资援助，使其获得必要的生活来源。③ 有人建议，鉴于国内劳务市场已初步形成，以工赈灾还可扩

① 《省以工代赈办召开"5·12"汶川地震灾后重建工作讨论会》，资料来源：四川省以工代赈办，2008年6月20日，http://www.ygdz.gov.cn/News.aspx?Id=1222，最后访问：2008-07-30。

② 四川省以工代赈办陈华亨主任在此次会议上，要求各市（州）、县必须以灾区为重，以灾民为先，在核实灾情的基础上，优先编制与灾民生产生活密切相关的、迫切需要恢复重建的农村基础设施项目，要在工作中深入思考、积极探索以工代赈灾后重建的模式、经验和做法。

③ 《四川广元市深入推进地震灾后专项就业援助行动》，来源：广元市人民政府网站，2008年7月16日。http://www.agri.gov.cn/llzy/t20080716_1084581.htm，最后访问：2008-07-30。

大至劳务赈灾。也即非灾区劳务市场主动向灾区务工人员开放，灾区政府主动组织务工人员到非灾区进行哪怕只是一年半载的临时务工，如此异地劳务赈灾与本地以工赈灾相结合，若组织得法，无异于向灾区开启了一个比吃救济粮、领救济款更为开阔的自救空间。所谓救灾"以自力更生为主"方可能落到实处。为此，人力资源和社会保障部已下发通知，要求各地集中或调剂一批就业岗位，统一实施劳务赈灾。这些政策思路都不错，关键是抓紧配套措施的落实。①

2008年7月2日的下午，四川省以工代赈办在成都召开了"以工代赈灾后恢复重建帮扶村建设试点工作"座谈会。会议听取了各有关市县政府及以工代赈办前期工作情况汇报，会议达成的基本共识是：各有关市县党委政府对以工代赈灾后恢复重建帮扶村建设工作高度重视并做出了卓有成效的前期准备工作。会议强调，帮扶村建设要按照解决"两大问题（生存与发展问题）"、完成"三大任务（经济重建、行政重建、社会重建）"、建立"五大机制（社区参与机制、资源整合机制、公平公正机制、感恩教育机制、全程监督机制）"、达到"三个目标（出经验、出效益、出形象）"的总体要求。②应该说，借助于现有的"扶贫以工代赈"机制和政策法律支持，③灾区灾后恢复重建的以工代赈肯定能做出更好的成绩。

五、四川省的灾民"五大救助"规则

2014年12月22日，四川省人民政府第71次常务会议审议通过了《四川省社会救助实施办法》（简称《四川救助办法》，2015年3月1日施行）。《四川救助办法》第2条规定，四川省行政区域内的最低生活保障、特困人员供养、受灾人员救助、医疗救助、教育救助、住房救助、就业救助、临时救助、社会力量参与救助等相关工作，适用本实施办法处理。为此，作者将《四川救助办法》中对灾民的救助规定，总结为"五大救助"规则。具体是：

1. 灾民救助。县级以上政府应当按照国家自然灾害救助机制，对基本生活受到自

---

① 《以工代赈是个好办法》，来源：《广州日报》2008年6月7日。

② 2008年7月2日下午的四川省"以工代赈灾后恢复重建帮扶村建设试点工作座谈会"，有青川县、剑阁县政府领导，绵阳市、广元市以工代赈办和北川、青川、剑阁县以工代赈办领导等参加会议。会议在听取各有关市县政府及以工代赈办前期工作情况汇报后，四川省以工代赈办主任陈华亨讲话强调，重点抓好五个方面工作：第一，要针对帮扶村建设的特点，把握好"灾后重建""以工代赈""机制创新"三个主题词。要在求生存和促发展上多思考，建设内容要实在、实用、低成本，不搞形象工程，不搞政府包办，要采用以工代赈方式增加灾区群众收入。第二，要马上启动三个帮扶村的村情调查、评估和建设规划的编制工作。第三，要重点抓好机制创新，要对"五大机制"一个一个地研究，探索出每个机制的实现方式和途径。第四，县、乡、村和绵阳市、广元市以工代赈办要建立相应的组织机构和实施机构。第五，对规划建设的项目要体现灾区群众的主体作用，广泛征求群众意见，让村民参与项目决策。对规划建设内容要列出项目清单，明确项目实施主体、投资主体和责任主体。

③ 在这方面，有《中华人民共和国预算法》《国家以工代赈管理办法》《国家扶贫资金管理办法》《财政扶贫资金管理办法（试行）》《四川省以工代赈项目示范村建设指南》《四川省以工代赈项目示范村建设规划评审办法（试行）》《四川省以工代赈项目示范村建设工程竣工验收办法（试行）》《四川省以工代赈项目示范村工程竣工验收评分细则》《甘肃省〈国家以工代赈管理办法〉实施细则》《甘肃省以工代赈工程劳务报酬发放标准和办法（试行）》《四川省人民政府关于以工代赈工作有关政策问题的通知》川府发［1994］189号、《雅安市人民政府关于在地震灾后恢复重建中推行以工代赈方式的意见》《阿坝州以工代赈资金管理暂行办法》《黑水县以工代赈项目资金管理暂行办法》等法律法规以及政策措施，足以保证这项工作的全面开展和相关措施的具体落实。

然灾害严重影响的人员提供生活救助。通过灾前设立的自然灾害救助物资储备库，依法调拨和申请调拨救灾物资，保障自然灾害发生后救助物资的紧急供应。受灾地区各级政府应当及时为受灾人员提供必要的食品、饮用水、衣被、取暖、临时住所、医疗防疫等应急救助；对住房损毁严重的受灾人员进行过渡性安置；对受灾人员开展心理抚慰，做好遇难人员善后事宜。与此同时，受灾地区各级政府应当统筹研究制订灾民住房恢复重建规划和优惠政策，组织重建或者修缮因灾损毁的住房，并应当为因当年冬寒或者次年春荒遇到生活困难的受灾人员，提供基本生活救助。

2. 医疗救助。县级以上政府应当建立健全医疗救助和疾病应急救助制度，保障最低生活保障对象、特困供养人员和县级以上人民政府规定的其他医疗救助对象获得基本医疗卫生服务；对需要急救但身份不明或者无力支付急救费用的急重危伤病患者给予救助，符合规定的急救费用由疾病应急救助基金支付。医疗救助和疾病应急救助应当与其他医疗保障制度相衔接。医疗救助标准，由县级以上政府根据当地经济社会发展水平和医疗救助资金，以及救助对象、救助项目的实际情况确定、调整和公布。对救助对象参加城镇居民基本医疗保险或者新型农村合作医疗的个人缴费部分，由当地政府给予补贴。医疗救助对象患病住院的，其医疗费用经各种医疗保险报销后，个人及其家庭难以承担的符合规定的基本医疗自负费用，由县级政府民政部门按照有关规定给予补助。医疗救助对象患有重大疾病、慢性疾病需要长期门诊治疗，且本人及家庭支付困难的，由县级政府民政部门按照有关规定给予一定金额的救助。定点医疗机构对医疗救助对象的医疗费用，鼓励其给予优惠或者减免。

3. 住房救助。县级以上政府应当建立健全住房救助制度，对符合规定标准的住房困难的最低生活保障家庭、分散供养的特困人员，给予住房救助。住房救助通过配租公共租赁住房、发放住房租赁补贴、农村危房改造等方式实施。对住房救助对象中的残疾人、老年人等行动不便的救助对象，应当根据其身体状况给予房源、楼层等方面的优先选择，并完善其居住小区的无障碍设施。有条件的地方可以实施家庭无障碍改造。住房困难标准和救助标准，由县级以上政府根据本行政区域经济社会发展水平、住房价格水平等因素确定、公布。

4. 就业救助。县级以上政府应当建立健全就业救助制度，加强就业救助制度与失业保险制度、最低生活保障制度和最低工资制度之间的衔接；鼓励和引导就业救助对象主动创业就业。最低生活保障家庭有劳动能力的成员均处于失业状态的，县级以上政府应当采取发布招聘信息、开展招聘活动、搭建求职平台、开发公益性岗位、提供技能培训、给予培训补贴等针对性措施，确保该家庭至少有1人就业。各级政府开发的公益性岗位，应当优先安置最低生活保障家庭中有劳动能力但未就业的成员。对符合公益性岗位补贴条件的，按规定给予社会保险补贴和岗位补贴。最低生活保障家庭中有劳动能力但未就业的成员，应当接受人力资源社会保障等有关部门介绍的工作；无正当理由，连续3次拒绝接受介绍的与其健康状况、劳动能力等相适应的工作的，县级政府民政部门应当决定减发或者停发其本人的最低生活保障金。

5. 临时救助。县级以上政府应当建立健全临时救助制度，按照应救尽救原则，对因火灾、交通事故等意外事件，家庭成员突发重大疾病等原因，导致基本生活暂时出现严重困难的家庭，或者因生活必需支出突然增加超出家庭承受能力，导致基本生活暂时出现严重困难的最低生活保障家庭，以及遭遇其他特殊困难的家庭，给予临时救助。临时救助对象认定、困难类型和范围、救助标准等事项由县级以上政府确定。临时救助可以采取发放临时救助金、实物，提供转介服务等方式实施救助。县级以上人民政府建立健全社会救助和保障标准与物价上涨挂钩联动机制，及时向最低生活保障对象、特困供养人员、优抚对象以及领取失业保险金人员等发放临时价格补贴。市（州）、县（市、区）、乡镇政府和街道办事处，应当遵循自愿受助、无偿救助、依法救助原则，为生活无着的流浪乞讨人员提供临时食宿、急病救治、协助返回等救助。公安机关和其他有关行政机关的工作人员在执行公务时发现流浪、乞讨人员的，应当告知其向救助管理机构求助。对其中的残疾人、未成年人、老年人和行动不便的其他人员，应当引导、护送到救助管理机构；对突发急病人员，应当立即通知急救机构进行救治。

需要强调的是，《四川救助办法》第十章"社会力量参与"、第十一章"救助对象经济状况核对"中，以第41条～第47条规定了社会力量参与灾民救助的规则，即：（1）鼓励社会力量通过捐赠、减免收费、设立帮扶项目、创办服务机构、提供志愿服务等方式参与社会救助，各类慈善组织应当公开救助申请的条件、程序；（2）县级以上政府应当制定并公布社会救助政府购买服务目录，将社会救助中的具体服务事项通过委托、承包、采购等方式，向社会力量购买服务，并建立社会救助项目社会化运作的绩效评估、准入、退出机制；（3）县级政府以及乡镇政府、街道办事处应当在社区服务机构设置社会工作岗位，发挥社会工作者的作用，为社会救助对象提供社会融入、能力提升、心理疏导等服务；（4）县级以上政府应当建立健全社会救助对象经济状况核对机制，全省建立统一的跨部门的社会救助对象经济状况核对信息平台，落实工作人员和经费，对申请或者已获得社会救助对象经济状况的真实性和完整性进行核对，各级民政部门负责本级信息平台建设和维护，相关部门根据职责共享相关信息；（5）市（州）、县（市、区）政府民政部门根据社会救助申请对象的请求、委托，可以通过户籍管理、税务、社会保险、不动产登记、工商登记、住房公积金管理、车船管理等单位和银行、保险、证券等金融机构，代为查询、核对其家庭人口、收入和财产等状况，有关单位和金融机构应当予以配合，及时提供相关信息；（6）县级以上政府民政部门应当通过社会救助对象经济状况核对机制，对辖区内已获得社会救助对象的经济状况进行定期复核或者抽查核对。有关单位和金融机构应当予以配合；（7）申请或者已获得社会救助的对象，应当主动配合调查和家庭经济状况核对，如实申报家庭人口、收入和财产等状况并及时报告变化情况。救助对象申报的家庭经济状况与核对结果不符并且明显超过有关社会救助标准的，社会救助管理部门应当将相关情况载入核对系统，有关部门和机构应当将相关信息载入个人征信系统。

同时，《四川救助办法》第55条规定，采取虚报、隐瞒、伪造等手段，骗取社会救助资金、物资或者服务的，依法承担相应法律责任，有关信息载入个人征信系统。对无理取闹、采用威胁和暴力手段等方式强行索要社会救助待遇，构成违反治安管理行为的，由公安机关依法给予治安管理处罚；构成犯罪的，依法追究刑事责任。从这些规定可以看出，四川省的这一具体的地方立法，在很大程度上弥补了四川省在灾害救助立法方面的不足。

第四节　《灾害救助法》的立法设想[①]

一、灾害救助法的界定与立法必要性

灾害救助法，是指自然灾害发生后，国家和各级政府以应急响应的紧急行动，应对自然危险，并对灾区、灾民进行抢救、救助和救济的对策与措施方面的法律规范总和。在这里，"灾害救助"强调的是，自然灾害发生后，人类社会以积极的对策，对自然灾害加以处置，进行抢险救灾、救助灾区、救济灾民，从而获得迅速恢复灾区生产、生活秩序的积极效果。日本《灾害救助法》就以"在灾害时，国家得到地方公共团体、日本红十字会及其他的团体及国民的协助，而进行应急的必要的援助，对蒙受灾害人的保护和保全社会的秩序为目的的法律"[②] 为定义。

理论上，临灾时的应对有"救助说"和"援助说"两种学说。其中，"救助说"强调国家和政府对灾区、灾民的主动救助，而"援助说"，则以其他团体和国民的协助为前提，进行灾区、灾民应急的必要救援，这需要有相当明确的分工和完善的立法来保障。日本《灾害救助法》虽然名为"救助法"，但是，其实质为"援助"，作者为此主张救助说，为我国《灾害救助发》应当采取的定义。基于此，《灾害救助法》的特征如下：

1. 自然灾害已然状态适用的法律。这一点，与作为基本法的《防灾减灾基本法》以及灾后恢复重建状态等不同的是，《灾害救助法》主要只针对灾害已发生状态的应对与对策措施，加以具体而明确地规定。在这里，自然灾害的"已然状态"，按照理论上的解释，是指灾害源已经形成且强度达到发生危害的程度，直到其强度降低或消退前的这一段时间。例如，地震就是指震级第一次达到破坏强度，及至破坏强度级余震结束这样一种状态。1976 年唐山大地震，专指 7 月 28 日 03：42 以后到 8 月 20 日前这一段时间。即地震后到经过 20 多天艰苦抢救，救出大批受难人员，安排灾民的吃穿住，初步恢复生产和运输，属于地震灾害的应急救助状态。此后，则转入灾后恢复重建阶段，应适用《灾后重建法》，为灾区提供灾后重建的帮助和对口支援。

2. 紧急应对处置方面的法律。自然灾害的发生，不论是大灾、小灾、轻灾或重灾还是特殊灾害[③]或普通灾害，在我国，各级政府作为自然灾害等各类突发事件的第一责任人，都应当采取相应的紧急应对与处置措施，救助灾区、救济灾民，使之免受或少受经济、社会和文化等方面的损失。常言道：水火无情。这是强调自然灾害的破坏性，不因人们是否"修德禳灾"而有所减轻或者削减。人类社会只有主动积极地与自然灾害作斗争，政府和国家以灾害救助支持人们进行这种斗争，才能减轻自然灾害的影响和造成的损失。灾害初起，容不得政府机构以官僚态度，渎职其事。在这方面，1987 年 5 月大兴安岭森林火灾初起时，应急应对或者紧急处置就完全失当，就是深刻的教训。

---

① 内容参见王建平：《减轻自然灾害的法律问题研究》（修订版，法律出版社 2008 年版）第七章"灾害状态的法律对策"第三节"灾害救助法"，第 364 页~第 376 页。

② ［日］我妻荣：《新法律学辞典》，中国政法大学出版社 1991 年 6 月版，第 348 页。

③ 此处指一般不常见的灾害，如隧道火灾、电网污闪、核泄漏、火山喷发，以及油轮触礁等超低概率的自然灾害和人为灾害。

3. 对政府灾害职能明确的法律。按照"社会的国家观"学说，国家的任务就是保障国民的生活，政府是社会秩序的守夜人。国家的性质和任务决定了灾害救助义务应由国家和地方各级政府承担，《灾害救助法》就是对此加以明确规定的法律。《灾害救助法》不仅要规定政府进行灾害救助的权力，也要规定其灾害救助的义务和责任。在西方，对后者，也以国务要求权①的条款加以明确。由此可知，灾害救助的主体是国家和各级政府，而受救助的对象是灾区和灾民。在这里，虽然灾民和其他人或组织，如军队、有关部门也有救灾义务，但是，可以理解为是在国家、各级政府救助组织的领导和组织之下的义务履行，属于后者职责的组成部分。

4. 《灾害救助法》是对策措施法。"救助"本身是个大概念，其内涵由许多具体的对策措施组成。就防灾、救灾和减灾的具体需求看，包括抢险、救助和救济等措施。抢险，即对灾害紧急状态下的人员和财物进行紧急抢救、转移、撤离和抢修、抢运等等，使之脱离灾害危险区域。救助，即对实区的紧急救援和灾民的安置和帮助，使之脱离灾害危险，减少损失发生。救济或者赈济，②则主要是对灾民给予物质、精神、劳务和优惠等方面的救济和帮助，使灾民能度过灾后的生活和生产困难。救助对策和措施如何采取，以什么来保障，具体灾害中有无不同，需要立法详细规定，方能便利操作。对策措施立法，实际上给国家和政府临灾救助以操作工具，避免灾害发生时对策不济、措施不当而造成不应有的失误，或临阵磨枪，无法抵挡灾害的袭击。

在我国，制定《灾害救助法》是必要的，也是可能的。应当说，制定《灾害救助法》的可能性，首先来自我国自然灾害的频繁发生，只要有自然灾害存在，就必然有相应的处置对策方面的法律法规，而《灾害救助法》就是这样一种法律。自然灾害的不可避免性，造成了这部专门法律立法的必要性。日本针对其土上地震、火山喷发和受飓风影响灾害频繁的现实，制定了《灾害对策基本法》《灾害救助法》《水害预防组合法》《防洪法》《农业灾害补偿法》《大地震对策特别措施法》《遭灾都市临时处理法》等一大批专门法律，从而使灾害救助得以有法可循。要对各地的各种灾害进行有效救助，国家的减灾能力只能通过各级政府及时行动、妥善组织和安排体现出来。如 1991 年我国属重灾年，报界分析认为，因为国家对这场灾害处置得当、救助有力，从而不会对经济的发展造成重大影响。③ 这种评价，实际上就是对我国减灾能力增强的肯定，而立法，则是对这种肯定的官方认可，更为自然灾害的救灾应对所必需。我国《灾害救助法》立法的必要性在于：

1. 灾害群发预测是立法的科学基础。前文提到，许多专家一致认为，地球在 21 世纪已进入一个自然灾害群发的严重时期。为此，国际上有"国际减灾十年活动（1990—1999 年）"，我国已响应这一号召，专门成立了"中国国际减灾十年委员会"（已更名为"中国国家减灾委"）。这表明，我国政府已对灾害群发的警告和国际减灾十年活动给予认可，愿意并实际承担了相应的国际义务。事实上，灾害群发现象已初见端倪。加上我

---

① 国务要求权，即要求国家积极作为的国民权利。

② 此处的赈济，主要是指灾后紧急情况下的赈灾，至于恢复重建阶段和此意义上的赈济，应属减灾法范围。

③ 陈文鸿：《洪涝灾害对中国整体经济影响有限》，《星岛日报》（香港），1991 年 8 月 27 日。《侨报》（纽约）1991 年 7 月 24 日社论《中国显示卓越的抗灾能力》。

国位于世界两大自然灾害带①之中，又是北纬 20°~50°灾害带内典型的灾害集中区，所以，不论未来的灾害群发程度如何，都应通过积极立法和宣传教育，唤醒人们的减灾意识，培养人们的减灾能力。虽然，自然灾害不见得一定能够防止，但是，所有的自然灾害都能进行救助，而救助的手段、措施和方法的法律保障，蕴含于现实的立法可能性中。

2. 人们对灾害不可避免性与专门立法必要性的认识已经提高。能够证明这种认识提高的证据之一是 1979 年以前我国关于灾害救助只有大量的方针、政策，立法中涉及者极少。此后，有关立法中已颇多涉及有关灾害救助方面的对策措施，尤其是，我国在 2010 年 7 月 8 日颁行了《灾害救助条例》。其证据之二是我国的救灾物资储备制度从储备机构、储存的物资种类和数量、储备的形式等方面已有长足的发展。而救灾储备制度，恰恰与人们的认识密切相关。证据之三是科学技术的发展，使人们不再信奉"修德禳灾"那一类唯心主义观点，尤其是减灾技术的发展，使人们能在大灾重灾面前得以保全财产性命。人们认识的提高，既包括社会部分成员的，也包括全社会的认识提升。这是灾害救助立法的社会认识基础，也是孕育立法需要的摇篮。

3. 对救助的态度转向积极作为使立法有了可能。根据中国古代的"禳灾说"，灾害既来，人们可作为者是祭祀祈祷神灵以求消灾免祸。这种学说，早就有信奉者，如"齐有彗星，齐侯使禳之。"② 唐太宗也笃信此说活吞蝗虫以灭灾，在今天，也不乏逢"灾"必"禳"的信徒。就现实情况看，"禳灾说"实在是灾害救助的大敌。民众中，相信此说者已为数不多。国家和各级政府在灾害发生后，多能迅速采取救助措施，解救灾区之危急情况，一改历史上消极不作为的"禳灾"态度。为了使这种积极作为的态度能转化成高效的灾害救助活动、措施和制度，就应通过立法使之固定下来，以免使其受个人意志的左右。这一点与第二点都属于主观条件，对立法至关重要。

4. 国家的减灾能力已是存在。减灾能力，不仅包括救灾的物质能力、精神能力（即民族精神），也包括救灾制度、灾害处置手段，以及救灾保障体系是否健全等。减灾能力的强弱，也可以通过是否有相应的立法来衡量。易言之，减灾能力需要专门的立法给予确立和保障。在这一点上，能够证明国家减灾能力提升的，便是 2008 年汶川大地震之后，进入灾后重建阶段初期，国家即启动我国《防震减灾法》的修订，并在当年完成了这部法律的修订，与《汶川重建条例》一起，构成了我国应对地震灾害能力的快速提升的证明。

二、《灾害救助法》的主要内容

《灾害救助法》的侧重点是灾害救助，因而，救灾储备的动用、灾害处置、灾区救助、灾民救济和救助责任等是其主要内容。作为救助对策法，所要解决的是灾害发生后，国家、社会对灾区、灾民和灾情的态度、措施和对策等方面的问题。即国家和社会对灾区、灾民是否给予救助，以什么形式，采取哪些措施进行救助，具体救助过程中，

---

① 即环太平洋沿岸几百公里宽的火山、地震、台风、潮灾带，及北纬 20°~50°之间的陆地地震、火山、山地灾害、气象灾害、农林灾害带等。

② 《左传·昭公二十六年》。

又有哪些特殊的对策，等等。在中国历史上，一般而言，国家和社会对自然灾害都要给予救助，但是，制定专门的救助法者确实不多见，而多以临灾发布命令或者宣示某些特殊政策者等为常见。如公元1709年（清康熙四十八年）顺天府大蝗，康熙下诏责成直隶总督组织吏民，趁蝗蝻未生翅限期扑灭，[①] 就是例子。各种灾害要求有不同的救助对策，只有制定法律，明确各个主体的职责、义务，方能临灾不乱。

《灾害救助法》在内容上，可以是《防灾减灾基本法》的专门法，其内容主要包括：

1. 救灾储备的动用。储备物资的临灾动用，涉及问题是：（1）动用权的行使。根据我国现行的救灾物资储备制度，由国家的各专业部门储备的物资，动用权属于国务院或国务院委托的有关部门。而地方、集体和个人储备的物资，动用权分属各储备者。[②]但国家在必要时，亦可紧急动用地方、集体和个人的储备。（2）动用的原则。救灾储备的动用要与灾度、灾害是否紧急等情况相适应，量力动用和支援帮助相结合，以有偿为主。这些原则中，有偿为主是与减灾基金和鼓励救灾储备等密切联系的，必须加强。（3）动用的方式。自然灾害发生，灾区的地方、集体和个人储备及国代民储之物资，可以直接动用。而民代国储的物资，则须经国家批准方能动用。国家储备由国家调拨，是否以有偿为主，宜通过立法具体规定。

2. 灾害紧急处置。自然灾害已经发生，国家和各级政府最初的基本反应是启动应急预案，发出抢险救灾的命令，采取调拨救灾储备物资的行动，调遣人力、物力和财力。对灾害的特别危急情况采取相应的对策，如决定泄洪闸坝的开启、抗震加固、重点目标的保卫、通信线路和道路的抢修、组织专业救灾技术队伍等。自然灾害的处置之所以要强调"紧急"，关键是因为自然灾害本身不容许延误，如有延误必然使本来可以减轻的损失无法减轻。同时，紧急处置还强调必须有专门的处置机构。如无这样的常设机构，临灾才匆忙拼凑，肯定会贻误灾情。还有，"紧急处置"也强调对策行动的作出必须果断、有可行和有执行的保障。对临灾扯皮不决、有令不行的情况，就需要救助立法来禁止。

3. 灾区紧急救助。灾区是自然灾害作用的空间，社会秩序和政府职能机构往往陷于瘫痪状态，这是灾区承灾体属性的必然表现。为此，要对灾区进行紧急救助或支援，以帮助灾区维持社会秩序，政府机构也能得以恢复运转。如向灾区派遣救灾人员、军警人员和医疗人员，进行抢救受难者、维持灾区秩序、保卫重要目标以及对受伤者给予治疗等。"紧急救助"按灾情分为地方政府救助、中央政府救助、国际社会救助和专业职能部门救助几种。灾情越是轻微，救助的级别也越低。相反，则救助的级别也越高。对某些具有特殊救助或救援需要的自然灾害或者事故灾难，只能采取专业职能部门救助为主的方针。如油库火灾，只适宜于消防部门扑救，遇有需要才由政府提供各种形式的协助。

4. 灾民救济或赈济。自然灾害制造灾民，而灾民不像财物，只要抢救脱险就可以了，还有衣食住医疗等现实生计问题。因此，对灾民的救助，通过灾害紧急处置，使灾区脱离危险是一方面，而另一方面，还包括其生存最低需求的保障，即灾民救济或赈

① 《中国减灾报》，1992年7月7日。

② 崔乃夫：《中国民政词典》，上海辞书出版社1990年12月版，第266页。

济。这种赈济，可以理解为灾区救助的组成部分，也可以理解为灾区救助在灾民身上的延伸。从灾害救助法的角度分析，灾民赈济，主要有灾害状态下的物质赈济、精神赈济和某些优惠赈济。而劳务赈济和其他优惠赈济，则多适用于灾后补救救济，解决灾民恢复生活、生产能力。其功能和作用各有不同，故立法时应加以区分，并按照各法的分工，分别规定在相应的法律当中。

5. 自然灾害救助责任。即救助机构不予救助、救助失误和迟延等的责任，也包括不服从救助机构的命令和调遣的法律责任。前者是失误性质的责任，而后者则是过错性质的责任。对这些责任，救助法应该有专门的规定，以保护救助者的权益不被侵害，抑或是遭受侵害，也可以及时得到补救。由于救助机构主要是各级政府、中央政府以及专业职能部门，立法时不应因此回避这些问题。作为政府和专业职能部门，职能于斯，而不事其责，自是必当追究该部门、领导和具体负责人的相应的法律责任。

三、灾害救助法的实施

《灾害救助法》的实施问题的提出，与其制定有关。一般情况下，法律一经颁布，就有实施的问题。普通法律的实施，并无适用或施行的条件限制，如刑法、民法、行政法等实体法和刑事诉讼法、民事诉讼法、行政诉讼法等程序法，都是一经颁布，在规定的生效日到来，便开始并持续生效。《灾害救助法》则与此有所不同，那就是：在自然灾害未发生的情况下，该法的效力处于无实际作用对象，其实施在事实上也处于非持续状态。这就提出了一个《灾害救助法》的实施监督和保障问题。

1. 《灾害救助法》实施的特点。有自然灾害才有救助，没有自然灾害则不需要救助，这就决定了《灾害救助法》的实际生效是以发生自然灾害为条件。即自然灾害发生，《灾害救助法》才开始实际适用，而自然灾害消除则该法就不再适用。尤其是，这个法只在灾区适用，适用主体和对象、范围大小、时间长短，都由自然灾害来决定，这是第一个特点。对重灾区、特重灾区或各种灾害的群发区，以及灾害持续时间长的灾区，《灾害救助法》可以暂时或较长时间内取代某些普通法。如在特重灾区，《灾害救助法》就可以取代收养法的作用，这是第二个特点。一旦灾情紧急，还要涉及《紧急状态法》等的适用，这就发生了《灾害救助法》与有关法律的协调实施现象，这是第三个特点。这些特点，说明《灾害救助法》的实施条件，确实需要人们予以特别的关注。

2. 《灾害救助法》实施的非持续状态。根据法律实施是法律在社会生活中的具体运用和实现的观点，[①]《灾害救助法》因自然灾害的出现与否，往往难以由人们的主观意志来决定，因而出现事实上的实施非持续状态。非持续状态是由灾害的特点决定的，强调灾害这种人类生活、生产活动中的异常现象，对法律实施的影响。它包括几种情况：（1）某地已发生灾害与下一次灾害之间，救助法因无实际作用对象，无法具体运用和实现；（2）灾区在不同的地区更替出现，同一地区的救助法适用就难以持续；（3）某次或某种灾害消退后，救助法的适用即告一段落，非连续适用之；（4）灾害群发区域或特重灾区适用《灾害救助法》，只是自然灾害对实施的嫁接或适用时间的延长，而非其实施本来如此，一俟灾害源消除，则法律实施事实上便中断。

---

① 沈宗灵：《法学基础理论》，北京大学出版社 1988 年版，第 365 页。

3.《灾害救助法》实施监督。一旦灾害发生，实际适用和实现《灾害救助法》的内容就成了重要问题。而这需要强有力的社会监督，因此，监督实施在这里含有保证实施的含义。按照通常的说法，法律实施的监督，包括立法机构的监督、中央和地方各级国家机关的监督和群众的监督等。这些形式的实施监督中，最重要的，应是各级国家机关的监督和群众监督的结合。这不仅因为各级政府和专业职能部门本身就是法律实施的主体，负有执行法律的使命，而且，各级政府与专业职能部门的执法对象是灾民。这时的实施监督，就与普通法律的实施监督，在功能上有所不同，不但必需，而且意义重大。那就是被救助灾民的基本利益、生存权，甚至性命等均维系于斯。

4.《灾害救助法》实施协调。实施协调，即在灾情实际需要的情况下，《紧急状态法》《防灾减灾基本法》和各单灾种法等，纷纷在同一个区域适用。各个法与《灾害救助法》相容、互补或重叠、交叉实施。其结果，就有可能出现因立法上的不协调、矛盾或冲突，造成适用上的困难，或者立法上虽无不协调、矛盾或冲突之处，但适用的原则、顺序和范围等有不相协调等情况。如按照特别法优于普通法的原则，自然灾害发生，应适用《灾害救助法》。灾情紧急时，则应执行《紧急状态法》，而灾害消退、灾情缓解则适用《防灾减灾基本法》和各单灾种法。无灾或未灾时后两种法继续适用。因此，强调实施协调包括立法协调、临灾适用协调和适用的机构、区域等的协调。这种协调的目的，主要在于维护救助法的严肃性及功能的完整性。

5.《灾害救助法》实施保障。如同其他任何法律一样，《灾害救助法》的实施，也需要相应的保障。依靠这些保障，救助法可以成为服务灾区、造福灾民的保护神，从而对经济和社会的发展起推动作用。从救助法的内容看，救灾物资储备动用的实施保障，包括了救灾储备、动用权、动用审计监督等的落实。而灾害抢险、灾区救助、灾民赈济的实施保障，则包括实施机构、实施权、实施监督等的落实。至于救助责任的实施保障，则包括立法规定明确、可行，具有较强的可操作性和责任承担的监督。由此，作者以为，实施保障属于救助法内在机制的组成部分。法律制定时就应认识到它的重要性，使救助法一旦进入实施状态，就能够及时形成良好的自我保护机制。主要是：（1）救灾物资储备动用的保障。动用救灾储备的保障前提，是物资储备计划和任务的落实。如对中央救灾和调拨的农药，调出地区就必须保证按计划完成，不得封锁，也不能行令禁运。[①]（2）灾害抢险、灾区救助、灾民赈济的保障，可简称为"救助保障"。这是救助法实施保障的核心问题，它强调要实现这种保障，必须具备以下三个条件：其一，实施机构的明确与落实；其二，实施权的保障；其三，实施监督保障，包括舆论监督、群众监督和审计监督以及其他监督的保障；（3）救助责任的实施保障。救助责任的实施保障，主要来自救助者的主观意识和行为。当然，外在的条件也有，主要包括两部分：一是法律责任在立法上的明确与可行；二是责任条款具有可操作性，并且有专门的责任承担监督机制。如由中国灾害防御协会或有关专业团体或监督机构，对救助者的行为作出评价，由有裁判权的单位作出处理等。

[①] 《国务院关于完善化肥、农药、农膜专营办法的通知》（1989 年 12 月 28 日），第 4 条。

思考与训练：

1. 假设：2017 年 8 月 8 日晚地震发生，你在九寨沟沟口漳扎镇花了 2500 元租了一辆车，途中驾驶员要加价 1000 元才把你送到甘肃省文县县城。请问：你选择如何处理？

2. 请谈谈你对"以工代赈"政策的看法。有人认为政府救灾不应该搞什么"以工代赈"，你同意吗？

3.2013 年"4·20"芦山大地震发生后，4 月 21 日，芦山县地震灾民在路边举牌，上写："500 多人无水，无粮无住"，进行"举牌求助"。请问：你对此现象如何评价？

第十章　灾后重建法与灾民生活恢复

　　所谓灾后重建，是指自然灾害临灾期、过渡期届满后，通过利用各种人力物力和财力资源，对自然灾害毁坏、损坏和破坏的灾区的基础设施、产业能力、防灾减灾能力、生态环境和城乡住房、城镇建设、农村建设、公共服务设施、精神家园等，通过修复、整治与整理、新建、干预和安抚等方式，以恢复灾区、灾民的生产、生活秩序与能力的一系列活动。在日本，灾后重建被界定为"复兴"，所以，相关灾害立法的名称中，常常会见到"复兴"字样。我国汶川大地震发生后，"灾后重建"一词，炙手可热。作为灾后对口支援的范例，"四川大学—香港理工大学灾后重建与管理学院"（简称"灾管院"）这样一个全世界独一无二的专门以防灾减灾、灾害应急与灾后重建人才培养为主要目标的学院，[①] 也应运而生。在这个学院运行 7 年之后，以它为依托的四川省"自然灾害应急管理与灾后重建研究智库"顺势降临，成为首批 22 个智库之一。

　　2008 年 6 月 4 日，国务院第 11 次常务会议通过《汶川灾后恢复重建条例》（国务院令第 526 号，2008 年 6 月 8 日公布施行，9 章 80 条，即《汶川重建条例》）。这个条例是为了保障汶川地震灾后恢复重建工作，有力、有序、有效地开展，积极、稳妥恢复灾区群众正常的生活、生产、学习、工作条件，促进灾区经济社会的恢复和发展，根据我国《突发事件应对法》《防震减灾法》制定的。汶川地震灾后恢复重建，要坚持以人为本、科学规划、统筹兼顾、分步实施、自力更生、国家支持、社会帮扶的方针，并遵循"六结合原则"：（1）受灾地区自力更生、生产自救与国家支持、对口支援相结合；（2）政府主导与社会参与相结合；（3）就地恢复重建与异地新建相结合；（4）确保质量

---

① "四川大学—香港理工大学灾后重建与管理学院"（简称"灾管院"，英文缩写 IDMR）于 2009 年 7 月开始筹备，四川省人民政府、教育部、民政部给予了大力支持。2010 年 8 月 19 日，四川大学与香港赛马会签署筹建"四川大学—香港理工大学灾后重建与管理学院"合作协议。香港赛马会鼎力捐助启动资金 2 亿元人民币，纳入"香港特区政府捐助四川汶川地震项目"，列入中国政府"四川汶川地震灾后重建项目"。香港赛马会捐助的内容如下：（1）1.2 亿元用于项目硬件建设（教学与科研大楼、实验室建设）；（2）0.8 亿元项目软件建设（教育培训项目、社区实践及服务设施、学院研究中心项目）。2010 年 9 月 17 日，四川大学与香港理工大学签署"灾后重建与管理学院"合作协议。2010 年 12 月，在四川大学江安校区举行灾管院大楼奠基仪式。2011 年 9 月，第一届川大理大联合培养博士计划启动，12 名博士入学。2012 年 11 月，四川大学正式将灾管院列为第 32 所学院，自主设立"安全科学与减灾"交叉学科。2012 年 12 月，灾管院启动全球招聘，引进高端人才。2013 年"4·20"芦山大地震发生后，灾管院启动快速支援行动。2013 年 5 月 8 日，香港马会大楼暨灾后重建与管理学院揭牌仪式举行。2013 年 5 月 8 日—9 日，灾管院举办"灾后振兴与国家减灾论坛"。灾管院的办学宗旨：致力于防灾减灾、灾后重建与应急管理领域高端人才培养、科学研究和社会服务，努力提高人类抵御各类灾害的科学技术水平和管理能力，最大限度地减轻灾害造成的人员伤亡和财产损失，促进人类社会可持续发展。总体目标是：建成开放式、多学科、国际化、可持续的集科学研究、人才培养、社会服务于一体的防灾减灾与应急管理领域高水平新型学院。

与注重效率相结合；（5）立足当前与兼顾长远相结合；（6）经济社会发展与生态环境资源保护相结合。

各级政府加强对地震灾后恢复重建工作的领导、组织和协调，并成立汶川地震灾后恢复重建协调机构，组织协调地震灾后恢复重建工作。县级以上政府有关部门，在本级政府的统一领导下，职责分工、密切配合，采取有效措施，共同做好地震灾后恢复重建工作。汶川地震灾区各级政府，本着自力更生、艰苦奋斗、勤俭节约的精神，多种渠道筹集资金、物资，开展地震灾后恢复重建。国家对汶川地震灾后恢复重建，给予了财政支持、税收优惠和金融扶持，并积极提供物资、技术和人力等方面的支持。在公民、法人和其他组织积极参与下，汶川地震灾后恢复重建工作中，大量采用先进的技术、设备和材料，并结合接受外国政府和国际组织提供的符合汶川地震灾后恢复重建需要的各种援助，使汶川地震灾后重建工作，取得令人瞩目并受到全世界交口称赞的杰出成果。

《汶川重建条例》在内容上包括：第一章总则（第 1 条～第 6 条）；第二章过渡性安置（第 7 条～第 19 条）；第三章调查评估（第 20 条～第 24 条）；第四章恢复重建规划（第 25 条～第 33 条）；第五章恢复重建的实施（第 34 条～第 52 条）；第六章资金筹集与政策扶持（第 53 条～第 64 条）；第七章监督管理（第 65 条～第 72 条）；第八章法律责任（第 73 条～第 78 条）；第九章附则（第 79 条～第 80 条）等。这样的法规结构设计，不仅是我国灾害立法方面的一个杰出创新，其具体规范至今仍然具有非常重要的实践价值和指导意义。

需要指出的是，灾后重建有三层含义，即：（1）在建筑上，是指建筑损毁后重新建造或者修复建筑物的意思；（2）在秩序上，是将自然灾害破坏的社会有序状态加以恢复的情形；（3）在心理上，则是指将灾民受损的精神心理状态，通过心理干预或者心理辅导，不断平复受伤心理或者恢复其到正常状态的情形。所以，灾后重建之于灾民而言，实际上就是其生活状态的恢复（包括其原来所在的社区、家庭和人际关系等等的修复性整合与恢复的情形）。由此而言，灾后重建不是一蹴而就的事情，而是需要一定的时间，投入大量的人力物力财力和灾民不懈的努力之后，才能实际获得生活秩序有效恢复的效果。

第一节　灾后重建的准备

一、灾民的过渡性安置

《汶川重建条例》第二章规定了"过渡性安置"即第 7 条～第 19 条。也就是说，对地震灾区的灾民进行过渡性安置，根据地震灾区的实际情况，采取就地安置与异地安置、集中安置与分散安置、政府安置与投亲靠友、自行安置相结合的方式。政府对投亲靠友和采取其他方式自行安置的受灾群众给予适当补助。具体办法由相关省级政府制定。过渡性安置的地点，应当选在交通条件便利、方便受灾群众恢复生产和生活的区域，并避开地震活动断层和可能发生洪灾、山体滑坡和崩塌、泥石流、地面塌陷、雷击等灾害的区域以及生产、储存易燃易爆危险品的工厂、仓库。实施过渡性安置，应当占用废弃地、空旷地，尽量不占用或者少占用农田，并避免对自然保护区、饮用水水源保护区以及生态脆弱区域造成破坏。

在过渡性安置时，汶川地震灾区的各级政府，应当根据实际条件，因地制宜，为灾民安排临时住所。临时住所可以采用帐篷、篷布房，有条件的也可以采用简易住房、活动板房。安排临时住所确实存在困难的，可以将学校操场和经安全鉴定的体育场馆等作为临时避难场所。汶川地震灾区的农村居民，如果自行筹建符合安全要求的临时住所，国家予以补助。具体办法由相关省级政府制定。与此同时，用于过渡性安置的物资，应当保证质量安全。生产单位应当确保帐篷、篷布房的产品质量；建设单位、生产单位应当采用质量合格的建筑材料，确保简易住房、活动板房的安全质量和抗震性能。

过渡性安置地点应当配套建设水、电、道路等基础设施，并按比例配备学校、医疗点、集中供水点、公共卫生间、垃圾收集点、日常用品供应点、少数民族特需品供应点以及必要的文化宣传设施等配套公共服务设施，确保受灾群众的基本生活需要。过渡性安置地点的规模要适度，并安装必要的防雷设施和预留必要的消防应急通道，配备相应的消防设施，防范火灾和雷击灾害发生。同时，临时住所还应具备防火、防风、防雨等功能。而活动板房，要优先用于重灾区和需要异地安置的受灾群众，倒塌房屋在短期内难以恢复重建的重灾户特别是遇难者家庭、孕妇、婴幼儿、孤儿、孤老、残疾人员以及学校、医疗点等公共服务设施。

应当强调的是，临时住所、过渡性安置资金和物资的分配和使用，应当公开透明，定期公布，接受有关部门和社会监督。具体办法由相关省级政府制定。过渡性安置用地按临时用地安排，可以先行使用，事后再依法办理有关用地手续；到期未转为永久性用地的，应当复垦后交还原土地使用者。过渡性安置地点所在地的县级人民政府，应当组织有关部门加强次生灾害、饮用水水质、食品卫生、疫情的监测和流行病学调查以及环境卫生整治。使用的消毒剂、清洗剂应当符合环境保护要求，避免对土壤、水资源、环境等造成污染。过渡性安置地点所在地的公安机关，应当加强治安管理，及时惩处违法行为，维护正常的社会秩序。还有，灾民要在过渡性安置地点所在地的县、乡（镇）政府组织下，建立治安、消防联队，开展治安、消防巡查等自防自救工作。

汶川地震灾区的各级政府，要组织受灾群众和企业开展生产自救，积极恢复生产，并做好受灾群众的心理援助工作。灾区各级政府及政府农业行政主管部门，要及时组织修复毁损的农业生产设施，开展抢种抢收，提供农业生产技术指导，保障农业投入品和农业机械设备的供应。汶川地震灾区各级政府及政府有关部门，优先组织供电、供水、供气等企业恢复生产，并对大型骨干企业恢复生产提供支持，为全面恢复工业、服务业生产经营提供条件。

二、灾情的调查评估

《汶川重建条例》第三章规定了"调查评估"（第 20 条～第 24 条）。具体要求是：

其一，国务院有关部门应当组织开展地震灾害调查评估工作，为编制地震灾后恢复重建规划提供依据。

其二，地震灾害调查评估应当包括下列事项：（1）城镇和乡村受损程度和数量；（2）人员伤亡情况，房屋破坏程度和数量，基础设施、公共服务设施、工农业生产设施与商贸流通设施受损程度和数量，农用地毁损程度和数量等；（3）需要安置人口的数量，需要救助的伤残人员数量，需要帮助的孤寡老人及未成年人的数量，需要提供的房屋数量，需要恢复重建的基础设施和公共服务设施，需要恢复重建的生产设施，需要整理和复垦的农用地等；（4）环境污染、生态损害以及自然和历史文化遗产毁损等情况；（5）资源环境承载能力以及地质灾害、地震次生灾害和隐患等情况；（6）水文地质、工程地质、环境地质、地形地貌以及河势和水文情势、重大水利水电工程的受影响情况；（7）突发公共卫生事件及其隐患；（8）编制地震灾后恢复重建规划需要调查评估的其他事项。

其三，县级以上政府应当依据各自职责分工组织有关部门和专家，对毁损严重的水利、道路、电力等基础设施，学校等公共服务设施以及其他建设工程进行工程质量和抗震性能鉴定，保存有关资料和样本，并开展地震活动对相关建设工程破坏机理的调查评估，为改进建设工程抗震设计规范和工程建设标准，采取抗震设防措施提供科学依据。

其四，地震灾害调查评估应当采用全面调查评估、实地调查评估、综合评估的方法，确保数据资料的真实性、准确性、及时性和评估结论的可靠性。地震部门、地震监测台网应当收集、保存地震前、地震中、地震后的所有资料和信息，并建立完整的档案。开展地震灾害调查评估工作，应当遵守国家法律、法规以及有关技术标准和要求。地震灾害调查评估报告，及时上报国务院。

三、制定灾后恢复重建规划与灾民重建计划

《汶川重建条例》第四章规定了"恢复重建规划"（第 25 条～第 33 条）。《汶川地震灾后恢复重建总体规划》国发〔2008〕31 号文（简称《汶川重建规划》，2008 年 9 月 19 日发布），包括：重建基础、总体要求、空间布局、城乡住房、城镇建设、农村建设、公共服务、基础设施、产业重建、防灾减灾、生态环境、精神家园、政策措施、重建资金、规划实施等共 15 章 57 节内容，可以用"体系庞大、内容丰富、结构完善"等堪称经典的评价来形容这个共和国历史上第一个灾后重建"总体规划"。

《汶川重建规划》是国务院发展改革部门，会同国务院有关部门与地震灾区的省级政府共同组织编制的地震灾后恢复重建规划，报国务院批准后组织实施。《汶川重建规划》包括了地震灾后恢复重建总体规划和城镇体系规划、农村建设规划、城乡住房建设规划、基础设施建设规划、公共服务设施建设规划、生产力布局和产业调整规划、市场服务体系规划、防灾减灾和生态修复规划、土地利用规划等专项规划，其具体操作性非常强。

汶川地震灾区的市、县政府在省级政府的指导下，组织编制本行政区域的地震灾后恢复重建实施规划。编制地震灾后恢复重建规划，要全面贯彻落实科学发展观，坚持以人为本，优先恢复重建受灾群众基本生活和公共服务设施；尊重科学、尊重自然，充分考虑资源环境承载能力；统筹兼顾，与推进工业化、城镇化、新农村建设、主体功能区建设、产业结构优化升级相结合，并坚持统一部署、分工负责，区分缓急、突出重点，相互衔接、上下协调，规范有序、依法推进的原则。同时，编制地震灾后恢复重建规划，应当遵守法律、法规和国家有关标准。而灾后调查评估获得的地质、勘察、测绘、水文、环境等基础资料，则应当作为编制地震灾后恢复重建规划的依据。地震工作主管部门根据地震地质、地震活动特性的研究成果和地震烈度分布情况，对地震动参数区划

图进行复核，为编制地震灾后恢复重建规划和进行建设工程抗震设防提供依据。

事实上，《汶川重建规划》包括了地震灾害状况和区域分析，恢复重建原则和目标，恢复重建区域范围，恢复重建空间布局，恢复重建任务和政策措施，有科学价值的地震遗址、遗迹保护，受损文物和具有历史价值与少数民族特色的建筑物、构筑物的修复，实施步骤和阶段等主要内容。与此同时，《汶川重建规划》还重点对城镇和乡村的布局、住房建设、基础设施建设、公共服务设施建设、农业生产设施建设、工业生产设施建设、防灾减灾和生态环境以及自然资源和历史文化遗产保护、土地整理和复垦等做出了安排。其中，汶川地震灾区的中央所属企业生产、生活等设施的恢复重建，也纳入了地震灾后恢复重建规划统筹来安排。

汶川地震灾后恢复重建规划编制时，吸收了有关部门、专家参加，并充分听取地震灾区受灾群众的意见；重大事项也组织有关方面的专家，进行了专题论证。汶川地震灾区内的城镇和乡村完全毁损，存在重大安全隐患或者人口规模超出环境承载能力，需要异地新建的，重新选址时，应当避开地震活动断层或者生态脆弱和可能发生洪灾、山体滑坡、崩塌、泥石流、地面塌陷等灾害的区域以及传染病自然疫源地。地震灾区的县级以上地方政府要组织有关部门、专家对新址进行论证，听取公众意见，并报上一级政府批准。在这方面，最典型的成功事例，就是北川县城的异地重建的地点确定。

国务院批准的《汶川重建规划》，是汶川地震灾后恢复重建的基本依据，已经及时公布。任何单位和个人都应当遵守经依法批准公布的地震灾后恢复重建规划，服从规划管理。地震灾后恢复重建规划所依据的基础资料修改、其他客观条件发生变化需要修改的，或者因恢复重建工作需要修改的，由规划组织编制机关提出修改意见，报国务院批准执行。

需要注意，一般说到灾后重建规划，都是指灾区的灾后恢复重建总体性或者综合性规划。然而，作者要强调的是，灾民个人或者家庭的灾后重建计划，也应当受到重视与关注。固然，在严重的自然灾害发生后，全社会都全力关注灾区的灾后重建综合规划，这确实没有错。但是，对于一个一个具体的灾民个体或者家庭而言，确实也需要制定自己的灾后重建计划。有了这个计划，个人或者家庭的灾后重建工作，才不会陷入盲目状态。为了提高灾后重建的整体效益，国家、社会尤其是灾区政府应当鼓励灾民结合灾区的综合性灾后重建整体规划，制定自己的小家庭的灾后重建计划，以便取得良好的灾后重建效益。

第二节　灾后重建责任及其承担[①]

一、灾后重建责任的界定

灾后重建责任，是对灾区已经毁损的设施、工程和各种建筑物、构筑物，以及罹患PTSD 的灾民，进行重新修复和建设或者干预和安抚等方面的义务与责任，广义上，包

---

① 本部分内容参考王建平：《减轻自然灾害的法律问题研究》（修订版，法律出版社 2008 年版）第九章"灾区的减灾责任"第三节"灾后重建责任"，第 479 页～第 499 页。

括灾区社会秩序的恢复与重建等在内的义务与责任。一般而言，政府是灾区灾后恢复重建的主要主体，而灾区的法人和其他组织，则是重要主体，至于作为公民个体的灾民，更是不可缺少的主体。从社会学上来看，灾区要恢复，灾民先要安。在这里，灾民先要安中的"安"，既包括临时安置与过渡安置中的"安置"，也包括灾民有房住（最初的板房安置，后期的住房建设）、有就业（即有活干）和有保障（基本生活保障）等。应该说，这种"安"涉及灾民的基本生存和发展问题。

在社会学上，灾区是一个由个体（灾民）、群体（法人和组织）到整体（行政区域或者全部灾区）的层次性概念，因此，灾区的灾后重建责任，就不能由单一主体承担，而应当由所有灾区主体承担。其中，政府作为灾区社会的组织者和各种灾后重建资源的配置者，当然要首先进行这种灾后重建责任的规划配置。于是，2008 年 8 月 12 日，由国家汶川地震灾后重建规划组①发布了《汶川重建规划》公开征求意见稿，这是中央政府承担灾后重建责任的重要标志。

在《汶川重建规划》的第二章第 3 节，中央政府确定的汶川大地震灾后重建的目标是：用 3 年左右时间完成恢复重建的主要任务，基本生活条件和经济发展水平达到或超过灾前水平，努力建设安居乐业、生态文明、安全和谐的新家园，为经济社会可持续发展奠定坚实基础。见表 10-1。

表 10-1 灾后重建的目标内容与责任承担者

灾后重建目标		灾后重建目标的内容	灾后重建责任承担者
灾民的重建目标	家家有房住	家家有房住即基本完成城镇和农村居民点恢复重建，灾区群众住上安全、经济、实用、省地的住房	政府责任 灾民责任 非灾区协助—— 对口住房援建 对口就业协助 对口公共服务支援协助
	户户有就业	户户有就业即每个家庭至少有一人能够稳定就业，城镇居民人均可支配收入和农村居民人均纯收入超过灾前水平	
	人人有保障	人人有保障即灾区群众普遍享有基本生活保障，享有义务教育、公共卫生和基本医疗、公共文化体育、社会福利等基本公共服务	

---

① 国家汶川地震灾后重建规划组由组长单位、副组长单位、成员单位和支持单位构成，共有 47 个单位。即：(1) 组长单位：国家发展和改革委员会；(2) 副组长单位：四川省人民政府、住房和城乡建设部；(3) 成员单位：陕西省人民政府、甘肃省人民政府、教育部、科学技术部、工业和信息化部、国家民族事务委员会、公安部、民政部、财政部、人力资源和社会保障部、国土资源部、环境保护部、交通运输部、铁道部、水利部、农业部、商务部、文化部、卫生部、人口和计划生育委员会、中国人民银行、国务院国有资产监督管理委员会、国家税务总局、国家新闻出版总署、国家广播电影电视总局、国家体育总局、国家林业局、国家旅游局、中国科学院、中国工程院、中国地震局、中国气象局、中国银行业监督管理委员会、中国证券监督管理委员会、中国保险监督管理委员会、国家电力监管委员会、国家能源局、国家文物局、国家食品药品监督管理总局、国务院扶贫开发领导小组办公室等；(4) 支持单位：国家汶川地震专家委员会、国家测绘局。

灾后重建目标		灾后重建目标的内容	灾后重建责任承担者
灾区重建目标	设施有提高	设施有提高即交通、通信、能源、水利等基础设施的功能全面恢复，保障能力达到或超过灾前水平	政府责任 法人责任 其他组织责任—— 非灾区对口援建 非灾区经济补偿 非灾区生态协助
	经济有发展	经济有发展即特色优势产业发展壮大，产业结构和空间布局优化，科学发展能力增强	
	生态有改善	生态有改善即生态功能逐步修复，环境质量提高，防灾减灾能力明显增强	

表10-1已经将灾后重建责任进行了目标内容和责任承担者的分解，而其中的责任承担者，对于灾民个体的重建目标而言，包括了灾区政府、灾民和非灾区政府、个人的协助责任。至于灾区整体的重建目标，则包括了政府、法人和其他组织的重建责任，以及非灾区对口援建、非灾区经济补偿和非灾区生态协助责任等。尤其是后者，需要进一步解释和弄清楚：非灾区的政府和个人，为什么要承担灾民个体的重建责任，以及灾区整体的对口援建、经济补偿和生态协助等责任。

二、灾民的恢复重建义务

灾民作为一种在自然灾害中受到人身伤亡和残疾损害、财物毁损以及生活秩序、生产秩序与环境损失的个体，是灾后抢险救灾、临时安置和过渡安置的主要救助对象，也是灾后恢复重建的主要对象。因此，根据《中华人民共和国社会救助法（征求意见稿）》（简称《救助法草案》）第3条的规定，国家和社会对依靠自身努力难以满足其生存基本需求的灾民，以居民最低生活保障为社会救助基本内容，有责任给予自然灾害救助意义上的物质帮助和服务。① 但是，社会救助的基本原则包括国家鼓励劳动自救，② 灾民有灾后恢复重建的参与义务，即是与社会救助责任对应的灾民的恢复重建义务。

灾民有义务积极参加灾后恢复重建，也就是说，灾民没有任何理由在灾区政府、非灾区政府和个人、团体帮助进行灾后恢复重建时，却袖手旁观或者不愿意参与。进行灾后恢复重建，是自然灾害强加给灾民的一项法律意义上的义务，一种带有灾害后果承担色彩的法定义务。

灾民的重建义务，来源于我国《防震减灾法》第8条的规定，即任何单位和个人都有依法参加防震减灾活动的义务，属于法定的防灾减灾义务的范畴。灾民的这一义务，之所以是法定义务，理由在于：

（1）自然灾害作为一种法律意义上可以免责的自然力或者法律事实，其后果只能由灾民自己承受或者承担。而在以灾后恢复重建形式表现出来的减灾义务中，政府、社会

---

① 《中华人民共和国社会救助法（征求意见稿）》第3条规定，本法所称社会救助，是指国家和社会对依靠自身努力难以满足其生存基本需求的公民给予的物质帮助和服务。社会救助以居民最低生活保障为基本内容，并根据实际情况实施专项救助、自然灾害救助、临时救助以及国家确定的其他救助。

② 《中华人民共和国社会救助法（征求意见稿）》第4条规定，社会救助应当遵循下列基本原则：（1）与经济社会发展水平相适应；（2）与其他社会保障制度相衔接；（3）保障基本生活；（4）鼓励劳动自救；（5）公开、公平、公正、及时。

都在积极进行灾害后果的消除，灾民自然不能免除其法律意义上带有强制参与层面的责任。

（2）灾民是自然灾害强加的一种个体身份，以及个体财产受到损失的表现形式。进行灾区的恢复重建，从个体意义上就是要去除灾民身份，排除灾民在住房、就业方面的困难，实现普遍享有基本生活保障，享有义务教育、公共卫生和基本医疗、公共文化体育、社会福利等基本公共服务的目标。而这需要灾民自身的积极参与才能实现。

（3）灾民既是一种社会资源与财富的消费者，同时也是财富的生产者和创造者。因此，在灾民有劳动能力时，必须为自己和社会创造财富，通过辛苦的劳动换取社会的救助以及帮助，而不能无所作为，只等政府或者社会救助。换句话说，灾民身份不是一种可以"摆谱"或者命令政府与社会进行救助或者救济，自己却坐享其成的权利标志，而是必须履行在重建义务中，倒房重建、参加就业，以及参与以工代赈活动等积极作为，与相关活动的主动配合与协助，依法维护自己的合法权益，而不是"以灾索取"[1] 或者"恃灾胡为"，[2] 这当中，灾民对于灾后重建义务的深刻认识，是至关重要的。

在我国，灾民的灾后恢复重建义务，主要表现在如下几个方面：

1. 倒房自建。所谓倒房自建，是指灾民对于灾毁即倒塌或者损坏的自住房或者营业用房，要自己动手恢复重修或者维修后投入使用。在倒房自建的建设义务方面，首先是灾民自己要积极主动和自觉，而不是消极等待政府、社会或者他人的救助与帮助。其次，灾民在倒房自建方面，存在资金、能力和技术方面的困难时，应当接受政府、社会或者他人的救助于帮助，使倒房自建能够迅速完成。最后，如果倒房自建存在次生灾害或者需要易地重建的情形时，灾民有配合与协助义务，而不是一任自己的个体主观意愿发展，不管灾民倒房自建国家政策和灾区的恢复重建总体规划，随意而为或者固执己见。

资料显示，四川省在农村灾区永久性住房建设方面，其总体目标任务是，力争用 1 年半时间，全面完成汶川地震因灾倒塌和严重损毁农房重建任务，保证受灾群众在 2009 年 12 月底前住进新房。而阶段目标任务则是：（1）2008 年，除国家确定的 6 个重灾市（州）外，其他受灾市（州）全部完成重建任务；6 个重灾市（州）完成重建任务的 60%。全省力争完成农房重建任务的 70%。（2）2009 年，全省完成农房重建任务 100%。（3）补助标准：全省平均补助标准为每户 2 万元，[3] 根据受灾农户的经济状况和家庭人数实行分类分档补助。对不同人口家庭适当予以区别，对建卡绝对贫困户和低保户两类困难农户给予适当照顾。具体补助标准分为两类三档。见表 10—2。[4]

---

① 所谓"以灾索取"，是指灾区的个别灾民以其灾民身份，在获得政府、社会和他人的救助与安置后，不是心存感恩和感激，而是以灾民需要为由，大量或者大肆索要各种救灾或者灾后重建物资或者捐赠款物的情形。广义上，谎报与虚报灾情或者受灾损失，骗取政府、社会和他人的救灾救助，也属于以灾索取的不当行为。

② 所谓"恃灾胡为"，是指灾区的个别灾民以其灾民身份，在灾区尤其是非灾区打着灾民救助或者灾区灾后恢复重建的招牌，进行违法犯罪行为的情形。有时，不是灾民的个人或者团体，也会利用自然灾害造成的损害损失，到处进行招摇撞骗或者违法犯罪行为。

③ 四川省人民政府明确规定，对自建永久性住房的农户，在中央户均补助 1 万元的基础上，再户均补助 1 万元。

④ 《四川省人民政府"5·12"汶川地震灾后农房重建工作方案》（2008 年 6 月 27 日），并参阅《四川灾区上千万群众住进过渡安置房》，《华西都市报》2008 年 8 月 13 日。

表10-2　四川省灾区农房建设补助标准　　　　　　单位：元

农户类别	1—3 人家庭	4—5 人家庭	6 人及以上家庭
一般农户	16000	19000	22000
困难农户	20000	23000	26000
备　　注	上述补助标准对农户家庭人数的认定，一律以 2008 年 5 月 11 日户口为准；对建卡绝对贫困户和低保户两类困难农户的认定，一律以 2008 年 5 月 11 日的档案记载为准		

表 10-2 显示，汶川大地震后，四川极重灾区、重灾区的倒房自建中，中央和地方两级政府已经以经济补助的政策，履行了政府的住房重建责任。而四川省人民政府根据农户类别，将农户区分为一般农户和困难农户，在此基础上，进一步根据农户家庭人数的多少，将两级政府的经济补助变成实际的补助数额。因此，灾民必须履行投入相应资金、人工和技术①等方面的义务，承担倒房自建的灾民责任。

2. 劳动自救。劳动自救有 3 个含义：（1）在政府、社会和他人的帮助下，参加就业，从而以获取的劳动报酬，维持自己和扶养人口生计。这需要相关的就业岗位或者职位供给，作为劳动自救义务履行的前提。（2）属于农村人口的灾民，在其承包地、自留地等生产用地存在，而生产资料或者农具、种子等可以解决的情况下，应当积极开展抢收、抢种和抢售②等活动。比如商务部帮助湖南省湘西土家族苗族自治州解决灾区椪柑的水果销售，帮助灾民③进行生产自救。再比如，2008 年汶川大地震发生后，在抢险救灾、临时安置和过渡安置过程中，抢险救灾部队和志愿者，帮助灾区的农村灾民抢收小麦，抢种水稻就是如此。（3）灾民积极参与以工代赈活动，通过自己力所能及的劳动，换取政府、社会和他人支付的救济物资或者生存与发展资料。这是一种有偿、多利的灾民救助方式，具备条件的灾民，应当积极参加以工代赈意义上的劳动自救活动。

3. 灾区建设。灾民处在灾区，进行灾区建设是义不容辞的。但是，参加灾区建设

---

① 这里的"技术"是技术指导问题，《四川省人民政府"5·12"汶川地震灾后农房重建工作方案》第 6 条规定，地震部门应尽快确定灾区抗震设防烈度。建设部门要制定农房建设技术政策，做好户型设计、技术指导和施工安全管理等工作。重建住房应满足《四川省农村居住建筑抗震设计技术导则》（2008 年修订版）和《四川省农村居住建筑抗震设防构造图集》的相关技术要求。各地要迅速启动一批原地重建的农房建设试点，起到以点带面的示范作用。

② 2008 年 6 月 4 日报道的汶川等地甜樱桃求救，引发社会普遍关注。成都市家乐福、伊藤、好又多、沃尔玛等商场超市迅速反应，抢运灾区甜樱桃进行销售。四川科伦、四川省扶贫基金会等企业和机构也通过本报与阿坝州农业部门取得联系，展开行动。除甜樱桃外，灾区还有许多产品亟待销售。灾区的需求，企业的驰援，掀起了抢售灾区农产品高潮。本报将继续关注。《抢救灾区甜樱桃，成都商家紧急出动》，《中国水果信息网》2008 年 6 月 5 日，网址：http://www.shuiguo.org/Html/dongtai/2008-6/5/0605624_2.htm，最后访问：2008-06-30。

③ 2008 年 2 月 25 日，商务部发出紧急通知指出，山西、内蒙古、辽宁、吉林、黑龙江、云南、陕西等湘西椪柑主销区商务主管部门，要迅速采取情况通报会、业务协调会或组织企业到湘西实地考察洽谈等方式，引导、动员和鼓励本地水果经销商、农副产品批发市场、大型流通企业和果汁果品加工企业，尽快多采购多销售湘西椪柑。湖南省湘西土家族苗族自治州是我国椪柑主产区，年产量超过 50 万吨，占全国总产量的 13%，椪柑是湘西地区农业的第一支柱产业。受 2008 年 1—2 月历史罕见雨雪冰冻灾害天气影响，湘西地区主要公路干线交通受阻，椪柑出现了严重积压滞销。当时，有约 30 万吨椪柑待销，这些待销椪柑主要集中在湘西泸溪、吉首等 6 个县市。资料来源：《商务部帮助解决灾区水果销售问题》，《中国质量报》，2008 年 2 月 27 日。

对于灾民而言，作为义务理解时，需要从三个方面把握：

（1）灾民利益的限制问题。即当灾区建设与灾民个体利益或者家庭利益发生矛盾时，在合法前提下，灾民应当给予理解、配合和支持，而不是无原则地放大、扩展或者强调自身利益。这一点非常重要，在都江堰市处理废墟与灾民住房救助时，曾经发生的冲突，一方面固然由于都江堰市政府工作不细，想当然地认为房屋震毁后，政府应当进行住房全额救助，并把私有房屋的土地使用权等同于征收或者灭失；而另一方面，则由于灾民甚至于非灾民把自然灾害状态下的利益诉求，完全等同于正常状态下利益诉求，把利益主体与诉求对象混为一谈。① 换句话说，灾民把正常状态下的利益诉求，变成灾区废墟清理、政府救助层面上无差异的利益诉求，是没有道理的。

（2）灾民对于灾区建设的投工与尽力问题。灾区各级政府和各相关职能部门因为实行"一把手"负责制，建立了"5·12"汶川大地震灾后恢复重建工作领导机构，明确工作职责，配备工作人员，健全工作机制，形成一级抓一级、层层抓落实的工作格局。② 那么，对于灾民而言，积极参加灾区建设，就意味着要投入工时，即花费时间和精力于灾区的各种恢复重建项目。对于农村灾民而言，除了把自身的灾后重建搞好外，积极参加以工代赈等活动，或者投身于非以工代赈项目建设，为灾区建设出工、出力。而对于城市灾民而言，则是积极参加相关恢复重建工程和项目的建设，投入有报酬和无报酬的工作。灾区建设需要的工程技术人员，则应当竭尽全力，为灾区的恢复重建贡献自己的聪明才智。

（3）灾民的协助义务。这种协助义务，是一种带有地域性的义务，只要是居住在灾区的人，不论是灾民还是非灾民，都应当履行这一义务。

二、对口援建责任

灾后灾区恢复重建，往往是一项十分艰巨的任务。于是，举全国之力，以加快汶川大地震灾区灾后恢复重建，并使各地的对口支援工作有序开展，党中央和国务院启动建立灾后恢复重建对口支援机制，这个机制的灵魂，是由中央政府协调和安排，借助援建

---

① 2008年5月26日，成都市出台了《成都市人民政府关于做好都江堰市城镇居民住房灾毁救助安置工作的意见》（简称《住房安置意见》），主要内容是：对因地震灾毁的直管公房的承租居民可以选择以下三种方式中的一种方式进行救助：（1）由都江堰市房管局提供建筑面积70平方米的救助安置房，继续保持原租赁关系。（2）由都江堰市房管局按照每平方米1500元的优惠价格将救助安置房出售给原直管公房的承租户。（3）不选择上述两种方式，终止租赁关系的，原承租户领取一次性货币救助7万元。对因地震毁坏的私房，将采取住房实物救助或货币救助两种方式。自愿申请住房实物救助的，由向每户受灾家庭提供建筑面积为70平方米的救助安置住房。如果放弃住房实物救助，按照向受灾家庭提供70平方米救助安置房、每平方米2000元计算，给予每户14万元货币救助。自愿申请并接受住房实物救助或货币救助的，原房屋、土地权属自行终结。

② 比如，根据《四川省人民政府"5·12"汶川地震灾后农房重建工作方案》的规定，灾区各级政府和各相关职能部门要实行"一把手"负责制，建立地震灾后城乡住房建设安置工作领导机构，明确工作职责，配备工作人员，健全工作机制，形成一级抓一级、层层抓落实的工作格局。民政部门要做好毁损房屋恢复重建补助工作；财政部门要及时筹集拨付补助资金；国土资源部门要做好地质灾害危险性评估、建房选址、用地审批等工作；农业部门要做好土地调整等工作；建设部门要做好技术指导等工作；经委要组织好建材企业生产，配合商务部门做好灾民建房所需建材的产销衔接工作，保证建材物资供应；工商部门要加强市场监管；物价部门要加强对建材价格监测监管，保持价格基本稳定，严防建材价格暴涨；铁路、交通部门要做好重建物资调运工作；扶贫等部门要积极做好农房恢复重建有关工作。

者的物力、人力和财力的投入，即 19 个支援省（市）按每年不低于本省（市）上年地方财政一般预算收入 1‰ 的实物工作量，对口支援四川、甘肃、陕西等省的 24 个县（市、区），① 在 3 年期限内，在国家的支持下，集各方之力，基本实现灾后恢复重建规划的目标。

根据《汶川地震灾后恢复重建对口支援方案》（简称《对口支援方案》）第 3 条的规定，坚持"硬件"与"软件"相结合，"输血"与"造血"相结合，当前和长远相结合，调动人力、物力、财力、智力等多种力量，优先解决灾区群众基本生活条件。对口支援的内容和方式有：（1）提供规划编制、建筑设计、专家咨询、工程建设和监理等服务。（2）建设和修复城乡居民住房。（3）建设和修复学校、医院、广播电视、文化体育、社会福利等公共服务设施。（4）建设和修复城乡道路、供（排）水、供气、污水和垃圾处理等基础设施。（5）建设和修复农业、农村等基础设施。（6）提供机械设备、器材工具、建筑材料等支持。选派师资和医务人员，人才培训、异地入学入托、劳务输入输出、农业科技等服务。（7）按市场化运作方式，鼓励企业投资建厂、兴建商贸流通等市场服务设施，参与经营性基础设施建设。（8）对口支援双方协商的其他内容。基层政权建设由中央和地方财政为主安排，各级党政机关办公设施不列入对口支援范围。各支援省市每年对口支援实物工作量按不低于本省市上年地方财政收入的 1‰ 考虑。具体内容和方式与受援方充分协商后确定。②

灾区在有对口支援的条件下，仍然应当自力更生，艰苦奋斗，充分发挥自己的自强不息、互助自救和寻求发展的积极性和主动性，在各地区的无私支援，全社会的大力支持，国际社会的慷慨援助之下，扎扎实实地分类实施重建规划。对口支援和受援双方按照中央政府统一部署，设立相应机构，协调配合，抓好各项措施的落实。在此过程中，为争取时间，支援方要尽早参与规划设计等前期工作。与此同时，对口支援要依据规划，有序推进。而灾后恢复重建项目，要严格按照灾后重建规划布局、选址要求和各类建设标准组织实施，那么，在制订科学合理的建设计划时，要不要支援方介入，是否要尊重支援方的意见和建议，则还没有具体的规则。

为鼓励对口支援方进行支援建设的积极性，中央政府统一研究制定了对口支援的优惠政策，并对中央财政建设资金、对口支援资金、社会捐助资金以及受灾地区自筹资金的统筹安排、合理使用、严格管理等，提出了要求。而问题是，支援方每年按不低于本省（市）上年地方财政一般预算收入 1‰ 的实物工作量投入灾区，进行的支援建设在形成援建成果后，灾区是否要回馈支援方或者至少受援方有哪些义务，让支援方在投入物力、人力和财力之后，③ 确实能从中央政府得到优惠政策（即优惠政策兑现），这一点《对口支援方案》并没有具体规定。因此，受援方应当制定相应的衔接性地方法规或者

---

① 对口支援对象除已经公布的四川省 18 个县（市）外，增加了甘肃省的文县、武都区、康县、舟曲县和陕西省的宁强县、略阳县。

② 《汶川地震灾后恢复重建对口支援方案》于 2008 年 6 月 11 日制定，并由国务院办公厅以国办发〔2008〕53 号文发布实施。

③ 随着对口支援工作的展开，相关的援建项目和工程将相继完成，因此，这些包含着支援方物力、人力和财力投入的项目和工程，其所有权、使用权和其他权益的归属，就是一个回避不了的利益转移与回馈问题。对此，灾区政府和灾民，不能视为理所当然或者根本就不想有所感谢，尤其是在市场经济背景之下。

规章，把支援方与受援方的相关法律关系，以及各自的权利义务尤其是受援方的协助责任，进行具体规定。

对于国家鼓励的非灾地区的企业、社会团体和个人，按照市场化运作方式，到灾区投资办厂、兴建经营性基础设施，以及鼓励金融机构向对口支援企业提供优惠贷款。对恢复重建大宗货物运输，铁路部门优先列入运输计划，公路部门开辟"绿色通道"等，涉及市场运行规则和商业利益的交易问题，灾区既要积极回应相关支援方的积极行为，又要在地方优惠政策和政策配套方面，拿出切实可行的措施和方案来。总而言之，在对口支援机制启动和建立的过程中，受援方一定要把支援方的利益投入与回馈问题放到重要地位来考虑，不能借口中央政府有优惠政策，而在灾区和受援方的地方优惠政策和政策配套方面无所作为。有利则合作，对口应回馈，重视支援方的利益，不仅要以感恩的心、感谢的态度和感激的措施，让支援方觉得投入对口支援的物力、人力和财力是应该的，而且要让对口支援省市的政府和人民，感受到灾区人民是知道感恩、懂得感谢和回馈感激的。当统一的恢复重建年度计划及其实施规划，通过支援方的无私帮助，变成灾区工程建设的竣工、设施的恢复和重建任务完成的时候，可以肯定的是，作为受援方的灾区政府出台相应的法规和政策规范，是必不可少的对口支援的配合义务与职责。

三、灾区重建资金的筹资及其义务

灾区恢复重建资金的筹集，是灾后重建工作的物质基础。那么，按照灾区重建的主体，这些资金的筹措责任，应该由灾区政府、中央政府、对口支援者和灾民个人等主体，通过各种合法渠道和途径来筹集和落实。可见，灾区恢复重建资金的筹集，已经远远超出灾区自身的主体限定。其中的理由，大抵是灾区恢复重建资金的需求量，有时完全超过灾区自身的筹资可能性或者筹资能力。因此，中央政府、对口支援者才被定义为灾区恢复重建主体。见表10-3。

表10-3　灾害等级与灾后重建筹资主体的对应关系

灾害等级	筹资主体
微灾轻灾	灾民筹资、灾区政府补助
中等灾害	灾民筹资、灾区政府救助、灾区政府筹资
重大灾害	灾民筹资、灾区政府救助、灾区政府筹资、中央政府筹资
特大灾害	灾民筹资、灾区政府救助、灾区政府筹资、中央政府筹资、对口支援者筹资

在表10-3中，灾害等级与灾后恢复重建筹资主体之间，存在着当然的对应关系。理由是，灾害等级越低，意味着自然灾害导致的损失越小，灾后恢复重建的资金需求量越少。也就是说，灾害等级高低与灾后恢复重建的资金需求量、灾后恢复重建的难易程度，以及筹资主体数量与范围大小成正比。所以，根据2008年8月12日出台的《汶川重建规划》征求意见稿，2008年"5·12"汶川大地震后，要完成灾区恢复重建规划确定的目标和重建任务，恢复重建资金总需求经测算约为1万亿元。应该说，这是一个"天量级别"的资金需求数字，显而易见，远远超出灾区自身的筹资能力。对于如此巨大的灾后重建资金需求，早在2008年6月3日的《中国证券报》上，就有过《灾后重

建资金需求近万亿元》的预测性报道和评论。

根据"5·12"汶川大地震的灾况，中央政府将灾后重建资金的筹措途径分为：政府投入、个体投入、企业投入和援建投入等四个主要来源。其中，政府投入和援建投入，是主要的筹资渠道。资料显示，中央财政 2008 年已经投入 700 亿元作为灾后重建资金，2009 年、2010 年两年还有相应的安排。① 在这里，中央政府破天荒地把"5·12"汶川大地震后灾后重建资金筹集的责任，揽到政府投入②和援建投入身上，表明"5·12"汶川大地震是特大自然灾害，其非常惨重的损失，已经远远超出灾区自身的恢复重建能力，需要举国家整体之力，来进行灾区的灾后恢复重建。也就是需要以整个国家的经济实力和物力、人力与财力的动员，承担"5·12"汶川大地震造成的惨重损失，为灾区走出恢复重建的困境提供强有力的经济支持。

值得大力肯定的是，国务院根据"5·12"汶川大地震的灾情和灾况，在决定拨付 700 亿灾区重建基金基础上，中央财政再安排 250 亿资金投入抗震救灾和灾后重建。这样一来，中央政府向整个灾区投入的重建资金，接近千亿元。更需要留意的是，国务院决定中央国家机关的公用经费预算同比例缩减 5％，所调整和缩减下来的资金，用于作为支持灾区恢复重建的资金。为此，国务院要求，全国要开展支援灾区的全民节约活动，各级党政机关和国有企事业单位要减少会议、接待、差旅和公车使用等支出，压缩出国团组。严格控制公车购置，暂停审批党政机关办公楼项目，这就为降低行政成本和灾区筹集重建资金，树立了表率。③ 应该说，以国家机关公用经费预算同比例缩减，节约办公经费来支援灾区，是具有开拓意义的重大举措。

与此同时，国务院通过颁行《汶川重建条例》，在其第六章中，以"资金筹集与政策扶持"为主题，提出县级以上人民政府应当通过政府投入、对口支援、社会募集、市场运作等方式筹集地震灾后恢复重建资金；鼓励公民、法人和其他组织为地震灾后恢复重建捐赠款物。捐赠款物的使用应当尊重捐赠人的意愿，并纳入地震灾后恢复重建规划；鼓励公民、法人和其他组织依法投资地震灾区基础设施和公共服务设施的恢复重建；地震灾区灾后恢复重建期间，县级以上地方人民政府依法实施地方税收优惠措施；国家向地震灾区的房屋贷款和公共服务设施恢复重建贷款、工业和服务业恢复生产经营贷款、农业恢复生产贷款等提供财政贴息。具体办法由国务院财政部门会同其他有关部门制定；非地震灾区的县级以上地方人民政府及其有关部门应当按照国家和当地人民政府的安排，采取对口支援等多种形式支持地震灾区恢复重建；国家鼓励非地震灾区的企业、事业单位通过援建等多种形式支持地震灾区恢复重建。④ 因此，通过多种渠道筹集

---

① 国务院新闻办公室于 2008 年 5 月 28 日（星期三）16 时，在国务院新闻办举行新闻发布会，国家发展和改革委员会副主任穆虹介绍灾区基础设施修复及应急物资保障工作进展等方面的情况，并答记者问说：中央财政今年已经拿出 700 亿元作为灾后重建资金，明后年还有相应的安排。还要建立对口支援的机制，实行一个省帮一个重灾县，几个省帮一个重灾市州的做法，举全国之力，加快恢复重建。

② 这里的政府投入，包括中央政府投入和灾区各级政府投入等属于政府口的灾后恢复重建物力、人力和财力等，主要是资金的投入。

③ 佚名：《担忧灾后重建资金使用效率》，《晶报》，2008 年 5 月 23 日。

④ 《汶川地震灾后恢复重建条例》，第 53 条、第 55 条～第 59 条、第 63 条。

"5·12"汶川地震灾后恢复重建1万亿元资金，① 是有制度保证的。

在《汶川重建规划》征求意见稿第十四章中，专门规定了"重建资金"筹集原则和保障措施，其中，确定的重建资金筹集原则是：坚持用改革的办法多渠道筹措恢复重建资金，充分发挥灾区作为恢复重建主体的作用，充分调动各方面积极性，积极创新筹资方式和使用方式，提高资金使用效率，为实现本规划确定的目标和完成重建任务提供资金保障。

作者认为，汶川大地震灾后恢复重建资金筹集原则的确定，可以为今后遇到的任何重大灾害、特大灾害的灾后恢复重建资金的筹集，提供规则依据和保障措施，从而形成一种适合灾区灾后恢复重建资金筹集的机制。在《汶川重建规划》征求意见稿中，这种机制的构成，主要是：

1. 资金筹措渠道。即努力拓宽灾后恢复重建的资金筹措渠道，"5·12"汶川大地震灾后恢复重建资金，主要通过以下渠道筹措：中央财政、地方财政、对口支援、② 社会募集、国内银行贷款、资本市场融资、国外优惠紧急贷款、城乡居民自有和自筹资金、企业自有和自筹资金、创新融资以及其他渠道等11个渠道筹措资金。其中，对口支援、国内银行贷款、资本市场融资、国外优惠紧急贷款、创新融资等渠道，是"5·12"汶川大地震后首次使用的灾后恢复重建资金筹资的渠道。

2. 创新融资机制。这是"5·12"汶川大地震主要的创新筹资举措，表现了金融创新在灾后恢复重建方面的重要意义。具体是：采取多种方式，增强省级地方政府筹措资金能力；探索建立新型住房融资金融机构和专业性住房融资担保机构，开展住房融资租赁业务试点等，解决城乡灾民住房融资困难；在灾后恢复重建规划区内有条件的县（市、区）建立适合农村特点的小额贷款公司和农村资金互助社等；鼓励设立支持中小企业和科技创新的创业投资企业，探索设立支持灾后恢复重建的各类基金，鼓励符合条件的灾区中小企业发行短期融资券、中小企业集合债券等，推动中小企业贷款资产证券化试点，积极探索开发银行信托理财产品，拓宽灾区中小企业融资渠道；加大保险产品创新力度，支持为恢复重建提供工程、财产、货物运输、农业以及建设人员意外健康等各类保险等。其中，金融创新的思路和政策，一旦被引入"5·12"汶川大地震灾后恢复重建资金筹集，那么，整个创新机制本身，就是重建资金的重要来源途径。

3. 资金配置原则。重建资金筹集到之后，如何有效率地使用，涉及重建资金安全、效率和金融创新机制的培育等大是大非问题。有人认为，灾后重建艰巨困难任务的大考验中，不仅要考验捐赠款物者和社会各界的爱心，而且，更主要的是考验政府行政效

---

① "5·12"汶川地震灾后恢复重建1万亿元资金中，中央财政资金只占其中一部分，主要发挥引导作用。大部分资金要充分发挥调动各方面积极性，包括地方财政、对口支援、社会募集、资本市场融资、国内银行贷款、国际组织贷款、城乡居民自有和自筹资金、企业自有和自筹资金、创新融资以及其他等多种渠道筹措，为恢复重建工作的顺利开展提供资金保障。

② 2008年8月21日上午，上海市13届人大常委会第5次会议通过了上海市人民政府提请的"2008年市本级预算调整方案"。根据该方案，上海市依据我国《预算法》的规定，调整本市的本级预算，2008年将安排18亿元资金，对口援助"5·12"汶川大地震灾区都江堰市地震灾后恢复重建。同时，按照财政部每年对口援助实物工作量不低于上年度地方财政收入1‰的要求，2008—2010年，上海市3年对口援助约需要支付80亿元，资金来源包括市和区县两级财政预算资金、社会捐赠资金和企业投入等。资料来源：《上海调整预算18亿元灾后重建资金怎么来》，《新民晚报》2008年8月21日。

率，以及灾后重建资源的市场配置效率。也就是说，当大笔捐赠款物与巨额的重建资金，源源不断地进入灾区尤其是进入政府主管部门的账户时，如何按照市场原则高效进行配置，已经是事关灾区重建生死的主要议题。事实上，从"5·12"汶川大地震发生不到十天时间，即截至 2008 年 5 月 21 日 12 时，社会各界向灾区捐赠款物 160.09 亿元，创造了新中国成立以来捐款捐物的最高纪录。这样大批量的捐赠款物，快速地到达灾区和政府有关部门手中，如何更好地用好这些捐赠款物，关系灾后重建资金的继续筹集。因此，灾区政府主管部门应当高度重视捐赠款物的使用效率。[1]

作者认为，《汶川重建规划》征求意见稿中，重建资金配置原则不能仅仅是灾区政府主管部门对于重建资金的功能配置层面上的把关，而应当通过专门的延伸性地方立法，把这些重建资金配置原则变成具体的行为规范，以及配套的法定义务履行要求，与相关法律责任追究的具体条件配置。为了顺利实现这些配置，灾区立法机构和当地政府，必须制定配套的地方条例或者出台地方政策，见表 10-4。[2]

表 10-4　重建资金使用配置保障

重建资金来源	重建资金使用配置	重建资金使用配置保障
财政性资金	主要用于城乡居民住房补助，人口安置、公共服务、公益性市政公用设施和基础设施、农业服务体系和农村基础设施、防灾减灾、生态修复、环境整治、土地整理复垦和精神家园等领域的恢复重建，以及引导市场资金投入。中央恢复重建基金，按照统筹安排、突出重点、分类指导、包干使用的原则，采取对居民个人补助、项目投资补助、企业资本金注入、贷款贴息等方式，对城乡居民倒塌损毁住房、公共服务设施、基础设施恢复重建及工农业恢复生产和重建给予支持	恢复重建条例地方财政性重建资金使用立法
对口支援资金	主要用于城乡居民住房、公共服务、市政公用设施、农业和农村基础设施的恢复重建，以及规划编制、建筑设计、专家咨询、工程建设和监理等服务	恢复重建条例对口支援条例
社会募集资金	坚持尊重捐赠者意愿和政府引导相结合的原则，优先用于农村居民住房、学校、医院、文化、社会福利、农村道路和桥梁、地震遗址纪念地和设施、自然保护区、文化自然遗产、精神家园等的恢复重建	恢复重建条例社会募集资金使用条例
信贷资金	主要用于城乡居民住房、农业产业化、农业生产基地、交通、通信、能源、工业、旅游、商贸和文化产业等的恢复重建	恢复重建条例灾后信贷条例[3]
资本市场融资	主要用于交通、通信、能源、工业、旅游、商贸和文化产业等的恢复重建	恢复重建条例地方专门政策
国外优惠紧急贷款资金	主要用于城镇和农村公益性设施、基础设施、廉租房、生态修复、环境整治等的恢复重建	恢复重建条例国外优惠贷款条例
创新融资	主要用于增强地方财力，引导信贷和社会资金投入，加大对城乡居民住房建设、中小企业融资和产业结构调整的扶持等	恢复重建条例地方创新融资办法

---

[1]　佚名：《担忧灾后重建资金使用效率》，《晶报》，2008 年 5 月 23 日。

[2]　《国家汶川地震灾后恢复重建总体规划》（公开征求意见稿）第十四章"重建资金"第三节"资金配置原则"。

[3]　2008 年 8 月 6 日，中国人民银行、中国银行业监督管理委员会、中国证券监督管理委员会、中国保险监督管理委员会联合发布《关于汶川地震灾后重建金融支持和服务措施的意见》银发〔2008〕225 号文，作为专项的针对性部门规章出台。

作者认为，灾区筹措资金还需要灾后重建基金的设立与运行。对于灾后重建基金的设立，《汶川重建条例》第54条规定，国家根据地震的强度和损失的实际情况等因素建立地震灾后恢复重建基金，专项用于地震灾后恢复重建。地震灾后恢复重建基金由预算资金以及其他财政资金构成。地震灾后恢复重建基金筹集使用管理办法，由国务院财政部门制定。① 这种关于灾后重建基金的规定，把基金的来源限定在预算资金以及其他财政资金上的做法，作者认为是不合适的。理由是，国家应当考虑发行灾害救助基金或者灾后重建基金，把灾后重建事业的资金来源的渠道，可以拓得更宽一些。

预算资金以及其他财政资金的来源有限，又受到财政预算的规划限制。因此，它适宜于临时性或者单次性的灾后恢复重建工作。也就是说，在中央财政主导下，建立的汶川大地震灾后恢复重建基金，是为了支持受灾地区恢复重建，统筹和引导各类资金，归于中央财政建立的地震灾后恢复重建基金。在资金来源上，以中央一般预算收入安排为主，中央国有资本经营预算收入、车购税专项收入、中央彩票公益金、中央分成的新增建设用地有偿使用费用于灾后重建的资金也列入基金。根据国务院《重建政策意见》，2008年中央财政安排灾后恢复重建基金为700亿元，2009－2010两年继续做相应安排。同时，调整经常性预算安排的有关专项资金使用结构，向受灾地区倾斜。在加大中央财政投入的同时，要统筹使用好受灾地区财政投入、对口支援、国内银行贷款以及国际组织贷款等资金，引导各类捐赠资金合理配置、规范使用，提高资金使用效益。受灾地区主要是四川省财政方面，应当比照中央财政的做法，相应建立地震灾后恢复重建基金。②

由此可见，采用财政包下来的重建基金，并不是金融创新意义上的灾后重建基金，其效用也仅仅限于一次有效或者某一个灾害后的恢复重建方面有效。对此，作者的主张是，从长远看，应当学习我国《救助法草案》第四章自然灾害救助的立法做法，把灾害重建基金的设立与运行，纳入国家的立法规划。③

汶川大地震之后，中央政府和灾区各级政府，迅速整合全社会的力量，动员军队、武警、民兵预备役人员，以及广大志愿者，积极开展抢险救灾、临时安置和过渡安置工作，挽救了大量的幸存者，也抢救了大批财产和灾区的资源（包括进行灾区农村的抢收、抢种等）。而现在，灾区灾后恢复重建工作，在中央财政和灾区各级财政的有力支持下，强力推进和开展，确实是我国综合国力、各级政府组织应对能力，以及国内外各界爱心的集中展示。

---

① 《汶川地震灾后恢复重建条例》，第54条。
② 《国务院关于支持汶川地震灾后恢复重建政策措施的意见》（国发〔2008〕21号），2008年6月29日。
③ 这是一种借用，事实上我国的《社会救助法》至少在灾害救助方面，无法涵盖灾后恢复重建以及重建基金的设立与运作问题。所以，作者认为，在我国制定《灾害救助法》或者《减灾法》的时候，应当把灾后恢复重建资金筹集中的重建基金的设立与运行等，作为一项重要的基本法律制度加以规定。从而可以纠正或者改变"头痛医头、脚痛医脚"的单次灾害恢复重建中个别立法，然后，以财政资金填补重建基金的非科学、合理和合法的做法。

第三节   灾后重建的实施

一、灾后恢复重建规划的实施

《汶川重建条例》第五章"恢复重建的实施"即第 34 条～第 52 条的规定中，对《汶川重建规划》的实施，确定了一系列的规范。即：汶川地震灾区的省级政府，应当根据《汶川重建规划》和当地经济发展水平，有计划、分步骤地组织实施地震灾后恢复重建。国务院有关部门应当支持、协助、指导地震灾区的恢复重建工作。城镇恢复重建应当充分考虑原有城市、镇的总体规划，注重体现原有少数民族建筑风格，合理确定城镇的建设规模和标准，并达到抗震设防要求。

这当中，发展改革部门具体负责灾后恢复重建的统筹规划、政策建议、投资计划、组织协调和重大建设项目的安排。财政部门会同有关部门负责提出资金安排和政策建议，并具体负责灾后恢复重建财政资金的拨付和管理。交通运输、水利、铁路、电力、通信、广播影视等部门按照职责分工，具体组织实施有关基础设施的灾后恢复重建。建设部门具体组织实施房屋和市政公用设施的灾后恢复重建。民政部门具体组织实施受灾群众的临时基本生活保障、生活困难救助、农村毁损房屋恢复重建补助、社会福利设施恢复重建以及对孤儿、孤老、残疾人员的安置、补助、心理援助和伤残康复。教育、科技、文化、卫生、广播影视、体育、人力资源社会保障、商务、工商等部门按照职责分工，具体组织实施公共服务设施的灾后恢复重建、卫生防疫和医疗救治、就业服务和社会保障、重要生活必需品供应以及维护市场秩序。高等学校、科学技术研究开发机构应当加强对有关问题的专题研究，为地震灾后恢复重建提供科学技术支撑。农业、林业、水利、国土资源、商务、工业等部门按照职责分工，具体组织实施动物疫情监测、农业生产设施恢复重建和农业生产条件恢复、地震灾后恢复重建用地安排、土地整理和复垦、地质灾害防治、商贸流通、工业生产设施等恢复重建。环保、林业、民政、水利、科技、安全生产、地震、气象、测绘等部门按照职责分工，具体负责生态环境保护和防灾减灾、安全生产的技术保障及公共服务设施恢复重建。中国人民银行和银行、证券、保险监督管理机构按照职责分工，具体负责地震灾后恢复重建金融支持和服务政策的制定与落实。公安部门具体负责维护和稳定地震灾区社会秩序。海关、出入境检验检疫部门按照职责分工，依法组织实施进口恢复重建物资、境外捐赠物资的验放、检验检疫。外交部会同有关部门按照职责分工，协调开展地震灾后恢复重建的涉外工作。显示出各部门配合与协助的灾后重建机制，是一个非常庞大的政府职能运行机制。

同时，国务院地震工作主管部门应当会同文物等有关部门组织专家对地震废墟进行现场调查，对具有典型性、代表性、科学价值和纪念意义的地震遗址、遗迹划定范围，建立地震遗址博物馆。在这里，北川老县城被划定为"地震遗址博物馆"，便是一个范例。与此同时，地震灾区的省级政府应当组织民族事务、建设、环保、地震、文物等部门和专家，根据地震灾害调查评估结果，制订清理保护方案，明确地震遗址、遗迹和文物保护单位以及具有历史价值与少数民族特色的建筑物、构筑物等保护对象及其区域范围，报国务院批准后实施。

地震灾害现场的清理保护，应当在确定无人类生命迹象和无重大疫情的情况下，按照统一组织、科学规划、统筹兼顾、注重保护的原则实施。如果发现地震灾害现场有人类生命迹象的，应当立即实施救援。对清理保护方案确定的地震遗址、遗迹应当采取有效措施进行保护，抢救、收集具有科学研究价值的技术资料和实物资料，并在不影响整体风貌的情况下，对有倒塌危险的建筑物、构筑物进行必要的加固，对废墟中有毒、有害的废弃物、残留物进行必要的清理。对文物保护单位应当实施原址保护。对尚可保留的不可移动文物和具有历史价值与少数民族特色的建筑物、构筑物以及历史建筑，应当采取加固等保护措施；对无法保留但将来可能恢复重建的，应当收集整理影像资料。对馆藏文物、民间收藏文物等可移动文物和非物质文化遗产的物质载体，应当及时抢救、整理、登记，并将清理出的可移动文物和非物质文化遗产的物质载体，运送到安全地点妥善保管。

对地震灾害现场的清理，应当按照清理保护方案分区、分类进行。清理出的遇难者遗体处理，应当尊重当地少数民族传统习惯；清理出的财物，应当对其种类、特征、数量、清理时间、地点等情况详细登记造册，妥善保存。有条件的，可以通知遇难者家属和所有权人到场。对清理出的废弃危险化学品和其他废弃物、残留物，应当实行分类处理，并遵守国家有关规定。地震灾区的各级人民政府应当做好地震灾区的动物疫情防控工作。对清理出的动物尸体，应当采取消毒、销毁等无害化处理措施，防止重大动物疫情的发生。对现场清理过程中拆除或者拆解的废旧建筑材料以及过渡安置期结束后不再使用的活动板房等，能回收利用的，应当回收利用。

地震灾后恢复重建，应当统筹安排交通、铁路、通信、供水、供电、住房、学校、医院、社会福利、文化、广播电视、金融等基础设施和公共服务设施建设。城镇的地震灾后恢复重建，应当统筹安排市政公用设施、公共服务设施和其他设施，合理确定建设规模和时序。乡村的地震灾后恢复重建，应当尊重农民意愿，发挥村民自治组织的作用，以群众自建为主，政府补助、社会帮扶、对口支援，因地制宜，节约和集约利用土地，保护耕地。地震灾区的县级人民政府应当组织有关部门对村民住宅建设的选址予以指导，并提供能够符合当地实际的多种村民住宅设计图，供村民选择。村民住宅应当达到抗震设防要求，体现原有地方特色、民族特色和传统风貌。

经批准的地震灾后恢复重建项目可以根据土地利用总体规划，先行安排使用土地，实行边建设边报批，并按照有关规定办理用地手续。对因地震灾害毁损的耕地、农田道路、抢险救灾应急用地、过渡性安置用地、废弃的城镇、村庄和工矿旧址，应当依法进行土地整理和复垦，并治理地质灾害。国务院有关部门应当组织对地震灾区地震动参数、抗震设防要求、工程建设标准进行复审；确有必要修订的，应当及时组织修订。地震灾区的抗震设防要求和有关工程建设标准应当根据修订后的地震灾区地震动参数，进行相应修订。

此外，对地震灾区尚可使用的建筑物、构筑物和设施，应当按照地震灾区的抗震设防要求进行抗震性能鉴定，并根据鉴定结果采取加固、改造等措施。而地震灾后重建工程的选址，应当符合地震灾后恢复重建规划和抗震设防、防灾减灾要求，避开地震活动断层、生态脆弱地区、可能发生重大灾害的区域和传染病自然疫源地。设计单位应当严格按照抗震设防要求和工程建设强制性标准进行抗震设计，并对抗震设计的质量以及出具的施工图的准确性负责。施工单位应当按照施工图设计文件和工程建设强制性标准进行施工，并对施工质量负责。建设单位、施工单位应当选用施工图设计文件和国家有关标准规定的材料、构配件和设备。工程监理单位应当依照施工图设计文件和工程建设强制性标准实施监理，并对施工质量承担监理责任。

按照国家有关规定对地震灾后恢复重建工程进行竣工验收时，应当重点对工程是否符合抗震设防要求进行查验；对不符合抗震设防要求的，不得出具竣工验收报告。对学校、医院、体育场馆、博物馆、文化馆、图书馆、影剧院、商场、交通枢纽等人员密集的公共服务设施，应当按照高于当地房屋建筑的抗震设防要求进行设计，增强抗震设防能力。地震灾后恢复重建中涉及文物保护、自然保护区、野生动植物保护和地震遗址、遗迹保护的，依照国家有关法律、法规的规定执行。地震灾后恢复重建中，货物、工程和服务的政府采购活动，应当严格依照我国《政府采购法》的有关规定执行。

二、资金筹集与政策扶持

《汶川重建条例》第六章"资金筹集与政策扶持"即第53条～第64条规定了非常详细的措施和保障路径。即：县级以上政府应当通过政府投入、对口支援、社会募集、市场运作等方式筹集地震灾后恢复重建资金。国家根据地震的强度和损失的实际情况等因素建立地震灾后恢复重建基金，专项用于地震灾后恢复重建。地震灾后恢复重建基金由预算资金以及其他财政资金构成。地震灾后恢复重建基金筹集使用管理办法，由国务院财政部门制定。

国家鼓励公民、法人和其他组织为地震灾后恢复重建捐赠款物。捐赠款物的使用应当尊重捐赠人的意愿，并纳入地震灾后恢复重建规划。县级以上政府及其部门作为受赠人的，应当将捐赠款物用于地震灾后恢复重建。公益性社会团体、公益性非营利的事业单位作为受赠人的，应当公开接受捐赠的情况和受赠财产的使用、管理情况，接受政府有关部门、捐赠人和社会的监督。县级以上政府及其部门、公益性社会团体、公益性非营利的事业单位接受捐赠的，应当向捐赠人出具由省级以上财政部门统一印制的捐赠票据。外国政府和国际组织提供的地震灾后恢复重建资金、物资和人员服务以及安排实施的多双边地震灾后恢复重建项目等，依照国家有关规定执行。国家鼓励公民、法人和其他组织依法投资地震灾区基础设施和公共服务设施的恢复重建。

国家对地震灾后恢复重建依法实行税收优惠。具体办法由国务院财政部门、国务院税务部门制定。地震灾区灾后恢复重建期间，县级以上地方人民政府依法实施地方税收优惠措施。地震灾区的各项行政事业性收费可以适当减免。具体办法由有关主管部门制定。国家向地震灾区的房屋贷款和公共服务设施恢复重建贷款、工业和服务业恢复生产经营贷款、农业恢复生产贷款等提供财政贴息。具体办法由国务院财政部门会同其他有关部门制定。国家在安排建设资金时，应当优先考虑地震灾区的交通、铁路、能源、农业、水利、通信、金融、市政公用、教育、卫生、文化、广播电视、防灾减灾、环境保护等基础设施和公共服务设施以及关系国家安全的重点工程设施建设。测绘、气象、地震、水文等设施因地震遭受破坏的，地震灾区的人民政府应当采取紧急措施，组织力量修复，确保正常运行。

各级政府及政府有关部门应当加强对受灾群众的职业技能培训、就业服务和就业援助，鼓励企业、事业单位优先吸纳符合条件的受灾群众就业；可以采取以工代赈的方式组织受灾群众参加地震灾后恢复重建。地震灾区接受义务教育的学生，其监护人因地震灾害死亡或者丧失劳动能力或者因地震灾害导致家庭经济困难的，由国家给予生活费补贴；地震灾区的其他学生，其父母因地震灾害死亡或者丧失劳动能力或者因地震灾害导致家庭经济困难的，在同等情况下其所在的学校可以优先将其纳入国家资助政策体系予以资助。非地震灾区的县级以上地方政府及其有关部门应当按照国家和当地政府的安排，采取对口支援等多种形式支持地震灾区恢复重建。国家鼓励非地震灾区的企业、事业单位通过援建等多种形式支持地震灾区恢复重建。对地震灾后恢复重建中需要办理行政审批手续的事项，有审批权的政府及有关部门应当按照方便群众、简化手续、提高效率的原则，依法及时予以办理。

三、灾后重建的监督管理

《汶川重建条例》第七章"监督管理"即第 65 条～第 72 条、第八章"法律责任"即第 73 条～第 78 条对《汶川重建规划》涉及的资金使用和相关灾后重建行为及活动，进行全方位的监督和管理。主要是：地震灾区的各级政府在确定地震灾后恢复重建资金和物资分配方案、房屋分配方案前，应当先行调查，经民主评议后予以公布。地震灾区的各级政府应当定期公布地震灾后恢复重建资金和物资的来源、数量、发放和使用情况，接受社会监督。财政部门应当加强对地震灾后恢复重建资金的拨付和使用的监督管理。发展改革、建设、交通运输、水利、电力、铁路、工业和信息化等部门按照职责分工，组织开展对地震灾后恢复重建项目的监督检查。国务院发展改革部门组织开展对地震灾后恢复重建的重大建设项目的稽查。审计机关应当加强对地震灾后恢复重建资金和物资的筹集、分配、拨付、使用和效果的全过程跟踪审计，定期公布地震灾后恢复重建资金和物资使用情况，并在审计结束后公布最终的审计结果。

地震灾区的各级人民政府及有关部门和单位，应当对建设项目以及地震灾后恢复重建资金和物资的筹集、分配、拨付、使用情况登记造册，建立、健全档案，并在建设工程竣工验收和地震灾后恢复重建结束后，及时向建设主管部门或者其他有关部门移交档案。监察机关应当加强对参与地震灾后恢复重建工作的国家机关和法律、法规授权的具有管理公共事务职能的组织及其工作人员的监察。

有关地方政府及政府部门侵占、截留、挪用地震灾后恢复重建资金或者物资的，由财政部门、审计机关在各自职责范围内，责令改正，追回被侵占、截留、挪用的地震灾后恢复重建资金或者物资，没收违法所得，对单位给予警告或者通报批评；对直接负责的主管人员和其他直接责任人员，由任免机关或者监察机关按照人事管理权限依法给予降级、撤职直至开除的处分；构成犯罪的，依法追究刑事责任。在地震灾后恢复重建中，有关地方政府及政府有关部门拖欠施工单位工程款，或者明示、暗示设计单位、施工单位违反抗震设防要求和工程建设强制性标准，降低建设工程质量，造成重大安全事故，构成犯罪的，依法追究刑事责任；尚不构成犯罪的，对直接负责的主管人员和其他直接责任人员，由任免机关或者监察机关按照人事管理权限依法给予降级、撤职直至开除的处分。

而在地震灾后恢复重建中，建设单位、勘察单位、设计单位、施工单位或者工程监理单位，降低建设工程质量，造成重大安全事故，构成犯罪的，依法追究刑事责任；尚不构成犯罪的，由县级以上地方人民政府建设主管部门或者其他有关部门依照《建设工程质量管理条例》的有关规定给予处罚。对毁损严重的基础设施、公共服务设施和其他建设工程，在调查评估中经鉴定确认工程质量存在重大问题，构成犯罪的，对负有责任的建设单位、设计单位、施工单位、工程监理单位的直接责任人员，依法追究刑事责任；尚不构成犯罪的，由县级以上地方政府建设主管部门或者其他有关部门依照《建设工程质量管理条例》的有关规定给予处罚。涉嫌行贿、受贿的，依法追究刑事责任。

思考与训练：

1. 灾民生活的恢复，在灾区的整体性灾后重建任务完成后，必然完成了吗，为什么？

2. 请对"8·8"九寨沟大地震的灾后重建总体规划，以及灾后重建的具体工作，进行你自己的评价。

3. 灾后重建最困难的是灾区的灾后生态修复工作，请你对此进行分析和说明。

4. 你对汶川大地震后，北川新县城异地重建完成后，北川老县城的"物权捐献"现象和北川地震遗址博物馆的功能定位与升级，有什么看法？

第十一章　自然灾害责任追究法

　　"自然灾害责任追究法"命题的提出，基于几点考虑：一是国家的职能中，是否包含防灾、救灾或减灾的职能。二是国家和防灾、救灾和减灾的关系，即自然灾害与政府行为有无直接关系。比如，当下我国全国各地严重的雾霾以及城市机动车拥堵问题，是否是一种灾害？如果是，那么是何种性质的灾害，是自然灾害还是人为灾害？三是国家的社会治理目标中，防灾减灾和救灾处于何种地位？也就是说，关注"自然灾害责任追究法"这样的命题，就是关注在灾难中如何生存，以及个体、群体和整体在各种各样的灾难中的生存能力。

　　在国际减灾十年活动结束快 20 年的时候，为什么城市化、工业化、信息化和全球化，并不必然使得各种自然灾害、环境灾害、城市灾害和人为灾害特别是各种严重的生产事故减少？虽然，从 2009 年 5 月 12 日开始，我们每年都有"防灾减灾日""国际减灾日""世界急救日""全国科普日""全国消防日"和"国际民防日"等国内国际的纪念日和活动日，让我们从事各种各样的宣传、演练和增长逃生意识，但是，在自然灾害中的自救、他救和互救能力和技能，以及各种生产事故和特重大安全事故的减少，却没有飞速提升。

　　应该说，我国在国际减灾十年活动之后，最大的收益就是制定了《防洪法》（1997年 8 月 29 日）、《防灾减灾法》（1997 年 12 月 29 日）、《消防法》（1998 年 4 月 29 日），以及《汶川地震灾后恢复重建条例》（2008 年 6 月 4 日）、《自然灾害救助条例》（2010年 6 月 30 日），还有各级综合性、专门性应急预案等一大批防灾、救灾和减灾方面的法律法规和规章，以及规范性文件。这些法律、法规和规章，以及规范性文件，对于防灾、救灾和减灾的国家职责和义务、责任，社会各界的义务和责任，尤其是公民个体的防灾、救灾和减灾的义务和公众参与责任等，通过法律制度的设计和措施的落实，为国家防灾、救灾和减灾责任的落实，提供了最基本的保证。

第一节　国家防灾、救灾与减灾的功能[①]

一、国家功能的主要学说

　　国家从何而来，其功能如何，历史上理论学说主要有：

---

① 本部分内容参考王建平：《减轻自然灾害的法律问题研究》（修订版，法律出版社 2008 年版）第八章"国家的减灾责任"第一节"国家减灾责任的依据"，第 390 页～第 406 页。

　　第一，人性论。即人们为了生存和生活需要，互相帮助才建立国家，或是人类本性的要求自然发展而建立国家。包括德谟克利特的进化论、[①] 柏拉图的需求论、[②] 亚里士多德的自然起源论、[③] 阿奎那的理性论[④]和马基雅弗利的人性论[⑤]等。因此，国家的功能主要是保护人们的生存、生活需要，保障社会和谐、全体公民的幸福和人民生命财产的安全。

　　第二，契约论。即国家起源于人类的契约，人们或放弃部分权利交给社会以保护共同利益，或一大群人相互订约，授权于国家，或人们同意以契约来建立政治社会，或委托统治者管理社会。其代表人物主要是伊壁鸠鲁、格劳秀斯、斯宾诺莎、霍布斯、洛克、卢梭、狄德罗、爱尔维修等。他们认为国家的功能是为了人们的共同利益、保障人们的自由与安全（即生命安全和财产安全），使社会有秩序和平稳。从而实现社会正义，实现人们的幸福愿望，政府的权威必须以保存人的生存、自由和财产的权利为目标。[⑥]

　　第三，统治论。即国家是强者对弱者进行统治和统治者与被统治者在政治上分化的产物，这种观点以狄骥为主要代表。这样一来，国家的目的主要是实现客观法以促进社会连带关系。国家是服从法律的，是为实现法律而存在的。[⑦] 马克思主义国家观认为：国家是阶级统治的机器，国家的目的，就是为了阶级统治和压迫。也属于统治论的范畴，但它强调阶级统治或国家的阶级性。

　　第四，职能论。即国家既是阶级统治的产物，也是为了维持这种统治的多种职能的产物，这是马克思主义国家学说的应有内涵。有学者经过研究认为：国家之所以成为自居于社会之上的力量，是因为国家除了执行阶级统治这个主要职能之外，还必须担负缓和社会内部冲突，顾及社会整体利益的公共职能。[⑧] 即国家负有多重职能，而不只是具有阶级统治这种唯一职能，或国家的全部职能是阶级压迫。

　　显而易见，人性论的国家学说，对国家功能的解释，在抽象掉国家的阶级统治功能之后，就只剩下保护人们的生存、生活需要了。而人是抽象的、无阶级性的，这当然是不符合实际的。如果仔细分析，不难发现：人性论中关于国家的目的在于保护人们的生存、生活需要的观点有其一定的合理性之处。那就是：（1）间接地揭示国家的应有功能，包括了对人民大众的职责，即保护人们的生存、生活需要。依职能论的观点来看，国家本来就有这种"顾及社会整体利益的公共职能"。那么，保护人们的生存、生活需要的说法，应是这种社会整体利益的公共职能的不同表述而已。（2）统治阶级的本性，即维护其统治存在和发展的属性，在任何国家都存在。当今社会，统治阶级的这一属性仍然没有改变，只是由于经济和社会发展的需要，统治阶级人民大众的生存、生活的需要，给予承认和保护，也是现实存在的。

---

① 王哲：《西方政治法律学说史》，北京大学出版社 1988 年 8 月版，第 12 页。

② 王哲：《西方政治法律学说史》，北京大学出版社 1988 年 8 月版，第 16 页。

③ 王哲：《西方政治法律学说史》，北京大学出版社 1988 年 8 月版，第 31 页。

④ 王哲：《西方政治法律学说史》，北京大学出版社 1988 年 8 月版，第 68 页。

⑤ 王哲：《西方政治法律学说史》，北京大学出版社 1988 年 8 月版，第 95 页。

⑥ 这是洛克的有限政府论观点，它认为人们授权给政府时，保留了生命、自由和财产的自然权利。保护和尊重这种权利是政府的责任。

⑦ 王哲：《西方政治法律学说史》，北京大学出版社 1988 年 8 月版，第 462 页。

⑧ 李光灿等：《马克思恩格斯法律思想史》，法律出版社 1991 年版，第 684 页。

如果说，社会契约论从国家产生角度上看，是荒谬的或不符合实际的。那么，从国家的目的与功能的方面，就不能断言此说毫无可取之处。尤其是社会主义国家的出现，是人民大众为了自己的生存、利益而进行无产阶级革命的产物。这种国家，从产生的那一天起就把为人民大众谋利益作为基本目的。而这种目的，又演化成现在的社会主义建设和发展经济的基本宗旨，即满足人们日益增长的物质、文化生活的需要。要实现这一宗旨，国家必须首先使社会有秩序和平稳，保障人民的自由与安全。其次是为了人民的共同利益，国家应该进行符合人民根本意志的统治、管理和建设活动。再次是政府应以保障人民的生存、自由和财产等权利为目标，进行一切有益于人民群众的活动。这是国家社会契约论给我们的启示与教益。

国家职能论，是马克思主义国家学说的精华。将这种精华揭示出来，奉献在人们面前，只是近几年理论研究的新成果。根据这一学说，国家不仅有阶级统治职能，也有非阶级统治职能，即公共职能。这些职能，对社会主义国家而言，体现为社会主义的根本任务是解放生产力、发展生产力，消灭剥削、消除两极分化，最终达到共同富裕[①]而公共职能则以缓和社会内部冲突，减少冲突造成的内耗与不稳定，以及顾及社会整体利益为目标。这样一来，国家存在的必要性就从单一功能，即阶级统治，走上多元功能，即阶级统治和公共职能并存的道路。

二、国家防灾、救灾与减灾责任的理论

对国家功能主要学说的探讨，为我们揭示了国家防灾、救灾与减灾责任的理论依据，找到了支撑点。作者认为，不论是人性论、契约论，还是统治论，在国家对社会负有一定的责任这一点上，或多或少有一致之处。那么，这个"一定的责任"，最主要的就是自然灾害发生时，国家的防灾、救灾与减灾责任，或称为进行灾害处置、灾区救助、灾民赈济的责任。这种责任在历史上，有积极承担的，也有消极推诿的；还有视而不见，企图以战争、赋税徭役的加重等形式加以转嫁的。从理论上分析，国家之所以对这种责任采取了不同的态度，除了认识上、阶级性质上的限制外，主要与灾害是否群发、国力如何，以及理论研究的进展等密切相关。

1. 天命主义禳（ráng，祈祷消除灾殃）弥论。这是中国古代一种原始的救荒思想，它认为人间的一切灾难，都是天帝有意安排的。天帝主宰万物的兴衰、自然灾害的发生、农业生产的丰歉等。人类想要免除灾难，非向天帝祷禳以求宽恕不可。这种学说，把国家放到了无能为力的地位，对自然灾害除了祷禳以消弥之外，无能为力。国家的减灾责任，只不过是举行求神祭天的仪式而已。这种学说，最早见于卜辞（商代甲骨文），春秋战国时期开始受到朴素自然观的冲击，至秦汉以后逐渐衰落。[②] 这固然与人们的认识水平有关，但是，与国力以及理论研究不无关系。生产力不发达，制约了人们的需求，限制了人们的视野，作为一种必然结果，理论研究只剩下天命主义禳弥论了。

---

① 江泽民：《加强改革开放和现代化建设步伐，夺取有中国特色社会主义事业的更大胜利》（1992 年 10 月 12 日在中共十四大上的报告），第一部分。

② 崔乃夫：《中国民政词典》，上海辞书出版社 1990 年版，第 209 页。

2. 穰（ráng，庄稼丰熟）① 旱循环论。这是中国古代春秋战国时期，一种探索自然灾害规律的理论，也是中国最早利用天文变化预测农业生产丰歉的学说。它认为：农业生产的丰歉，随天时变动而交替发生，是一个周而复始的循环过程。② 为此应提倡国蓄，以防灾害给社会带来危害。因为年景有丰有歉，故灾年粮价上涨，而丰年粮价下跌。所以，丰年粮价下跌时国应储粮、蓄资财，以充盈常平仓。《礼记·王制》云："国无九年之蓄，曰不足。无六年之蓄，曰急。无三年之蓄，曰国非其国也。"可见此学说，强调了国家主动储备以救灾的思想，是对仓储说③的发展和完善。该学说虽然未直接提出国家减灾责任问题，但它所倡导的国蓄思想，无疑是对国家减灾责任的一种间接揭示。

3. 荒政论。即中国历史上救济灾荒以稳定政权的理论。这种理论，往往以具体的救荒措施表现出来。如《周礼》的十二荒政、④ 各朝各代的赈济、调粟、养恤、安辑、仓储等。荒政论起源甚早，也多为统治者使用，这是因为灾荒会加剧阶级矛盾，影响社会稳定，对统治阶级造成威胁，故历代都有人重视荒政。⑤ 与天命主义禳弥论和穰旱循环论不同的是，荒政论把国家的存在和稳定与此学说结合起来，实际上是国家的减灾责任意识萌动的反映。这种萌动，首先是强调救济灾荒是为了稳定政权，而政权是国家的核心；其次是灾害对阶级统治的威胁是直接的，但人们可以尽力补救；最后灾荒之政只能由国家以具体措施来行之，而非主要依靠民间举措，尤其是灾情严重时更是如此。

4. 消极救济论。即只主张进行灾后救济或补救的理论，是中国古代重要的救荒思想。这种思想的实质是灾前不应有作为，一旦灾害发生，则给予救济来稳定统治者的统治。因而，这种学说并不否认国家的减灾责任，只是认为国家的减灾责任是消极的，即只在灾后开始承担，灾前则不应承担。这种理论，包括临灾治标的赈济说、调粟说、养恤说、除害说和灾后补救的安辑说、蠲缓说、放贷说、节约说等。这种理论在中国古代发展得比较完备，深深地影响着历代王朝减灾责任的实际承担的程度、范围及积极性。因此，历朝历代流民多形成浪潮，灾民以人相食、外流和死于非命的惨剧无声地控诉这种理论的错谬和不可取处，给统治者以"用轸于怀"⑥ 之震撼。

5. 积极预防论。即对自然灾害注重于灾前的预防，着眼于灾荒发生原因的根治的理论。这种理论又一分为二：一为社会条件改良论，包括重农说与仓储说；一为自然条件改良论，包括水利说与林垦说。⑦ 社会条件改良之中，重农之说乃主张以农为本，只有发展农业生产才是解决灾荒的根本办法。仓储之说则强调建立专门的粮仓，储存粮食，以备荒年。而重农与仓储只有国家才有能力办到。至于自然条件改良者，首重兴修

---

① 穰（音 rong，今读 ráng），禾径，庄稼秆。引申为丰收。如范蠡说："六岁穰，六岁旱，十二岁一大饥。"（《史记·货殖列传》）。

② 崔乃夫：《中国民政词典》，上海辞书出版社 1990 年版，第 489 页、第 273 页。

③ 仓储说始于西南，历代相延，比穰旱循环论要早得多。

④ 即散利、薄征、缓刑、驰力、舍禁、去几（饥察）、眚（省）礼、杀哀、蓄乐、多昏、索鬼神、除盗贼等。

⑤ 崔乃夫：《中国民政词典》，上海辞书出版社 1990 年版，第 247 页。

⑥ 公元 727 年（唐代开元十五年）8 月，唐玄宗制曰："河北州县，水灾尤甚，言念丞民，何以自给，朕当宁与思，有劳赈于晟在予之责，用轸于怀，宣令所量支东都，租米二十万石，赈给。"

⑦ 崔乃夫：《中国民政词典》，上海辞书出版社 1990 年版，第 257 页。

水利、排灌农田，以预防水旱灾害，此乃灭灾良策、兴农富国的根本大计。① 次为发展林业，防止滥砍滥伐、毁林开荒，以防灾于未然。这两方面唯国家有此权威与责任。可见，积极预防论已将国家的减灾责任上升到理性高度，并加以运用和实践。

6. 去灾存国论。这是作者主张的理论观点。去灾，即通过国家的一系列减灾立法、减灾活动和措施，防御自然灾害，减轻灾害损失，把减灾作为国家公共职能的重要内容，加以明确之后，才有益于存国或才可能存国。在这里，"存国"之说，是强调灾害可以亡国。尤其是灾害群发期，自然灾害不仅可以造成国家的经济和社会发展停滞，更重要的是，它还可严重削弱国家的经济实力，使国家如临亡国之深渊。

历史上，灾害群发期往往使民不聊生、国库空虚、国力耗尽，灾害成了朝代更替（或称为朝亡国灭）的催命符。如我国历史上的奈和两汉灾害群发期从公元前 200 年到公元 200 年，以关中大饥人相食始，到大旱长安谷一斛②值五十万、人相食结束，③ 400 年间较大的自然灾害有 375 次之多。④ 其间，王莽建"新"朝与东汉王朝的建立，皆与严重的自然灾害有关。至于公元 1600—1700 年间，自然灾害十分严重而频繁，也是历史上有名的灾害群发期。如 1637—1641 年的连年大旱为 500 年最严重的，⑤ 1653—1697 年的 44 年，东部广大流域有 6 次洪水泛滥，1668—1695 的 27 年间，华北 6 级地震 3 次、7 级 3 次、8 级 3 次，是两千年来震灾最重时期。⑥ 明代到了崇祯末，因国力衰微最终断了气数。其间，大顺农民政权也未能立足长久，都与自然灾害使国家的经济基础飘摇不稳有关。因此，去灾存国之说，实为积极减灾以推动社会和经济发展的理论。尤其是当我国进入又一个灾害群发期，国家经济发展处于关键时刻，只有明确国家的减灾责任，重视减灾，才能存国和保障国家的繁荣、民族的发展。

三、国家防灾、救灾与减灾责任的职责化立法

作者认为，国家的减灾责任不单是理论上的，也应该是法律上的。即应当通过法律上的制度设计、规则编排、义务履行监督和司法解释加以深化，从而找到法理上的支持点。站在法律角度来分析这一问题，实际上是考察国家与法律的关系。立足于国家的防灾、救灾与减灾责任，来分析这种责任的国家承担原因、产生的法律依据，并不多见。历史上，虽然有多种防灾、救灾与减灾国家责任的理论学说，但是，都不是从法律角度或者法律义务角度加以说明的。因此，对国家的这种责任，从法理学、宪法学、行政法学和相关专业法等方面加以分析说明，对深入理解国家减灾责任的实质，是十分必要

---

① （清）钱泳《履园丛话》云："王政所重，莫先民食。而食出于农，农资于水，水得其用，可以挽凶而为丰，化瘠而为沃，利莫大焉。水不得其用，可以反丰而致凶，化沃而为瘠，害莫甚焉。"

② 斛（hu），中国旧量器名，亦是容量单位，古代常用容量单位由小到大有升、斗、斛（石）、釜、钟，通常学者们认为斛和石相通。自秦汉开始它们之间都是十进制，南宋末年一斛本改为五斗。

③ 公元前 205 年（汉王二年）6 月关中大饥，米斛（hu）万钱，人相食，令民就食巴蜀。公元 194 年（汉兴平元年）大旱，数月不雨，长安谷一斛值五十万，人相食。

④ 张研等：《历史的疯狂》，中州古籍出版社 1991 年 3 月版，第 23 页。此处引用包含秦朝在内的数字。

⑤ 史称崇祯大旱，旱区广、旱期长、旱情严重。如崇祯十三年至十四年（公元 1640—1641 年），甘肃出现大片旱区，"人相食"；陕西"绝粜罢市，木皮石面皆食尽，十亡八九"；山西"汾水、漳河均竭，民多饿死"；河北"九河俱干，白洋淀涸，尸骸遍野"。

⑥ 马宗晋：《自然灾害与减灾 600 问答》，地震出版社 1990 年版，第 47 页。

的。把防灾、救灾与减灾责任加诸国家，在于国家的许多活动都直接以法律的形式表现，法律保证着国家职能的实现。[①] 即国家必须有法，任何国家都不能没有法律，法是从属于国家的，[②] 国家的各种经济、政治方面的基本制度，包括减灾制度需要以法律的形式确定下来。然后，国家的职能，包括减灾的职能（属公共职能的范畴）借助法予以实现。[③]

立法使得国家的职能尤其是公共职能具体化，实际上，是使之取得了法律责任的意义。即：（1）国家机关及其工作人员为维护国家的统治，具有减灾的责任；（2）国家对灾害、灾区、灾民负有处置和救助的责任；（3）国家倘若不积极防灾、救灾与减灾，受其保护之民众有权诉请赔偿。国家立法既使法律成为一种统治的手段和工具，也使国家自己的责任得以明确化。国家理论上的防灾、救灾与减灾责任，转化成法律上的防灾、救灾与减灾责任。与法律永相伴随的基本价值，便是社会秩序。消除社会混乱是社会生活的必要条件。[④] 消除混乱本身，是民主政治所需要的，特别是当严重的自然灾害对社会秩序带来毁灭性破坏时，更是如此。这时，谁来消除混乱，恢复秩序呢？当然应该是国家。这不仅是因为国家手中握有法律，拥有各种强制手段，更重要的是国家有救灾的责任。这种责任，即社会秩序是国家安定的前提，防灾、救灾与减灾的目标之一便是维护社会秩序。社会秩序维系着人民大众的利益，也维系着统治者的利益。

国家是一种特殊的社会权力，[⑤] 国家对社会公共事务进行管理，就包含减灾责任的内涵。历史上，各朝各代都在利用行政管理方面的法律法令对付自然灾害，如唐玄宗制书赈米济灾、南宋高宗诏书设丰储仓[⑥]清康熙帝下诏灭蝗等。有学者评价清代在频繁的灾害中，国家能享百余年承平之运者，也与水旱之时行免粮之惠予有关。[⑦] 这说明：行政法律法令之颁行，亦表明国家减灾责任的明确与细化。总的说来，它是由社会经济的发展所决定和制约的，国家权力要服从经济的需要。[⑧] 这里的经济包括因灾害发生，使人们的人身、财物遭受严重损失，以及对这种损失进行补救等措施。国家权力也受到自然灾害的限制，这种限制，是灾害后果的一种反映或者表现形式。它意味着国家防灾、救灾与减灾责任的专门法律化，即制定专门的防灾减灾法律法规和规章、规范性文件等，可以限制国家处置灾害时的随心所欲。

新中国成立以后，特别是 1979 年以后的立法实践，表明国家在立法上已从零散的、不完整的、不系统的规定，逐步转变为完整的、系统的规定；从单纯的中央立法，转变为中央和地方立法相结合；从仅有原则、宗旨的条款，转变为原则条款与详细可操作性规范相结合的条款；从笼统的总括立法转向详细的专门立法；从只规定公民的权利、义务和责任转向与规定国家的权力、义务和责任相结合。分析立法实践中的做法、规定和

---

① ［苏］雅维茨：《法的一般理论》，辽宁人民出版社 1986 年版，第 31 页。

② 沈宗灵：《法学基础理论》，北京大学出版社 1988 年版，第 62 页。

③ 沈宗灵：《法学基础理论》，北京大学出版社 1988 年版，第 63 页。

④ 彼得·斯坦等：《西方社会的法律价值》，中国人民公安大学出版社 1990 年版，第 38 页。

⑤ 沈宗灵：《法学基础理论》，北京大学出版社 1988 年版，第 60 页。

⑥ 中国古代仓储的一种，仅行于宋代。南宋高宗绍兴十六年（公元 1156 年），户部尚书韩仲通奏请设立。为备赈济而设，每遇灾歉，借助丰储仓，救灾效果明显。

⑦ 邓子琴：《中国风俗史》，巴蜀书社 1988 年版，第 308 页。

⑧ 李光灿等：《马克思恩格斯法律思想史》，法律出版社 1991 年版，第 756 页。

利弊得失，不但对明确国家的防灾、救灾与减灾责任十分有益，也对国家加强这方面的立法有重要意义。

我国《宪法》规定的国家保障自然资源的合理利用，禁止任何组织或个人用任何手段侵占或破坏自然资源；一切使用土地的组织和个人必须合理地利用土地；国家保护和改善生活环境和生态环境，防治污染和其他公害，国家组织和鼓励植树造林、保护林木[①]等，都可以从防灾、救灾与减灾责任角度加以理解。如 1987 年 5 月的大兴安岭特大森林火灾中，国家投入 5.88 万人、800 余辆汽车、53 架飞机参加扑火就是保障森林不被毁灭。又如，国家为阻止"三北"地区土地沙化、退化、水土流失和减轻频繁的旱涝灾害，以及改变人们生存条件受到威胁的局面，于 1978 年决定建设"三北防护林体系"。国家的救灾与减灾责任，亦包括给灾民、灾区以赈济和救助的责任。如 1991 年 6、7 月江淮大洪水后，国家对全国大范围水灾的救助活动。

四、国家防灾、救灾与减灾责任的立法实践

我国《刑法》中规定国家的防灾、救灾与减灾责任，并不是直接的，而是间接的。即以处罚渎职，挪用国家救灾、抢险、防汛、救济款物的工作人员[②]的形式加以明确。在民事法律中，国家机关或其工作人员执行职务不当造成侵权或违反国家环保规定的[③]情形，也可以成为国家减灾责任的表现形式。倘若国家机关及其工作人员在执行救灾职务中，侵犯公民、法人合法权益造成损失的，或国家机关管理环境失误的，都应由有关机关承担相应的责任，即防灾、救灾与减灾法律责任。各种行政法上，则以强化国家的行政管理为主要方面，或者把防灾、救灾与减灾职责赋予某一机构，或者命令某一机构如何行为，或者明文规定处置失误、渎职等应承担什么责任。例如，国境卫生检疫机关工作人员，失职引起检疫传染病传播的，应依法承担行政或刑事责任；[④] 环保监管人员玩忽职守的，也依法追究行政或刑事责任。[⑤] 各级人民政府应当加强领导，采取措施，做好防汛抗洪工作。[⑥] 又如有关省人民政府要按照流域治理规划，采取切实措施，保证淮河行蓄洪区能及时有效运用，并使区内居民有比较安全的生活环境[⑦]等。可见，三大实体法中，刑法、民法的国家防灾、救灾与减灾责任，主要以国家机关及其工作人员的消极责任为特点，规定的具体条款也较少。而行政法中，则有相当一部分是直接规定各级政府的防灾、救灾与减灾责任，主要是积极作为的条款。这说明：这三大实体法中，国家的防灾、救灾与减灾责任以行政责任为主，多带有命令和强化管理的特点。

根据统计资料，[⑧] 我国防灾、救灾与减灾专门法律法规的制定，主要是 1950 年 10 月 14 日《政务院关于治理淮河的决定》、1955 年 5 月 11 日《东北及内蒙古铁路沿线林

---

① 《中华人民共和国宪法》，第 9 条、第 10 条、第 26 条。
② 《中华人民共和国刑法》，第 187 条、第 126 条。
③ 《中华人民共和国民法通则》，第 121 条、第 124 条。
④ 《中华人民共和国国境卫生检疫法》，第 23 条。
⑤ 《中华人民共和国大气污染防治法》，第 39 条。
⑥ 《中华人民共和国水法》，第 38 条。
⑦ 《国务院关于进一步治理淮河和太湖的决定》，第三部分，第 5 条。
⑧ 资料出自：龙希等编：《中华人民共和国法规全目（1949—1989）》，沈阳出版社 1990 年版。

区防火办法》、1963 年 4 月 18 日《关于黄河中游地区水土保持工作的决定》、1979 年 3 月 20 日《国家地震局关于保护地震台站观测环境的暂行规定》等。从新中国成立到 20 世纪 80 年代的 30 多年间，只颁行了决定、规定等几个法规，其他为通知、指示、通令、指令等类型的规范性文件。专门法律的制定属于空白。自 1979 年以后，我国的防灾、救灾与减灾专门立法开始步入正轨，继颁布我国《环境保护法（试行）》之后，相关环境要素的立法已基本齐备。之后《草原法》《森林法》《水法》《土地管理法》《矿山资源法》等纷纷颁行。专门的防灾、救灾与减灾法，也有一大批法律法规出台，如《水土保持法》《国境卫生检疫法》《进出口动植物检疫法》《植物检疫条例》《消防条例》《森林防火条例》《森林病虫害防治条例》《河道管理条例》《防汛条例》《水库大坝安全管理条例》，以及后来的《消防法》《防洪法》和《防震减灾法》[1] 等。在这些专门法的立法中，立法者已把目光投向国家、政府的防灾、救灾与减灾责任和公民、法人其他组织的防灾、救灾与减灾责任配置，并具有可操作性的条文加以表现。尤其是 2008 年汶川大地震发生后，2008 年 6 月 4 日即出台《汶川重建条例》，对汶川灾后过渡性安置、调查评估、恢复重建规划、恢复重建的实施、资金筹集与政策扶持，以及监督管理、法律责任等问题，都进行了比较详细的规定。这个条例出台之及时和效率之高，都是人民共和国立法史上，尤其是防灾、救灾与减灾立法史上，非常罕见的。[2]

国家的防灾、救灾与减灾责任，实际上是其公共职能的体现。即在自然灾害场合，国家只能以积极的行动和措施对灾害加以处置，对灾区和灾民进行紧急救助或赈济。同时，灾害制约经济，尤其是制约灾区经济发展的例子，前文列举很多。这种制约，不仅是指对经济发展计划的干预，而且，也指对经济发展力的破坏，即对经济发展需要的人力、资源力、环境力、秩序力，以及意志力[3]的破坏。如我国的唐山市，在 1976 年 7 月 28 日唐山大地震之前，已经发展了几十年。那场毁灭性地震使 40 多万人死伤，一般民用建筑震毁 94％，而工业建筑震毁和损坏 90％，市政公共设施遭到严重破坏，全市水、电、通讯和交通全部中断。除了被毁掉的以外，还支付了救灾的大批投入，到 1980 年国家拨给唐山救灾款 11.7 亿元，基本建设投资 22 亿元。直到 1986 年抗震十周年纪念会上河北省省长解峰才宣布：唐山的恢复重建已基本完成。[4]

在严峻的群发灾害危机面前，国家应积极承担起减灾的责任，尽早防范和进行对策研究，以免陷入被动。灾害群发期，社会的经济成果和发展力量要被超量消耗。这不仅是因为灾害的破坏毁灭性，更重要的是，因为灾害群发会导致破坏性持续、叠加和累

---

① 这些法律的出台，意味着我国立法者已经将相关条例的制度设计，提升到法律层次。并且，不断修订和完善相关的法律法规，使这些法律法规能够不断地适应防灾减灾需求。

② 从 2008 年 5 月 12 日四川汶川大地震发生后，到 2008 年 6 月 4 日仅仅 24 天时间，一部法规从立法动议、起草草案，到一审、二审再到通过。这部专门性的减灾法规，表明了减灾责任立法，进入了一个标志性的时代——国家以立法承担减灾责任的时代。

③ 人力，即人员的劳动力。资源力，即各种自然资源和人力资源方面的力量。环境力，即社会经济发展过程中所需要的外部环境方面的有序力量。秩序力，即经济发展的内部秩序（运行秩序）和外部秩序（保障秩序）方面的力量。意志力，即人们发展经济的计划安排、愿望、积极性和动力等。

④ 冯登岗等：《新中国大事辑要》，山东人民出版社 1992 年版，第 135 页。

积。历史上的明末农民起义和明清更朝换代，都发生在"嘉荫期"。① 这一时期中，洪水、地震、干旱、滑坡、蝗虫、瘟疫、大风沙和寒冷等灾害俱发，其持续之久、② 危害之烈、损失之重，世所罕见，是著名的灾害群发期。而面对 20 世纪后十年的又一个灾害群发期，群发灾害的危机，迫使国家不得不全力承担起防灾、救灾与减灾责任。

第二节　我国《防震减灾法》规定的法律责任

一、我国《防震减灾法》规定的法律责任设计比较

1997 年 12 月 29 日，我国颁行《防灾减灾法》。这个法律第一次规定了防震减灾的法律责任，即第六章第 43 条～第 47 条，共 5 条规定。其具体内容是：（1）行政处罚。包括：责令改正、责令停止违法行为，恢复原状或者采取其他补救措施；情节严重时行政罚款；尚不构成犯罪的，给予行政处分等。其中，行政罚款的幅度是：其一，5000元～10 万元的罚款。其二，1 万元～10 万元的罚款。（2）民事责任。造成损失的，依法承担民事责任。（3）刑事责任。构成犯罪的，依法追究刑事责任。其设计的违法行为包括：（1）新建、扩建、改建建设工程，对地震监测设施或者地震观测环境造成危害，又未依法事先征得同意并采取相应措施的；（2）破坏典型地震遗址、遗迹的；（3）单位不进行地震安全性评价的，或者不按照根据地震安全性评价结果确定的抗震设防要求进行抗震设防的；（4）不按照抗震设计规范进行抗震设计的；（5）不按照抗震设计进行施工的；（6）截留、挪用地震救灾资金和物资的；（7）国家工作人员在防震减灾工作中滥用职权、玩忽职守、徇私舞弊等，共 7 种类型的违法行为。其特点是：（1）法律责任条款数量少；（2）三种法律责任均有涉及，行政责任最多 5 个条款、刑事责任 2 个条款和民事责任 1 个条款，即所谓 5∶2∶1 配置；（3）行政罚款温和，起点有两个，即 0.5 万元和 1 万元，10 万元封顶；（4）涉及未发生行为类型少，这是我国《防震减灾法》最大的不足。

我国《防震减灾法》在修订时，曾经将法律责任列在第九章即第 88 条～第 97 条共10 条，其中，第 88 条规定"违反本法规定，依法应当编制防震减灾规划而未组织编制，或者未按法定程序编制、修改防震减灾规划的，由本级政府或者上级政府负责管理地震工作的部门或者机构责令改正，通报批评；对直接负责的主管人员和其他直接责任人员，依法给予处分"。这一条，在《防震减灾法》修订通过时，并没有得到确认。《防震减灾法》最终修订通过后，法律责任的规定为第八章即第 82 条～第 91 条，总数量仍然为 10 条，其具体规定是：

1. 行政责任。设计条款 9 条即第 82 条～第 90 条，是所有法律责任中内容最多的。

2. 民事责任。共有 2 条规定，即第 84 条、第 85 条，其内容为：恢复原状或者采

---

① 所谓嘉荫期，是灾害学上灾害群发期的别称。出自 1963 年中国地质学家王嘉荫教授（已故）在其著《中国地质史料》一书中，最先指出：1600 年—1700 年间，自然灾害十分严重而频繁，后人建议称之为"嘉荫期"或"明清灾害群发期"。是故，可以用"嘉荫期"指称灾害群发期现象。

② 参见马宗晋：《自然灾害与减灾 600 问答》，地震出版社 1990 年版，第 47 页。

取其他补救措施，造成损失的，依法承担赔偿责任，包括：（1）侵占、毁损、拆除或者擅自移动地震监测设施的；（2）危害地震观测环境的；（3）破坏典型地震遗址、遗迹的；（4）未按照要求增建抗干扰设施或者新建地震监测设施造成损失的等。

3. 刑事责任。专门规定了1条，即第91条规定：违反本法规定，构成犯罪的，依法追究刑事责任。见表11-1。

表11-1 《防震减灾法》第八章法律责任修订比较表

《防震减灾法》1997.12	《防震减灾法（修订草案）》2008.10	《防震减灾法（修订）》2008.12
第六章 法律责任共5条	第九章 法律责任共10条	第八章 法律责任共10条
第43条 违反本法规定，有下列行为之一的，由国务院地震行政主管部门或者县级以上地方人民政府负责管理地震工作的部门或者机构，责令停止违法行为，恢复原状或者采取其他补救措施；情节严重的，可以处5千元以上10万元以下的罚款；造成损失的，依法承担民事责任，构成犯罪的，依法追究刑事责任：（一）新建、扩建、改建建设工程，对地震监测设施或者地震观测环境造成危害，又未依法事先征得同意并采取相应措施的；（二）破坏典型地震遗址、遗迹的。	第90条 违反本法规定，有下列行为之一的，由国务院地震工作主管部门或者县级以上地方人民政府负责管理地震工作的部门或者机构责令停止违法行为，恢复原状或者采取其他补救措施；情节严重的，处5万元以上20万元以下的罚款；构成违反治安管理行为的，由公安机关依法给予处罚；造成损失的，依法承担民事责任；构成犯罪的，依法追究刑事责任：（一）侵占、毁损、拆除或者擅自移动地震监测设施的；（二）危害地震观测环境的；（三）破坏典型地震遗址、遗迹的。	第84条 违反本法规定，有下列行为之一的，由国务院地震工作主管部门或者县级以上地方人民政府负责管理地震工作的部门或者机构责令停止违法行为，恢复原状或者采取其他补救措施；造成损失的，依法承担赔偿责任：（一）侵占、毁损、拆除或者擅自移动地震监测设施的；（二）危害地震观测环境的；（三）破坏典型地震遗址、遗迹的。单位有前款所列违法行为，情节严重的，处2万元以上20万元以下的罚款；个人有前款所列违法行为，情节严重的，处2千元以下的罚款。构成违反治安管理行为的，由公安机关依法给予处罚。

续表11—1

《防震减灾法》1997.12	《防震减灾法（修订草案）》2008.10	《防震减灾法（修订）》2008.12
第44条 违反本法第17条第三款规定，有关建设单位不进行地震安全性评价的，或者不按照根据地震安全性评价结果确定的抗震设防要求进行抗震设防的，由国务院地震行政主管部门或者县级以上地方人民政府负责管理地震工作的部门或者机构，责令改正，处1万元以上10万元以下的罚款。 第45条 违反本法规定，有下列行为之一的，由县级以上人民政府建设行政主管部门或者其他有关专业主管部门按照职责权限责令改正，处1万元以上10万元以下的罚款： （一）不按照抗震设计规范进行抗震设计的； （二）不按照抗震设计进行施工的。	第93条 违反本法规定，建设单位不进行地震安全性评价，或者不按照地震安全性评价报告所确定的抗震设防要求进行抗震设防的，由国务院地震工作主管部门或者县级以上地方人民政府负责管理地震工作的部门或者机构责令改正，处10万元以上30万元以下的罚款；造成损失的，依法承担民事责任；降低建设工程质量，造成重大安全事故，构成犯罪的，依法追究刑事责任。	第87条 未依法进行地震安全性评价，或者未按照地震安全性评价报告所确定的抗震设防要求进行抗震设防的，由国务院地震工作主管部门或者县级以上地方人民政府负责管理地震工作的部门或者机构责令限期改正；逾期不改正的，处3万元以上30万元以下的罚款。
第46条 截留、挪用地震救灾资金和物资，构成犯罪的，依法追究刑事责任；尚不构成犯罪的，给予行政处分。	第96条 违反本法规定，侵占、截留、挪用地震应急救援、地震灾后过渡性安置和地震灾后恢复重建资金、物资的，由财政部门、审计机关在各自职责范围内，责令改正，追回被侵占、截留、挪用的资金、物资，没收违法所得，对单位给予警告或者通报批评；对直接负责的主管人员和其他直接责任人员，由任免机关或者监察机关按照人事管理权限依法给予降级、撤职直至开除的处分；构成犯罪的，依法追究刑事责任。	第90条 侵占、截留、挪用地震应急救援、地震灾后过渡性安置或者地震灾后恢复重建的资金、物资的，由财政部门、审计机关在各自职责范围内，责令改正，追回被侵占、截留、挪用的资金、物资；有违法所得的，没收违法所得；对单位给予警告或者通报批评；对直接负责的主管人员和其他直接责任人员，依法给予处分。
第47条 国家工作人员在防震减灾工作中滥用职权，玩忽职守，徇私舞弊，构成犯罪的，依法追究刑事责任；尚不构成犯罪的，给予行政处分。	第97条 违反本法规定，国家工作人员在防震减灾工作中滥用职权、玩忽职守、徇私舞弊的，依法给予处分；构成犯罪的，依法追究刑事责任。	第91条 违反本法规定，构成犯罪的，依法追究刑事责任。

《防震减灾法》1997.12	《防震减灾法（修订草案）》2008.10	《防震减灾法（修订）》2008.12
	第89条　违反本法规定，未按照有关法律、法规和国家有关标准进行地震监测台网建设，或者采用的设备和软件不符合标准和有关地震监测的技术要求的，由国务院地震工作主管部门或者县级以上地方人民政府负责管理地震工作的部门或者机构责令改正，并要求采取相应的补救措施，对直接负责的主管人员和其他直接责任人员，依法给予处分。	第83条　未按照法律、法规和国家有关标准进行地震监测台网建设的，由国务院地震工作主管部门或者县级以上地方人民政府负责管理地震工作的部门或者机构责令改正，采取相应的补救措施；对直接负责的主管人员和其他直接责任人员，依法给予处分。
	第91条　违反本法规定，未按照要求增建抗干扰设施或者新建地震监测设施的，由国务院地震工作主管部门或者县级以上地方人民政府负责管理地震工作的部门或者机构责令改正；情节严重的，处5万元以上20万元以下的罚款；造成损失的，依法承担民事责任。	第85条　违反本法规定，未按照要求增建抗干扰设施或者新建地震监测设施的，由国务院地震工作主管部门或者县级以上地方人民政府负责管理地震工作的部门或者机构责令限期改正；逾期不改正的，处2万元以上20万元以下的罚款；造成损失的，依法承担赔偿责任。
	第92条　违反本法规定，外国的组织或者个人未经批准，擅自在中国领域和中国管辖的其他海域从事地震监测活动的，由国务院地震工作主管部门或者县级以上地方人民政府负责管理地震工作的部门或者机构责令停止违法行为，没收监测成果和监测设施，并处1万元以上10万元以下的罚款；情节严重的，并处10万元以上50万元以下罚款；构成犯罪的，依法追究刑事责任。 对违反前款规定的外国人，除依照前款规定处罚外，由公安机关依法缩短其在中国停留的期限或者取消其在中国居留的资格；情节严重的，并处限期出境或者驱逐出境。	第86条　违反本法规定，外国的组织或者个人未经批准，在中国领域和中国管辖的其他海域从事地震监测活动的，由国务院地震工作主管部门责令停止违法行为，没收监测成果和监测设施，并处1万元以上10万元以下的罚款；情节严重的，并处10万元以上50万元以下的罚款。 外国人有前款规定行为的，除依照前款规定处罚外，还应当依照外国人入境出境管理法律的规定缩短其在中国停留的期限或者取消其在中国居留的资格；情节严重的，限期出境或者驱逐出境。

续表11-1

《防震减灾法》1997.12	《防震减灾法（修订草案）》2008.10	《防震减灾法（修订）》2008.12
	第94条 违反本法规定，向社会散布地震预测意见和地震预报意见及其评审结果，或者在地震灾后过渡性安置、地震灾后恢复重建中扰乱社会公共秩序，构成违反治安管理行为的，由公安机关依法给予处罚；构成犯罪的，依法追究刑事责任。	第88条 违反本法规定，向社会散布地震预测意见、地震预报意见及其评审结果，或者在地震灾后过渡性安置、地震灾后恢复重建中扰乱社会秩序，构成违反治安管理行为的，由公安机关依法给予处罚。
	第95条 违反本法规定，地震灾区的县级人民政府未及时将震情、灾情等信息报告上级政府的，由上级人民政府责令改正；对直接负责的主管人员和其他直接责任人员，依法给予处分。	第89条 地震灾区的县级以上地方人民政府迟报、谎报、瞒报地震震情、灾情等信息的，由上级人民政府责令改正；对直接负责的主管人员和其他直接责任人员，依法给予处分。
	第88条 违反本法规定，依法应当编制防震减灾规划而未组织编制，或者未按法定程序编制、修改防震减灾规划的，由本级政府或者上级政府负责管理地震工作的部门或者机构责令改正，通报批评；对直接负责的主管人员和其他直接责任人员，依法给予处分。	
		第82条 国务院地震工作主管部门、县级以上地方政府负责管理地震工作的部门或者机构，以及其他依照本法规定行使监督管理权的部门，不依法作出行政许可或者办理批准文件的，发现违法行为或者接到对违法行为的举报后不予查处的，或者有其他未依照本法规定履行职责的行为的，对直接负责的主管人员和其他直接责任人员，依法给予处分。

分析表11-1，不难看出，我国《防震减灾法》第八章的法律责任规定，从原来的5条，增加到10条，其条款的数量增加了整整1倍。从具体规定来看，这些规定不仅仅只是条款数量的增加，而且在处罚的起点、受处罚的行为，以及单位与个人双罚制，还有刑事责任统一化等方面，都有立法技术和法律责任设定方面的长足进步。

二、我国《防震减灾法》修订中的具体变化

1. 我国《防震减灾法》第 43 条的规定，在修订草案中，属于第 90 条，增加了一项即"侵占、毁损、拆除或者擅自移动地震监测设施的"法律责任规定，并将"可以处 5000 元以上 10 万元以下的罚款"修改成"处 5 万元以上 20 万元以下的罚款；构成违反治安管理行为的，由公安机关依法给予处罚"，其处罚标准明显地提高了。本条在最终通过后，为第 84 条，基本上将修订草案条款全文照用，只是增加了一款，即"单位有前款所列违法行为，情节严重的，处 2 万元以上 20 万元以下的罚款；个人有前款所列违法行为，情节严重的，处 2000 元以下的罚款。构成违反治安管理行为的，由公安机关依法给予处罚"，处罚的行为类型和对象，都有增加。

2. 我国《防震减灾法》第 44 条、第 45 条的规定，在修订草案中，两条并成 1 条为第 93 条，对建设单位不进行地震安全性评价的，或者不按照根据地震安全性评价结果确定的抗震设防要求进行抗震设防的，责令改正，"处 10 万元以上 30 万元以下的罚款；造成损失的，依法承担民事责任；降低建设工程质量，造成重大安全事故，构成犯罪的，依法追究刑事责任"。将原来 1 万元以上 10 万元以下的罚款的处罚起点，明显提高了很多。本条在最终通过后，为第 87 条，增加了"逾期不改正的，处 3 万元以上 30 万元以下的罚款"的规定。

3. 我国《防震减灾法》第 46 条规定，截留、挪用地震救灾资金和物资，构成犯罪的，依法追究刑事责任；尚不构成犯罪的，给予行政处分。在修订草案中，本条变成第 96 条，修改成"违反本法规定，侵占、截留、挪用地震应急救援、地震灾后过渡性安置和地震灾后恢复重建资金、物资的，由财政部门、审计机关在各自职责范围内，责令改正，追回被侵占、截留、挪用的资金、物资，没收违法所得，对单位给予警告或者通报批评；对直接负责的主管人员和其他直接责任人员，由任免机关或者监察机关按照人事管理权限依法给予降级、撤职直至开除的处分；构成犯罪的，依法追究刑事责任"。本条在最终通过后，为第 90 条，删除了"违反本法规定，由任免机关或者监察机关按照人事管理权限依法给予降级、撤职直至开除的处分"和"构成犯罪的，依法追究刑事责任"的规定，并增加了"有违法所得的"内容。

4. 我国《防震减灾法》第 47 条规定，国家工作人员在防震减灾工作中滥用职权，玩忽职守，徇私舞弊，构成犯罪的，依法追究刑事责任；尚不构成犯罪的，给予行政处分。在修订草案中，本条变成第 97 条，增加了"违反本法规定"内容。本条在最终通过后，全文被删除。

我国《防震减灾法》当中，刑事责任的规定比较分散，在修订通过之后，第 91 条集中规定"违反本法规定，构成犯罪的，依法追究刑事责任"。立法者在防震减灾法律责任的设置上，已经比较成熟，对于相关法律责任种类和担责行为的考虑也趋于完善。这方面的规定主要是：

1. 我国《防震减灾法》在修订草案第 89 条规定：违反本法规定，未按照有关法律、法规和国家有关标准进行地震监测台网建设，或者采用的设备和软件不符合标准和有关地震监测的技术要求的，由国务院地震工作主管部门或者县级以上地方人民政府负责管理地震工作的部门或者机构责令改正，并要求采取相应的补救措施，对直接负责的主管人员和其他直接责任人员，依法给予处分。本条在最终通过后为第83条，除了删除"违反本法规定""或者采用的设备和软件不符合标准和有关地震监测的技术要求的"之外，基本全部按照原文照搬。

2. 我国《防震减灾法》在修订草案第91条规定：违反本法规定，未按照要求增建抗干扰设施或者新建地震监测设施的，由国务院地震工作主管部门或者县级以上地方人民政府负责管理地震工作的部门或者机构责令改正；情节严重的，处5万元以上20万元以下的罚款；造成损失的，依法承担民事责任。本条在最终通过后为第85条，增加了"逾期不改正的，处2万元以上20万元以下的罚款"的规定。

3. 我国《防震减灾法》在修订草案第92条规定：违反本法规定，外国的组织或者个人未经批准，擅自在中华人民共和国领域和中华人民共和国管辖的其他海域从事地震监测活动的，由国务院地震工作主管部门或者县级以上地方人民政府负责管理地震工作的部门或者机构责令停止违法行为，没收监测成果和监测设施，并处1万元以上10万元以下的罚款；情节严重的，并处10万元以上50万元以下的罚款；构成犯罪的，依法追究刑事责任。对违反前款规定的外国人，除依照前款规定处罚外，由公安机关依法缩短其在中国停留的期限或者取消其在中国居留的资格；情节严重的，并处限期出境或者驱逐出境。本条在最终通过后为第86条，修改较多。主要是：（1）删除的部分："擅自""县级以上地方人民政府负责管理地震工作的部门或者机构"和"构成犯罪的，依法追究刑事责任"等；（2）增加的规定，即"还应当依照外国人入境出境管理法律的规定"处以居留期限和居留资格方面的处罚。

4. 我国《防震减灾法》在修订草案第94条规定：违反本法规定，向社会散布地震预测意见和地震预报意见及其评审结果，或者在地震灾后过渡性安置、地震灾后恢复重建中扰乱社会公共秩序，构成违反治安管理行为的，由公安机关依法给予处罚；构成犯罪的，依法追究刑事责任。本条在最终通过后为第88条，除删除"构成犯罪的，依法追究刑事责任"外，其余全部使用原稿。

5. 我国《防震减灾法》在修订草案第95条规定：违反本法规定，地震灾区的县级人民政府未及时将震情、灾情等信息报告上级人民政府的，由上级人民政府责令改正；对直接负责的主管人员和其他直接责任人员，依法给予处分。本条在最终通过后为第89条，删除了"违反本法规定"，增加了"谎报、瞒报"震情与灾情信息上报的责任。

6. 我国《防震减灾法》在修订草案第88条规定：违反本法规定，依法应当编制防震减灾规划而未组织编制，或者未按法定程序编制、修改防震减灾规划的，由本级人民政府或者上级人民政府负责管理地震工作的部门或者机构责令改正，通报批评；对直接负责的主管人员和其他直接责任人员，依法给予处分。本条在最终通过后全文被删除。

我国《防震减灾法》在修订之后，最终的法律条文中，增加了第82条的规定，即国务院地震工作主管部门、县级以上地方人民政府负责管理地震工作的部门或者机构，以及其他依照本法规定行使监督管理权的部门，不依法作出行政许可或者办理批准文件的，发现违法行为或者接到对违法行为的举报后不予查处的，或者有其他未依照本法规定履行职责的行为的，对直接负责的主管人员和其他直接责任人员，依法给予处分。这种规定本身，强化了地震主管部门的工作责任心。

三、行政职责与行政责任之间的转换

我国《防震减灾法》第二章"防震减灾规划"即第 12 条～第 16 条规定，国务院地震工作主管部门会同国务院有关部门组织编制国家防震减灾规划，报国务院批准后组织实施。县级以上地方政府负责管理地震工作的部门或者机构会同同级有关部门，根据上一级防震减灾规划和本行政区域的实际情况，组织编制本行政区域的防震减灾规划，报本级政府批准后组织实施，并报上一级政府负责管理地震工作的部门或者机构备案。编制防震减灾规划，应当遵循统筹安排、突出重点、合理布局、全面预防的原则，以震情和震害预测结果为依据，并充分考虑人民生命和财产安全及经济社会发展、资源环境保护等需要。县级以上地方政府有关部门应当根据编制防震减灾规划的需要，及时提供有关资料。

关于地震监测预报，我国《防震减灾法》第三章以"地震监测预报"作了专门规定。主要是：（1）国家对地震监测台网实行统一规划，分级、分类管理；（2）地震监测台网不得擅自中止或者终止运行；（3）国家依法保护地震监测设施和地震观测环境；（4）新建、扩建、改建建设工程，应当避免对地震监测设施和地震观测环境造成危害；（5）国务院地震工作主管部门建立健全地震监测信息共享平台，为社会提供服务；（6）国务院地震工作主管部门和县级以上地方政府负责管理地震工作的部门或者机构，根据地震监测信息研究结果，对可能发生地震的地点、时间和震级作出预测；（7）国家对地震预报意见实行统一发布制度；（8）国家支持全国地震烈度速报系统的建设。地震灾害发生后，国务院地震工作主管部门应当通过全国地震烈度速报系统快速判断致灾程度，为指挥抗震救灾工作提供依据。

至于地震灾害的预防，我国《防震减灾法》第四章"地震灾害预防"第 34 条～第 45 条规定：（1）国务院地震工作主管部门负责制定全国地震烈度区划图或者地震动参数区划图；（2）新建、扩建、改建建设工程，应当达到抗震设防要求；（3）国家鼓励城市政府组织制定地震小区划图；（4）建设单位对建设工程的抗震设计、施工的全过程负责；（5）已经建成的下列建设工程，未采取抗震设防措施或者抗震设防措施未达到抗震设防要求的，应当按照国家有关规定进行抗震性能鉴定，并采取必要的抗震加固措施；（6）县级以上地方政府应当加强对农村村民住宅和乡村公共设施抗震设防的管理；（7）县级政府及其有关部门和乡、镇人民政府、城市街道办事处等基层组织，应当组织开展地震应急知识的宣传普及活动和必要的地震应急救援演练，提高公民在地震灾害中自救互救的能力。

依据表 11-1，我国《防震减灾法》修订后，承担违法行为行政责任的主要是：（1）国务院地震主管部门、县级以上地方政府负责管理地震的部门或者机构，以及其他依法行使监督管理权的部门，不依法作出行政许可或者办理批准文件的，发现违法行为或接到对违法行为举报后不予查处的，或有其他未依法履行职责行为的（第 82 条）；（2）未按照法律、法规和国家有关标准进行地震监测台网建设的（第 83 条）；（3）侵占、毁损、拆除或者擅自移动地震监测设施的（第 84 条）；（4）危害地震观测环境的（第 84 条）；（5）破坏典型地震遗址、遗迹的（第 84 条）；（6）未按照要求增建抗干扰设施或者新建地震监测设施的（第 85 条）；（7）外国的组织或者个人未经批准，在中国

领域和中国管辖的其他海域从事地震监测活动的（第 86 条）；（8）未依法进行地震安全性评价，或者未按照地震安全性评价报告所确定的抗震设防要求进行抗震设防的（第 87 条）；（9）向社会散布地震预测意见、地震预报意见及其评审结果，或者在地震灾后过渡性安置、地震灾后恢复重建中扰乱社会秩序的（第 87 条）；（10）震灾区县级以上地方政府迟报、谎报、瞒报地震震情、灾情等信息的（第 89 条）；（11）侵占、截留、挪用地震应急救援、地震灾后过渡性安置或者地震灾后恢复重建的资金、物资的（第 90 条），等等。这种转换，主要通过我国《防震减灾法》在第二章防震减灾规划（第 12 条～第 16 条）、第三章地震监测预报（第 17 条～第 33 条）、第四章地震灾害预防（第 34 条～第 45 条）、第五章地震应急救援（第 46 条～第 57 条）、第六章地震灾后过渡性安置和恢复重建（第 58 条～第 74 条）和第七章监督管理（第 75 条～第 81 条），即大半部法律当中都有具体直接的详细规定，以行政作为和"应当为"的形式出现。

四、行政责任的规定及其特殊处理

在我国，防震减灾规划、地震监测预报、地震灾害预防、地震应急救援、地震灾后过渡期安置和恢复重建，以及整个地震工作的监督管理，都是由行政部门及其工作人员以职能、职责和岗位工作等形式承担的，属于行政作为范畴。所以，相关部门及其工作人员不作为，或者不认真作为的话，都会构成"行政不作为"的行政后果而被处理，即行政处分、行政处罚等行政责任的承担与追究。

出现了前述的 11 种行为不作为或者违法行为之后，对于行政机关而言，行政责任的追究，首先是行政处分。我国《防震减灾法》中的表述是："对直接负责的主管人员和其他直接责任人员依法给予处分"。[①] 应当说，行政处分是对有公务员身份的国家工作人员或者公职人员，在履行职责方面出现违法行为的一种处理，属于行政机关内部或者行政机关系统包括上级行政机关对下级行政机关的行政违法后果的承受型处理。比如，我国《防震减灾法》第 82 条"国务院地震工作主管部门、县级以上地方人民政府负责管理地震工作的部门或者机构，以及其他依照本法规定行使监督管理权的部门，不依法作出行政许可或者办理批准文件的，发现违法行为或者接到对违法行为的举报后不予查处的，或者有其他未依照本法规定履行职责的行为的，对直接负责的主管人员和其他直接责任人员，依法给予处分"的规定，这种处理规定有 4 处。

行政处分如果是专门的行政机关，比如，地震职能部门对于职责部门及其工作人员不履行职责的处理，可以使用"责令改正""采取补救措施""责令停止违法行为"，或者"由×××给予处罚"。而行政处罚的情况就比较复杂，关键要看行政违法行为的性质和类型，以及处罚权的立法设计等。比如，我国《防震减灾法》第 83 条～第 90 条规定：未按照法律、法规和国家有关标准进行地震监测台网建设的，由国务院地震工作主管部门或者县级以上地方政府负责管理地震工作的部门或者机构责令改正，采取相应的

---

① 我国《公务员法》（2005 年 4 月 27 日通过，2006 年 1 月 1 日施行）第 56 条、第 58 条规定，处分分为：警告、记过、记大过、降级、撤职、开除；公务员在受处分期间不得晋升职务和级别，其中受记过、记大过、降级、撤职处分的，不得晋升工资档次。受处分的期间为：警告，6 个月；记过，12 个月；记大过，18 个月；降级、撤职，24 个月。受撤职处分的，按照规定降低级别。

补救措施；责令停止违法行为，恢复原状或者采取其他补救措施；构成违反治安管理行为的，由公安机关依法给予处罚；没违法所得，对单位警告或者通报批评；或者未按照要求增建抗干扰设施或者新建地震监测设施的；未依法进行地震安全性评价，或者未按照地震安全性评价报告所确定的抗震设防要求进行抗震设防的，由国务院地震工作主管部门或者县级以上地方人民政府负责管理地震工作的部门或者机构责令限期改正；地震灾区的县级以上地方人民政府迟报、谎报、瞒报地震震情、灾情等信息的，由上级人民政府责令改正；或者向社会散布地震预测意见、地震预报意见及其评审结果，或者在地震灾后过渡性安置、地震灾后恢复重建中扰乱社会秩序，构成违反治安管理行为的，由公安机关依法给予处罚；或者侵占、截留、挪用地震应急救援、地震灾后过渡性安置或者地震灾后恢复重建的资金、物资的，由财政部门、审计机关在各自职责范围内，责令改正，追回被侵占、截留、挪用的资金、物资；有违法所得的，没收违法所得；对单位给予警告或者通报批评，等等。

需要注意的是，在行政处分意义上，多数针对的是个人。而在行政处罚意义上，则单位被处罚的要多见一些。而且，对单位违法行为处罚相对要严格一些。其理由是：单位是职责的承担者，因此，如果出现了职责不履行或者履行不到位的情形，往往构成严重的行政违法行为，后果也往往非常严重，处罚当然要重于对个人的处罚了。如规定"单位有前款所列违法行为，情节严重的，处 2 万元~20 万元以下的罚款；个人有前款所列违法行为，情节严重的，处 2 千元以下的罚款。构成违反治安管理行为的，由公安机关依法给予处罚"。就行政罚款而言，是有条件的，往往是先"责令改正"或者采取补救措施，如果于事无补，才进行罚款处罚。也就是说，如果已经改正或者经过补救没有造成严重后果，往往也就不再进行行政罚款了。比如：由国务院地震工作主管部门或者县级以上地方人民政府负责管理地震工作的部门或者机构责令限期改正；逾期不改正的，处 2 万元~20 万元以下的罚款；情节严重的，处 3 万元以上 30 万元以下的罚款，造成损失的，依法承担赔偿责任。如果构成违反治安管理行为的，由公安机关依法给予处罚。至于由上级政府责令改正，则由财政部门、审计机关在各自职责范围内，责令改正，追回被侵占、截留、挪用的资金、物资，虽然各有不同，但是"责令改正"违法行为的要求是一样的。当然，有违法所得的，要没收该违法所得。同时，对单位给予警告或者通报批评，而对直接负责的主管人员和其他直接责任人员，依法给予处分，这属于"连续处罚"或者"连环处罚"的情形。

对于外国人违反我国《防震减灾法》的规定，即出现第 86 条"外国的组织或者个人未经批准，在中华人民共和国领域和中华人民共和国管辖的其他海域从事地震监测活动"的情形时，由国务院地震工作主管部门责令停止违法行为，没收监测成果和监测设施，并处 1 万元以上 10 万元以下的罚款；情节严重的，并处 10 万元以上 50 万元以下的罚款。外国人从事前述违法行为的，除依法处罚外，还应当依照我国《出境入境管理法》第81条的规定，① 要么缩短其在中国停留的期限，要么取消其在中国居留的资格。如果情节严重的，可以限期出境或者驱逐出境。②

第三节 地方防震减灾立法中的法律责任

一、地方防震减灾立法中的法律责任设计

在我国《防震减灾法》颁发生效之前，我国地方性防震减灾立法，已经有了《安徽省防震减灾条例》（1996年4月1日施行，7章40条）、《四川省防震减灾条例》（1996年6月18日施行，7章52条）、《山西省防震减灾暂行条例》（1997年1月1日施行，7章53条）和《福建省防震减灾条例》（1998年1月1日施行，6章33条）。截至2017年1月31日，我国地方性地震立法有效的有41个，其中涉及法律责任的基本情况，见表11-2。

表11-2 地方防震减灾立法中的法律责任情况

序号	地方法规文件标题/颁布日期	总条款数/法律责任数
1	广东省地震重点监视防御区防震减灾工作管理办法 1998/06/10	15/1 行政1、刑事1
2	山西省防震减灾条例 2002/07/27	54/8 行政7、刑事5、民事1
3	青岛市防震减灾管理规定 2002/11/18	44/2 行政2、刑事2
4	海南省防震减灾条例 2007/03/30	56/7 行政6、刑事2、民事1
5	上海市实施《中华人民共和国防震减灾法》办法 2009/10/22	36/3 行政2、刑事1、民事1③
6	陕西省防震减灾条例 2009/11/26	78/4 行政3、刑事1、参照1④
7	山东省防震减灾条例 2010/09/29	72/10 行政12、参照1⑤
8	重庆市防震减灾条例 2010/10/12	37/4 行政4、刑事1、民事1

---

① 我国《出境入境管理法》第81条规定，外国人从事与停留居留事由不相符的活动，或者有其他违反中国法律、法规规定，不适宜在中国境内继续停留居留情形的，可以处限期出境。外国人违反本法规定，情节严重，尚不构成犯罪的，公安部可以处驱逐出境。公安部的处罚决定为最终决定。被驱逐出境的外国人，自被驱逐出境之日起10年内不准入境。

② 驱逐出境，是指主权国家强制外国人限期离境，主权国家为维护本国安全利益或社会公共秩序，有权将违反本国法律的外国人或外交人员驱逐离境。分为行政处罚型"驱逐出境"和刑事责任型"驱逐出境"。例如，我国《刑法》第35条规定，对于犯罪的外国人，可以独立适用或者附加适用驱逐出境。

③ 《上海市实施〈中华人民共和国防震减灾法〉办法》第33条规定，对违反本办法规定，有危害地震观测环境、未依法进行地震安全性评价等行为的，依照我国《防震减灾法》和有关法律、法规的规定予以处理。

④ 《陕西省防震减灾条例》第77条规定，违反本条例规定的其他行为，法律、法规已有处罚规定的，从其规定。

⑤ 《山东省防震减灾条例》第71条规定，违反本条例的行为，法律、法规已有处理规定的，适用其规定。

续表 11-2

序号	地方法规文件标题/颁布日期	总条款数/法律责任数
9	辽宁省防震减灾条例 2011/03/30	40/1 行政 0、参照 1①
10	河南省防震减灾条例 2011/03/31	66/4 行政 4、刑事 1、民事 1
11	江西省防震减灾条例 2011/04/02	53/3 行政 3
12	天津市防震减灾条例 2011/05/20	46/4 行政 4、刑事 2
13	云南省防震减灾条例 2011/07/27	59/4 行政 4、刑事 1
14	甘肃省防震减灾条例 2011/07/29	59/5 行政 4、刑事 2、民事 1②
15	江苏省防震减灾条例 2011/09/23	55/5 行政 7、刑事 1
16	湖北省防震减灾条例 2011/09/29	51/7 行政 6、刑事 2、参照 1③
17	贵州省防震减灾条例 2011/09/27	39/6 行政 6
18	济南市防震减灾条例 2011/11/25	50/6 行政 4、刑事 1、参照 1④
19	广西壮族自治区防震减灾条例 2012/03/23	59/8 行政 12、刑事 2、民事 1
20	四川省防震减灾条例 2012/05/31	70/5 行政 4、刑事 12、民事 1⑤
21	延边朝鲜族自治州防震减灾条例 2012/06/07	29/1 行政 1、刑事 1、民事 1
22	安徽省防震减灾条例 2012/08/20	42/5 行政 7、民事 1
23	内蒙古自治区防震减灾条例 2012/09/22	61/6 行政 7、刑事 1、民事 2
24	西藏自治区实施《中华人民共和国防震减灾法》办法 2012/10/09	76/8 行政 8、刑事 1、民事 1⑥
25	新疆维吾尔自治区实施《中华人民共和国防震减灾法》办法 2012/11/29	50/3 行政 2、刑事 1、参照 1⑦
26	广东省防震减灾条例 2012/11/29	47/3 行政 3、刑事 1
27	湖南省实施《中华人民共和国防震减灾法》办法 2013/05/27	26/1 行政 0、参照 1⑧

---

① 《辽宁省防震减灾条例》第 39 条规定，违反本条例规定，有危害地震观测环境、破坏地震监测设施、未依法进行地震安全性评价、未按照抗震设防要求进行设计和施工、未依法履行职责以及制造、传播地震谣言等行为的，依照我国《防震减灾法》等有关法律、法规的规定处理。

② 《甘肃省防震减灾条例》第 58 条规定，违反本条例规定的其他行为，法律、法规已有处罚规定的，从其规定。

③ 《湖北省防震减灾条例》第 44 条规定，违反本条例规定，法律、行政法规有处罚规定的，从其规定。

④ 《济南市防震减灾条例》第 49 条规定，对违反本条例的其他行为，法律、法规已有处理规定的，适用其规定。

⑤ 《四川省防震减灾条例》第 68 条规定，违反本条例规定的行为，法律、法规已有处罚规定的，依照其规定处理。

⑥ 《西藏自治区实施〈中华人民共和国防震减灾法〉办法》第 75 条规定，违反本办法规定的其他行为，法律、法规已有处罚规定的，从其规定。

⑦ 《新疆维吾尔自治区实施〈中华人民共和国防震减灾法〉办法》第 49 条规定，违反本办法规定，应当承担法律责任的其他行为，依照有关法律、法规的规定予以处罚。

⑧ 《湖南省实施〈中华人民共和国防震减灾法〉办法》第 25 条规定，对防震减灾中的违法行为，按照《中华人民共和国防震减灾法》和有关法律、法规给予处罚。

续表 11-2

序号	地方法规文件标题/颁布日期	总条款数/法律责任数
28	宁夏回族自治区防震减灾条例 2013/05/29	50/7 行政 6、刑事 1
29	河北省防震减灾条例 2013/05/30	54/4 行政 5、刑事 2、民事 1
30	北京市实施《中华人民共和国防震减灾法》规定 2013/07/26	30/2 行政 2、参照 1①
31	吉林省防震减灾条例 2013/09/27	60/6 行政 5、刑事 1、民事 2②
32	福建省防震减灾条例 2013/09/27	51/3 行政 3、刑事 1
33	浙江省防震减灾条例 2014/05/28	40/4 行政 3、参照 1③
34	齐齐哈尔市防震减灾条例 2014/10/25	51/5 行政 6
35	无锡市防震减灾办法 2015/03/11	38/4 行政 3、刑事 1、参照 1④
36	唐山市防震减灾条例 2015/03/30	55/5 行政 4、刑事 4、参照 1⑤
37	黑龙江省防震减灾条例 2015/04/17	54/7 行政 5、刑事 1、民事 1⑥
38	山东省防震减灾知识普及办法 2015/05/19	31/4 行政 3、刑事 2、参照 1⑦
39	合肥市防震减灾条例 2015/09/24	41/2 行政 2⑧、民事 1
40	青海省防震减灾条例 2015/09/25	52/6 行政 5、参照 1⑨
41	大连市防震减灾条例 2016/06/06	30/1 行政 0、参照 1⑩

① 2001 年 10 月 16 日，北京市第 11 届人民代表大会常委会第 30 次会议通过的《北京市实施〈中华人民共和国防震减灾法〉办法》，有 7 章 46 条，第六章法律责任有 5 条。其中，行政责任 5 个条款、刑事责任 1 个条款和民事责任 1 个条款。但是，2013 年 7 月 26 日被修改后，《北京市实施〈中华人民共和国防震减灾法〉规定》的结构中，取消"章"，总共才 30 条，法律责任只留下 2 条规定。

② 《吉林省防震减灾条例》第 59 条规定，违反本条例规定的其他行为，法律、法规已有处罚规定的，从其规定。

③ 《浙江省防震减灾条例》第 36 条规定，违反本条例规定的行为，法律、行政法规已有法律责任规定的，从其规定。

④ 《无锡市防震减灾办法》第 36 条规定，违反本办法规定，法律法规已规定法律责任的，从其规定。

⑤ 《唐山市防震减灾条例（修订）》第 52 条规定，建设、设计、审查、勘察、施工、工程监理等单位的工作人员因调动工作、退休等原因离开单位后，被发现在该单位工作期间违反国家及本条例中有关管理规定，造成工程事故的，依法追究法律责任。

⑥ 在所有的地方立法当中，《黑龙江省防震减灾条例》单独一个条款，是最清晰地表述"造成损失的，依法承担民事赔偿责任"（第 52 条）的立法例。

⑦ 《山东省防震减灾知识普及办法》第 27 条规定，违反本办法，法律、法规已有规定的，适用其规定。

⑧ 《合肥市防震减灾条例》中法律责任的条款虽然只有 2 条，但是，采取了列举方式，相关违法行为罗列多达 20 种。这种做法，作者以为是地方立法的好方法。

⑨ 《青海省防震减灾条例》第 46 条规定，违反本条例规定的行为，法律、法规已规定法律责任的，从其规定。

⑩ 《大连市防震减灾条例》共 6 章 30 条，其中，第五章为"监督检查与法律责任"的规定，有 2 条 3 款，即第 28 条~第 29 条。具体内容是：（1）市及区（市）县人民政府应当依法加强对防震减灾规划和地震应急预案的编制与实施、地震应急避难场所的设置与管理、防震减灾知识宣传教育、地震应急救援演练和地震灾害应急救援队伍培训等工作的监督检查（第 28 条第一款）；（2）市及区（市）县人民政府有关部门应当按照职责分工，加强对工程建设强制性标准、抗震设防要求执行情况和地震安全性评价工作的监督检查（第 28 条第二款）；（3）违反本条例规定，有危害地震观测环境、破坏地震监测设施、未按照抗震设防要求进行设计和施工、未依法履行职责以及制造、传播地震谣言等行为的，按照我国《防震减灾法》等有关法律、法规的规定处理（第 29 条）。

在表 11-2 中，各地方防震减灾的立法当中，对法律责任都有规定，其中，规定参照"法律、法规已有规定的，适用其规定"的，有 3 个地方立法，即《辽宁省防震减灾条例》《大连市防震减灾条例》《湖南省实施〈中华人民共和国防震减灾法〉办法》等，占总数的 3.32%。其余 38 个地方立法全部规定了行政责任，占总数的 92.68%；规定刑事责任的有 29 个地方立法，占总数的 70.73%，规定民事责任的地方立法，有 15 个地方立法，占总数的 36.59%。三种法律责任都规定的，有 14 个地方立法，占总数的 34.15%，而行政责任与刑事责任组合的，也有 14 个地方立法，占总数的 34.15%，行政责任与民事责任组合的，只有 2 个地方立法，占总数的 4.88%。由此而言，我国的地方地震减灾立法当中，偏重于行政责任和刑事责任，而民事责任过少。与此同时，出现了参照上位法的法律责任规定的情形比较多见，共有 20 个地方立法，占总数的 48.78%。

二、地方防震减灾立法的特色性法律责任规定

《海南省防震减灾条例》（1998 年 9 月 24 日通过，2007 年 3 月 30 日修正），共 7 章 56 条，其中行政责任有 6 个条款、刑事责任 2 个条款、民事责任 1 个条款。《海南省防震减灾条例》第 54 条规定，当事人对行政处罚决定不服的，可以依法申请复议或者提起行政诉讼。当事人逾期不申请行政复议，也不提起行政诉讼，又不履行处罚决定的，作出处罚决定的机关可以申请人民法院强制执行。这样的规定，是地方防震减灾立法当中非常少见的，体现了立法者依法行政的法律意识，非常难得。而《山东省防震减灾条例》（2010 年 9 月 29 日修订，2010 年 12 月 1 日施行）是条款最多的地方立法之一，共 10 章 72 条，涉及的法律责任条款 10 个，其中，行政责任有 12 个条款，列举的行政违法行为多达 19 种，其行政处罚规定中，包括了"行政处分""责令改正""责令限期改正""责令停止违法行为""没收违法所得""吊销资质证书""罚款""构成违反治安管理行为的，由公安机关依法给予处罚"等。此外，还有一个参照条款，即《山东省防震减灾条例》第 71 条规定，违反本条例的行为，法律、法规已有处理规定的，适用其规定。

与山东省地方立法清一色行政责任的规定相反，《辽宁省防震减灾条例》（2011 年 3 月 30 日通过，2011 年 6 月 1 日施行）共 7 章 40 条，法律责任的规定，只有一个参照条款，即第 39 条规定，违反《辽宁省防震减灾条例》规定，有危害地震观测环境、破坏地震监测设施、未依法进行地震安全性评价、未按照抗震设防要求进行设计和施工、未依法履行职责以及制造、传播地震谣言等行为的，依照我国《防震减灾法》等有关法律、法规的规定处理。《江西省防震减灾条例》（2000 年 6 月 24 日，2007 年 3 月 29 日修订，2011 年 3 月 30 日修正），共 7 章 53 条，法律责任只有 3 个条款，却全部都是行政责任规定，其中第 50 条规定，违反《江西省防震减灾条例》规定，不进行地震安全性评价，或者不按照地震安全性评价结果确定的抗震设防要求进行抗震设防的，由县级以上政府负责管理地震工作的部门或者机构责令限期改正；逾期不改正的，根据下列不同情况处以罚款：（1）总投资额 1000 万元以下的，处 3 万元～9 万元以下罚款；（2）总投资额 1000 万元以上 2000 万元以下的，处 9 万元～15 万元以下罚款；（3）总投资额 2000 万元以上 1 亿元以下的，处 15 万元～20 万元以下罚款；（4）总投资额 1 亿元～3

亿元以下的，处 20 万元~25 万元以下罚款；（5）总投资额 3 亿元以上的，处 25 万元~30 万元以下罚款。《贵州省防震减灾条例》（2011 年 9 月 27 日通过，2011 年 12 月 1 日施行），共 7 章 39 条，法律责任 6 个条款，全部是行政责任，其中第 36 条规定，违反《贵州省防震减灾条例》规定，未依法进行地震安全性评价或者地震动参数复核的；或者未按照确定的抗震设防要求进行抗震设防的，由县级以上政府防震减灾工作主管部门或者机构责令改正，逾期不改正的，根据下列不同情况予以罚款：（1）总投资额 1000 万元以下的，处以 3 万元~10 万元以下罚款；（2）总投资额 1000 万元~5000 万元以下的，处以 10 万元~15 万元以下罚款；（3）总投资额 5000 万元~1 亿元以下的，处以 15 万元~20 万元以下罚款；（4）总投资额 1 亿元以上的，处以 20 万元~30 万元以下罚款。

《延边朝鲜族自治州防震减灾条例》（2012 年 1 月 13 日通过，2012 年 6 月 7 日施行）的立法规定条款数较少，在 29 条中，法律责任条款只规定了 1 条即 27 条。但是，行政责任、刑事责任和民事责任都有规定，尤其是直接规定了"造成损失的，依法承担民事责任"，这在地方防震减灾立法中，也属于非常罕见的做法。同样具有代表意义的是《安徽省防震减灾条例》，这是我国《防震减灾法》颁行前的全国第一部地方防震减灾立法。其基本情况是：1995 年 12 月 30 日，安徽省第 8 届人民代表大会常委会第 21 次会议通过，1996 年 4 月 1 日施行，共 7 章 40 条。第六章规定"奖励与处罚"，即第 31 条~第 38 条，具体内容：第 31 条是"表彰和奖励"；第 32 条规定，妨害或破坏地震监测设施和观测环境的单位和个人，按照国务院《地震监测设施和地震观测环境保护条例》处罚；第 33 条规定，违反"不得对外泄露地震短期和临震预报信息"的规定，或制造地震谣言、扰乱社会秩序的单位和个人，由有关部门给予行政处罚；构成犯罪的，依法追究刑事责任；第 34 条规定违反"地震动参数和烈度表述的抗震设防标准""地震安全性评价"规定的，地震主管部门应责令建设、设计单位采取补救措施，分别处以地震安全性评价费用 2 倍的罚款；拒不采取补救措施、造成重大损失的，依法追究单位主要负责人和直接责任人的法律责任；第 35 条规定，未持有《工程建设场地地震安全性评价许可证书》的单位或个人，其所做的地震安全性评价结果无效，由地震主管部门没收其非法所得，并处以地震安全性评价费用 2 倍的罚款；第 36 条规定，阻碍抗震救灾人员执行公务，哄抢国家、集体或公民的财产，盗窃救灾经费、物资的单位和个人，由公安机关给予行政处罚；构成犯罪的，依法追究刑事责任；第 37 条规定，防震减灾工作人员玩忽职守，失职、渎职，或临震脱逃，或贪污、挪用地震救灾经费和物资的，由有关部门给予行政处分或行政处罚；构成犯罪的，依法追究刑事责任；第 38 条规定，当事人对行政处罚决定不服的，可依法申请复议或提起诉讼。当事人逾期不申请复议，也不提起诉讼，又不履行处罚决定的，由作出处罚决定的机关申请人民法院强制执行。这些规定，可以和现行的《安徽省防震减灾条例》第七章法律责任的规定，即第 37 条~第 41 条，互相对照。2000 年 12 月 28 日第一次修正，2002 年 4 月 4 日第二次修正，2006 年 6 月 29 日第三次修正，2012 年 8 月 17 日修订（2012 年 10 月 1 日施行），修订后的《安徽省防震减灾条例》有 8 章 42 条，法律责任的 5 个条款中，行政责任 7 个条款、民事责任 1 个条款，没有刑事责任的设定。

2001 年 10 月 16 日，北京市第 11 届人民代表大会常委会第 30 次会议通过的《北京市实施〈中华人民共和国防震减灾法〉办法》(简称《北京防震办法》,2002 年 1 月 1 日施行,已被废止,① 但是中国人大网上的标志是"有效"),共有 7 章 46 条,第六章 为法律责任,有 5 条,分别规定行政责任 5 个条款、刑事责任 1 个条款、民事责任 1 个 条款。2013 年 7 月 26 日,北京市第 14 届人民代表大会常委会第 5 次会议通过了《北 京市实施〈中华人民共和国防震减灾法〉规定》(简称《北京防震规定》,2014 年 1 月 1 日施行),在《北京防震规定》的结构中,取消"章",总共 30 条,法律责任只留下 2 条规定,即第 27 条规定,行政机关工作人员在防震减灾工作中不依法履行职责,依照 我国《防震减灾法》和《行政机关公务员处分条例》的规定给予行政处分。第 28 条规 定,建设单位未建设强震动监测设施的,地震工作主管部门应当责令限期改正;逾期不 改正的,处 2 万元~20 万元以下罚款。而第 29 条规定,本规定所称建设工程或者房屋 建筑的所有权人,包括产权人和依法承担产权人责任的管理人。

在地方防震减灾立法中,特别需要强调的是,唐山市的立法即《唐山市防震减灾条 例(修订)》(简称《唐山防震条例》,② 其特色值得强调,共 7 章 55 条中,第六章法 律责任共有 5 条即第 49 条~第 53 条规定,具体内容如下:

1. 有下列行为之一的,由市、县(市、区)政府地震工作主管部门依照《河北省 防震减灾条例》的有关规定进行处罚:(1) 侵占、毁损、拆除或者擅自移动地震监测设 施的;(2) 危害地震观测环境的;(3) 破坏典型的地震遗址、遗迹的;(4) 侵占、损 毁、拆除或者擅自移动地震监测设施保护标志、地震观测环境保护标志及地震应急疏散 通道、应急避难场所标识、标志的(第 49 条)。

2. 建设单位有下列行为之一的,由市、县(市、区)政府地震工作主管部门责令 限期改正,按照下列规定给予处罚;有违法所得的,并处没收违法所得;涉嫌犯罪的, 移送司法机关处理:(1) 未按照要求增建抗干扰设施或者新建地震监测设施的,逾期不 超过 3 日且没有造成不良影响的,处 2 万元~5 万元以下的罚款;逾期超过 3 日或者已 经造成不良影响的,处 5 万元~10 万元以下的罚款;造成地震监测站点功能全部丧失 或者地震观测环境不可恢复的,处 10 万元~20 万元以下的罚款;造成损失的,依法承 担赔偿责任;(2) 新建、改建、扩建的居民小区未设置应急疏散通道、应急避难场所标 识、标志的,处 5 千元~1 万元以下罚款;(3) 建设单位在开工建设前未依法进行地震 安全性评价,或者未按照地震安全性评价报告所确定的抗震设防要求进行抗震设防的, 逾期不超过 3 日且没有造成不良影响的,处 3 万元~5 万元以下的罚款;工程投资总额 在 1000 万以下的建设工程,处 5 万元~10 万元以下罚款;工程投资总额在 1000 万元~ 1 亿元以下的建设工程,处 10 万元~20 万元以下罚款;工程投资总额在 1 亿元以上的, 处 20 万元~30 万元以下罚款(第 50 条)。

---

① 《北京防震规定》第 30 条规定,本规定自 2014 年 1 月 1 日起施行。2001 年 10 月 16 日北京市第 11 届人民代表 大会常委会第 30 次会议通过的《北京防震办法》同时废止。

② 2010 年 8 月 26 日,唐山市第 13 届人民代表大会常委会第 21 次会议通过了《唐山市防震减灾管理条例》,2010 年 11 月 26 日,河北省第 11 届人民代表大会常委会第 20 次会议批准了这个立法,2011 年 3 月 1 日施行。共 6 章 50 条,法律责任共 5 条即第 44 条~第 48 条;2014 年 10 月 29 日,唐山市第 14 届人民代表大会常委会第 11 次会议通过《唐山市防震减灾条例(修订)》,2015 年 3 月 26 日河北省第 12 届人民代表大会常委会第 14 次会 议批准,2015 年 5 月 1 日施行。共 7 章 55 条,法律责任为第六章,共 5 条即第 49 条~第 53 条。

3. 违反《唐山防震条例》规定，有下列行为之一的，由市、县（市、区）政府有关主管部门责令限期改正或者停止施工，并按照下面标准予以罚款；涉嫌犯罪的，移送司法机关处理：（1）建设单位在进行施工图设计时不将相关抗震设防要求提供给设计单位的，或者要求设计单位或者施工单位降低抗震设防标准设计、施工的，处20万元～50万元以下罚款；（2）工程勘察单位未按照工程建设强制性标准进行勘察、弄虚作假、提供虚假成果资料的，对建设工程地震安全性造成危害的，处10万元～30万元以下的罚款；（3）设计单位不按照抗震设防要求进行抗震设计的，处10万元～30万元以下的罚款；（4）施工单位不按照抗震设防设计标准和设计文件施工，降低抗震施工质量的，处工程合同价款2%～4%以下的罚款；（5）工程监理单位与建设单位或者施工单位串通，弄虚作假，降低抗震施工质量的，处50万元～100万元以下的罚款（第51条）。

4. 建设、设计、审查、勘察、施工、工程监理等单位的工作人员因调动工作、退休等原因离开单位后，被发现在该单位工作期间违反国家及本条例中有关管理规定，造成工程事故的，依法追究法律责任（第52条）。

5. 市、县（市、区）政府、有关部门及其工作人员滥用职权、徇私舞弊或者玩忽职守，有下列行为之一的，由所在单位或者监察机关责令改正，对直接负责的主管人员和其他直接责任人员依法给予处理；涉嫌犯罪的，移送司法机关处理：（1）对符合法定条件的申请不予办理或者不在法定期限内作出处理决定的；（2）对不符合法定条件的申请准予批准或者超越法定职权作出准予批准决定的；（3）发现地震安全性评价报告严重失实或者地震安全性评价中有违法行为，不及时依法查处的；（4）在办理抗震设防要求或者实施监督检查时，索取、收受他人财物或者为个人和单位谋取其他非法利益的；（5）未将防震减灾工作纳入城市和社会发展规划，不开展防震减灾工作，城市建设不符合防震减灾规划，对社会造成不良影响和严重后果的；（6）虚报、瞒报灾情造成严重后果的；（7）不按照规定制定地震应急预案或者不依法履行地震的监测预报、灾害预防、应急救援、灾后过渡性安置与恢复重建等职责，造成后果的；（8）擅自中止或者终止地震监测台网运行的；（9）侵占、截留、挪用救灾资金、物资的；（10）其他玩忽职守、滥用职权、徇私舞弊的（第53条）。

由此可见，法律责任是防震减灾的有效利器。

三、刑事责任及其地方立法规定

刑事责任在地方防震减灾立法中绝大多数被立法机关"轻描淡写"——规定得少而且含糊。其中一种最常见的方式便是"违反本办法，法律、法规已有规定的，适用其规定"，这种反指型立法手法，必然让国家在《防震减灾法》中的刑事责任规定，成为名副其实的"定海神针"了。

我国《防震减灾法》修订前，在第六章"法律责任"5条的规定中，涉及刑事责任的有3个条款，即第43条、第46条和第47条，具体规定是：（1）新建、扩建、改建建设工程，对地震监测设施或者地震观测环境造成危害，又未依法事先征得同意并采取相应措施，以及破坏典型地震遗址、遗迹构成犯罪的，依法追究刑事责任（第43条）；（2）截留、挪用地震救灾资金和物资，构成犯罪的，依法追究刑事责任（第46条）；（3）国家工作人员在防震减灾工作中滥用职权，玩忽职守，徇私舞弊，构成犯罪的，依法追究刑事责任（第 47 条）。违反我国《防震减灾法》规定，由国务院地震行政主管部门或者县级以上地方政府负责管理地震工作的部门或者机构，责令停止违法行为，恢复原状或者采取其他补救措施；情节严重的，可以处 5000 元～10 万元的罚款；责令改正，处 1 万元～10 万元以下的罚款，造成损失的，依法承担民事责任；尚不构成犯罪的，给予行政处分。另外，第 45 条规定，违反我国《防震减灾法》规定，不按照抗震设计规范进行抗震设计，以及不按照抗震设计进行施工的，由县级以上政府建设行政主管部门或者其他有关专业主管部门按照职责权限责令改正，处 1 万元～10 万元以下的罚款，构成了法律责任的整体设计。2016 年 2 月 6 日，我国台湾地区南部高雄市辖台南市发生 6.7 级地震，已被认定为危楼的永康区维冠金龙大楼倒塌，造成 115 人死亡。[①] 2016 年 11 月 25 日台南地方法院宣判，依业务过失致死罪，判处维冠建设公司负责人林明辉、设计部经理洪仙汗、设计监造及审核的建筑师张魁宝与郑进贵、大合钻探结构技师郑东旭共 5 人各处最高刑责 5 年，并处最高罚金 9 万元新台币。[②]

我国《防震减灾法》修订后，第八章规定"法律责任"，即第 82 条～第 91 条共 10 个条款，在立法技术上，采取了"一勺烩"的 1 个"打包条款"策略，即第 91 条规定，违反我国《防震减灾法》规定，构成犯罪的，依法追究刑事责任。那么，哪些违法行为构成犯罪呢？就我国《防震减灾法》本身而言，第 82 条本身是纯行政责任，其前提是"行使监督管理权的部门，不依法作出行政许可或者办理批准文件的，发现违法行为或者接到对违法行为的举报后不予查处的，或者有其他未依照本法规定履行职责的行为的"，对直接负责的主管人员和其他直接责任人员"依法给予处分"，[③] 违反第 83 条"地震监测台网建设"责任，只是"责令改正，采取相应的补救措施；对直接负责的主管人员和其他直接责任人员，依法给予处分"；而第 84 条规定的三种违法情形，即：（1）侵占、毁损、拆除或者擅自移动地震监测设施的；（2）危害地震观测环境的；（3）破坏典型地震遗址、遗迹的等，先是"责令停止违法行为，恢复原状或者采取其他补救措施；造成损失的，依法承担赔偿责任"；然后是"单位有前款所列违法行为，情节严重的，处 2 万元～20 万元以下的罚款；个人有前款所列违法行为，情节严重的，处

---

① 我国台湾地区台南市永康区维冠金龙大楼建设于 1989 年，1999 年 9 月 21 日大地震后，已被判定是危楼，但是，历任台南县市政府都没处理。2016 年 2 月 6 日凌晨，6.7 级地震袭击台湾南部地区，造成台南市 117 人死亡。其中，永康区维冠大楼自东向西倒塌，楼内遇难人数达 115 人，轻重伤约百人、无家可归 289 人，成为我国台湾地区因单一建筑物倒塌而造成伤亡最惨重的灾难事件。

② 付敏、李凯：《台南维冠大楼倒塌致 115 人死亡案建商被判刑 5 年》，新华网，2016 年 11 月 26 日，http://news.xinhuanet.com/2016-11/26/c_1119995710.htm，最后访问：2016-11-27。

③ 我国《防震减灾法》第 89 条规定，地震灾区的县级以上地方政府迟报、谎报、瞒报地震震情、灾情等信息的，由上级政府责令改正；对直接负责的主管人员和其他直接责任人员，依法给予处分。

2000 元以下的罚款";接着"构成违反治安管理行为的,①由公安机关依法给予处罚";②最后,构成犯罪的,追究刑事责任。这种规定,与我国《防震减灾法》修订前第 43 条的规定一致。

我国《防震减灾法》修订之后,第 85 条规定,未按照要求增建抗干扰设施或者新建地震监测设施的,"责令限期改正""逾期不改正的,处 2 万元~20 万元以下的罚款""造成损失的,依法承担赔偿责任"。也没有刑事责任的影子。相比之下,第 86 条规定,外国的组织或者个人未经批准,在从事违法性的地震监测活动的,"责令停止违法行为""没收监测成果和监测设施,并处 1 万元~10 万元以下的罚款""情节严重的,并处 10 万元~50 万元以下的罚款",因此,对外国人的违法"地震监测",可以追究刑事责任,前文已经述及。至于第 87 条规定,未依法进行地震安全性评价,或者未按照地震安全性评价报告所确定的抗震设防要求进行抗震设防的,由国务院地震工作主管部门或者县级以上地方政府负责管理地震工作的部门或者机构责令限期改正;逾期不改正的,处 3 万元~30 万元以下的罚款。③这一规定,与我国《防震减灾法》未修订前第 44 条"有关建设单位不进行地震安全性评价的,或者不按照根据地震安全性评价结果确定的抗震设防要求进行抗震设防的责令改正,处 1 万元~10 万元以下的罚款"要求相比,提高了行政罚款的额度而已,不会涉及刑事责任。而这恰恰是台南市 6.7 级地震后,建设公司负责人林明辉、设计部经理洪仙汗、设计监造及审核的建筑师张魁宝与郑进贵、大合钻探结构技师郑东旭共 5 人被追究刑事责任的根源所在。

当然,我国《防震减灾法》第 90 条规定,"侵占、截留、挪用地震应急救援、地震灾后过渡性安置或者地震灾后恢复重建的资金、物资的",除了"由财政部门、审计机关在各自职责范围内,责令改正,追回被侵占、截留、挪用的资金、物资""有违法所得的,没收违法所得",并"对单位给予警告或者通报批评;对直接负责的主管人员和其他直接责任人员,依法给予处分"外,构成犯罪的,依法追究刑事责任。这是我国《防震减灾法》修订前,第 46 条规定"截留、挪用地震救灾资金和物资,构成犯罪的,依法追究刑事责任;尚不构成犯罪的,给予行政处分"的明细化规定。但是,却把《防震减灾法》修订前的第 47 条"国家工作人员在防震减灾工作中滥用职权,玩忽职守,徇私舞弊,构成犯罪的,依法追究刑事责任;尚不构成犯罪的,给予行政处分"掉了。

为此,结合全国人大对我国《刑法》的修改,我国《防震减灾法》中第 91 条打包

---

① 我国《防震减灾法》第 88 条规定,违法向社会散布地震预测意见、地震预报意见及其评审结果,或者在地震灾后过渡性安置、地震灾后恢复重建中扰乱社会秩序,构成违反治安管理行为的,由公安机关依法给予处罚。我国《治安管理处罚法》第 42 条规定"多次发送淫秽、侮辱、恐吓或者其他信息,干扰他人正常生活的",处 5 日以下拘留或者 500 元以下罚款;情节较重的,处 5 日~10 日以下拘留,可以并处 500 元以下罚款;第 50 条规定"阻碍国家机关工作人员依法执行职务的"或者"阻碍执行紧急任务的消防车、救护车、工程抢险车、警车等车辆通行的",处警告或者 200 元以下罚款;情节严重的,处 5 日~10 日以下拘留,可以并处 500 元以下罚款。

② 我国《治安管理处罚法》(2012 年 10 月 26 日修正)第 33 条规定,盗窃、损毁油气管道设施、电力电信设施、广播电视设施、水利防汛工程设施或者水文监测、测量、气象测报、环境监测、地质监测、地震监测等公共设施的,处 10 日~15 日以下拘留。

③ 我国《防震减灾法》修订前第 45 条规定,"不按照抗震设计规范进行抗震设计的""不按照抗震设计进行施工的",由县级以上政府建设行政主管部门或者其他有关专业主管部门按照职责权限责令改正,处 1 万元~10 万元以下的罚款。

条款中，包含的刑事责任主要包括：（1）侵占、毁损、拆除或者擅自移动地震监测设施的；（2）危害地震观测环境的；（3）破坏典型地震遗址、遗迹的（第84条）；（4）外国人违法从事地震监测活动的（第86条）；（5）散布地震预测意见、地震预报意见及其评审结果的（第88条）；（6）扰乱地震灾后过渡性安置、恢复重建秩序的（第88条）；（7）侵占、截留、挪用地震应急救援、地震灾后过渡性安置或者地震灾后恢复重建的资金、物资的（第90条）；（8）国家工作人员防震减灾中滥用职权，玩忽职守，[①] 徇私舞弊的（第82条、第83条、第85条、第87条和第89条）等8种。另外，根据全国人大对我国《刑法》修改，还有：（1）抢劫抢险、救灾、救济物资的刑事责任；[②]（2）编造大地震恐怖信息或故意传播大地震恐怖信息的刑事责任；[③]（3）挪用救灾、抢险、救济款物的刑事责任；[④]（4）以暴力、威胁方法阻碍红十字会工作人员依法履行职责的刑事责任，[⑤] 等等。需要特别注意是的是，根据《全国人大常委会关于〈中华人民共和国刑法〉第93条第二款的解释》（2000年4月29日通过，根据2009年8月27日第11届全国人大常委会第10次会议《关于修改部分法律的决定》修正），前述刑事责任的主体中，村民委员会等村基层组织人员协助人民政府从事救灾、抢险、防汛、优抚、扶贫、移民、救济款物管理和社会捐助公益事业款物管理工作，属于我国《刑法》第93条第二款规定的"其他依照法律从事公务的人员"。利用职务上的便利，非法占有公共财物、挪用公款、索取他人财物或者非法收受他人财物，构成犯罪的，适用我国《刑法》第382条、第383条"贪污罪"、第384条"挪用公款罪"、第385条和第386条"受贿罪"的主体规定。可见，我国《防震减灾法》涉及的刑事责任共有12种之多。如此多的刑事责任，说明了防范相关犯罪的法网被织得非常严密。

---

① 我国《刑法》第397条规定，国家机关工作人员滥用职权或者玩忽职守，致使公共财产、国家和人民利益遭受重大损失的，处3年以下有期徒刑或者拘役；情节特别严重的，处3年以上7年以下有期徒刑。国家机关工作人员徇私舞弊，犯前款罪的，处5年以下有期徒刑或者拘役；情节特别严重的，处5年以上10年以下有期徒刑。

② 我国《刑法》第263条规定，以暴力、胁迫或者其他方法抢劫公私财物的，处3年以上10年以下有期徒刑，并处罚金；抢劫抢险、救灾、救济物资的，处10年以上有期徒刑、无期徒刑或者死刑，并处罚金或者没收财产。

③ 我国《刑法》第291条之一规定，编造爆炸威胁、生化威胁、放射威胁等恐怖信息，或者明知是编造的恐怖信息而故意传播，严重扰乱社会秩序的，处5年以下有期徒刑、拘役或者管制；造成严重后果的，处5年以上有期徒刑。

④ 我国《刑法》第273条规定，挪用用于救灾、抢险、防汛、优抚、扶贫、移民、救济款物，情节严重，致使国家和人民群众利益遭受重大损害的，对直接责任人员，处3年以下有期徒刑或者拘役；情节特别严重的，处3年以上7年以下有期徒刑。全国人大常委会关于《中华人民共和国刑法》第384条第一款的解释中规定，国家工作人员利用职务上的便利，挪用公款归个人使用，进行非法活动的，或者挪用公款数额较大、进行营利活动的，或者挪用公款数额较大、超过3个月未还的，是挪用公款罪，处5年以下有期徒刑或者拘役；情节严重的，处5年以上有期徒刑。挪用公款数额巨大不退还的，处10年以上有期徒刑或者无期徒刑。挪用用于救灾、抢险、防汛、优抚、扶贫、移民、救济款物归个人使用的，从重处罚。

⑤ 我国《刑法》第277条规定，以暴力、威胁方法阻碍国家机关工作人员依法执行职务的，处3年以下有期徒刑、拘役、管制或者罚金。在自然灾害和突发事件中，以暴力、威胁方法阻碍红十字会工作人员依法履行职责的，依照第一款的规定处罚。

思考与训练：

1. 我国台南发生地震之后，维冠大楼倒塌致 115 人死亡案，建筑商被判刑 5 年，你是如何看待的？

2. 请对我国各类单灾种立法当中，法律责任的分布与结构进行评价。并说明你的相关评价的具体理由。

3. 某地一次地震灾害发生后，导致严重的人员伤亡和财产损失，请你回答：如何进行相关法律责任的追究？

跋

一、环境生态安全与灾害法学的普及性入门课程

在全国，作者很少听到为大学生们开设名为"自然灾害与法律——灾难中求生能力的养成训练"的课程。"四川大学—香港理工大学灾后重建与管理学院"① 成立后，四川大学开展了环境生态安全与灾害法学教育和科学研究，以培养大学生的环境生态安全意识和防灾减灾救灾能力，让环境安全、生态安全和防灾减灾能力的养成与提升，成为当代大学生们首要的基本文化素养。之所以如此，有五点理由：

1. 灾害法学研究的开创性

"灾害法学"作为学术研究方面的项目，起源于四川大学。即：1991 年 6 月 18 日（江淮流域 18 个省市大洪灾时节，联合国国际减灾十年"1990 年—1999 年"活动在中国开展的第二年），作者获得四川大学"青年教师基金"的"减轻自然灾害的法律问题研究"项目资助；在这个项目进行期间（1992 年），《自然灾害中的人权保障》论文发表在《四川大学学报》1992 年第 2 期。1992 年 12 月，"美国亚洲基督教高教联合董事会基金"提供经济资助。项目完成后，以《减轻自然灾害的法律问题研究》专著出版。这部专著 1996 年 8 月获得四川大学优秀社科成果一等奖；2008 年 11 月被法律出版社支持再版后，于 2009 年 7 月获得司法部优秀社科成果二等奖。

1999 年 11 月，《人的致灾性和减灾性与可持续环境资源区域立法》论文，在环保总局、国土资源部、中国法学会举办的"国际环境与资源法研讨会"上，获得优秀论文奖。也是在这次国际学术研讨会上，中国法学会环境资源法学研究会宣告成立，作者被选为常务理事。从此，这方面的学术研究的视野就再也不能与自然灾害、人的致灾性、

---

① 四川大学—香港理工大学灾后重建与管理学院（Sichuan University – Hong Kong Polytechnic University Institute for Disaster Management and Reconstruction）是 2008 年 5 月 12 日四川省汶川县发生 8.0 级特大地震后，为积极响应社会对提高抵御各类自然灾害能力日益增长的关切和需求，四川大学与香港理工大学以灾后教育对口支援政策为导向，积极筹建"灾后重建与管理学院"，期望通过两校学术资源的整合推动减灾学科的发展；教育部、民政部和四川省政府全力支持，香港赛马会鼎力相助，于 2010 年 8 月启动"四川大学－香港理工大学灾后重建与管理学院"（简称"灾管院"）的建设，于 2013 年建成全新机制的"灾管院"。"灾管院"是全球首个专门进行防灾减灾和重大危机处理、科学研究、教育培训、社会服务和灾害信息服务的综合性学院。"灾管院"围绕灾害医学科学、安全科学与减灾，以及灾害应用社会科学建立三大学科领域，着力整合四川大学、香港理工大学的学科优势资源。为此，两校通力合作，以联合培养防灾减灾博士项目为肇始，全方位合作建设一所在减灾与重大危机处理领域，面向全球的开放式、多学科、国际化、可持续、并对社会防灾有重要影响的高水平新型学院，致力于培养社会急需的防灾减灾领域的高级专门人才，为《仙台框架》的推进和《巴黎协定》的实施，做出自己的应有贡献。

灾害法学等字眼相分离。

2011 年 "3·11" 日本东部大地震之后，作者发表《日本"核信用破产"的法律启示》（载《热道》2011-6）。2012 年开始，作者针对我国严重的土壤污染，发表了《"毒地"：环境治理新挑战》（载《中国经济报告》2013-2）、《土壤污染灾害的致灾性三论——以"谁污染谁治理"原则失效为视角》（载《社会科学》2013-7）、《土壤污染致灾性控制的逻辑理路》（载《四川大学学报》，2013-6，中国人大报刊资料中心《经济法学》2014-3 全文转载）、《巨灾下的医疗资源调集能力限制的立法思考——以汶川大地震"院内死亡率"与"外送伤员量"双高为视角》（载《当代法学》2014-1）、《"余姚水灾"的人为致灾性》（载《中国人口·资源与环境》2014-3）、《灾害应急预案启动的二重效用性——以"余姚水灾"中三个预案的启动效果为视角》（载《中国环境法学评论》2014-6）、《芦山地震心理危机干预"二次伤害"的法律控制——以张支蓉叠加性损害的心理援助义务法律化为视角》（载《理论与改革》2014-6）、《灾害应急预案供给与启动的法律效用提升——以"余姚水灾"中三个应急预案效用总叠加为视角》（载《南京大学学报—哲学·人文科学社会科学版》2015-4）、《地震灾害中"二次伤害"心理危机的法律干预条件——以〈心理救援条例〉制定与颁行的障碍为视角》（载《当代法学》2015-4）、《海绵城市建设与城市水污染治理职责——以我国〈环境保护法〉第 2 条效用性为视角》（载《江苏大学学报—社会科学版》2015-5）、《人的致灾性的"聚合特征"》（载《中国环境法学评论》2015-6）、《人的致灾性及其界定》（载《政法论丛》2015-6）等论文。

作者的课题《中华人民共和国防灾减灾基本法立法研究》，于 2015 年、2016 年两会期间，经过全国大大代表、全国政协委员提交全国人大，2017 年 3 月全国两会期间，再次提出《中华人民共和国防灾减灾基本法专家建议稿》。相关的研究成果，以各种各样的形式提交立法机关和以学术论文的形式发表。

2. "防灾减灾日"设立的贡献

汶川大地震之后，2008 年 5 月下旬，作者提出《关于设立"5·12"全国灾难纪念日的建议》，报全国人大、国务院，促成了国家"5.12 防灾减灾日"成功设立。与此同时，2008 年 10 月，《关于〈中华人民共和国防灾减灾法〉修改的建议》，通过民革中央报全国人大，为我国《防震减灾法》的修订完成，贡献了绵薄之力。

作者先后完成《灾民身份的认定与灾后重建救助协调——以〈防震减灾法〉修改为视角》（载《中国司法》2008-8）、《"5·12"汶川大地震与三个减灾法律问题——以减灾法效用与政府行为效能为视角》[载王建平：《减轻自然灾害的法律问题研究》（修订版），法律出版社 2008 年版]、[《5·12 全国灾难纪念日的设立义务与纪念责任》，载王建平：《减轻自然灾害的法律问题研究》（修订版），法律出版社 2008 年版]、《防灾减灾法律支持与经济保障》（载《四川日报》2009-06-02）、《防灾减灾意识培育：提升政府减灾能力的关键》（载《中国社会报》2009-06-15，第 B3 版）、《区域经济一体化建设中自然资源合理使用与补偿法律问题研究》（载《当代法学论坛》2009-3）、《灾区生态修复的法律支持——以"5·12"汶川大地震灾区生态修复条例制定为视角》（载四川省法学会：《落实科学发展观，推进西部法制建设》论文集 2009-7）、《减灾法与"5·12"汶川大地震减灾经验》[载赵万一：《民商法学讲演录》（第三卷），法律出版社

2010 年版〕等论文。

3. 汶川大地震法律问题及相关灾害法律问题的领先研究

汶川大地震之后，2008 年 7 月应法律出版社邀请，开始修订《减轻自然灾害的法律问题研究》一书。修订版主要是将汶川大地震中的新问题、新做法和新措施，尤其是我国《防震减灾法》实施中遇到的新问题，包括后来的《防震减灾法》修订内容等的研究，都增加了进去。这本修订后的专著，2008 年 11 月由法律出版社出版，2009 年 8 月获得司法部优秀科研成果二等奖。作者先后承担国家社科基金 2008 重大招标项目《汶川大地震灾后"经济－社会－生态"统筹恢复重建研究》（子项目负责人），民政部《救灾应急社会动员机制研究》，四川省 2008 年社科重大项目《四川汶川大地震重大法律问题研究》和四川省 2013 社科联项目《生态安全义务履行与人的致灾性法律控制》，2013 中央高校基本科研项目《震后受灾人群心理抚慰与治疗——以心理救援条例制定为视角》，2015 中央高校基本科研业务费项目《灾害法学基本问题研究》，2017 年《韧性城市建设与防灾减灾综合机制》《防灾减灾救灾综合机制及立法研究》等灾害法学科研项目，成果丰硕。目前，作为"灾害法学"的博士研究生导师，正在研究《中国履行联合国气候变化公约义务的保证》这一"气候法研究"重点问题。

4. 环境生态安全与灾害法学学术交流活动的拓展性

2016 年 5 月 12 日"2016 巴拿恰灾害法学论坛"（"5·12"防灾减灾日），在四川绵阳市北川县防震减灾局举办，这是国内第一个以"灾害法学"命名的论坛；2016 年 11 月 15 日—19 日"2016 巴拿恰灾害法学论坛·日本分论坛"在日本大阪市的关西大学社会安全学院举办。这是环境生态安全与灾害法学研究与学术交流走出国门的标志。2017 年 5 月 12 日"2017 巴拿恰灾害法学论坛"（第三届灾害法学论坛）如期在北川县举办，日本关西大学社会安全学院的安部诚治（社会学院院长）、三琦荣一、土田昭司、永松伸吾、永田尚三等 5 人参加了这届以"核安全与核事故后的灾后重建""地震灾后重建的法律问题"为主题的论坛。根据环境生态安全与灾害法学学科发展需要，初步考虑与计划是："灾害法学巴拿恰论坛"作为国内外灾害法学交流的学术平台，每年在"5·12"防灾减灾日""10 月 13 日国家减灾日"（创造条件）分别在国内外举办，预计 2020 年 12 月，"巴黎协定"签署 5 周年时，在法国巴黎筹办"气候变化与中国政府义务履行"学术活动。

2011 年 10 月，作者受日方邀请参加了《中日韩"自然灾害与法"国际学术研讨会》，提交了论文《汶川地震灾区生态修复的地方立法》，并在会上宣读。该论文发表于《热道》2011－7、日本《关西大学学报》2011－6。2012 年 3 月下旬，作者受邀赴韩国汉阳大学，参加韩国环境法学会学术研讨会，提交《中国的防灾减灾法律制度——以"5·12"汶川大地震灾后处置为核心》的论文，并在大会上宣读，该文 2012 年 4 月发表于《韩国环境法研究》杂志 2012 年卷。2012 年 4 月，作者受邀参加 2012 年美国灾害医学国际会议，提交《中国的灾害医学立法——以"5·12"汶川大地震灾害医学减灾立法为视角》的论文，并在会议上宣读。该文收录于《灾害法学评论》2017 年 5 月号。

目前，"四川省法学会灾害法学研究会"和"四川大学中国灾害法学国际研究中心"正在积极筹办中，如果都能顺利成立，将开创国内学科建设之先例。已《灾害法学评论》（连续出版物，法律出版社）2016 年 5 月号（第一期）、2016 年 10 月号（第二期）、2017 年 5 月号（第三期）、2017 年 10 月号（第四期）分别于 2016 年、2017 年面世；2016 年，作者参加并完成了《中国大百科全书·法学卷》"灾害法学"条目的编纂工作。从 2016 年开始，在国内率先招收"灾害法学"博士研究生，到 2018 年 3 月已连续招收 3 届。

5. 环境生态安全教学活动的创新性

2008 年"5·12"汶川大地震之后，作者即在四川大学法学院环境资源法学专业设置"防灾减灾法研究方向"，招收硕士研究生，先后开设"减灾法"（后更名为"灾害法学"）、"环境灾害的法律控制""城市灾害的法律控制"，指导学生撰写具有开拓意义的防灾减灾救灾方面的专业学术论文。

接着，又为本科生开设"防灾减灾与应急管理法概论"和"减灾法"（全校公选课，现更名为"自然灾害与法律——灾难中求生能力的养成训练"）、"公民安全、社会安全与国家安全"等课程，教学中，组织大学生参观四川减灾中心、成都物资储备库，开展5·12 防灾减灾日、国际减灾日活动，带领学生参加校内外的各种自然灾害以及消防日等学术交流、技能演练和逃生训练等活动。

作者深知，再好的学问或者专业知识与专业技能，在自然危险演化成自然灾害时，如果不能变成人们的逃生能力和自救本领，以及他救、互救能力，是没有用的。着重实践和自然灾害中的逃生与自救能力的养成训练，并通过具体的实践教学以及教学过程中的各个实践环节的持续训练，养成"条件反射型"求生能力的良性教学反馈机制，是编著本书的主要目的。因此，着眼于将书中的专业知识和专业技能，转化成在任何灾难中的求生能力的养成训练，是任何一个阅读本书者应当明确的目标。

二、灾害法学的基本原理——自然灾害与人的致灾性竞合

灾害法学的基本原理，揭示了一个生活的基本规律：自然危险——承灾体——不能阻止——灾害损失——自然灾害。这当中，自然危险不能等同于自然灾害，而且，如果没有了承灾体的话，自然灾害是不会成为自然灾害的。也就是说，在单纯型的自然灾害中，虽然不包含人的因素，但是，如果人作为社会成员和公民个体存在时，其不能承担防灾减灾救灾的义务和责任，积极进行灾前期的防灾、临灾期的应急和灾后期的恢复重建活动，履行自己所承担的法律义务，那么，很难说自然灾害与人的因素无关。而如果是自然人为灾害、人为自然灾害或者人为灾害中，人的因素作为致灾因子，所占比重越来越大，甚至成为主要因素时，人的致灾性就会与自然灾害的致灾因子相互作用，即发生自然灾害的致灾因子与人的致灾性必然竞合的情形。

所谓人的致灾性，是指在自然人为灾害、人为自然灾害或者人为灾害中，人的因素即人对自然资源、自然环境的破坏性利用，或者人的不当行为，导致或者诱发自然灾害发生的属性。这种属性，是人类对于经济发展速度的过度追求，对于奢侈浪费的无度宣传和放纵，导致的竭泽而渔、挥霍无度等不良人性释放的表现。有时，也是人类利用自然资源时，对于生态规律、自然规律认识不足导致的破坏性利用，在自然灾害发生时，给人们造成严重的人员伤亡、财产损毁的情形。比如，2008 年的汶川大地震，就导致四川省北川县县城的完全毁灭，就是人类没有认识到北川县城建在龙门山地震带上这一问题带来的灾难性后果。[①]

当汶川大地震发生时，地震的 P 波、S 波和 L 波的长时间作用，让北川县城最终完全毁掉了。北川县城的全损或者全毁，就是人的致灾性与自然危险即地震的破坏性在 2008 年 5 月 12 日 14：28 这个时间节点上的组合即自然灾害的致灾因子与人的致灾性"竞合"。这是借用法学上的法律责任竞合的说法。所谓法律上的"竞合"，也称法律责任的竞合，是指由于某种法律事实的出现，导致两种或两种以上的法律责任产生以及相互冲突的现象。法律责任竞合本身强调行为人的行为触犯了两个或两个以上法律的禁止性规定，行为人因此要受到两个或两个以上的法律的管辖，并根据管辖法律的规定承担具体的法律责任，而权利人可选择适用相关的法律，维护自己的合法权益。比如，出卖人交付的物品有瑕疵，致使买受人的合法权益遭受侵害，买受人向出卖人既可主张侵权责任，又可主张违约责任，但这两种责任不能同时追究，只能追究其一，这种情况即是法律责任竞合的情形。

应当说，"人的致灾性"一词，强调的是每一个人身上带有的导致灾害发生的属性。这种属性，在雾霾频发的时段，可以作为直接观察的事例。换句话说，每次雾霾成灾，或者雾霾灾害形成的时候，可以用人们的不当行为为例进行分析和说明。其实，生产、生活和工作中的各种公民个体的行为、群体的行为和整体的行为都具有很微弱的导致雾霾因子聚集、放大，继而扩张和释放，最后合成为灾的属性。比如，许多喜欢吃烧烤的人、燃放烟花爆竹的人，以及喜欢自己驾车的人，甚至做饭时煎炸溜炒的人等，一般不会想到自己的行为，为雾霾成灾"贡献"了不容忽视的二氧化硫、氮氧化物和可吸入颗粒物，等等。这三项雾霾构成的主要成分中，二氧化硫、氮氧化物为气态污染物，而可吸入颗粒物，是加重雾霾天气污染的主要因素。空气中的灰尘、硫酸、硝酸、有机碳氢化合物等颗粒物组成的气溶胶系统，造成视觉障碍为霾。[②] 按照油烟机的工作原理，接通油烟机电源后驱动电机，风轮作高速旋转，使炉灶上方一定的空间范围内形成负压区，将室内的油烟气体吸入油烟机内部，油烟气体经过油网过滤，进行第一次油烟分离，然后进入油烟机风道内部，通过涡轮的旋转对油烟气体进行第二次的油烟分离，风柜中的油烟受到离心力的作用，油雾凝集成油滴，通过油路收集到油杯，净化后的烟气最后沿固定的通路排出。油烟机分欧式、中式、近吸式（侧吸式）几类，按净化空气的方式分为两种：（1）脱油外排式，即将污染气体直接排到室外；（2）吸附净化内循环式，即将吸进的污染气体经过滤后再排回室内。因为我国的烹饪方式，多以炒菜为主，油烟比较多，所以，内循环式机不太适用，大多厂家生产的是外排式机。这种油烟处理方式本身，意味着我们的日常生活中的油烟处理不到位，于是，炒菜做饭产生的油烟，也对雾霾形成有了不少的"贡献"。厨房油烟的主要成分是醛、酮、烃、脂肪酸、醇等。其中，包括苯并芘、挥发性亚硝胺、内酯、杂环化合物等对人体有害的物质。因此，食

① 王建平：《减轻自然灾害的法律问题研究》（修订版），法律出版社 2008 年版，第 23 页。

② 霾的形成有三个要素：（1）生成颗粒性扬尘的物理基源。我国有世界上最大的黄土高原地区，其土壤质地最易生成颗粒性扬尘微粒。（2）运动差造成扬尘。例如，道路中间花圃和街道马路牙子的泥土在下雨或泼水后若有泥浆流到路上，1 小时后干涸，被车轮碾压就会造成大量扬尘，即使这些颗粒落回地面，也会因汽车不断驶过，被再次抛到城市空气中。（3）扬尘基源和运动差过程集聚在一定空间范围内，颗粒最终与水分子结合集聚成霾。

油加热过高（即"冒烟"）可产生较多的苯并芘、芳香胺类等，炒菜时，最好不要将油烧得过热（一般四五成热即可），少吃油煎食品，或改用微波炉烹饪食物，可减少油烟污染。①

与此同时，人们驾车出行的次数，车辆的剧增，尾气排放量也在增多。为此，公民个体身上的非常微弱的致灾性的聚集，与自然危险的致害性结合后，必然加重或者强化自然灾害的危害后果。在这一点上，雾霾灾害的反复发生，便是这个原理的验证。

2017 年春节刚刚结束，雾霾天气便再次侵袭京津冀。中央气象台 2017 年 2 月 4 日发布的"每日天气提示"称，华北中南部、黄淮以及陕西关中等地，空气重污染扩散条件转差，冀豫鄂等多省大雾弥漫，局地能见度不足 200 米。此番雾霾再次"露面"，恰逢春节过后，人们难免会将雾霾再现与春节期间烟花爆竹的燃放联系起来。但是，专家的分析意见和统计数据都显示，这次重污染天气的出现，烟花爆竹的燃放并非是主因，而只是"帮凶"而已。② 不过，这种"帮凶"，确确实实也是一种公民个体燃放烟花爆竹后，释放过多的一氧化碳、二氧化碳、二氧化硫、氮的氧化物等有害或有毒气体，并产生碳粒、金属氧化物等颗粒烟尘。这些气体和烟尘弥漫于空气中，使空气浑浊，加剧空气的污染，这是人的致灾性活动的直接表现。

三、我们的责任——减灾能力的培育——从个体、群体到整体能力的形成

作为 90 后、00 后大学生，我们的责任，首先是让自己具有良好的生存技能，包括通过勤奋努力，不断追求上进取得成功，创造幸福人生的能力，也包括在面临任何人生艰难困苦的时候，不屈不挠和乐观向上的能力，还包括在自然灾害和各种灾难面前具有勇敢面对、科学逃生的能力。然后，得以影响他人也具有这种积极应对、成功逃生的能力，让自然灾害中的自救、他救和互救逃生，逐渐成为一种文化、一种习惯和一种能力。也就是说，大学生们把尊崇生命、呵护生命与珍惜生命，作为新时代的教育观——生命应该既有长度，也有宽度和高度，让年轻人的自立、自主和自强意识，成为这个时代"四个自信"中文化自信的根基之一。

我国是自然灾害频发的国家，通过体育课加强大学生灾害自救能力是高等教育的重要任务，也就是根据"体适能"③ 理论通过对大学生开展灾害自救综合性实践训练，提升应急情况下大学生的力量、柔韧性和脂肪含量等基本体能指标。所以，防灾"体适

---

① 在我国，人们的饮食习惯中，煎、炒、烹、炸占很大比例，厨房油烟很大。事实上，当油加热超过 200℃时，生成油烟的主要成分丙烯醛，具有强烈的辛辣味，对人的鼻、眼、咽喉黏膜有较强的刺激；当油烧到"吐火"时，油温超过 300℃，除了产生丙烯醛外，还会产生凝聚体，所以，改变"急火炒菜"烹饪习惯，不使油温过热，最好不超过 200℃（以油锅冒烟为极限），以减轻"油烟综合征"，也使菜中的维生素得到有效保存。

② 巩志宏、倪元锦等：《新华社探寻节后重现雾霾成因：烟花爆竹并非主因而是"帮凶"》，新华网，2017-02-06，http://news.cnr.cn/native/gd/20170205/t20170205_523557472.shtml，最后访问：2007-02-09。

③ "体适能"是指日常工作之后，身体不会感到过度疲倦，并且还有余力去享受休闲及应付突发事件的能力。包括：身体能力、人体机能、身体素质、身体适应能力等。根据体适能理论指导的训练，人们可以改善有氧体适能、肌肉力量和耐力、柔韧性、协调性和灵敏性等素质，有助于形成健康生活方式的知识、技能、态度和行为。见：杨晓艳、马玉芳等：《"体适能"训练对提高大学生灾难自救能力影响的分析》，《南京体育学院学报》，2011 年第 4 期，第 123 页。

能"训练有助于提高大学生的灾害自救能力。[①] 事实上，唐山大地震发生后，被埋压在地震废墟中的灾民约有 63 万人，通过自救与互救救出的灾民约有 48 万人，占被埋压灾民的 80% 左右。灾民自发、就近、及时、广泛的自救与互救，符合救援急迫性原则，效果显著。唐山驻军参加救灾人数不足救灾部队总人数的 1/5，但救出的灾民人数占救出灾民总数的 96%。[②] 所以，在地震后极短时间内，通过自救与互救等方式，可以获得大比例的逃生机会。比如，通海大地震[③]脱险灾民中，通过自己自救、家庭自救和邻里互救的比例分别是：58.8%、18.6% 和 22.6%，即自己自救脱险的占近 2/3，而邻里互救脱险的占 1/5 多。显然，自己自救是家庭自救的基础，而自己自救与家庭自救则为邻里互救创造了条件。[④] 提高农村地震灾害中自己自救和邻里互救能力，是最大限度减轻因灾伤亡的重要手段。农村自然灾害自救互救能力建设的基本对策，除了加大宣传教育培训力度外，主要是健全自然灾害追责机制和加强农村自救互救能力建设保障。

研究表明，灾民缺乏基本的逃生常识，其结果只能是两种：束手待毙或被动待援。古人云："居安思危""思危有备"和"有备无患"，救援即他救固然重要，但是自救更需要提倡和发扬。有必要将社会公众的自救能力像政府救灾职责一样，提到国家战略高度来认识。提高国民在自然灾害中的自救能力，是衡量一个国家和政府管理能力高低的重要尺度。这一点日本政府就在提高国民的抗震自救能力上"堪称相当完善"。1995 年日本阪神大地震中，85% 的灾民是在政府救援队赶到之前，通过自救和邻里互救脱险逃生的。[⑤] 因此，社会公众逃生自救的知识和技能，必然成为国家和政府应对公共卫生事件基本知识和技能的重要组成部分。对"9·11"事件成功撤退人员调查显示，风险意识、是否接受过应急训练、对该建筑的熟悉程度、健康状况，以及鞋类的穿着等，是影响撤离的综合因素。各种调查显示，我国社会公众逃生自救知识和技能水平较低，亟待开展面向大众的干预研究，以提高我国社会公众的应急能力。[⑥]

需要强调的是，自然灾害发生初期，外部救援受运输阻断、通讯中断等瓶颈因素制约，很难及时发挥救援作用，因此，自然灾害发生后临灾的关键期（即黄金 72 小时～灾后第 7 日）救援，多以受灾者自救为主。在自救过程中，救援主体具有双重身份——既是救援者又是受灾者。自救是一个在灾害危险作用的环境中，缺失外部救援条件背景下，依托自身能力脱离险境的过程。这个过程中，成功自救的基本条件之一，是受灾者自身必须具备足够的自救能力，而且，自我救助的物资配置必须齐备、合理，能满足自

① 杨晓艳、马玉芳等：《"体适能"训练对提高大学生灾难自救能力影响的分析》，《南京体育学院学报》，2011 年第 4 期，第 123 页。

② 孙志中：《1976 唐山大地震》，河北人民出版社 1999 版，第 115 页。

③ 1970 年 1 月 5 日凌晨 1：00，云南省通海、峨山、建水等地发生 7.8 级大地震。这次大地震中，超过 15621 人死亡、32431 人受伤、338456 间房屋倒塌、166338 头大牲畜死亡，仅通海县经济损失达 27 亿元。通海大地震与唐山大地震、汶川大地震，是新中国成立至今地震灾害造成死亡人数超过万人的三次地震灾害。

④ 苏幼坡、徐美珍等：《自救与互救——严重地震灾害后扒救灾民方式》，《河北理工学院学报（社会科学版）》，2003 年第 3 期，第 33 页。

⑤ 雷晓敏：《中国民众抗震自救能力研究——以日本国民消解震灾经验为例》，《焦点战略新探》2011 年第 3 期，第 52 页～53 页。

⑥ 陈艳、程玉兰：《国内外公众应对突发公共卫生事件逃生自救知识与技能概况》，《中国健康教育》2009 年第 3 期，第 221 页。

救的需要。① 自救能力还包括对应急包、自救工具和自救器材等的了解和使用。在这方面，对灭火器的正确使用，是每一个大学生首先要掌握的基本常识。

早在 1993 年 4 月 7 日"世界卫生日"那一天，世界卫生组织就发表了对世界公众的告诫文告，其中强调：长期以来，人们对在家中、在路上或者工作场所可能遇到的各种危险或者风险因素，认识不足，未能形成有效的公众重视舆论。目前，一个新的流行病学模式正在出现，意外事故和肉体伤害行为常常对受害者个人及其家庭造成灾害性后果。每年约有 350 万人死于各种事故造成的损伤、日常生活中的意外和暴力行为。其中，约有 200 万受害者形成永久性残疾。比如，汶川大地震中，救援人员"拉扯式的救援"或者受伤者获救后搬运方式不当，导致伤员脊椎损伤加重，造成伤员截瘫的二次损伤等。② 虽然我们可能不是救护专业的大学生，但是，掌握和学会科学救援的专业知识和技能，则可能使得我们在自然危险转变为自然灾害时，成为自己生命、他人生命和社会公众生命的重要守护者。自我养成、学习养成和影响他人养成自救、他救和互救知识和技能，不仅是个人的重要生存或者逃生技能，而且也是这个社会、国家的自然灾害应急能力，即减灾能力的重要组成部分。

2017 年 11 月，作者主持申报的四川省委"四川大学自然灾害应急管理与灾后重建研究智库"获得批准，作者为首席专家之一。为了履行首席专家职责，2018 年 6 月 26 日～7 月 11 日，作者带领四川大学－香港理工大学灾后重建与管理学院博士调研团，到四川三州地区进行学术考察。对四川三州地区的自然灾害防范、应急体制，以及机构改革等法律问题，进行了深入的调研，获得了大量而详细的一手资料，对地方应对自然灾害的法治能力现状及其提升路径，有了进一步的体会和认识。2018 年 8 月 25 日，**作者申请的国家社科基金项目《防大灾救大险法治能力提升研究》，获得重大研究专项项目立项**（项目编号：18VFH020），这个项目的第二子项目的专家团队，是日本关西大学社会安全学院以安倍院长、山崎荣一教授为首的 5 人专家团队。作者第一次与国际专家、国内十余名专家的大型研究项目合作，意味着对我国和全世界自然灾害与政府法治能力关系的全方位研究，已经全面展开，相信这个重大项目结题之日，便是我国政府自然灾害法治能力尤其是我国政府减灾国际合作能力持续提升之时。

思考与训练：

1. 学过"自然灾害与法律——灾难中求生能力的养成训练"课程后，你的评价是什么？

2. 当自然灾害与人的致灾性竞合时，作为一个有责任感的大学生，你觉得应该怎样做？

3. 防灾减灾能力的培育，要从个体、群体到整体，那么，"居安思危""思危有备"和"有备无患"意识，怎样与大学生"体适能"有效结合，才能形成有效的个体防灾减灾能力。

---

① 李世雄、朱华桂：《基于受灾者关键期自救的应急救援物资结构研究——以地震灾害为例》，《震灾防御技术》2016 年第 1 期，第 153 页～第 154 页。

② 郑霄阳、常志卫：《普及急救自救知识，从容应对突发事件》，《海峡科学》2012 年第 3 期，第 121 页。

参考资料

一、著作类

1. 查尔斯·佩罗. 高风险技术与"正常"事故 [M]. 北京：科学技术文献出版社，1988.

2. 彼得·斯坦等. 西方社会的法律价值 [M]. 北京：中国人民公安大学出版社，1990.

3. 雅维茨. 法的一般理论 [M]. 沈阳：辽宁人民出版社，1986.

4. 王建平. 减轻自然灾害的法律问题研究（修订版） [M]. 北京：法律出版社，2008.

5. 梁茂春. 灾害社会学 [M]. 广州：暨南大学出版社，2012.

6. 李光灿. 马克思恩格斯法律思想史 [M]. 北京：法律出版社，1991.

7. 沈宗灵. 法学基础理论 [M]. 北京：北京大学出版社，1988.

8. 王哲. 西方政治法律学说史 [M]. 北京：北京大学出版社，1988.

9. 李由义. 民法学 [M]. 北京：北京大学出版社，1988.

10. 黄达强，等. 行政学 [M]. 北京：中国人民大学出版社，1988.

11. 龙希，等. 中华人民共和国法律法规全目（1949—1989）[M]. 沈阳：沈阳出版社，1990.

12. 冯登岗，等. 新中国大事辑要 [M]. 济南：山东人民出版社，1992.

13. 马宗晋. 自然灾害与减灾 600 问答 [M]. 北京：地震出版社，1990.

14. 崔乃夫. 中国民政词典 [M]. 上海：上海辞书出版社，1990.

15. 邓子琴. 中国风俗史 [M]. 成都：巴蜀书社，1988.

16. 张研，等. 历史的疯狂 [M]. 郑州：中州古籍出版社，1991.

17. 孙志中. 1976 唐山大地震 [M]. 石家庄：河北人民出版社，1999.

18. 刘震云. 温故一九四二 [M]. 北京：人民文学出版社，2011.

二、期刊类

1. 谢礼立. 自然灾害学报（发刊词）[J]. 自然灾害学报，1992（12）.

2. 金磊. 面对新世纪，中国综合减灾应走立法之路——唐山"7·28"大地震 29 周年的科学思考 [J]. 劳动安全与健康，1999（9）.

3. 国家建委. 从唐山、丰南地震的严重后果，看城市建设应当吸取的一些经验教训 [J]. 城市规划，1977（1）.

4. 章在墉. 再论唐山大地震的经验教训 [J]. 世界地震工程，1986 (3).

5. 罗国亮. 新中国减灾 60 年 [J]. 北京社会科学，2009, (5).

6. 杨晓艳，等. "体适能"训练对提高大学生灾难自救能力影响的分析 [J]. 南京体育学院学报，2011 (4).

7. 苏幼坡，等. 自救与互救——严重地震灾害后扒救灾民方式 [J]. 河北理工学院学报（社会科学版），2003 (3).

8. 杨小二，等. 地震灾害情景下农村自救互救能力研究 [J]. 华南地震，2016 (1).

9. 雷晓敏. 中国民众抗震自救能力研究——以日本国民消解震灾经验为例 [J]. 焦点战略新探，2011 (3).

10. 陈艳，等. 国内外公众应对突发公共卫生事件逃生自救知识与技能概况 [J]. 中国健康教育，2009 (3).

11. 李世雄，等. 基于受灾者关键期自救的应急救援物资结构研究——以地震灾害为例 [J]. 震灾防御技术，2016 (1).

12. 郑霄阳，等. 普及急救自救知识，从容应对突发事件 [J]. 海峡科学，2012 (3).

13. 王丽莉. 论政府在重大灾难事件心理救援中的责任 [J]. 理论与改革，2009 (5).

14. 樊召锋，等. 心理痛苦研究述评——聚焦"5·12"汶川大地震受灾群众心理痛苦 [J]. 心理科学进展，2009 (3).

15. 杨颖，等. 汶川地震后基层干部的生存现状与支持体系的建设 [J]. 北京师范大学学报（社会科学版），2010 (4).

16. 王建平，李欢. 芦山地震心理危机干预"二次伤害"的法律控制——以张支蓉叠加性损害的心理援助义务法律化为视角 [J]. 理论与改革，2014 (6).

17. 王建平，冯林玉. 地震灾害中"二次伤害"心理危机的法律干预条件——以《心理救援条例》制定与颁行的障碍为视角 [J]. 当代法学，2015 (4).

18. 庄红，等. "5·12"地震灾民的压力与社会支持的相关性分析 [J]. 现代预防医学，2010 (5).

19. 孙丽艳，等. 汶川地震后 6 个月安县受灾群众创伤后应激障碍（PTSD）的发生率及相关因素的分析 [J]. 医学理论与实践，2011 (20).

20. 毕向阳，等. 重大自然灾害后社区情境对心理健康的调节效应——基于汶川地震过渡期两种安置模式的比较分析 [J]. 中国社会科学，2012 (6).

21. 冯春，等. "5·12"地震后灾民死亡态度与安全感的相关研究 [J]. 中国健康心理学杂志，2014 (1).

22. 孟万金，等. 震后心理救援：国外的经验与启示 [J]. 中国特殊教育，2008 (6).

23. 任凯，等. 什邡地震灾区 984 名灾民心理健康调查 [J]. 中国公共卫生管理，2008 (3).

24. 温盛霖，等. 四川汶川地震安置点灾民急性和创伤后应急症状及相关因素分析

[J]. 中国自然医学杂志，2009 (5).

25. 樊召锋，等. 心理痛苦研究述评——聚焦"5·12"汶川大地震受灾群众心理痛苦 [J]. 心理科学进展，2009 (3).

26. 程新宇. 试析生命神圣论 [J]. 医学与社会，2003 (2).

27. 吴顺领，等. 浅论当代大学生生命教育——由"5·12"汶川大地震引发的思考 [J]. 西安交通大学学报 (社会科学版)，2008 (4).

28. [日] 久保庆三郎. 生命线地震工程的发展 [J]. 世界地震工程，1987 (1).

29. 孙绍平. 国外生命线地震工程的研究概况 [J]. 地震工程动态，1984 (1).

30. 侯忠良，等. 生命线工程的抗震减灾对策 [J]. 中国减灾，1991 (1).

31. 李宏男，等. 生命线工程系统减灾研究趋势与展望 [J]. 大连理工大学学报，2005 (6).

32. 葛学礼，等. 生命线工程受灾的破坏机制、减灾对策及投入效益估计 [J]. 中国减灾，1998 (1).

33. 陈宏毅. 论城市生命线工程系统的防 (火) 灾可靠度分析 [J]. 重庆建筑大学学报，1998 (1).

34. 李杰. 生命线工程的研究进展与发展趋势 [J]. 土木工程学报，2006 (1).

35. 郭恩栋，等. 云南大姚 6.1 级地震中的生命线工程——震害及功能状态评述 [J]. 自然灾害学报，2004 (1).

36. 尤建新，等. 城市生命线系统的非工程防灾减灾 [J]. 自然灾害学报，2006，(5).

37. 郭纯生，等. 2008 年初冰雪灾害对生命线工程的几点启示 [J]. 防灾科技学院学报，2008 (2).

38. 汤爱平，等. 寒区生命线工程的灾害特征与防灾减灾措施 [J]. 黑龙江大学工程学报，2011 (3).

39. 李宏男，等. 汶川地震震害调查与启示 [J]. 建筑结构学报，2008 (4).

40. 苏伟忠，等. 城市空间扩展对区域洪涝孕灾环境的影响 [J]. 资源科学，2012 (5).

41. 王志恒，等. 基于变维分形理论的四川省低山丘陵区滑坡孕灾环境因素敏感性分析 [J]. 地球与环境，2013 (6).

42. 林孝松，等. 重庆市地质灾害孕灾环境分析研究 [J]. 中国安全科学学报，2011 (7).

43. 聂娟，等. 汶川地震灾区滑坡空间特征变化分析 [J]. 地理研究，2014 (2).

44. 李玲，等. 汶川大地震后大学生应急能力及志愿服务医院调查 [J]. 现代预防医学，2009 (23).

45. 王鹏等. 四川省干旱灾害孕灾环境敏感性研究 [J]. 现代农业科技，2014 (24).

46. 武健伟，等. 基于下垫面孕灾环境因子的锡林郭勒地区沙尘暴风险评价 [J]. 林业科学，2012 (9).

47. 王莺，等. 中国南方干旱灾害风险评估 [J]. 草业学报，2015 (5).

48. 郭跃，等. 自然灾害社会易损性评价指标体系框架的构建［J］. 灾害学，2010（4）.

49. 巫丽芸，等. 自然灾害风险评估与灾害易损性研究进展［J］. 灾害学，2014（4）.

50. 周扬，等. 自然灾害社会脆弱性研究进展［J］. 灾害学，2014（2）.

51. 闫绪娴. 中西部地区自然灾害社会易损性空间特征分析［J］. 经济地理，2014（5）.

52. 唐玲，等. 自然灾害社会易损性评价指标体系与空间格局分析［J］. 电子科技大学学报（社科版），2012（3）.

53. 李绍明. 汶川大地震后羌族文化重建问题［J］. 西南民族大学学报（人文社科版），2008（9）.

54. 喇明英. 汶川地震后对羌族文化的发展性保护研究［J］. 西南民族大学学报（人文社科版），2008（7）.

55. 任萍. 羌族非物质文化遗产传承保护中的政府参与——以"5·12"汶川大地震后的羌年实践为例［J］. 民族学刊，2011（6）.

56. 王锋. 要重视承灾体的考察研究［J］. 灾害学，1991（3）.

57. 邬晓艳. "5·12"地震后 PTSD 症状严重性和社会支持之间的相关性研究［J］. 神经损伤与功能重建，2010（4）.

58. 廖晓明. 创伤后应激障碍（PTSD）与汶川地震后心理救援［J］. 中国现代医生，2009（8）.

59. 管丽丽，等. 汶川地震后部分极重灾区人群对心理社会支持的需求［J］. 中国心理卫生杂志，2011（2）.

60. 陈华，等. 对"5·12"汶川大地震后心理救援工作的思考［J］. 西南交通大学学报（社会科学版），2008（4）.

61. 王绪梅，等. 地震后茂县羌族老年人的社会支持与心理健康状况［J］. 中国老年学杂志，2009（11）.

62. 黄河清，等. 汶川地震后不同灾情地区老年人创伤后应激障碍发生率及影响因素［J］. 中国老年学杂志，2009（10）.

63. 黄国平，等. 汶川大地震后 1 年北川干部生存质量状况调查［J］. 中国循证医学杂志，2012（4）.

64. 李喆，等. 汶川地震后 1 年参与灾区医疗救援医务人员的心理健康状况调查［J］. 中国循证医学杂志，2009（11）.

65. 周家铭. 重大事故隐患监控与应急预案的实用性研究［J］. 中国安全科学学报，1997（7）增刊.

66. 徐道稳. 清代社会救济制度初探［J］. 长沙民政职业技术学院学报，2004（2）.

67. 胡柏翠，等. 论唐宋时期的社会救助及其历史影响［J］. 重庆职业技术学院学报，2004（7）.

68. 徐道稳. 清代社会救济制度初探［J］. 长沙民政职业技术学院学报，2004

（2）.

69. 黄璐，等. 灾害中互助自救的伦理原则［J］. 武汉理工大学学报（社会科学版），2012，（5）.

70. 杨东. 陕甘宁边区乡村民众的防灾备荒措施研究［J］. 中国延安干部学院学报，2010（3）.

71. 文姚丽. 中国共产党在民主革命时期的救灾政策及其实践［J］. 华中师范大学学报（人文社会科学版），2012（2）.

72. 郭纯生，等. 2008 年初冰雪灾害对生命线工程的几点启示［J］. 防灾科技学院学报，2008（2）.

三、法律、法规

1. 《中华人民共和国宪法》，第 9 条、第 10 条、第 26 条和第 42 条、第 45 条。

2. 《中华人民共和国刑法》，第 35 条、第 126 条、第 187 条、第 263 条、第 273 条、第 277 条、第 291 条、第 384 条、第 397 条。

3. 《中华人民共和国民法通则》，第 107 条、第 53 条、第 121 条、第 124 条和第 139 条。

4. 《中华人民共和国民法总则》，第 180 条。

5. 《中华人民共和国防震减灾法》，第 45 条、第 88 条、第 89 条。

6. 《中华人民共和国大气污染防治法》，第 39 条。

7. 《中华人民共和国水法》，第 38 条。

8. 《中华人民共和国国境卫生检疫法》，第 23 条。

9. 《中华人民共和国国防法》，第 17 条、第 22 条、第 58 条。

10. 《中华人民共和国出境入境管理法》，第 81 条。

11. 《中华人民共和国慈善法》，第 5 条。

12. 《中华人民共和国治安管理处罚法》，第 33 条、第 42 条.

13. 《中华人民共和国公务员法》，第 56 条、第 58 条。

14. 《汶川地震灾后恢复重建条例》，第 53 条~第 59 条、第 63 条。

15. 《南水北调工程供用水管理条例》（2014 年 1 月 22 日），第 8 条。

16. 《自然灾害救助条例》，第 5 条~第 6 条、第 9 条~第 12 条。

17. 《中央级救灾储备物资管理办法》（2002 年 12 月 20 日），第 14 条~第 15 条。

18. 《国家以工代赈管理办法》（2005 年 12 月 27 日），第 17 条~第 18 条。

19. 《突发事件应急预案管理办法》（2013 年 10 月 25 日），第 2 条。

20. 《国家医药储备管理办法》（国家经贸委，1999 年 6 月 15 日），第 6 条~第 7 条。

21. 《长江中上游防护林体系建设工程管理办法》（1991 年 12 月 16 日），第 10 条。

22. 《国务院关于进一步治理淮河和太湖的决定》，第 5 条。

23. 《国务院关于全面加强应急管理工作的意见》（2006 年 6 月 15 日），国发〔2006〕24 号，六、加强领导和协调配合，努力形成全民参与的合力。

24. 《国务院关于支持汶川地震灾后恢复重建政策措施的意见》（国发［2008］21

号），2008 年 6 月 29 日。

25.《汶川地震灾后恢复重建对口支援方案》（2008 年 6 月 11 日），国办发〔2008〕53 号。

26.《国务院办公厅关于推进海绵城市建设的指导意见》（2015 年 10 月 16 日），三、统筹有序建设。

27.《中国人民银行、中国银行业监督管理委员会、中国证券监督管理委员会、中国保险监督管理委员会关于汶川地震灾后重建金融支持和服务措施的意见》（2008 年 8 月 6 日），银发〔2008〕225 号。

28.《国务院关于完善化肥、农药、农膜专营办法的通知》（1989 年 12 月 28 日），第 4 条。

29.《国家突发公共事件总体应急预案》（2005 年 8 月 7 日），第 1.3 条、第 1.5 条。

30.《国家自然灾害救助应急预案》（2016 年 3 月 10 日修订），第 8.1 条。

31.《国家地震应急预案》（2012 年 8 月 28 日），第 6.1.3 条"国家应急处置"。

32.《芦山地震灾后恢复重建总体规划》（2013 年 7 月 6 日），第一章重建基础。

33.《汶川地震灾后恢复重建总体规划》（2008 年 9 月 19 日），第一章重建基础。

34.《国家汶川地震灾后恢复重建总体规划》（公开征求意见稿），第十四章重建资金。

35.《火灾分类》GB/T 4968-2008。

36.《民政部救灾物资储备库建设标准》，建标 121-2009。

37.《民政部等九部门关于加强自然灾害救助物资储备体系建设的指导意见》，2015 年 8 月 31 日。

38.《国务院关于改革和加强医药储备管理工作的通知》（1997 年 7 月 3 日），一、建立中央与地方两级医药储备制度。

39.《广东社会救济条例》，第 2 条、第 5 条、第 7 条、第 22 条。

40.《陕西省防御与减轻滑坡灾害管理办法》（2000 年 6 月 15 日），第 2 条。

41.《江西省雷电灾害防御办法》（2011 年 12 月 26 日），第 2 条。

42.《昆明市雷电灾害防御条例》（2012 年 10 月 31 日），第 2 条。

43.《江苏省自然灾害救助办法》（2016 年 9 月 27 日），第 2 条。

44.《安徽省自然灾害救助办法》（2015 年 4 月 2 日），第 2 条。

45.《贵州省自然灾害防范与救助管理办法》（2015 年 1 月 9 日），第 2 条。

46.《自然灾害管理基本术语》GB/T 26376-2010。

47.《上海市实施〈中华人民共和国防震减灾法〉办法》，第 33 条。

48.《陕西省防震减灾条例》，第 77 条。

49.《山东省防震减灾条例》，第 71 条。

50.《辽宁省防震减灾条例》，第 39 条。

51.《甘肃省防震减灾条例》，第 58 条。

52.《湖北省防震减灾条例》，第 44 条。

53.《济南市防震减灾条例》，第 49 条。

54.《西藏自治区实施〈中华人民共和国防震减灾法〉办法》，第75条。

55.《新疆维吾尔自治区实施〈中华人民共和国防震减灾法〉办法》，第49条。

56.《湖南省实施〈中华人民共和国防震减灾法〉办法》，第25条。

57.《北京市实施〈中华人民共和国防震减灾法〉规定》，2013年7月26日。

58.《吉林省防震减灾条例》，第59条。

59.《浙江省防震减灾条例》，第36条。

60.《无锡市防震减灾办法》，第36条。

61.《黑龙江省防震减灾条例》，第52条。

62.《山东省防震减灾知识普及办法》，第27条。

63.《合肥市防震减灾条例》，第39条～第40条。

64.《青海省防震减灾条例》，第46条。

65.《大连市防震减灾条例》，第28条～第29条。

66.《唐山市防震减灾管理条例》（2015年3月26日），第49条～第53条。

67.《四川省防震减灾条例》（2012年5月31日），第68条。

68.《四川省人民政府"5·12"汶川地震灾后农房重建工作方案》，2008年6月27日。

69.《四川省农村居住建筑抗震设计技术导则》，2008年修订版。

70.《四川省农村居住建筑抗震设防构造图集DBJT20-63》，2012年6月11日。

71.《四川省社会救助实施办法》，2014年12月30日。

72.《四川省民政厅关于切实做好受灾群众临时和过渡性安置工作的紧急通知》（2008年6月3日），川民电〔2008〕86号。

73.《四川省自然灾害救助应急预案（试行）》（2003年9月12日），川办发〔2003〕31号，第3条。

74.《四川省突发事件应对办法》，第41条。

75.《成都市人民关于做好都江堰市城镇居民住房灾毁救助安置工作的意见》，2008年5月26日。

四、报纸类

1. 陈文鸿. 洪涝灾害对中国整体经济影响有限 [N]. 星岛日报（香港），1991-08-27.

2. 谢觉民. 围墙因何坼裂？[N]. 中国减灾报，1993-03-17.

3. 原国锋. 2006年我国制定应急预案约135万件，演练13.7万多次 [N]. 人民日报，2007-07-23.

4. 佚名. 商务部帮助解决灾区水果销售问题 [N]. 中国质量报，2008-02-27.

5. 佚名. 唐山大地震留下三条教训 [N]. 燕赵都市报，2008-05-12.

6. 佚名. 担忧灾后重建资金使用效率 [N]. 晶报，2008-05-23.

7. 佚名. 以工代赈是个好办法 [N]. 广州日报，2008-06-07.

8. 佚名. 都江堰市板房建设全面完成，板房村越来越美 [N]. 成都晚报，2008-07-30.

9. 佚名. 四川灾区上千万群众住进过渡安置房［N］. 华西都市报，2008－08－13.

10. 佚名. 上海调整预算18亿元灾后重建资金怎么来［N］. 新民晚报，2008－08－21.

11. 佚名. 汶川大地震损失8451亿［N］. 新京报，2008－09－05.

12. 柴会群. 压垮北川自杀官员的最后稻草［N］. 南方周末，2008－10－16.

13. 戴志勇. 汶川抗震启示：中国还缺一部什么灾难都能管的基本法［N］. 南方周末，2009－05－21.

14. 张枥. 骑马坐轿三分忧［N］. 潮州日报，2010－8－30.

15. 赖芳杰，等. 防灾减灾市长峰会闭幕，"成都宣言"让城市更具韧性［N］. 华西都市报，2011－08－13.

16. 佚名. 超级台风"海燕"重创菲律宾，巨灾引发深入反思［N］. 合肥日报，2013－11－21.

17. 朱永新. 拓展生命的长宽高［N］. 光明日报，2015－07－21.

18. 夏斌. 风险面前，城市要多一点"韧性"［N］. 解放日报，2016－06－06.

19. 曾金秋. 武汉蔡甸区多处民垸漫溃，1.6万人转移［N］. 新京报，2016－07－06.

20. 杜晓鹏. 韧性城市与市民生活息息相关［N］. 德阳日报，2016－12－16.

21. 田泓. 日本新潟县发生大规模火灾［N］. 人民日报，2016－12－24.

22. 刘志强. 既要温暖过冬，又要蓝天白云——我国推进北方地区冬季清洁取暖综述［N］. 人民日报，2016－12－31.

五、网络资料

1. CCTV. 国家地震应急救援预案已经启动. 央视国际，2008－05－12（15：51）.

2. 孙闻，隋笑飞. 国家地震局启动一级预案，救援队已集结. 新华网，2008－05－12.

3. 田雨. 国家地震灾害紧急救援队将奔赴汶川灾区. 新华网，2008－05－12.

4. 林琳. 中国气象局启动应急预案，工作组将赴地震灾区. 中国新闻网，2008－05－12.

5. 黄全权. 国家电网紧急启动应急机制应对四川突发地震，新华网，2008年5月12。

6. 全晓书. 老照片，揭秘唐山大地震死亡人数披露过程，中国网，2008－5－12.

7. 贾靖峰. 环保部急令地震相关12省区市严密监控核设施，中国新闻网，2008－5－13.

8. 范美忠. 那一刻地动山摇——"5·12"汶川地震亲历记. 范美忠的博客 http：//blog. sina. com. cn/guangyafanmeizhong，2008－05－22.

9. 范美忠. 我为什么写《那一刻地动山摇》. 范美忠的博客 http：//blog. sina. com. cn/guangyafanmeizhong，2008－05－30.

10. 佚名. 抢救灾区甜樱桃，成都商家紧急出动. 中国水果信息网，2008－06－05.

11. 省以工代赈办召开"5·12"汶川地震灾后重建工作讨论会. 四川省以工代赈办，2008－06－20.

12. 四川广元市深入推进地震灾后专项就业援助行动. 广元市人民政府网站，2008－07－16.

13. 佚名. 深圳舞王俱乐部9·20火灾事故调查报告. 文化传播网，2008－09－27.

14. 华小峰. 半个北川县城被泥石流掩埋，地震遗址濒临消失. 四川在线－天府早报，2008－09－28.

15. 乔礼，等. 上海商学院宿舍区发生火灾，4名大学生跳楼身亡. 新华网，2008－11－14.

16. 严亮. 2003年抗击非典：中国建立公共卫生事件应急体系. 中国新闻网，2009－09－17.

17. 田乾峰. 王岐山邀世卫官员隔壁办公：我知道的你都会知道. 中国新闻网，2009－09－17.

18. 佚名. 中国历年交通事故死亡人数官方统计. 中新网，2010－02－29.

19. 杨希伟，等. 湖北二十年来首次遭遇长江、汉江"两江"夹击. 新华网，2010－07－20.

20. 佚名. 南方多省现数十年一遇旱情，三峡开闸放水抗旱. 中国新闻网，2011－05－23.

21. 张美英. 日本平时怎么应对地震？应急包储备什么应急品. 未来网，2013－04－21.

22. 胡金波. 依靠社会动员机制防灾救灾. 嘉兴在线新闻网，2013－10－10.

23. 佚名. 联合国确立库布其为全球沙漠"生态经济示范区". 新浪环保，2014－04－22.

24. 佚名. 我国驾驶人总量突破3亿，交通安全面临挑战，汽车文明亟待加强. 公安部交管局，2014－11－27.

25. 刘洋. 成都被暴打女司机发布致歉信：求大家到此为止. 南方网，2015－05－11.

26. 刘文静. 三北防护林挡得住沙尘暴吗?. 中国天气网，2015－05－20.

27. 佚名. 2015年国内地震灾害. 中国救援装备网，2015－12－22.

28. 徐振强. 开展弹性城市建设，提高我国城市"韧性". 中国经济网，2016－01－15.

29. 黄子娟. 国防部：中国军队积极参加抢险救灾工作. 人民网－军事频道，2016－06－30.

30. 沈颖洁. 义乌入选"全球100韧性城市". 中国义乌网，2016－09－09.

31. 张淼. 联合国报告：过去20年全球135万人死于自然灾害. 国家减灾网，2016－10－13.

32. 付敏，等. 台南维冠大楼倒塌致115人死亡案建商被判刑5年. 新华网，2016－11－26.

33. 巩志宏，等. 新华社探寻节后重现雾霾成因：烟花爆竹并非主因而是"帮凶". 新华网，2017—02—06.

34. 王晨曦，等. 崔世安：澳门将于 2018 年启动编制防灾减灾十年规划. 新华网，2017—11—14.

35. 佚名. 民政部谈防灾减灾救灾工作：各地要强化风险防范能力. 中国新闻网，2017—11—24.

36. 佚名. 外交部怒了！发了 12 次警告，还是被这 1 万多中国人坑了！. 温哥华环球教育，2017—12—10.

六、其他文献类

1. 世界气象组织公约，1950—03—23.

2. 江泽民. 加强改革开放和现代化建设步伐，夺取有中国特色社会主义事业的更大胜利（1992 年 10 月 12 日在中共十四大上的报告）.

3. 联合国防治荒漠化公约，1994—06—07.

4. 陈章立. 关于《中华人民共和国防御与减轻地震灾害法（草案）》的说明——1997 年 8 月 25 日在第八届全国人民代表大会常务委员会第二十七次会议上.

5. 张中伟. 政府工作报告——2001 年 2 月 6 日在四川省第九届人民代表大会第四次会议上，关于 2000 年工作回顾.

6. 曹康泰. 关于《中华人民共和国突发事件应对法（草案）》的说明——2006 年 6 月 24 日在第十届全国人民代表大会常务委员会第二十二次会议上，中国人大网.

7. 蒋巨峰. 政府工作报告——2007 年 1 月 26 日在四川省第十届人民代表大会第五次会议上，2006 年工作的回顾.

8. 回良玉. 国务院关于四川汶川特大地震抗震救灾及灾后恢复重建工作情况的报告——2008 年 6 月 24 日在第十一届全国人民代表大会常务委员会第三次会议上.

9. 蒋巨峰. 政府工作报告——2009 年 1 月 15 日在四川省第十一届人民代表大会第二次会议上.

10. 国务院新闻办公室. 中国的减灾行动（2009 年 5 月）.

11. 陈文华. 关于《四川省人民代表大会常务委员会关于汶川特大地震中有成员伤亡家庭再生育的决定》实施情况的报告——2009 年 7 月 20 日在四川省第十一届人民代表大会常务委员会第十次会议上.

12. 蒋巨峰. 关于灾后恢复重建情况的报告——2009 年 7 月 20 日在四川省第十一届人民代表大会常务委员会第十次会议上.

13. 第二届世界城市科学发展论坛（WCSDF）首届防灾减灾市长峰会《成都行动宣言》，2011—08—12.

14. 郭普金. 关于《北京市大气污染防治条例（草案）》审议意见的报告——2013 年 7 月 24 日在北京市第十四届人民代表大会常务委员会第五次会议上.

15. 陈添. 关于《北京市大气污染防治条例（草案）》的说明——2013 年 7 月 24 日在北京市第十四届人民代表大会常务委员会第五次会议上.

16. 国务院. 关于印发大气污染防治行动计划的通知（"大气十条"）国发〔2013〕

37 号，201309－10.

17. 柳纪纲. 关于《北京市大气污染防治条例（草案）》的说明——2014 年 1 月 18 日在北京市第十四届人民代表大会第二次会议上.

18. 周生贤. 关于《中华人民共和国大气污染防治法（修订草案）》的说明——2014 年 12 月 22 日在第十二届全国人民代表大会常务委员会第十二次会议上.

19. 国务院. 关于印发水污染防治行动计划的通知（"水十条"）国发〔2015〕17 号，2015－04－02.

20. 国务院. 关于印发土壤污染防治行动计划的通知（"土十条"）国发〔2016〕31 号，2016－05－28.

21. 国家减灾委. "十二五"时期中国的减灾行动，2016－10.

22. 中共中央、国务院. 关于推进防灾减灾救灾体制机制改革的意见，2016－12－19.

23. 尹力. 政府工作报告——2017 年 1 月 16 日在四川省第十二届人民代表大会第五次会议上.

24. 联合国防治荒漠化公约第 13 次缔约方大会《鄂尔多斯宣言》，2017－09－15.